LE GUIDE DE
SURVIE
DE L'ARMÉE AMÉRICAINE

Maquette intérieure

- Conception graphique:
  JEAN-GUY FOURNIER
- Illustrations:
  HERB MOTT

LE GUIDE DE
SURVIE
DE L'ARMÉE AMÉRICAINE

traduit de l'américain
par
Léandre Michaud

FRANCE LOISIRS
123, boulevard de Grenelle, Paris

Edition du Club France Loisirs, Paris,
avec l'autorisation des Editions de l'Homme

Ce livre a été publié en américain sous le titre:
The U.S. Armed Forces Survival Manual
chez Times Books

Bibliothèque nationale du Québec
Dépôt légal — 2e trimestre 1981

ISBN 2-7242-2030-7

Avant-propos

Depuis des siècles, les Américains s'enorgueillissent de leur autosuffisance. C'est là une des valeurs fondamentales qui ont amené la prospérité et la grandeur de leur pays.

Mais voilà qu'au vingtième siècle, la technologie ne facilite guère une continuité dans ce sens. En cette ère de spécialisation, ne confions-nous pas toujours aux experts les tâches que nous pourrions accomplir nous-mêmes? De là résulte notre incapacité grandissante d'accepter et de prendre en mains nos propres responsabilités.

Conscients de cette évidence, les auteurs du livre se sont efforcés de rassembler les plus récentes informations sur les techniques de survie ainsi que toutes les réflexions s'y rattachant. Lorsqu'il s'agit de recherches, il faut habituellement avoir recours à plusieurs sources d'information. Cependant, ce livre fait exception à la règle, car les renseignements qu'il contient proviennent de la plus haute autorité au monde en matière de survie, soit les quatre divisions réunies des Forces armées des États-Unis d'Amérique.

Ce volume se compose, en majeure partie, d'extraits et d'articles tirés d'une quantité innombrable de brochures publiées par l'Office gouvernemental d'imprimerie à l'usage du personnel militaire travaillant un peu partout dans le monde. Ces brochures étaient publiées à l'intention des troupes d'infanterie et des forces spécialisées au cours de la Deuxième Guerre mondiale ainsi que des "Marines" en Corée, des Bérets verts ou encore des unités navales du Vietnam. Les informations recueillies sont constamment mises à jour et révisées à partir des renseignements fournis par les soldats et marins qui vivent toutes sortes de situations de survie au cours de leur carrière militaire. Cette documentation pratique et spécifique devient l'expression de la pensée la plus moderne sur les techniques de survie.

En cela, la tâche des auteurs se résume donc à recueillir, à comparer et à arranger tout ce matériel en un volume clair, cohérent et exact ainsi qu'accessible tant au civil qu'au militaire. De nos jours, alors que les routes aériennes se croisent à l'échelle internationale et passent au-dessus des régions les plus isolées de la terre, que le camping et les excursions dans les endroits inexplorés gagnent en popularité et que les propriétaires de véhicules sous-terrains, de bateaux et d'avions privés se comptent en grand nombre, ces informations devraient être assimilées et comprises par tous et chacun.

Les éditeurs, John Boswell et George Reiger, tous deux d'anciens officiers navals, sont diplômés de l'École SERE (Survival, Evasion, Resistance and Escape) des Forces navales des États-Unis. Boswell, écrivain, éditeur et agent littéraire, passa neuf années de sa vie dans le domaine de l'édition. Reiger, décoré de la Médaille d'honneur des Forces armées au Vietnam, y fut un des premiers conseillers militaires et servit, plus tard, à titre de traducteur officiel, aux pourparlers de paix à Paris. Reiger fut également éditeur de la revue *Popular Mechanics, Conservation Editor, Field and Stream* et auteur de neuf volumes traitant de la vie en plein air et des grands espaces sauvages.

Les auteurs désirent exprimer leur gratitude envers les organismes suivants: The Government Printing Office; the Office of the Adjutant General, Department of the Navy; Headquarters, U.S. Marine Corps ainsi que The Directorate of Administration, Department of the Air Force pour leur aide et leur assistance qui ont facilité les recherches pour réunir le matériel contenu dans "Le guide de survie de l'armée américaine".

Chapitre 1
La psychologie de la survie

Personne n'est jamais tout à fait prêt à affronter ce que l'on appelle une *situation de survie*. Si la chance vous sourit au moment où vous vous trouvez dans une telle situation, vous pourrez avoir à votre disposition une trousse de survie, un fusil ou une hache. Si vous êtes un sage, vous connaissez déjà les techniques qui seront décrites dans ce manuel. Pourtant, quel que soit son degré de chance ou d'habileté, c'est toujours un choc tant émotif que mental, pour tout être humain, que de se retrouver soudainement isolé dans une région déserte. Par conséquent, s'il est nécessaire de connaître les techniques de survie, il est tout aussi important de comprendre les mécanismes psychologiques qui peuvent la favoriser ou l'entraver si on ignore comment les maîtriser.

La volonté de survivre

Les coureurs de moyenne et longue distance parlent souvent du "Monstre" qui les habite et les amène, après avoir franchi un certain parcours, à soudain briser rythme et cadence pour enfin visiblement ralentir leur course, écrasés sous le poids de la douleur, saisis par les crampes et la fatigue, et à perdre jusqu'à leur désir de vaincre.

Ce phénomène apparaît souvent dans des situations de détresse qui demandent des efforts et une grande volonté de survivre, même si l'enjeu est dans ce cas plus tragique et d'une importance infiniment plus grande que de perdre ou de remporter la palme lors d'un quelconque événement sportif.

On a déjà vu des gens qui, après avoir été rescapés et traités pour toutes sortes de maux, se sont laissés implement et doucement mourir dans un lit d'hôpital. Ces personnes avaient alors perdu le goût et la volonté de vivre. Les expériences qu'eurent à subir des centaines de soldats au cours de la Deuxième Guerre mondiale, des guerres de Corée et du Vietnam, nous prouvent que survivre est avant tout une affaire d'attitude. En de telles circonstances, que vous soyez seul ou avec d'autres, vous connaîtrez des problèmes d'ordre émotif résultant de la peur, du désespoir, de la solitude et de l'ennui. Outre ces périls moraux, les blessures, la douleur, la fatigue, la faim et la soif diminuent le désir de vivre. Si vous n'êtes pas mentalement préparé à surmonter tous les obstacles et à voir arriver le pire, les chances de vous tirer vivant d'une situation extrême sont grandement réduites.

C'est une affaire d'état d'esprit

Après avoir interviewé des milliers de survivants des camps de concentration de la Deuxième Guerre mondiale, nous nous sommes rendus compte de l'étonnante "capacité de rebondissement" que peut avoir l'organisme humain lorsque l'esprit le prend en charge. Nos corps sont des machines infiniment complexes mais même dans les conditions les plus dures et les plus dégradantes, ils peuvent se maintenir en fonction par notre désir de vivre. Après un certain temps, les besoins d'énergie que le corps comble par la nourriture sont pratiquement réduits à zéro. Les survivants de ces camps de concentration nous disaient que pour eux, même dans les circonstances les plus abjectes et les plus inhumaines, la vie valait la peine d'être vécue. Plusieurs d'entre eux ont survécu uniquement parce qu'ils se trouvaient dans cet état d'esprit.

La préparation

Une préparation adéquate peut apporter à ceux qui sont en difficulté un avantage psychologique décisif dans la lutte qu'ils doivent mener pour s'en sortir. Même lorsque personne ne s'attend à se retrouver dans une telle situation, souvent, certaines conditions en laissent présager l'éventualité. Lorsque vous faites de la marche en forêt ou du camping sauvage, ou encore si vous voyagez à bord d'un petit avion ou en bateau, vos chances de voir votre vie exposée à certains dangers sont évidemment plus grandes qu'en temps ordinaire.

Les conseils qui suivent sont bien autre chose que de simples suggestions. En les observant, vous pourriez bénéficier d'un formidable support psychologique dans des conditions de survie difficiles.

1) Préparez une trousse de survie (voir appendice II) et apportezla avec vous, même lors d'un voyage au cours duquel les possibilités de naufrage et d'isolement sont très réduites.
2) Si vous possédez un petit avion, un bateau ou un véhicule de plaisance, ou si vous voyagez régulièrement à bord de l'un d'entre eux, gardez une copie de ce manuel dans le coffre à gants ou votre boîte à outils.
3) Lorsque vous partez en excursion ou en voyage de camping, n'oubliez pas de mettre ce manuel dans votre havresac.
4) En lisant ce livre, essayez de mémoriser le plus possible d'informations. Connaître les techniques de survie augmente la confiance en soi, et la confiance amène à vouloir contrôler l'environnement en vue de survivre.

La panique et la peur

Presque tous ceux qui se trouvent perdus, isolés et coupés de toute civilisation, font l'expérience de la peur: peur de l'inconnu, de la douleur, de l'inquiétude et de sa propre défaillance. En de telles circonstances la peur est non seulement normale mais également salutaire. Elle aiguise l'intuition et prépare l'instinct à réagir

Lors d'éventuels dangers et périls, la peur stimule la production d'adrénaline, cet hypertenseur puissant que l'on retrouve dans le fonctionnement organique de tous les mammifères et qui agit comme déclencheur des mécanismes de défense contre l'hostilité ou l'inconnu.

Mais la peur, pour ne pas conduire à la panique, doit être maîtrisée et adéquatement canalisée. La panique est une sorte de super-peur qui constitue en elle-même la réaction la plus néfaste et la plus nuisible aux initiatives de survie. L'énergie, alors, se dissipe, la capacité à penser rationnellement s'abîme et s'effondre et l'action positive, nécessaire pour survivre, devient impossible. La panique pousse au désespoir et le désespoir brise progressivement toute volonté de survivre.

Plusieurs initiatives positives d'ordre phychologique peuvent être prises afin de faire de la peur une alliée et d'annihiler les possibilités de panique. Comme nous le mentionnons plus haut, la préparation psychologique et la connaissance des techniques de survie suscitent la confiance et favorise le contrôle de soi aussi bien que de l'environnement. De plus, il est de première importance d'attacher immédiatement votre esprit à une analyse de la situation et des actions à entreprendre en vue de survivre. Souvenez-vous de l'acrostiche que nous avons fait avec le mot S-U-R-V-I-V-R-E et utilisez-la en guise d'aide-mémoire. Chacune des lettres qui le composent se trouve en corrélation avec les conseils qui sont ci-après exprimés. Vous aurez ainsi en mémoire une liste de contrôle des points majeurs inhérents à toute situation de survie. Plus important encore, ce mode de comportement concentre l'attention sur une tâche à accomplir, minimisant ainsi la peur et le danger de panique.

S-U-R-V-I-V-R-E

S) Sonder la situation

Suis-je blessé? Quelles mesures de premiers soins d'urgence dois-je prendre? Quelles est la gravité des blessures des personnes qui m'accompagnent? Quels sont les dangers immédiats? Suis-je à proximité d'une source d'approvisionnement en eau et en nourriture? Quel temps fait-il et quelles sont les conditions du terrain? Que trouverais-je dans les alentours qui puisse m'aider à survivre?

U) User de trop de précipitation: pure perte

Ne partez pas en hâte, sans objectif et sans réflexion. Jusqu'à ce que vous soyez pleinement conscient de votre situation, il importe de ménager vos énergies. Dans des conditions de survie, l'énergie est infiniment précieuse et le temps (excepté pour urgence médicale) moins important. Ne vous fatiguez pas physiquement à moins d'avoir un plan bien établi et une tâche bien spécifique à entreprendre. S'agiter inutilement peut susciter en nous une impression d'incapacité, laquelle conduira infailliblement à la panique.

R) Retrouver votre point de départ

Il vous faudra très probablement chercher, examiner et vous éloigner de votre emplacement initial. Se familiariser avec son environnement, c'est se sécuriser. Rien n'est plus démoralisant dans une situation de survie que de s'égarer et de ne pouvoir revenir au lieu du campement. Explorez les lieux, étudiez-en la topographie; et surtout, gardez en mémoire vos découvertes. Lorsque vous vous éloignez de votre point de départ, laissez, le long du chemin parcouru, des indices (marques, points de repère, etc.) qui faciliteront votre retour. Quelle que soit votre détresse et votre sentiment d'isolement, vous devez savoir où vous êtes même s'il ne s'agit que de prendre conscience de votre environnement immédiat; vous augmenterez ainsi vos chances d'être secouru.

V) Vaincre la peur et la panique

En étant conscient de la force débilitante de la peur et de la panique, vous diminuerez ainsi son danger. Faites-en l'essai et analysez objectivement les résultats.

I) Improviser

Peu importe où vous vous trouvez, vous découvrirez toujours à l'intérieur du champ immédiat de vos activités des moyens qui vous aideront à survivre. Plus vous serez créateur et inventif, plus vous vous sentirez réconforté et encouragé.

Vous devez alors modifier votre système de référence. Un arbre n'est plus un arbre mais une source possible de nourriture et de combustible; aussi peut-il devenir abri ou vêtement.

Familiarisez-vous avec tout ce qui vous entoure et, miraculeusement, votre esprit transformera les choses de la nature en autant d'instruments de survie.

V) Valoriser la vie

L'homme et l'animal sont dotés d'un ardent désir de survivre. Ce désir ne se trouve-t-il pas à la base de presque toutes les révolutions culturelles et technologiques de l'histoire? Dans des situations extrêmes, le désir de survivre sera parfois sévèrement mis à l'épreuve. Lorsque ce désir disparaît, toutes les connaissances des techniques de survie deviennent absolument inutiles.

Ne courez pas de risques inutiles car vous êtes la seule clef de votre propre survie. Prendre des risques insensés qui provoqueraient blessures et incapacités réduirait votre efficacité.

R) Réagir comme les indigènes

Même dans les régions les plus éloignées de toute civilisation, il est possible de découvrir des êtres humains. Si les autochtones et les tribus indigènes, même primitives, ne sont guère hostiles, il faut toutefois les approcher avec prudence. Ils connaissent la région et pourront vous indiquer où trouver eau, abri, et nourriture, ainsi que la route qui mènera à la civilisation. Prenez garde de les offenser ou de leur déplaire. Ils peuvent vous sauver la vie. Voici quelques indications qui vous aideront à gagner leur confiance et à vous assurer leur aide:

1) Laissez les indigènes établir le premier contact; échangez avec celui qui vous semble être le chef.
2) Soyez amical, courtois et patient. N'ayez pas peur; n'exhibez aucune arme.
3) Respectez leurs moeurs et coutumes.
4) Respectez leurs biens personnels.
5) Dans la plupart des tribus, ce sont les hommes qui do-

minent. En autant que faire se peut, évitez les contacts ou les communications directs avec les femmes de la tribu.

6) Les indigènes peuvent vous donner de précieux conseils en ce qui concerne les embarcations et comment vous procurer eau et nourriture. Écoutez-les et vous serez mieux en mesure de faire face aux risques et périls propres à leur région.
7) Évitez les contacts physiques subits et imprévus.
8) L'argent de papier est habituellement sans valeur pour eux; par contre, ils s'intéressent aux pièces de monnaie, aux allumettes, au tabac, au sel, aux lames de rasoir, aux contenants vides et aux vêtements; ce sont pour eux des objets d'échange.
9) Laissez une bonne impression. D'autres, après-vous, pourraient en bénéficier.

E) Étudiez les techniques de base

Ce volume vous expliquera comment mettre en pratique les techniques de base, mais ce n'est qu'en exécutant une tâche qu'on l'apprend. Plus vous vous exercerez, plus vous serez habile et préparé à vous en acquitter.

Survivre est une question d'attitude mentale positive envers votre entourage et vous-même. En mémorisant et en analysant les conseils de survie présentés en acrostiche avec les lettres qui forment le mot S-U-R-V-I-V-R-E, vous aurez déjà canalisé vos efforts en vue d'accomplir les tâches qui s'imposent.

La solitude et l'ennui

La solitude et l'ennui, voilà bien les demi-soeurs de la peur et de la panique! Contrairement à ces dernières, ils ne vous envahissent pas d'une manière soudaine et brutale mais progressivement et, le plus souvent, lorsque les tâches initiales sont accomplies et que la satisfaction immédiate des besoins en eau, en nourriture, en abri et en vêtements a été assurée.

La solitude et l'ennui mènent à la dépression et affaiblissent la volonté de survivre.

Ils requièrent le même antidote psychologique que la peur et la panique: en définissant les priorités et en accomplissant les tâches nécessaires, on diminuera l'inquiétude, et on augmentera les chances de survie durant une période de temps prolongée. Attendez-vous à affronter les situations les plus critiques même si cela semble peu probable et soyez prêt à toute éventualité.

Établir un programme sécurise et occupe l'esprit.

Entreprenez des tâches d'envergure comme la construction d'un abri "permanent" et des occupations qui devront être répétées quotidiennement, la tenue d'un journal, par exemple.

C'est en l'absence de pensées et d'actions positives que la solitude et l'ennui se manifestent. Survivre demande toujours beaucoup d'initiatives et d'actions.

Survivre en groupe

Le fait d'être en groupe s'avère, parfois, tout autant une aide qu'un risque pour la survie de l'individu. Les contacts humains y sont évidemment plus nombreux et les tâches sont exécutées plus rapidement; mais encore faut-il se rappeler que la force d'une chaîne dépend du plus faible de ses maillons. Les difficultés de survivre peuvent alors se multiplier par autant de personnes qui les éprouvent. Survivre en tant que groupe comporte un facteur destructif possible: la dissension. Il faut l'éviter à tout prix.

Dans une situation de survie, les réactions de l'individu et du groupe deviennent automatiques. Les groupes (tels pelotons ou escouades militaires) qui savent unir leurs efforts et se doter de chefs responsables, augmenteront leurs chances de survivre. S'il n'y a pas de chef désigné, élisez-en un. Votre groupe doit tenir compte des points suivants afin de créer un climat de contrôle qui soit amical et harmonieux.

1) Organiser les activités en fonction de la survie du groupe.

2) Désigner un chef.

3) Susciter une atmosphère de dépendance mutuelle au sein du groupe.
4) Lorsque possible, prendre des décisions sous la direction de son chef et en collaboration avec lui. Dans les autres cas, quelle que puisse être la situation, le chef décide et ses ordres ne se discutent pas.

Enfin, lorsque vous vous croirez sauvés, c'est alors que votre volonté et votre résistance se verront davantage mises à l'épreuve. Par exemple, lorsque vous verrez l'avion ou le bateau qui doit vous secourir et qu'à bord on ne vous aperçoit pas, vous serez à ce moment envahi par le désespoir, mais n'y succombez pas, car il est sûr que d'autres avions ou d'autres bateaux viendront. Si le vol s'effectue en spirales de reconnaissance, cela veut dire qu'on vous recherche; c'est alors que vous devez rassembler vos énergies et mettre en pratique vos techniques de survie dans le seul but d'être vu lorsque l'avion réapparaîtra dans le ciel. Rassurez-vous, il reviendra.

Survivre veut dire: "NE JAMAIS ABANDONNER."

Chapitre 2

S'orienter à l'aide d'une carte et d'une boussole

Savoir s'orienter est essentiel et constitue la base de toute action à prendre pour survivre. Il y a chaque année des gens qui se perdent (quelques-uns périssent) faute de cartes topographiques ou, s'ils en détiennent, faute de savoir les utiliser efficacement.

Pour éviter de courir un tel risque, il faut que vous sachiez où vous êtes tout au long de votre trajet. Il est évident que vous ne pouvez garder en votre possession toutes les cartes des territoires parcourus (surtout quand il s'agit de celles d'un pays étranger), mais il vous sera quand même possible de vous orienter en ne perdant pas la direction dans laquelle vous avez prévu vous diriger et en sachant dans (ou au-dessus de) quelle région vous vous déplacez.

Si vous devez abandonner un navire ou un avion en mer, essayez de déterminer votre latitude et votre longitude, d'établir la différence entre la position nord vrai et nord magnétique, de situer la rive la plus rapprochée et de trouver la direction du vent et des courants marins ainsi que la route de navigation la moins éloignée.

Si vous êtes passager sur une ligne commerciale (aérienne ou océanique) et que vous vous trouvez dans une situation de survie, le capitaine et son équipage, prenant automatiquement la situation en main, pourraient bien vous conseiller de ne pas vous inquiéter et de suivre leurs recommandations. Faites-leur alors remarquer que si quelque chose devait leur arriver, il serait essentiel que les passagers soient informés des mesures à prendre pour assurer leur sauvegarde.

Si vous allez en safari, demandez à votre guide de vous tenir au courant de tous vos déplacements, de vous indiquer où vous vous trouvez et où vous vous dirigez. Revoyez souvent avec lui les cartes topographiques afin qu'il vous montre le chemin parcouru. Il est nécessaire de prendre ces précautions, car vous pourriez éventuellement vous retrouver sans guide.

Comment lire une carte

La plupart des gens prétendent savoir lire une carte et ils ont partiellement raison. Mais une carte contient une multitude d'informations qu'un oeil non averti ne saurait déceler. De fait, l'interprétation d'une carte peut faire l'objet d'une étude difficile, souvent fascinante mais beaucoup trop complexe pour être résumée ici, même dans ses grandes lignes. Nous ne présenterons donc qu'une explication sommaire sur l'art de lire et de déchiffrer les cartes. Elle portera sur les rapports d'une carte avec les coordonnées géographiques ou les lignes de latitude et de longitude ainsi que sur l'usage d'une boussole, seule ou en relation avec une carte.

L'armée ainsi que la marine américaine offrent à leur personnel des cours d'interprétation de cartes (certains de ces cours s'étendent sur une période de huit semaines, ce qui nous donne une idée de la complexité du sujet). La plupart des textes utilisés sont disponibles au grand public. Pour obtenir de plus amples informations sur l'interprétation des cartes, écrivez à: OFFICE OF INFORMATION, DEPT. OF THE NAVY; WASHINGTON D.C. 20350, ou à : OFFICE OF THE CHIEF OF INFORMATION, DEPT. OF THE ARMY, FM 21 — 76, GOVERNMENT PRINTING OFFICE.

Qu'est-ce qu'une carte?

Une carte permet de visualiser une partie de la surface du sol tout comme un oiseau la voit en vol (voir illustration 2-1). Il est certain qu'avec les variations d'angles et de distances un oiseau peut percevoir toutes les caractéristiques du sol dans leurs vraies perspectives, positions et formes. Conséquemment, les cartes sont conçues en fonction des exigences de leurs usagers.

Par exemple, un chauffeur de camion n'a pas besoin d'une carte montrant tous les bâtiments ou, encore, la profondeur des rivières qu'il rencontrera. Si les routes sur sa carte lui paraissent souvent plus grandes et plus larges que les villes qu'elles sillonnent, le chauffeur de camion accepte ces irrégularités parce qu'ainsi la carte répond mieux à ses besoins.

Les cartes routières

Ces cartes, appelées plus justement "cartes planimétriques", sont particulièrement utiles quand on veut se rendre d'un point à un autre en suivant des voies de communication déjà établies. Dans une situation de survie, elles ne sont pas des plus utiles mais mieux vaut cela que rien du tout. Les cartes routières sont orientées d'après les points cardinaux qui vous aideront à trouver l'approvisionnement en eau le plus rapproché et la prochaine région habitée. En vous guidant sur l'échelle des distances, vous verrez l'étendue du trajet que vous aurez à parcourir pour atteindre votre but. Plus important encore, ces cartes vous indiqueront le chemin le plus rapide pour atteindre les routes et les autoroutes ce qui augmentera ainsi vos chances d'être secouru. Lorsque vous vous perdez, essayez d'atteindre une croisée de chemins ou une intersection; vous aurez ainsi plus de chances de voir passer une voiture ou un camion...

Les cartes marines

Il existe des "cartes de navigation" indiquant la profondeur de l'eau, les passages navigables, les bouées et autres indications. Puisqu'elles n'incluent presque pas de données sur le littoral, elles s'avèrent inutiles pour une expédition terrestre mais demeurent vitales pour la navigation côtière et les voyages en mer.

Les pilotes d'avion emploient un autre type de cartes marines qui indiquent l'emplacement des aéroports, les en-

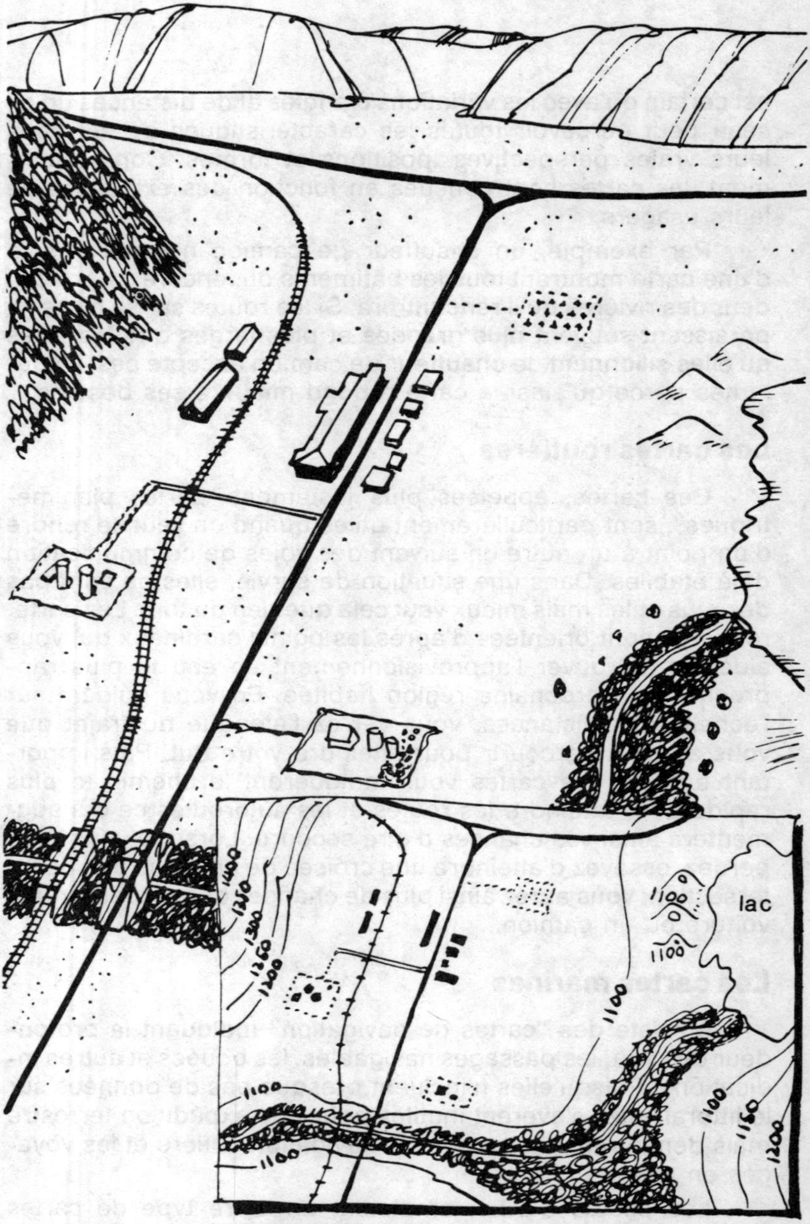

Illustration 2-1 Région vue à vol d'oiseau et carte (insérée) du même territoire

droits prohibés au trafic aérien et les coordonnées Loran. Quoique ces informations soient essentielles pour le pilote, elles n'importent guère *dans une situation de survie.*

Les informations en marge

On s'aventure à assembler un meuble acheté en pièces détachées sans avoir d'abord lu les instructions qui l'accompagnent. Il en va de même pour les cartes, qui comportent une série d'instructions appelée informations en marge. On retrouve ces informations sur toutes les cartes topographiques et elles en expliquent les symboles. Elles comportent également une échelle de conversion: distances sur la carte par rapport aux distances sur le sol(voir illustration 2-2). Ces notes en marge peuvent constituer un élément essentiel à votre survie.

Les symboles topographiques sont habituellement imprimés en différentes couleurs pour ainsi faciliter l'identification de toutes les particularités. Les couleurs varient selon les types de cartes. En général, sur les cartes topographiques classiques et à grande échelle, chacune des couleurs se rapporte à l'une des caractéristiques suivantes.

Noir: la majorité des caractéristiques résultant de travaux et d'entreprises humaines.

Bleu: l'eau, les lacs, les rivières, les marécages et la mer.

Vert: les étendues couvertes de végétation comme les forêts, vergers et vignobles.

Brun: tous les reliefs, incluant les contours des niveaux d'élévation.

Rouge: les routes principales, les agglomérations et les particularités spécifiques du terrain.

Les niveaux d'élévation sont indiqués par des lignes brunes qui en dessinent les contours. La hauteur de cette élévation est indiquée par un chiffre situé sur une des lignes les plus prononcées (appelée "courbe de niveau"). Ce chiffre exprime des pieds ou des mètres et indique l'élévation audessus du niveau de la mer de chacun des points de la courbe de niveau. En remontant la pente d'une élévation, vous trouverez les chiffres à toutes les lignes. On vous indiquera au bas de la carte si elle est marquée en pieds ou en mètres. On ap-

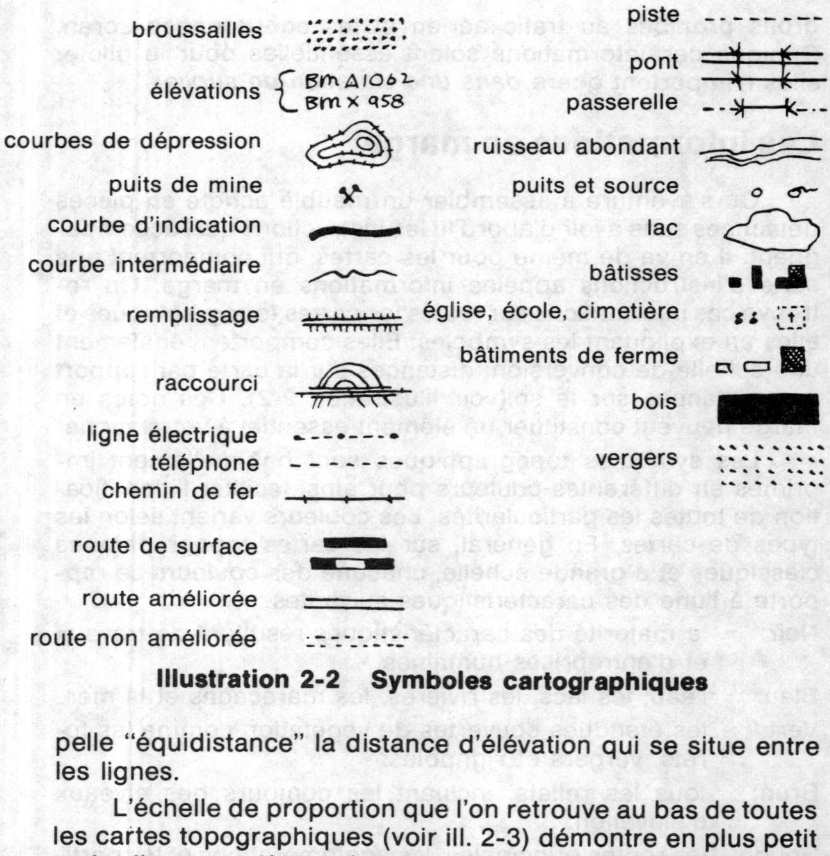

Illustration 2-2 Symboles cartographiques

pelle "équidistance" la distance d'élévation qui se situe entre les lignes.

L'échelle de proportion que l'on retrouve au bas de toutes les cartes topographiques (voir ill. 2-3) démontre en plus petit mais d'une manière précise et dans sa juste proportion les plans levés sur le terrain. Par exemple, si la carte indique que son échelle est I:50 000, cela signifie qu'une unité de mesure, exprimée sur la carte (soit en pieds, en verges ou en mètres) représente, sur le sol, une distance 50 000 fois plus grande.

En outre, les lignes graduées de l'échelle de proportion indiquent les verges, les milles ou les mètres et permettent de mesurer la distance réelle entre deux points. La ligne graphique inclut habituellement les distances subdivisées, à gauche de l'échelle principale, pour permettre d'évaluer les courtes distances; c'est ce qu'on appelle l'échelle d'extension.

ÉCHELLE DE PROPORTION

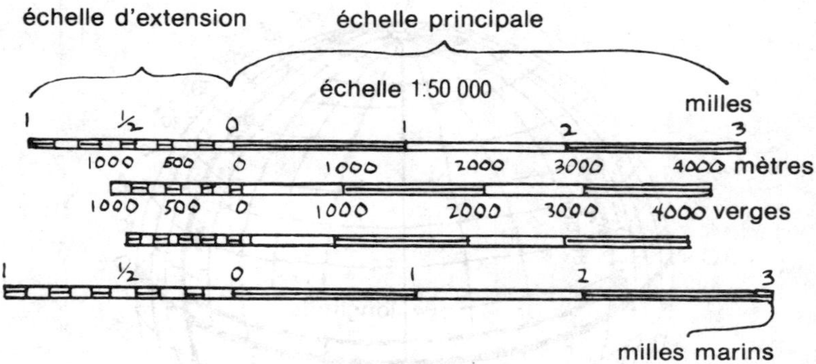

Illustration 2-3

On peut se procurer les cartes topographiques pour les États-Unis en s'adressant au U.S. Geological Survey. Pour les régions situées à l'est du Mississippi, écrivez au U.S.G.S., Washington D.C. 20244. Quand il s'agit des régions situées à l'ouest du Mississippi, écrivez au U.S.G.S. Federal Center, Denver, CO. 80225.

Afin d'obtenir rapidement une carte topographique de l'Alaska, écrivez à U.S.G.S. 520 Illinois Street, Fairbanks, Al 99701. Le Service national des forêts produit également d'excellentes cartes topographiques des régions tombant sous sa juridiction et on peut les obtenir des bureaux régionaux du Service des forêts ou directement des quartiers généraux de ce même service, à Washington D.C. 20250. Pour obtenir des cartes topographiques du Canada, on doit s'adresser au Bureau de distribution des cartes, ministère des Mines et des Services techniques, Ottawa, Ontario.

Beaucoup d'autres pays offrent des services analogues. Les pays d'expression anglaise basent leurs coordonnées graphiques sur un méridien premier passant par Greenwich, Angleterre, tandis que d'autres pays utilisent une ligne passant à travers leurs capitales ou encore sur le site d'un observatoire astronomique. Avant d'en citer quelques exemples, nous devons d'abord expliquer comment sont conçues les coordonnées géographiques.

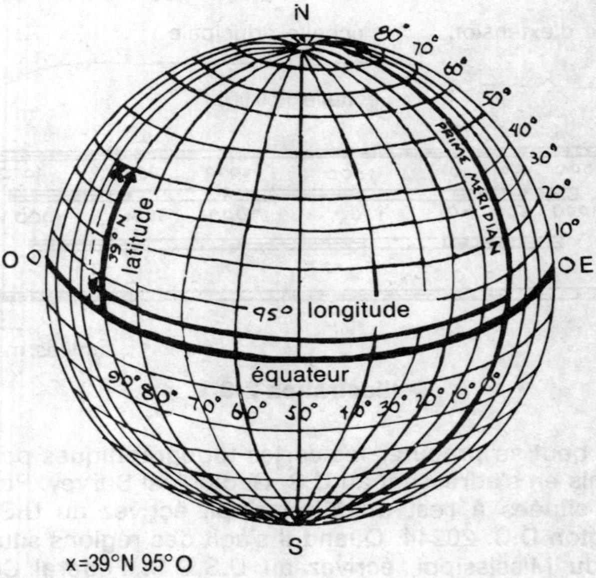

Illustration 2-4 Latitude et longitude

Les coordonnées géographiques

Si nous dessinons une série de lignes parallèles à l'équateur allant de l'est à l'ouest autour de la terre, ainsi qu'une autre série de cercles allant du nord au sud en traversant l'équateur à angle droit et convergeant aux cercles polaires nous formons alors un réseau de lignes de références qui nous permettent de repérer n'importe quel point à la surface du globe.

On appelle latitude la distance angulaire (située au nord ou au sud de l'équateur) d'un point à la surface de la terre. Les lignes formant des cercles autour de la terre parallement à l'équateur, sont appelées parallèles de latitude ou parallèles.

Les débutants en cartographie s'embrouillent parfois du fait que même si les lignes de latitude s'étendent de l'est à l'ouest, c'est toutefois entre elles que l'on mesure les distances nord-sud. D'autres cercles imaginaires entourent le globe terrestre et traversent à angles droits les lignes de latitude en rejoignant les pôles, et sont appelés les méridiens de longitude ou méridiens. Les lignes de longitude vont du nord au sud, mais c'est entre ces dernières que l'on mesure les distances est-ouest.

Les coordonnées géographiques sont exprimées en mesures angulaires. Chaque cercle est divisé en 360 degrés, chaque degré en 60 minutes et chaque minute en 60 secondes. Le degré est symbolisé par °, la minute par ', et la seconde par ". La numérotation des parallèles de latitude commence à l'équateur à 0°. Elle va jusqu'à 90° latitude nord et jusqu'à 90° latitude sud.

La latitude peut avoir la même valeur numérique tant au nord qu'au sud de l'équateur; la direction N ou S sera donc toujours indiquée. Les lignes de longitude commencent au premier méridien à 0°, et se mesurent tout autant vers l'est que vers l'ouest autour de la terre. Les lignes à l'est du premier méridien sont numérotées jusqu'à 180° et forment la longitude est; les lignes à l'ouest du premier méridien sont également numérotées jusqu'à 180° et deviennent la longitude ouest. La direction E ou O [1] sera toujours indiquée. Quand on fait référence à la ligne directement opposée au premier méridien soit le 180°, ou peut vouloir indiquer tout autant la longitude est que la longitude ouest. Par exemple, le "X" dans l'illustration 2-4, représente un point situé à 39 latitude nord et 95 longitude ouest; donc, cette dernière localisation se lira 39° nord 95° ouest. La lattitude est toujours indiquée en premier lieu.

Les valeurs des coordonnées géographiques exprimées en unités de mesure angulaire deviendront plus significatives lorsqu'elles seront comparées à des unités de mesure qui nous sont plus familières. À un point donné de la terre, la distance représentée par 1 degré de latitude est d'environ 111

---

(1) Même sur les cartes françaises, on emploie souvent la lettre W pour désigner l'ouest.

kilomètres (69 milles); celle représentée par 1 seconde est approximativement égale à 30 mètres (100 pieds).

La distance au sol indiquée par 1 degré de longitude à l'équateur est également 111 kilomètres (69 milles) mais elle diminue à mesure que l'on va vers le sud ou vers le nord pour finalement se réduire à zéro en atteignant les pôles. À titre d'exemple, 1 seconde de longitude représente environ 30 mètres (100 pieds) à l'équateur; par contre, 1 seconde de longitude devient approximativement 24 mètres (78 pieds) à la latitude de Washington, D.C.

Tel que mentionné plus tôt, les valeurs de longitude des cartes conçues par certains pays ne sont pas basées sur un premier méridien passant par Greenwich, Angleterre. Vous pourrez voir ci-après un tableau des premiers méridiens utilisés par ces autres pays. Les cartes conçues aux États-Unis indiqueront habituellement la différence entre le méridien utilisé par ces autres pays et celui de Greenwich. Pour convertir ces cartes au méridien de Greenwich, vous devez additionner ou soustraire (selon que vous êtes à l'est ou à l'ouest de la ligne de Greenwich) les distances suivantes:

	°	'	"	
Amsterdam, Hollande	4	53	01	E
Athènes, Grèce	23	42	59	E
Batavia (Djakarta), Indonésie	106	48	28	E
Berne, Suisse	7	26	22	E
Bruxelles, Belgique	4	22	06	E
Copenhague, Danemark	12	34	40	E
Djakarta, voir Batavia				
Ferro, Îles Canaries	17	39	46	O
Helsinki, Finlande	24	57	17	E
Istanbul, Turquie	28	58	50	E
Lisbonne, Portugal	9	07	55	O
Madrid, Espagne	3	41	15	O
Oslo, Norvège	10	43	23	E
Paris, France	2	20	14	E
Pulkovo, U.R.S.S.	30	19	39	E
Rome, Italie	12	27	08	E
Stockholm, Suède	18	03	30	E
Tirane, Albanie	19	46	45	E

Comment orienter une carte

Pour vous situer à l'aide d'une carte, commencez à étudier soigneusement les lieux environnants. Si vous apercevez à proximité quelques collines ou cimes, cours d'eau ou rivières, abris ou constructions comme des granges, des tours ou des chemins de fer, portez votre choix sur deux de ces points remarquables et regardez la région de la carte avec laquelle ils coïncident. Même si toutes les cartes se regardent en plaçant le côté nord dans le haut, tournez quand même la vôtre dans tous les sens jusqu'à ce que les concordances topographiques puissent correspondre à votre position. Si les coordonnées géographiques correspondent, vous êtes maintenant en mesure d'avancer dans la bonne direction. Voilà ce que l'on appelle "orienter une carte".

Les directions

Dans le langage courant, nous disons à droite, à gauche, droit devant, etc., mais ces directions sont toujours exprimées par rapport à un point donné. Pour bien lire une carte, nous devons opter pour une méthode qui donne non seulement une direction exacte mais qui, de plus, est utilisée partout dans le monde et qui comporte une unité de mesure commune. Donc, les directions se traduisent soit par unités de mesure angulaire, soit par d'autres systèmes de mesure. Le degré (subdivisé en minutes et en secondes) demeure, cependant, l'unité de mesure angulaire la plus usitée.

Sur certaines cartes étrangères, le grade est utilisé comme unité de mesure. Il y a 400 grades dans un cercle complet; un angle droit de 90° égale 100 grades. Le grade se divise en 100 minutes centésimales (centigrades) et la minute en 100 secondes centésimales (milligrades). Cette unité de mesure est employée dans le système métrique.

Afin de mesurer un point quelconque, il faut toujours avoir une mesure de départ, soit le zéro. Pour exprimer une direction en une unité de mesure angulaire, il faut un point de départ (zéro de mesure) ainsi qu'un point de référence. Ces deux points désignent respectivement la base et la ligne de référence. On compte trois lignes de base: le nord vrai, le nord magnétique et le nord de référence. Le magnétique et le nord de référence sont les plus usités; l'un avec la boussole et l'autre avec la carte militaire.

La direction du nord vrai est indiquée par une ligne provenant d'un point quelconque à la surface de la terre et se continuant jusqu'au pôle nord. Toutes les lignes de longitude sont des lignes de nord vrai. Le nord vrai se symbolise habituellement par une étoile.

Le nord magnétique est la direction du pôle nord magnétique telle que l'indique l'aiguille d'un instrument magnétique. Il est symbolisé par une demi-pointe de flèche.

Le nord de référence est identifié par les lignes verticales du grillage d'une carte et peut comporter les lettres GN (grid north) ou la lettre Y.

Pour exprimer une direction, l'azimut demeure encore la méthode la plus courante. Un azimut est l'angle (mesuré dans le sens des aiguilles d'une montre) entre une ligne quelconque et une autre passant par les pôles. Lorsqu'on veut déterminer l'azimut d'un point d'une carte par rapport à un autre, on doit relier ces deux points par une ligne droite et, à l'aide d'un rapporteur, mesurer l'angle entre le nord de référence et cette dernière ligne droite. L'angle ainsi mesuré devient alors l'azimut de référence de la ligne tracée. On considère le point d'origine d'un azimut comme le centre même du cercle de l'azimut.

On nomme les différents types d'azimuts d'après la ligne de base ayant servi à les mesurer; ainsi, nous obtenons l'azimut vrai en utilisant le nord vrai, l'azimut magnétique pour le nord magnétique et l'azimut de référence pour le nord de référence. Conséquemment, nous pouvons dire que n'importe quelle direction pourra s'exprimer de trois manières différentes: un azimut de référence s'il est mesuré sur une carte topographique, un azimut magnétique lorsqu'il est mesuré à l'aide d'une boussole, ou encore, un azimut vrai quand on le mesure à partir d'un méridien de longitude.

Un "azimut inversé" (back azimut), c'est la direction inversée d'un azimut, direction qui se compare à un volte-face. Pour obtenir un azimut inversé d'un azimut tout court, additionnez 180° si l'azimut est de 180° ou moins, ou soustrayez 180° si l'azimut est de 180° ou plus. L'azimut inversé de 180° devient alors 0° ou 360°.

Un diagramme de déclinaison magnétique se retrouve sur la plupart des cartes à grande échelle afin de permettre à l'usager d'orienter la carte adéquatement. Ce diagramme indique la corrélation entre le nord magnétique, le nord de référence et le nord vrai. Sur les cartes à l'échelle moyenne, une note en marge de la carte indiquera l'information de la déclinaison magnétique. La déclinaison, c'est la différence angulaire existant entre le nord vrai d'une part et le nord magnétique ou le nord de référence d'autre part.

La boussole

La boussole que l'on tient dans la main, voilà l'instrument le plus simple et le plus utilisé pour déterminer et mesurer les directions et les angles. Elle se présente en plusieurs variétés et styles qui vont du modèle de poche ou bracelet jusqu'aux plus complexes, d'orientation ou militaires. Toutes les boussoles sont utiles à la navigation de base et toutes doivent comporter un couvercle protecteur pour la vitre.

Le modèle SYLVA est composé d'une aiguille aimantée et d'une bague de graduation mobile fixée à une pièce de plastique rectangulaire et transparente, dont les bords comportent une règle graduée. Une grosse flèche y est imprimée (indicateur de direction).

La boussole à lentille comporte une oreillette à gond métallique contenant une loupe minuscule, laquelle permet de voir les petites marques-degrés lorsque l'on désire se repérer. Le couvercle protecteur de cette boussole est pourvu d'un viseur à guichet, lequel permet d'enligner les points de repère.

N'importe quelle boussole convient à l'orientation de base d'une carte, pourvu qu'elle soit précise et qu'on ne l'utilise pas à proximité d'objets faits d'acier ou de fer ou encore en des terrains riches en magnétite (sorte de minerai de fer).

Puisque toutes les boussoles indiquent le nord magnétique et non pas le nord vrai, toutes les cartes comprennent une indication des différences (appelée déclinaison) entre le nord magnétique et le nord de référence pour les endroits qu'elles représentent. Cette déclinaison varie, naturellement,

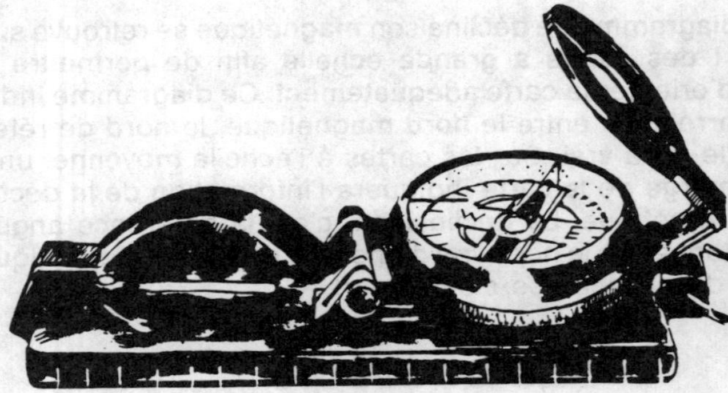

boussole militaire

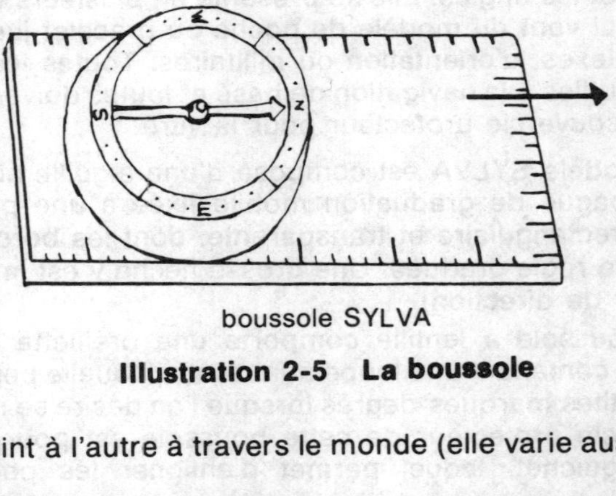

boussole SYLVA

Illustration 2-5 La boussole

d'un point à l'autre à travers le monde (elle varie aussi dans le temps).

À titre d'exemple, aux États-Unis, en 1980, le relèvement nord vrai chevauche le relèvement nord magnétique sur une ligne s'étendant, grosso modo, de la haute péninsule du Michigan, passant par Chicago, jusqu'au sud de la pointe de la Floride. N'importe où, à l'est ou à l'ouest de cette ligne, vous devez compenser pour le nord vrai, en additionnant ou en soustrayant le nombre de degrés requis, tout comme l'indique votre carte. Alors que de telles compensations ne sont habituellement pas nécessaires sur de courtes randonnées, des ajustements appropriés entre cartes et boussole deviennent indispensables dans le cas d'une expédition prolongée, par exemple dans le nord-ouest du Pacifique là où les relèvements de la boussole magnétique se situent en certains endroits à plus de 20° à l'est du nord vrai.

Il n'en coûte que cinquante sous, environ, pour obtenir un graphique isogone ou de déclinaison des États-Unis (graphique No. 3077). Écrire à l'adresse suivante: U.S. Coast And Geodetic Survey, Distribution Divison C 44, Washington, D.C. 20235.

La carte et la boussole sont d'usage simple et facile puisqu'il ne s'agit en somme que de déterminer où vous êtes et où vous désirez aller. Même si votre parcours se trouvait bloqué par un marais ou un marécage qui ne serait pas clairement indiqué sur la carte, il vous suffirait de contourner l'obstacle en effectuant trois virages à angle droit pour vous retrouver de l'autre côté de celui-ci et de nouveau sur le même trajet.

Rarement aurez-vous à parcourir de grandes distances sans apercevoir un point de repère coïncidant avec les indications de votre carte. Votre habileté à utiliser les points de référence ne se verrait gênée qu'en forêt profonde ou dans la jungle. Il serait peut-être alors nécessaire de grimper au sommet de l'arbre le plus haut afin de repérer une montagne éloignée au autre chose du genre. Incidemment, il reste difficile, même au-dessus du feuillage de la jungle, d'y distinguer rivières et cours d'eau, et cela, à cause de la hauteur uniforme et de la végétation très luxuriante de ces forêts. Pour cette raison et beaucoup d'autres, lorsque vous découvrez une rivière dans la jungle, ne la quittez plus puisqu'elle devient pour vous une source d'eau et de nourriture ainsi qu'un moyen d'orientation de base.

La triangulation consiste tout simplement à vous situer vous-même sur la carte en corrélation avec deux points de référence, lesquels doivent être tout de même assez éloignés. Prenez un relèvement de boussole sur le point A puis un autre sur le point B. Transposez ensuite ces relèvements sur votre carte (voir illustration 2-6). L'endroit où vous vous tenez est juste au point de croisement des deux lignes.

La coordination la plus parfaite entre une carte et une boussole n'est requise que lorsque vous effectuez un parcours en zigzag à travers un terrain accidenté. Il est alors néces-

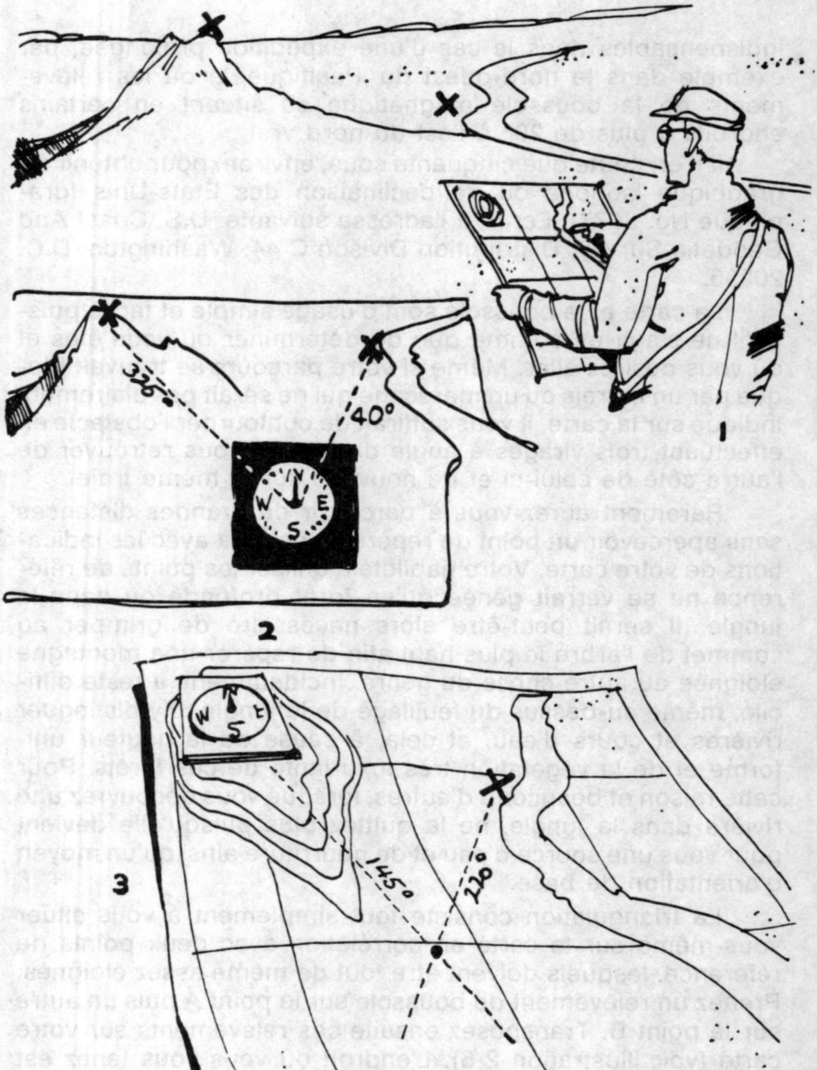

Illustration 2-6 Vous situer par triangulation

saire, après chaque étape en direction d'un point donné, de transposer sur la carte le nombre de vos pas en assumant une longueur de 30 pouces pour chacun d'eux. L'échelle graphique au bas de la carte vous aidera à simplifier la conversion des pas en verges, en mètres ou en milles. Vous devez, cependant, déterminer l'approximation la plus près possible de votre position avant de vous diriger dans une autre direction.

En autant que votre objectif demeure vaste, immense, comme, par exemple, une route traversant à angle droit la direction de votre parcours, il n'est pas essentiel d'y aller d'une infinie précision. Toutefois, si vous essayez de trouver une cabane dans une forêt profonde ou une crête parmi cent autres, une erreur, ne serait-elle alors que de quelques verges au départ, vous éloignerait du but à atteindre de plusieurs milliers de verges, et cela, après avoir parcouru une distance relativement courte. Donc, entreprenez chacune des étapes d'une marche à la boussole avec le plus de rigueur possible.

Ne surestimez pas votre capacité de progression en terrain accidenté. Quoique vous puissiez courir le mille en huit minutes ou le marcher en quinze, considérez-vous heureux de couvrir la même distance en une heure alors que vos épaules ploient sous un lourd havresac et qu'il vous faut gravir les montagnes et enjamber les arbres tombés. Raison de plus pour utiliser cartes et boussole et bien régler votre marche. Ils sont nombreux ceux qui partent en excursion le matin pour revenir épuisés et fourbus l'après-midi. Ils peuvent s'approcher correctement du campement, mais s'en détourner, alors qu'arrivés à quelques centaines de verges de la clairière, ils sont convaincus alors d'avoir dépassé leur objectif.

Chapitre 3

S'orienter sans carte ni boussole

Vous pourriez vous trouver perdu sans carte ni boussole, ou encore dans un endroit riche en oxyde de fer ou dans une région polaire, là où une boussole ne saurait vous être utile. Si vous êtes au dessus de 60° de latitude dans l'hémisphère nord, les ministères de la Défense tant du Canada que des États-Unis exhortent à demeurer sur les lieux et attendre d'être repéré par les équipes de secours. Ne quittez pas ces lieux à moins de pouvoir vous situer et d'être certain d'atteindre un village accueillant en suivant le cours d'une rivière toute proche. La présence et l'emplacement de tous les avions et des équipes terrestres des régions polaires restent sous le contrôle d'une multitude d'agences, aussi bien gouvernementales qu'étrangères, et toutes irrégularités ou appels de détresse déclenchent rapidement des expéditions de recherche et de secours.

Cependant, en d'autres circonstances ou en d'autres parties du monde, il serait logique et normal d'essayer de rejoindre la civilisation au lieu d'attendre béatement que celle-ci vienne à vous. Mais ce faisant, prenez garde de vous égarer à nouveau. Sachez comment revenir sur vos pas et regagner votre point de départ. Ne vous déplacez qu'à bon escient et avec exactitude dans une direction que vous aurez choisie. Au chapitre suivant, vous apprendrez comment avancer dans la bonne direction en terrain accidenté. Mais avant de vous mettre en route, vous devrez d'abord décider et convenir de la

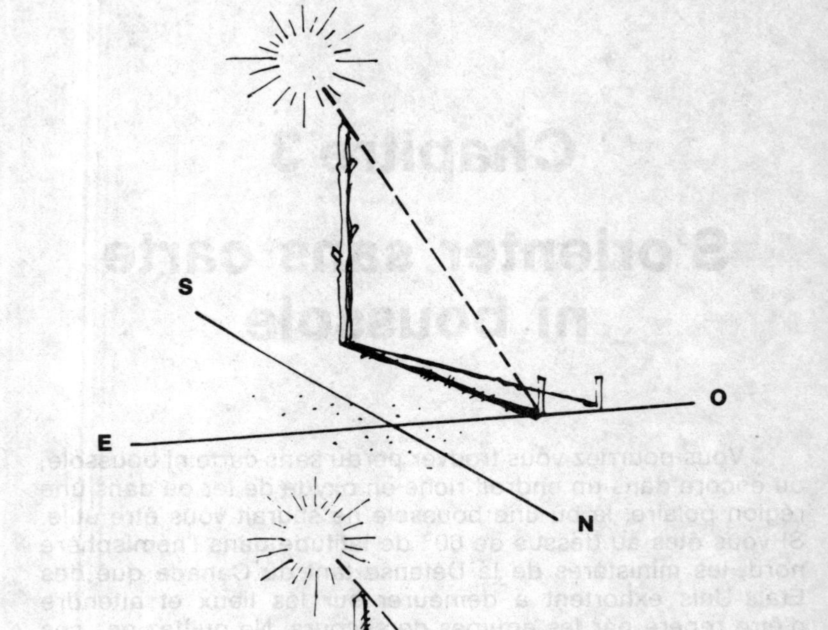

Illustration 3-1 Comment déterminer la direction et l'heure du jour selon la projection de l'ombre

direction à prendre et répéter ceci à intervalles réguliers tout au long de votre trajet. Pour ce faire, il est fondamental et primordial de repérer les quatre points cardinaux. Il existe plusieurs manières d'y parvenir sans l'aide d'une boussole.

Trouver une direction durant le jour

Le soleil

Souvenez-vous que le soleil se lève à l'est (mais rarement plein est) et qu'il se couche à l'ouest (rarement plein ouest), c'est-à-dire qu'il se lève légèrement au sud de l'est et se couche légèrement au nord de l'ouest, et la déclinaison ou l'angle de variation diffère avec les saisons. Par ailleurs, n'oubliez pas que la façon de vous diriger dépend du but que vous avez à atteindre. Si vous désirez atteindre un point ou un emplacement bien spécifique, vous devez déterminer votre direction de façon précise en vous basant sur le nord vrai, le nord magnétique ou le sud. Mais s'il ne s'agit pour vous que de maintenir une direction, l'arc du soleil devient alors votre meilleur point de référence. En utilisant les méthodes suivantes, essayez de vérifier votre direction au moins une fois par jour.

La méthode de projection de l'ombre

1) Dans un endroit dégagé, fichez en terre un bâton ou une branche de longueur convenable. Une ombre bien définie sera projetée sur le sol; marquez la position du haut de cette ombre à l'aide d'une pierre ou d'un petit piquet.
2) Attendez que le bout de l'ombre se soit déplacé de quelques pouces. Si votre bâton mesure 3 pieds de hauteur, cela prendra environ 15 minutes. Plus le bâton sera long, plus l'ombre voyagera rapidement. Marquez, alors, cette dernière position de l'ombre comme vous l'avez fait pour la première.

3) Tirez une ligne droite sur les deux marques: Vous aurez ainsi tracé approximativement une ligne est-ouest. La première ombre pointe toujours vers l'ouest tandis que la seconde se dessine vers l'est quelle que soit l'heure et l'endroit dans le monde.
4) Une autre ligne, traversant à angle droit et en n'importe quel point le tracé est-ouest vous indiquera d'une manière approximative le nord et le sud et vous aidera à vous orienter dans toutes les autres directions.

Penchez le bâton dans le but d'obtenir une ombre plus adéquate (grosseur ou direction); ceci n'altère en rien l'exactitude de la méthode de l'ombre projetée. C'est donc dire qu'une personne voyageant en terrain incliné ou fortement boisé n'aurait pas à perdre un temps précieux pour trouver un endroit à peu près de niveau. Un tout petit espace plat sur le sol, grand comme la main, voilà tout ce qu'il faut pour utiliser la méthode de l'ombre projetée; et la base du bâton peut y être placée aussi bien au-dessus ou en-dessous que d'un côté ou de l'autre. Tout objet stationnaire tel le bout d'une branche conviendra autant qu'un bâton fiché en terre puisqu'il ne s'agit en somme que de marquer le bout de l'ombre.

L'heure du jour et la méthode de l'ombre projetée

Il est important de pouvoir déterminer l'heure afin d'être à temps à un rendez-vous, pour mener à bien une action concertée et convenue par des personnes ou groupes séparés, pour se faire une juste idée du temps de clarté dont on dispose et pour bien d'autres raisons encore. En plein midi, l'heure indiquée par l'ombre projetée se rapproche beaucoup de l'heure marquée par une horloge conventionnelle mais l'espacement des autres heures, comparativement à l'heure classique, varie quelque peu selon la date et le lieu.

Pour connaître l'heure, fichez un bâton en terre à l'intersection des deux lignes est-ouest et nord-sud que vous aurez tracées selon la méthode exposée dans les paragraphes précédents. Partout dans le monde, la partie ouest de la ligne est-ouest indique 6 heures du matin, tandis que la partie est de la même ligne nous parle de 6 heures de l'après-midi (18 heures).

La ligne nord-sud devient maintenant la ligne de midi. L'ombre du bâton indique l'heure en se basant sur la ligne de midi et sur la ligne de 6 heures. Selon votre emplacement et la saison, l'ombre peut se déplacer soit dans le sens des aiguilles d'une montre soit dans le sens inverse, mais cela ne doit pas changer votre façon de lire le cadran solaire (Shadow-clock).

Un cadran solaire n'est pas un chronomètre. Il marque douze heures "inégales" le long du jour mais indique sans faute 6 heures au lever du soleil et 6 heures à son coucher. Il faut cependant dire qu'il fournit un moyen satisfaisant de savoir l'heure à défaut de montres bien réglées.

Si vous avez une montre, le cadran solaire peut être utilisé pour "mettre en réserve" la direction. Réglez alors votre montre sur l'heure indiquée par l'ombre projetée. Ensuite, utilisez votre montre selon la méthode décrite plus bas. Ce procédé évite l'attente de dix à quinze minutes que requiert la méthode de l'ombre projetée et vous permet, ainsi, de prendre autant de relevés instantanés que nécessaire *pour ne pas tourner en rond*. Après avoir marché durant une heure environ, prenez un relevé de l'ombre projetée et réglez votre montre à nouveau, s'il y a lieu. La direction obtenue par cette méthode modifiée de l'emploi de la montre demeure la même que celle donnée par l'ombre projetée, c'est-à-dire que ces deux méthodes fournissent le même degré d'exactitude.

La bonne direction à l'aide d'une montre

On peut utiliser une montre pour déterminer approximativement le nord vrai ou le sud (voir ill. 3-2). Ce n'est que dans la zone tempérée du nord que l'aiguille des heures pointe vers le soleil. Lorsque vous vous demandez à quel bout de la ligne se situe le nord, rappelez-vous que le soleil se trouve à l'est dans l'avant-midi et à l'ouest dans l'après-midi.

La montre peut également être utilisée pour indiquer la direction à l'intérieur de la zone tempérée du sud, mais la méthode diffère. Ainsi le chiffre 12 marquant midi sera pointé vers le soleil plaçant la ligne nord à mi-chemin entre le chiffre "12" et l'aiguille des heures. À l'heure avancée (été), la ligne nord passera à mi-chemin entre l'aiguille des heures et le chiffre "1". Dans les deux hémisphères, les zones tempérées s'étendent de la latitude 23 1/2° à la latitude 66 1/2°.

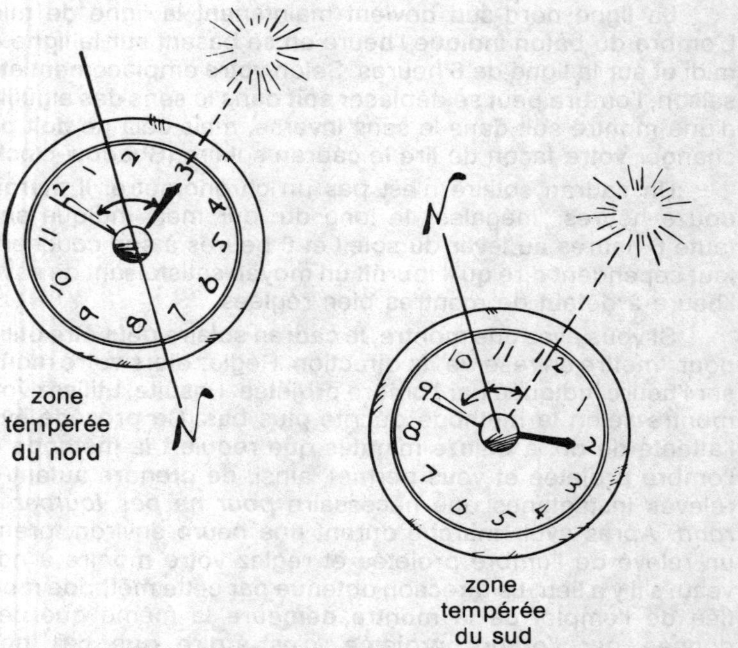

Illustration 3-2 Établie à l'aide d'une montre

La méthode de la montre peut se révéler hasardeuse, plus particulièrement dans les basses latitudes, et vous amener alors à tourner en rond. Pour éviter cela, faites un cadran solaire et réglez votre montre sur celui-ci. Après une heure de parcours, prenez un autre relevé de cadran solaire et, si nécessaire, réglez votre montre à nouveau.

La direction et la méthode de l'ombre également répartie

Cette variante de la méthode de l'ombre projetée (voir illustration 3-3) s'avère plus exacte et peut être utilisée sur toutes les latitudes situées à moins de 66° et en tout temps.

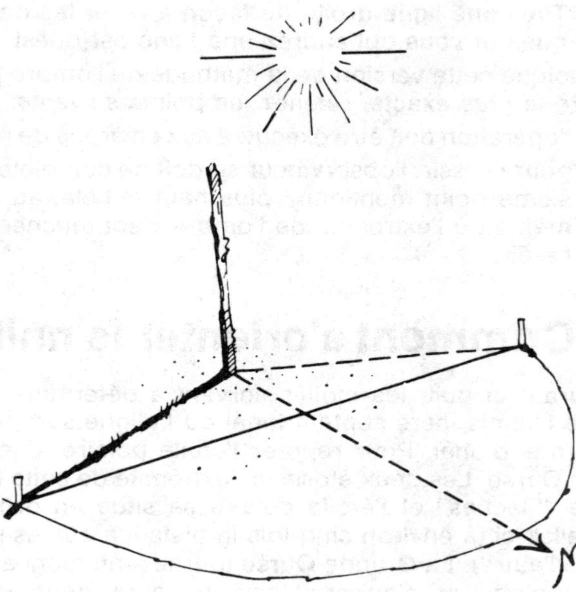

Illustration 3-3 Direction d'après la méthode de l'ombre également réparti

1) Là où le sol est assez bien nivelé, fichez verticalement en terre un bâton ou une branche de manière à ce qu'une ombre d'au moins 12 pouces de longueur soit projetée sur le sol. Ensuite, marquez d'une pierre ou de tout autre objet l'extrémité de l'ombre. Cela doit s'accomplir 5 à 10 minutes avant midi (heure solaire).
2) À l'aide d'une corde, d'un lacet de soulier ou d'un autre bâton, tracez un arc de cercle en vous guidant sur la longueur de l'ombre pour en déterminer le rayon; la base du bâton vous indiquera le centre.
3) L'ombre raccourcira à l'approche de midi tandis qu'après midi, elle s'allongera pour aller croiser l'arc de cercle que vous aurez tracé. Marquez l'endroit où le bout de l'ombre viendra une seconde fois toucher l'arc.

4) Tirez une ligne droite de façon à relier les deux marques et vous obtiendrez une ligne est-ouest.

Quoique cette version de la méthode de l'ombre projetée demeure la plus exacte, retenez les points suivants:

— l'opération doit être exécutée aux environs de midi;

— pour réussir, l'observateur se doit de compléter le troisième point mentionné plus haut et cela, au moment même où l'extrémité de l'ombre vient toucher l'arc de cercle.

Comment s'orienter la nuit

Durant la nuit, les étoiles servent à déterminer la ligne nord de l'hémisphère septentrional ou la ligne sud de l'hémisphère méridional. Pour repérer l'étoile polaire, cherchez la Grande Ourse. Les deux étoiles à l'extrémité de cette figure se nomme "Flèches" et l'étoile polaire se situe en droite ligne avec celles-ci (à environ cinq fois la distance qui les séparent l'une de l'autre). La Grande Ourse tourne lentement autour de l'étoile polaire et n'apparaît pas toujours dans la même position.

La constellation Cassiopée peut également être utilisée aux mêmes fins. Ce groupe composé de cinq étoiles brillantes prend la forme d'un "M" placé de travers (ou d'un "W" quand il est bas dans le ciel). L'étoile polaire se trouve bien alignée sur l'étoile centrale de cette constellation et elle se trouve à peu près à la même distance que celle qui la sépare de la Grande Ourse. Cassiopée tourne elle aussi lentement, autour de l'étoile polaire et reste toujours presque vis-à-vis la Grande Ourse. Cette position en fait une aide précieuse lorsque la Grande Ourse est basse dans le ciel ou lorsqu'elle est cachée par la végétation ou par une élévation.

Au sud de l'équateur, la constellation de la Croix du Sud vous aidera à situer la direction du sud et, de là, toutes les autres directions. Ce groupe, composé de quatre étoiles brillantes, prend la forme d'une croix penchée dont les deux étoiles de l'axe le plus long portent, elles aussi, le nom de "Flèches". En partant du pied de la croix, imaginez un point éloigné de quatre fois et demie la longueur de cette croix. Ce

hémisphère septentrional

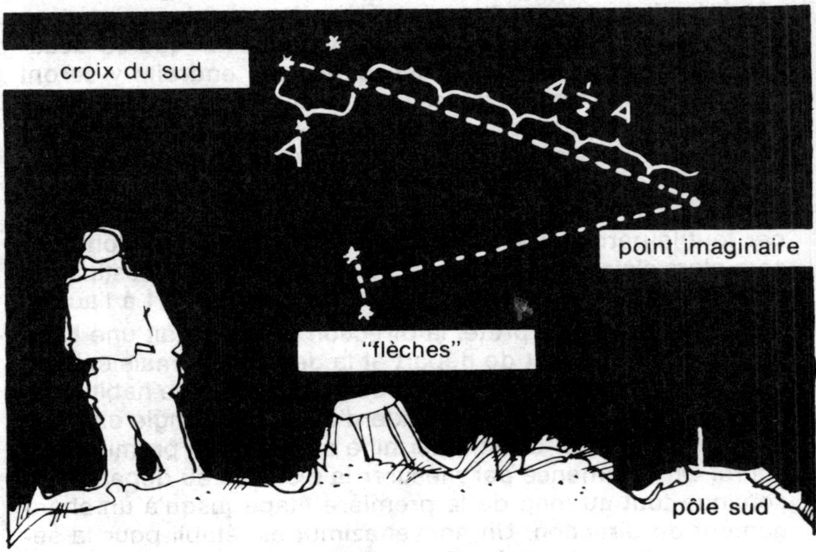

hémisphère méridional

Illustration 3-4 Comment s'orienter la nuit

dernier point marque la direction sud. De là, dirigez maintenant votre regard jusqu'à l'horizon et choisissez un point de repère.

L'estime

Dans une situation de survie, avant de quitter un emplacement, rappelez-vous qu'il est aussi important de noter le temps de votre parcours que de vous maintenir dans la bonne direction. Un journal suivi et détaillé devient non seulement essentiel au succès d'une navigation à l'estime mais aussi à la survie comme telle. Depuis bien des siècles, les marins utilisent la navigation à l'estime pour diriger leurs navires lorsqu'ils n'aperçoivent aucun rivage ou lorsque le temps est mauvais. Cette méthode s'applique également à la navigation sur terre.

Les déplacements sur terre doivent être soigneusement planifiés. Il faut connaître d'une manière exacte ou, tout au moins, approximative son lieu de départ ainsi que sa destination et, si l'on dispose d'une carte, ces endroits y seront marqués de même que toutes les particularités connues qui se trouvent sur le parcours. Ces dernières, lorsque parfaitement identifiables, deviennent autant de moyens de contrôle. Lorsque vous n'avez pas de carte, le tracé se fait point par point sur une feuille de papier. L'échelle utilisée doit permettre de dessiner tout le parcours sur une même feuille. Une direction nord sera alors clairement établie; le lieu de départ et la destination y seront pointés en relation exacte l'un par rapport à l'autre.

Si le terrain s'y prête, la direction idéale serait une ligne droite reliant le point de départ et la destination mais cela ne peut se faire que très rarement. Le trajet s'effectue habituellement en plusieurs étapes à l'aide d'un azimut (angle exprimé en degrés) et celui-ci est déterminé au début du premier parcours. On commence par mesurer la distance au départ et on continue tout au long de la première étape jusqu'à un changement de direction. Un nouvel azimut est établi pour la seconde étape et la distance est mesurée jusqu'au prochain changement de direction et ainsi de suite. Toutes les données seront scrupuleusement enregistrées et toutes les positions relevées.

Pour établir la distance parcourue sur terre, le "pas" reste la meilleure unité de mesure et il équivaut au pas naturel, soit approximativement 30 pouces. Les pas se comptent habituellement par centaines car les centaines se contrôlent plus facilement: on peut les noter dans un livre; on peut les compter sur les doigts; on peut les symboliser par de petites pierres que l'on glisse dans la poche ou, encore, par des noeuds dans une corde; enfin, on peut les enregistrer à l'aide d'un compteur manuel. Les distances ainsi mesurées ne sont qu'approximatives mais, avec la pratique, elles se font de plus en plus exactes et précises. Pour toute personne se trouvant dans une situation de survie, il importe de déterminer au préalable la longueur moyenne de ses pas en mesurant en pieds ou en pouces la distance parcourue sur dix pas pour la diviser ensuite par dix. Sur le terrain, le compte du pas moyen devra être vérifié à cause des conditions suivantes:

Pentes ou inclinaisons Les pas se font plus longs en descendant et plus courts en montant.

Vents À contre vent, le pas raccourcit et avec le vent, il s'allonge.

Surfaces Sable, gravier, boue et toutes surfaces analogues contribuent à raccourcir le pas.

Éléments Neige, pluie ou glace rendent les pas plus courts.

Vêtements Les vêtements trop lourds raccourcissent les pas; différents genres de chaussures peuvent affecter la traction et, conséquemment, la longueur des pas.

Endurance et résistance Et que dire de la fatigue, qui nous mène à petits pas!

Les points de repère

Un point de repère est tout objet bien défini et situé sur le sol dans la direction que l'on a entrepris de suivre et vers lequel un navigateur se dirige. Il est d'ailleurs plus facile de se déplacer selon un point de repère que de s'orienter constamment à la boussole.

Les points de repère durant le jour

Les points de repère sont évidemment plus visibles durant le jour. Arbres isolés, bâtisses, haute futaie et toute forme se dessinant à l'horizon, voilà autant de bons exemples de points de repère. Même une formation de nuages et la direction du vent deviennent des points de repère quand on peut périodiquement relever leur position en corrélation avec n'importe quelle méthode d'orientation céleste dont nous avons parlé.

Les points de repère durant la nuit

Nous n'avons ordinairement la nuit que les étoiles comme points de repère. À cause de la rotation de la terre, la position des étoiles varie constamment et des vérifications par azimut demeurent nécessaires. La durée du temps effectif alloué entre chacune des vérifications dépend de l'étoile choisie. Une étoile située près de l'horizon nord servira durant une demi-heure. L'étoile polaire est le point de repère idéal puisqu'elle se trouve à moins de 1° en dehors de la ligne du nord vrai; mais au-dessus de 70° de latitude, elle est déjà trop haute dans le ciel pour être utile. Quand on se déplace vers le sud, il faut vérifier l'azimut à toutes les 15 minutes pour une meilleure sécurité. Lorsqu'on se dirige vers l'est ou vers l'ouest, la difficulté de rester dans la ligne de son azimut vient du fait que l'étoile grimpe trop haut dans le ciel ou qu'elle se perd derrière l'horizon ouest plutôt que du fait qu'elle change de position. Dans tous les cas qui précèdent, il est nécessaire d'opter pour une autre "étoile-pilote" lorsque la première devient inutile. Si on utilise les étoiles nord et sud au sud de l'équateur, les directions ci-haut mentionnées seront inversées.

Chapitre 4

Par monts et par vaux...

Comme nous le mentionnons au chapitre précédent, lorsque vous vous retrouvez soudainement perdu, isolé ou victime d'un écrasement d'avion, mieux vaut ne pas quitter les lieux.

Mais lorsque certaines conditions (voir chapitre six) vous amènent à croire qu'il faut vous mettre en marche et partir à la recherche d'eau et de nourriture, vous devrez alors connaître beaucoup de choses concernant les déplacement en régions désertes. Le choix de votre route dépend de votre emplacement, de vos besoins, des conditions atmosphériques et de la nature du terrain. Que vous empruntiez une crête, un cours d'eau, une vallée, une forêt dense ou une région montagneuse, soyez certain de vous engager sur le chemin le plus sûr plutôt que sur le chemin le plus court.

L'allure et le rythme de déplacement

Chaque jour, planifiez et franchissez une étape bien déterminée afin de pouvoir disposer du temps nécessaire à l'établissement d'un campement solide et confortable. Il est impératif de bien dormir et de se reposer en de telles circonstances.

Parmi les facteurs influant sur la vitesse de parcours, mentionnons la température, le soleil, le vent, la pluie, la neige, votre condition physique, la nature du terrain (pente ou inclinaison, fermeté du sol), distance et temps requis (faut-il atteindre un endroit donné dans un temps prescrit?), l'importance de l'équipement transporté (n'apportez avec vous que l'essentiel) et enfin, la quantité d'eau et de nourriture suffisante. Tout au long de votre parcours, chassez et faites des provisions de victuailles afin de réduire le nombre de vos déplacements.

L'orientation

À moins de voyager en forêt dense ou sur la mer, vous pouvez parfois repérer quelques montagnes lointaines afin de vous orienter. Une cime proéminente saurait vous servir de point de repère durant plusieurs jours. Méfiez-vous cependant de l'illusion d'avancer dans une même direction alors qu'en réalité vous pourriez vous en écarter. Suivez une ligne droite et faites en sorte de pouvoir revenir sur vos pas en prenant soin d'aligner deux bornes (arbres et rochers) puis une troisième et d'indiquer leur emplacement d'une marque claire, soit en entaillant un arbre, soit en empilant des pierres chemin faisant. Allez-y de bornes successives et toujours en droite ligne.

Suivez une route directement au pied d'une chaîne d'élévations. Les pistes de chasse, se situant fréquemment sur le dessus de ces crêtes, peuvent servir de sentiers. La végétation y est plus rare et les points de repère plus faciles à distinguer.

Il est bon de se guider sur un cours d'eau puisqu'il nous amène généralement dans une région habitée, nous procure eau et nourriture et nous permet de voyager en bateau ou sur un radeau. Soyez tout de même prêt à passer à gué et à contourner ou à couper à travers l'épaisse végétation bordant le cours d'eau. Si vous suivez une rivière en montagne, les chutes, les falaises et les affluents vous serviront de points de repère. Dans la plaine, les cours d'eau sont généralement sinueux et sont bordés de marécages et remplis d'épaisses broussailles. Ils n'offrent guère de points de repère.

Suivre le littoral, c'est emprunter une route longue et pleine de détours; par contre, le bord de la mer n'est-il pas riche en points de repère qui permettent de se reconnaître, sans compter qu'il peut se révéler une excellente source de nourriture.

Les caractérisques du terrain

Avancer à travers une épaisse végétation

Avec la pratique, on peut se déplacer efficacement à travers les broussailles et la jungle, en écartant prudemment la végétation. Pour ce faire, un vêtement à manches longues préviendra coupures et éraflures.

Afin d'éviter meurtrissures et éraflures, et pour garder votre direction et votre assurance, exercez votre regard et habituez votre oeil à la jungle. Ne vous souciez pas des arbres et des buissons qui sont tout près, mais portez vos yeux au-delà de l'entourage immédiat. Ne regardez pas simplement la jungle mais pénétrez-la du regard. Arrêtez-vous et accroupissez-vous de temps à autre pour mieux voir au ras du sol.

Soyez attentif et vigilant; déplacez-vous lentement et constamment en forêt dense ou dans la jungle, mais arrêtez-vous périodiquement et repérez-vous. Utilisez une machette pour ouvrir le chemin à travers la végétation mais allez-y prudemment. Le bruit voyage très loin en forêt, mais on peut l'atténuer en coupant les plantes grimpantes et les broussailles par des mouvements de bas en haut. Afin de ne pas déloger inopinément fourmis, araignées ou serpents, servez-vous d'un bâton pour écarter la végétation sur votre passage. Ne vous agrippez pas aux broussailles ou aux plantes grimpantes lorsque vous escaladez un versant de montagne: il pourrait s'y trouver des épines tranchantes.

La plupart des animaux de la jungle et de la forêt suivent les pistes de chasse les plus souvent empruntées. Ces pistes sinueuses s'entrecroisent mais elles mènent souvent à une source ou à une clairière. En vérifiant votre orientation, vous déterminerez si ces chemins vous conduisent dans la direction voulue.

Dans plusieurs régions, les lignes électriques et téléphoniques s'étendent sur des milles à travers une campagne presque inhabitée, et le droit de passage, d'ordinaire suffisamment déblayé, permet d'y marcher à l'aise. En suivant ces parcours, soyez prudent lorsque vous vous approchez d'un transformateur ou d'une station de relais puisque des gardiens y sont parfois en faction.

Se déplacer en terrain montagneux

On doit être averti des nombreux dangers que comportent les voyages en montagne ou en toute autre région accidentée. Ce qui vous apparaît à distance comme une longue élévation homogène pourrait bien n'être en réalité qu'une série de crêtes et de vallées. En haute montagne, une étendue de neige ou de glace qui semble continue et facile à traverser dissimule peut-être une descente à pic et profonde de plusieurs dizaines de mètres. Dans les régions montagneuses de la jungle, les arbres qui poussent dans les vallées creusées par les fleuves atteignent de grandes hauteurs et leurs cimes se trouvent à peu près au même niveau que les arbres qui grandissent sur les pentes et les collines, là où l'eau se fait rare; ce nivellement des cimes présente à l'oeil une ligne solide et uniforme. La marche en montagne exige une dépense considérable d'énergie et mieux vaut emprunter une autre route.

En terrain montagneux, suivez les vallées et les élévations. Afin d'économiser temps et force, gardez en marchant le poids du corps directement au-dessus de vos pieds tout en plaçant les talons de vos chaussures bien à plat sur le sol. Cela devient facile quand les pas se font courts et que l'on avance lentement.

Parfois, il faut monter ou descendre une pente raide ou, encore, gravir une falaise. Avant le départ, étudiez soigneusement votre parcours tout en vous assurant des endroits où vous pourrez vous agripper et poser les pieds. Vérifiez chaque prise avant d'y abandonner votre poids, lequel y sera également distribué. Observez les recommandations suivantes:

1) À moins d'y être obligé, ne vous appuyez pas sur des roches branlantes.
2) Avancez constamment, vos jambes poussant votre poids et vos mains gardant l'équilibre; essayez de maintenir trois points de contact; ne bougez qu'une main ou qu'un pied à la fois.
3) En tout temps, faites en sorte de pouvoir vous déplacer dans une direction ou dans l'autre sans danger.

4) Descendez la pente de face le plus longtemps possible; ainsi, vous pourrez mieux voir votre chemin et découvrir les meilleures prises.
5) Dans les pentes abruptes, ne faites vos descentes en rappel que s'il n'y a pas moyen de faire autrement.

L'équipement pour descendre pentes et versants

Lorsque vous avancez en région montagneuse ou sur la neige et la glace, efforcez-vous de trouver ou d'improviser un câble solide ainsi qu'un piolet (hache à glace). Sans cela, il vous sera difficile, voire impossible, de réussir une descente. Si vous le pouvez, utilisez à cette fin les cordages d'un parachute et, en guise de piolet, une solide tige de métal.

La descente rapide en rappel

Faites passer le câble, réparti en deux longueurs égales, autour d'un arbre ou d'un rocher. En vous tenant légèrement de côté, face à l'ancrage, passez ce double câble en arrière de votre dos et en-dessous de vos bras. La main la plus proche de l'ancrage doit guider votre descente tandis que l'autre doit vous retenir. Pour arrêter ou freiner, ramenez cette main vers l'avant de votre corps afin de bloquer le câble. Tout en exécutant ce mouvement, tournez-vous face au point d'attache. Une fois la descente terminée, dégagez le câble en tirant sur une des deux extrémités. N'employez cette technique de rappel que dans un versant d'inclinaison modérée ou une longue pente douce. La descente effectuée selon cette méthode est rapide et facile, tout particulièrement quand le câble est mouillé.

Les déplacements sur les étendues de neige et les glaciers

La manière la plus rapide de descendre une côte enneigée consiste à se laisser glisser sur les pieds tout en utilisant un piolet ou un solide bâton d'environ cinq pieds de longueur pour se soutenir et ralentir sa chute. Le piolet ou le bâton servent également à sonder de terrain afin d'éviter les crevasses meurtrières et traîtresses.

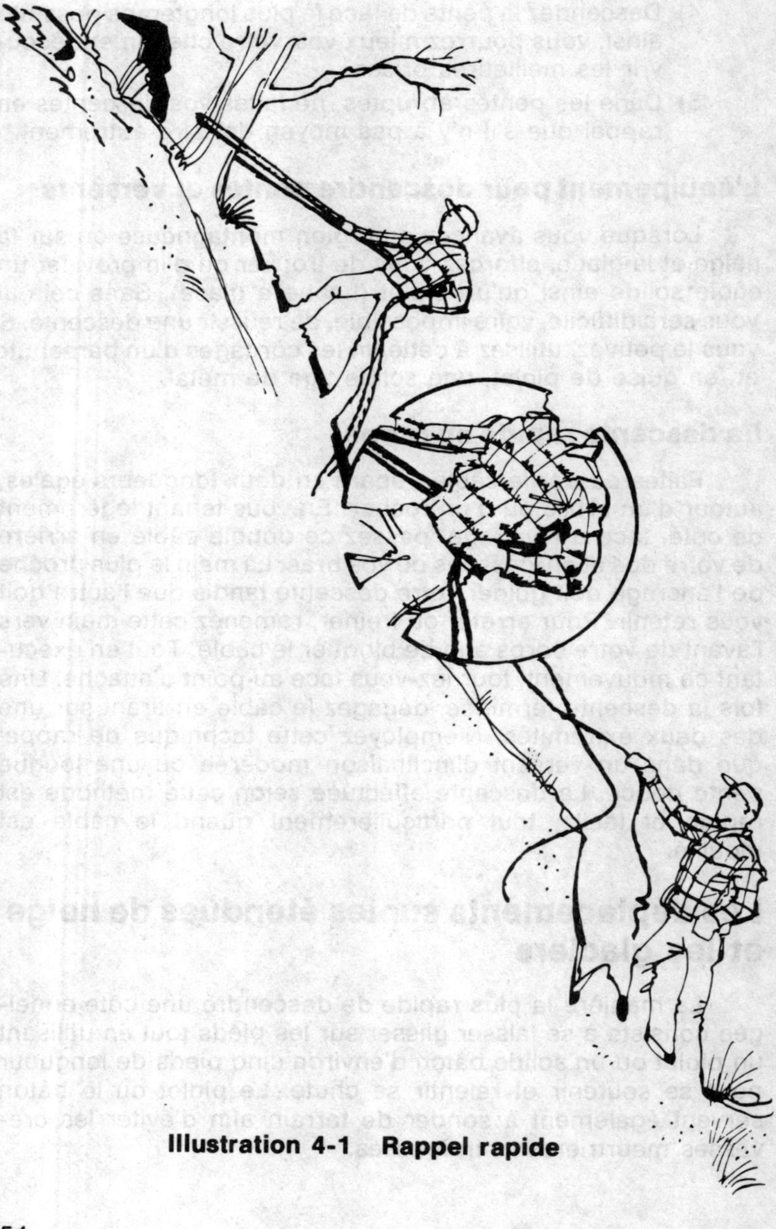

Illustration 4-1 Rappel rapide

Les crevasses traversent généralement un glacier à angle droit de la direction de son écoulement et il est habituellement possible de les contourner puisqu'elles ne s'étendent que très rarement sur toute la largeur du glacier. Si la neige en recouvre la surface, il faut redoubler de prudence et chacun des membres du groupe doit être relié à un câble. Autant que possible, évitez les régions où les crevasses et les glaciers abondent.

Il est plus facile de franchir une pente quand on y enfonce les talons en empruntant un tracé en diagonale. Méfiez-vous tout de même des avalanches, plus particulièrement durant le dégel du printemps ou après une chute de neige abondante. Quand vous avancez dans une région propice aux avalanches, ne restez pas dans la vallée; éloignez-vous du pied d'un versant mais si vous devez marcher sur le flanc de celui-ci, passez le plus haut point possible. Lorsque vous escaladez une pente, montez-la verticalement. Si vous êtes pris dans une avalanche, essayez de vous maintenir au-dessus de la neige en effectuant des mouvements de natation.

La neige poussée par le vent forme des projections en saillie qui surplombent les crêtes et s'ajoutent aux périls déjà nombreux que présente la marche dans les régions montagneuses et enneigées. Ces projections ou corniches ne supporteront pas votre poids. Il est possible de les détecter du côté sous le vent mais lorsque l'on se trouve du côté au vent, on n'aperçoit plus qu'une douce arête emmitoufflée de neige. Suivez la crête sur le côté au vent en marchant le plus au bas possible de la corniche.

Traverser un cours d'eau

À moins de voyager dans le désert, vous aurez très probablement à passer un cours d'eau à gué. Qu'il s'agisse d'un petit ruisseau dans une vallée dont l'eau monte à peine à la hauteur de la cheville ou d'un torrent impétueux, le cours d'eau constitue un obstacle. Une personne sachant franchir un tel obstacle parviendra à traverser les eaux les plus tumultueuses. Cependant, vérifiez toujours la température de l'eau avant de vous y aventurer. Ne passez pas à gué dans une eau trop froide car elle pourrait provoquer un état de choc qui amènerait une paralysie momentanée. Si l'eau est trop froide,

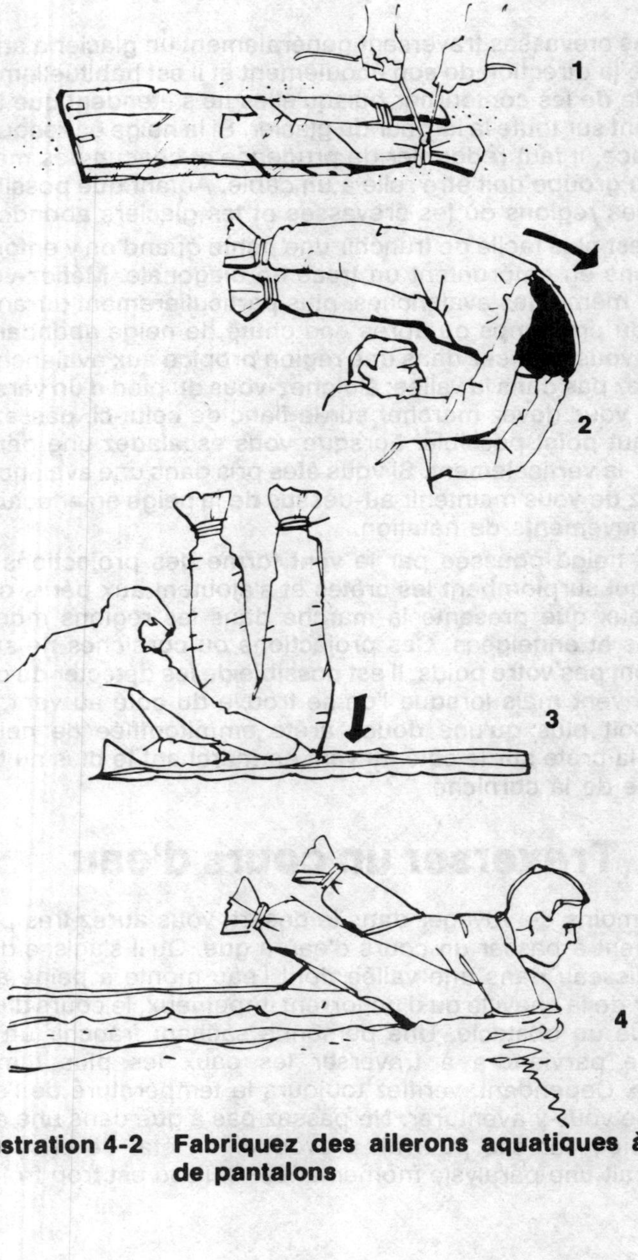

Illustration 4-2 Fabriquez des ailerons aquatiques à l'aide de pantalons

on peut abattre un arbre et le laisser tomber au-dessus du cours d'eau en guise de pont ou bien encore, fabriquer un radeau rudimentaire.

Avant de tenter le passage à gué, montez sur une élévation et examinez la rivière afin de:

1) Vérifier les changements de niveaux là où la rivière se divise en plusieurs canaux.
2) Déceler sur l'autre rive les obstacles qui pourraient entraver la marche et y repérer un endroit où l'on pourra se déplacer avec sûreté et aisance.
3) Découvrir un banc de roches traversant la rivière et indiquant la présence de rapides ou de canyons.
4) Voir s'il ne s'y trouve de hautes futaies indiquant les endroits les plus profonds.

Une fois le point de passage choisi, suivez ces recommandations:

1) Si possible, prenez une trajectoire à travers le courant qui puisse vous conduire à un angle de 45° en amont.
2) N'essayez jamais de passer une rivière à gué directement au-dessus ou à proximité d'un rapide, d'une chute ou d'un trou profond.
3) Traversez toujours à un endroit vous permettant d'aboutir sur une berge où l'eau est peu profonde au cas où vous perdriez pied.
4) Évitez les amoncellements rocheux car une chute, en pareil endroit, pourrait sérieusement vous blesser. Cependant, un rocher isolé vous aidera à traverser puisqu'il atténuera la force du courant et vous offrira un point d'appui.

Les méthodes pour franchir un cours d'eau

Passer à gué

Avant d'entrer dans l'eau, enlevez vos bas et remettez vos souliers afin de ne pas vous blesser les pieds sur des roches coupantes. Appuyez-vous sur une perche rigide que vous enfoncerez en amont dans l'eau pour briser le courant. Cette dernière vous aidera également à détecter les trous au fond de la rivière.

Nager

Allez-y à la brasse, sur le dos ou sur le côté. Ces trois techniques de nage sont moins épuisantes que les autres et vous permettront de transporter un balluchon en le laissant flotter sur la rivière. Avant de vous mettre à nager, avancez en marchant jusqu'à ce que l'eau atteigne la hauteur de votre poitrine. En eau très profonde, entrez lentement afin d'éviter les chutes qu'occasionnent les obstacles cachés sous l'eau. Dans une rivière profonde et rapide, nagez avec le courant et en diagonale par rapport à sa direction.

Il n'est pas aussi compliqué qu'on le croit de descendre un rapide à la nage. Dans un rapide à hauts fonds, tournez-vous sur le dos en pointant les pieds vers l'aval; gardez votre corps à l'horizontale et vos mains le long des hanches. Agitez vos mains comme le fait un phoque avec ses nageoires. Dans un rapide profond, nagez sur le ventre et, si possible, efforcez-vous d'atteindre le rivage. Évitez les courants convergeants; vous pourriez être englouti et retenu sous l'eau à l'endroit où ils se rencontrent.

L'équipement de natation

Si vous êtes incapable de nager, il vous est tout de même possible de franchir une rivière à l'aide de certains équipements de natation. En voici quelques-uns.

Les vêtements

Fabriquez une paire d'ailerons aquatiques en utilisant une des deux méthodes suivantes:

1) Si vous êtes déjà dans l'eau, enlevez votre pantalon et faites un noeud à chacune des jambes puis montez la fermeture éclair. Saisissez un côté de la ceinture et secouez le pantalon au-dessus de votre tête dans un mouvement partant de l'arrière et ramenez vigoureusement l'ouverture sur la surface de l'eau. L'air y sera alors retenu captif à l'intérieur des jambes.

2) Si vous êtes encore sur la rive, enlevez votre pantalon, faites un noeud à chacune des jambes puis montez la fermeture éclair. Jetez-vous à l'eau en ramenant, dans un même mouvement, l'ouverture du pantalon sur la surface de l'eau. Assurez-vous, cependant, que la profondeur est suffisante afin de ne pas vous blesser.

Les canettes vides, les bidons à essence et les boîtes

Attachez-les ensemble en guise de bouée mais seulement en eaux lentes et paisibles.

Les troncs d'arbres ou les planches

Avant de traverser sur un tronc d'arbre ou un radeau, vérifiez-en la flottabilité. C'est là un point très important lorsqu'on se trouve dans les tropiques puisque le bois de beaucoup d'arbres de ces régions, plus particulièrement celui du palmier, ne flotte pas même quand il est sec.

Les radeaux

Le radeau demeure une des façon les plus anciennes de voyager sur l'eau et se révèle encore le moyen le plus rapide et le plus sûr de franchir une rivière. Cependant, c'est long et épuisant de bâtir un radeau dans des conditions de survie, même quand on dispose de l'équipement adéquat et de l'aide requise. Mais si le radeau vous devient indispensable, soit pour traverser une rivière ou pour y naviguer, n'hésitez pas à le construire. Ce pourrait être là votre décision la plus salutaire.

Le bois d'épinette des régions polaires et sous-polaires fait les meilleurs radeaux, quoique toute espèce de bois sec et même le bambou des tropiques conviennent également. Chacun des troncs devant s'incorporer au radeau sera préalablement roulé à l'eau afin de s'assurer qu'il flotte.

On peut construire un radeau sans clous ni câbles quand on dispose d'une hache et d'un couteau. Trois hommes s'accommodent fort bien d'un radeau mesurant douze pieds de longueur sur six pieds de largeur.

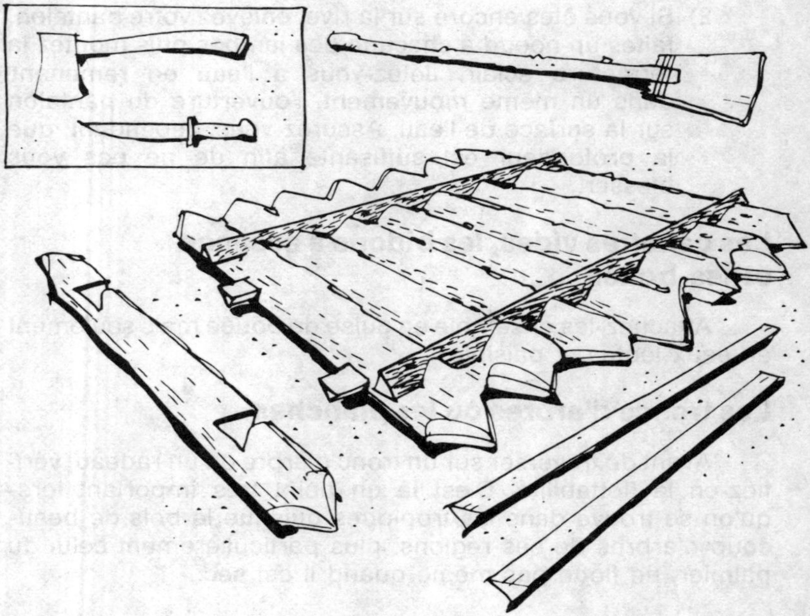

Radeau encoché

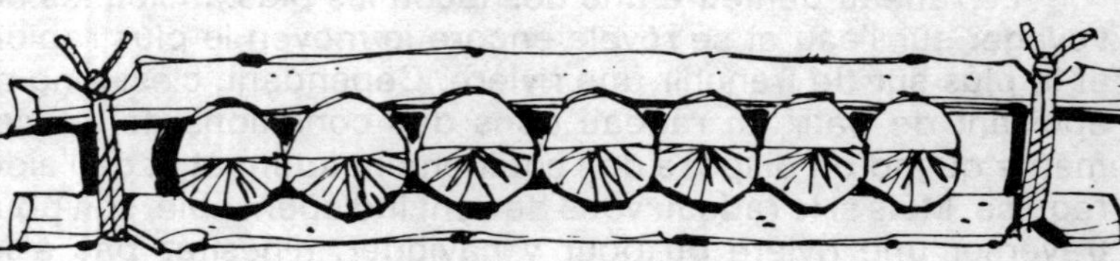

Radeau à barre de pression

Illustration 4-3 Types de radeaux faits de troncs d'arbres

L'assemblage à encoches

1) Construisez le radeau sur deux troncs-traîneaux biseautés, de manière à pouvoir le glisser sur la rive. Un seul tronc se manie bien, mais un radeau tout entier est plus difficile à faire bouger. Aplanissez à la hache les deux troncs de soutien, afin que les troncs composant la plate-forme du radeau, viennent s'y ajuster uniformément.
2) Près des extrémités de chacun des troncs, taillez une encoche sur la face supérieure et une autre sur la face inférieure en s'assurant que ces encoches ne sont pas l'une vis-à-vis de l'autre. Le fond de ces encoches doit être plus large que leur ouverture.
3) Pour joindre ensemble tous les troncs du radeau, enfoncez dans chacune des encoches une pièce de bois à trois faces dont la longueur excédera de 30 cm la largeur du radeau. Commencez d'un côté puis terminez de l'autre.
4) À chaque extrémité du radeau, attachez l'une à l'autre les deux pièces de bois à trois faces afin de renforcer l'assemblage. Lorsque le radeau est mis à flot, ces pièces gonflent et resserrent fermement toute la charpente.
5) Si ces pièces ne s'encastrent pas assez solidement, coincez-les avec des morceaux de bois mince qui gonflera une fois mouillé.

Les autres genres de radeaux

Même à l'aide d'une hache, le travail de menuiserie que requiert la construction d'un radeau exige beaucoup de temps et d'adresse. Une méthode simple et rapide consiste à se servir de "barres de pression" qu'on attache solidement à chaque extrémité pour retenir la charpente.

À l'aide d'une bâche ou de la moitié d'une tente ou, encore, d'un autre tissu imperméable, vous pouvez construire un excellent radeau dont la charpente sera faite de broussailles qui assureront également sa flottabilité.

Durant l'hiver, dans les régions du nord, lorsque le milieu des rivières ne gèle pas à cause de la force du courant, on peut pour franchir ces rivières improviser un radeau en taillant un bloc de glace à l'aide d'une hache. S'il y a fissure dans la glace, on peut en détacher une grande surface à l'aide d'une perche. Ce radeau improvisé doit mesurer environ 2 x 3 m et doit avoir au moins 30 cm d'épaisseur. La perche peut également servir à pousser le radeau de glace dans la direction voulue.

Franchir une rivière

On peut franchir en radeau une rivière profonde et rapide en tirant parti du mouvement pendulaire qui anime les eaux de surface dans les courbes de la rivière. Cette méthode s'avère utile lorsque plusieurs personnes doivent traverser; mais il faut quand même satisfaire aux exigences suivantes:

1) Le radeau doit être retenu à un certain angle par rapport à la direction du courant.

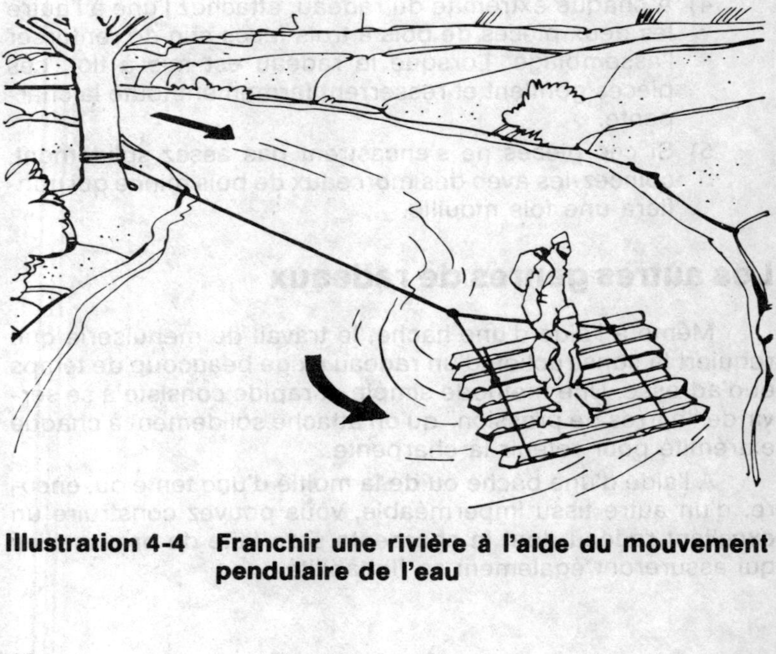

Illustration 4-4 Franchir une rivière à l'aide du mouvement pendulaire de l'eau

2) La longueur du câble, à partir de son point d'attache, doit être égale à sept ou huit fois la largeur de la rivière.
3) L'attache du cable au radeau doit être ajustable de manière à ce qu'il soit possible de changer l'angle de celui-ci par rapport à la direction du courant, afin qu'il puisse retourner sur la rive de départ.

Comment déterminer la largeur d'une rivière

Avant de franchir un cours d'eau, il est utile de connaître la distance qui vous sépare de l'autre rive. Rien de difficile en cela, si vous étudiez l'illustration 4-5 et suivez les recommandations que voilà:

1) Placez-vous directement en face d'un arbre, d'un rocher ou de tout autre objet situé sur la rive opposée.
2) Évaluez approximativement la distance représentant la moitié de la distance de la rivière, puis marchez sur une longueur équivalente, dans l'une ou l'autre direction en longeant la rive (c'est-à-dire, perpendiculairement à votre ligne de visée de la recommandation no 1); ce faisant, comptez vos pas.
3) Marquez cette distance à l'aide d'une pierre ou d'un bâton.
4) Continuez dans le même sens, en comptant une seconde fois le même nombre de pas, puis marquez à nouveau ce second point.
5) Tournez à angle droit et marchez en direction opposée à la rivière (c'est-à-dire perpendiculairement à la ligne que vous venez de suivre); continuez votre marche jusqu'à ce que vous ayez dans le même alignement l'objet concerné sur l'autre rive et votre première marque. Arrêtez-vous.
6) La distance entre votre deuxième marque et l'endroit où vous vous tenez est égale à la largeur de la rivière.

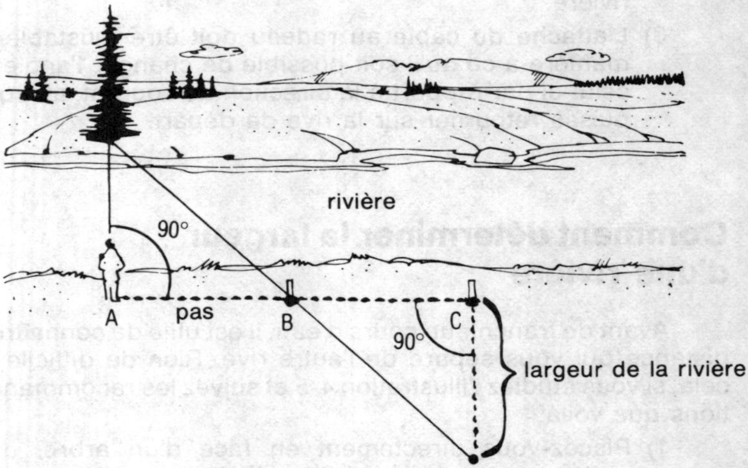

Illustration 4-5 Comment déterminer la largeur d'une rivière

Les sables mouvants, les fondrières et les marécages

Ces obstacles se retrouvent le plus souvent dans les terrains marécageux des régions tropicales ou semi-tropicales. Les mares boueuses sont dénuées de toute végétation apparente et, d'ordinaire, ne supportent même pas la pesanteur d'une pierre. S'il vous est impossible de contourner de tels obstacles, essayez d'y jeter un pont fait de troncs d'arbres, de branches et de feuillage. À défaut de ceux-ci, traversez en vous y jetant à plat ventre, les bras tendus, puis commencez à nager, à avancer en gardant votre corps à l'horizontale. La même méthode s'applique pour traverser les sables mouvants.

La signalisation

Le code international de signalisation

La chance d'être rescapé par la voie des airs existe toujours mais il n'est pas facile, là-haut, de repérer un homme, voire un groupe, surtout lorsque la visibilité est restreinte. Soyez donc prêt à manifester votre présence et vos besoins à l'équipe de secours.

Formez des lettres en piétinant dans la neige ou écrivez un message avec des branches. Sur la grève, grosses pierres ou algues marines serviront aux mêmes fins. Choisissez des matériaux dont la couleur fera contraste avec celle du sol.

Utilisez le code international de signalisation tel que décrit ci-après:

— Demande médecin, blessures graves
— Besoin de médicaments
— Incapable de poursuivre
— Besoin d'eau et de nourriture
— Besoin d'armes à feu et de munitions
— Besoin d'une carte et d'une boussole
— Besoin d'une lampe de signalisation avec pile et appareil-radio
— Indiquez dans quelle direction avancer
— J'avance dans cette direction
— Tenterai décollage
— Avion sérieusement endommagé
— Probablement sûr d'atterrir ici

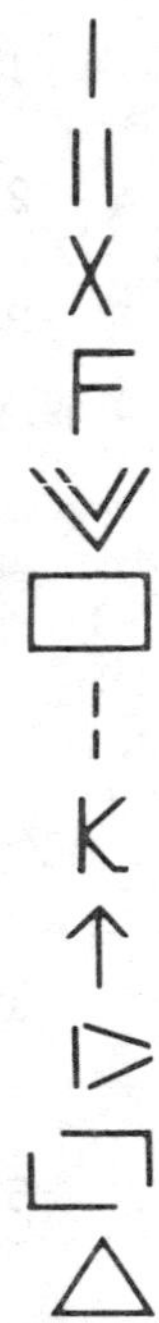

— Besoin de carburant et d'huile L

— Tout va bien LL

— Non N

— Oui Y

— Pas compris JL

— Besoin d'un ingénieur (ou d'un mécanicien) W

Les autres méthodes de signalisation

1) Signaux de fumée — Allumez un grand feu puis couvrez-le de feuilles ou de branchages humides.
2) Vêtements — Agitez vos vêtements ou étendez-les sur une surface contrastante.
3) Réflexion de la lumière dans un miroir ou tout autre objet reluisant. Une boîte de conserve ou une boucle de ceinture vous feront un miroir improvisé. Pratiquez une ouverture en forme de croix dans le centre du réflecteur. Faites réfléchir la lumière du soleil sur une surface environnante, amenez lentement le miroir au niveau des yeux puis regardez à travers l'ouverture qui sert de viseur. Vous verrez un point lumineux sur l'objet visé. Continuez à balayer l'horizon, même s'il ne se trouve aucun navire ou avion en vue car la lumière ainsi reflétée peut être aperçue à des kilomètres de distance même par temps brumeux.
4) Signaux corporels — S'il y a possibilité de secours par voie des airs, apprenez vos "signaux corporels sol-air" (voir illustration 4-6).
5) Feu — La nuit, mettez le feu à une épinette touffue en plaçant du bois sec dans les branches les plus basses. Contrôlez bien le feu, soyez prudent!

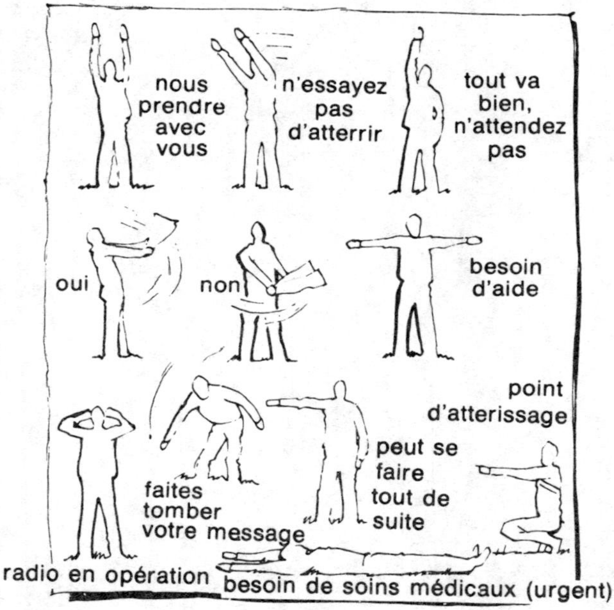

Illustration 4-6

Chapitre 5

Les premiers soins

Maladies et blessures font partie des premières préoccupations de toute personne en situation de survie. Le présent chapitre traitera des premiers soins à apporter en cas de maladies ou de blessures graves, ou moins graves, qui peuvent survenir dans des régions isolées et désertiques. Les informations sur les premiers soins relatifs aux blessures occasionnées par les conditions atmosphériques vous seront données du sixième au dixième chapitre.

L'hygiène élémentaire

Pour se protéger de la maladie, on doit d'abord avoir des habitudes de saine hygiène personnelle. Les immunisations protègent contre certaines maladies graves auquelles on serait exposé: variole, fièvre typhoïde, tétanos, typhus, diphtérie, choléra, peste et fièvre jaune. Cependant, il n'existe aucune immunisation contre la diarrhée, la dysenterie, les rhumes et la malaria, et le seul moyen de se prémunir contre ces maladies est de se maintenir en excellente condition physique afin de pouvoir éliminer tout germe de maladie. L'observation des règles suivantes contribuera énormément à vous rendre plus résistant.

Soyez propre

La propreté corporelle, voilà bien la meilleure défense contre les microbes. Une douche quotidienne en utilisant du savon et de l'eau chaude est l'idéal. Si cela est impossible, gardez quand même vos mains propres, nettoyez vos ongles et au moins une fois par jour, épongez-vous le visage, les aisselles, l'entre-jambes et les pieds.

Que vos vêtements (plus particulièrement vos sous-vêtements) soient aussi propres et secs que possible. Si vous ne pouvez en faire la lessive, secouez-les et étendez-les au soleil et au grand air tous les jours.

Brossez-vous les dents régulièrement. Le savon, le sel de table ou le bicarbonate de soude remplacent efficacement la pâte dentifrice. Une brindille verte dont on aura mâché une extrémité peut servir de brosse à dents. Votre doigt peut également convenir pour nettoyer vos dents et masser vos gencives. Après avoir mangé, rincez votre bouche avec de l'eau potable.

Méfiez-vous des troubles intestinaux

La diarrhée ordinaire, l'intoxication alimentaire ainsi que d'autres troubles intestinaux sont les maladies les plus fréquentes et souvent les plus redoutables contre lesquelles il faut se prémunir. Elles sont causées par l'absorption d'aliments et de liquides contaminés.

Pour vous protéger contre ces affections:

1) Gardez votre corps et surtout vos mains propres; ne portez pas vos doigts à la bouche; manipulez le moins possible la nourriture;
2) assurez-vous que l'eau soit potable en y ajoutant des comprimés pour le traitement des eaux, ou en la faisant bouillir durant une minute;
3) lavez et pelez tous les fruits;
4) ne conservez pas trop longtemps des aliments préparés;
5) stérilisez les ustensiles, de préférence à l'eau bouillante;
6) ne laissez pas les mouches et les insectes se poser sur votre nourriture. Gardez toujours votre campement propre;
7) adoptez des mesures efficaces pour éliminer déchets et ordures.

Le vomissement

Le vomissement peut être causé par des brûlements d'estomac, une indigestion, une gastrite (inflammation de la muqueuse de l'estomac), des ulcères, une intoxication alimentaire ou une allergie gastro-intestinale (rejet, par l'organisme, de certains aliments ou substances absorbés).

Dans une situation de survie, l'intoxication alimentaire et l'allergie gastro-intestinale sont les causes les plus probables de vomissement.

S'il y a danger d'empoisonnement, buvez de l'eau en grande quantité (de l'eau chaude si possible) et provoquez le vomissement.

La diarrhée

La diarrhée est la première manifestation de désordres intestinaux. Ceci peut être grave et même fatal si vous vous déshydratez. Si la diarrhée provoque une fièvre, du pus, ou du sang, cela indique une infection bactérienne ou parasitaire, laquelle est beaucoup plus sérieuse qu'une infection virale. On peut éviter ce genre d'infection par une saine hygiène personnelle.

En cas de vomissement ou de diarrhée, reposez-vous et n'absorbez aucune nourriture solide tant que les symptômes ne sont pas disparus. Prenez du liquide, surtout de l'eau potable, en petite quantité et à intervalles fréquents. Dès que vous le pouvez, recommencez à manger des aliments semi-liquides. Une consommation normale de sel doit être maintenue.

La nourriture et l'eau tout juste ingérées peuvent être les causes probables et immédiates de vomissement et de diarrhée.

Se protéger des méfaits de la chaleur

Dans les climats chauds, exposez-vous graduellement aux rayons du soleil. De trop grands efforts au soleil peuvent provoquer un coup de chaleur.

On peut éviter les malaises dus à la chaleur en ingurgitant une quantité suffisante d'eau potable et de sel afin de compenser pour la perte d'eau causée par la transpiration. On s'abstiendra, également, de trop manger. Vous verrez au chapitre sept (Survivre dans les tropiques) et au chapitre huit (Survivre dans les régions désertiques) tous les risques inhérents à la chaleur.

Se protéger des méfaits du froid

Protégez vos membres contre le froid rigoureux. Prenez soin tout particulièrement de vos pieds, de vos mains et de toutes les parties exposées de votre corps. Gardez vos bas secs et couvrez-vous de chiffons, de papier, de mousse, d'herbages, de feuilles; en un mot couvrez-vous de tout ce qui peut vous protéger du froid. Voyez le chapitre neuf (Survivre en régions froides).

Prenez soin de vos pieds

Les bas sales ou mouillés abîment les pieds. Si vous n'avez qu'une paire de bas, alors lavez ceux que vous portez. Si vous disposez d'une paire de rechange, glissez les bas lavés à l'intérieur de votre chemise, directement sur la peau. Ainsi, vos bas sécheront plus vite. Les bas de laine absorbent bien la transpiration. Les bas peuvent être gelés puis battus afin d'en extirper poussières, transpiration, sels et humidité.

Les ampoules sont dangereuses parce qu'elles s'infectent facilement. De telles infections peuvent limiter les déplacements et, lorsqu'elles deviennent trop graves, elles peuvent vous condamner à l'immobilité. Si vos chaussures sont serrées et que vous devez les sécher après avoir marché sur un sol mouillé, changez alors de bas fréquemment, puis massez et frictionnez doucement vos pieds avec une poudre appropriée (si possible). Ainsi, vous éviterez les ampoules.

Afin de prévenir l'infection, il faut laver souvent une ampoule. Si celle-ci est au point de crever, vous pouvez la piquer sur le bord en utilisant une épingle ou une aiguille stérilisée pour, ensuite, en extirper le liquide. Par contre, si l'ampoule n'est pas encore prête à crever, recouvrez-la tout simplement d'un coussinet (linge stérilisé) afin d'atténuer la pression et le frottement.

Les nausées et les maladies

La maladie peut devenir votre pire ennemi dans la lutte pour survivre. Quoiqu'une grande connaissance des maladies ne soit pas requise, vous devez néanmoins connaître les maladies des différentes parties du corps, comment elles se transmettent, et quoi faire pour s'en préserver.

La plupart des maladies naissent et se transmettent par des plantes parasites et par certains insectes tels les tiques et les mites qui pénètrent dans l'organisme, s'y multiplient et y provoquent une série de perturbations. Lorsque vous connaissez les agents transmetteurs d'une maladie particulière, vous pouvez mieux vous défendre contre celle-ci en vous en éloignant.

Les bestioles

Certaines formes de vie, tels les insectes, peuvent être plus dangereuses et incommodes qu'un manque de nourriture et d'eau; le plus grand danger que présentent ces petites bêtes est d'abôrd leur capacité de transmettre, par morsure, des maladies non seulement affaiblissantes mais souvent fatales.

Afin de pouvoir exister et se multiplier, les agents transmetteurs de maladies requièrent certaines conditions favorables comme, par exemple, une quantité suffisante de soleil, un certain degré de température ainsi qu'un endroit propice à leur reproduction. Tenant compte de ces facteurs, vous ne devez vous méfier que d'un nombre limité d'agents-transmetteurs quel que soit l'endroit ou le temps.

Fréquemment, les micro-organismes provoquant des maladies se transmettant particulièrement à l'homme se logent, à un moment donné de leur vie d'agents-transmetteurs, chez d'autres hôtes plus spécifiques. Quand ces hôtes sont absents d'une région, les micro-organismes n'y existent pas et ne peuvent conséquemment se transmettre, quel que soit le nombre d'agents-transmetteurs potentiels qui peuvent s'y trouver. En ce qui concerne la malaria, l'homme devient un hôte spécifique.

Les moustiques et la malaria

Il y a des moustiques partout dans le monde; leurs morsures sont désagréables et peuvent même provoquer la mort. Dans quelques régions de l'Arctique et de la zone tempérée, à la fin du printemps et au début de l'été, les moustiques se font plus nombreux qu'en tout temps dans la zone tropicale. Les moustiques tropicaux sont cependant les plus dangereux puisqu'ils transmettent la malaria, la fièvre jaune, la dengue, l'encéphalite et la filariose.

Prenez toutes les précautions possibles pour vous préserver des morsures de moustiques en tenant compte des recommandations suivantes:

1) établissez votre campement sur un terrain élevé et loin des marais;
2) dormez sous une moustiquaire ou une sorte de tissu;
3) barbouillez-vous le visage de boue, surtout avant de vous endormir;
4) portez tous vos vêtements, surtout la nuit;
5) rentrez vos pantalons à l'intérieur de vos bas ou de vos chaussures;
6) en dernier ressort, utilisez un fumigène qui éloignera les moustiques; allumez d'abord de l'écorce sèche, recouvrez-la ensuite d'écorce mouillée, de feuilles vertes, d'arbrisseaux, de mousse, de fiente d'animaux ou de champignons vénéneux: ces champignons se consument lentement et on peut les suspendre autour de son cou en plaçant, évidemment, la surface brûlante sur le dessus;
7) le kérosène, l'essence ou l'alcool repoussent presque tous les genres d'insectes.

Les mouches

Tout comme les moustiques, les mouches ne sont pas toutes de la même grosseur, ne se reproduisent pas toutes de la même manière et n'occasionnent pas toutes les mêmes ennuis et les mêmes dangers. Généralement, on se protège des mouches de la même façon que l'on se protège des moustiques.

Les puces

Ces petits insectes aptères (sans ailes) sont parfois très dangereux dans certaines régions puisqu'ils peuvent transmettre la peste à l'homme, après s'être repus de rongeurs pestiférés. Si vous devez vous nourrir d'un rongeur et que vous craignez la peste à cet endroit, suspendez l'animal aussitôt abattu et laissez-le refroidir ainsi avant de le manipuler. Les puces ne restent pas sur un corps froid. Protégez-vous en portant des guêtres bien ajustées ou des bottes. Les puces se noient dans l'eau, et un bon lavage vous en débarrassera. Lorsque vous croyez votre abri infesté de puces, lavez-le complètement avec une brosse, car les puces fuient les endroits humides et mouillés.

Les tiques

Ces insectes nuisibles, de forme ovale et aplatie sont répandus à travers le monde mais on les retrouve surtout dans les régions tropicales et subtropicales. Ils sont porteurs d'une fièvre chronique (fièvre de la tique) ainsi que du typhus. On compte deux sortes de tiques: la tique dure (tique de bois) et la tique molle. Les tiques s'enfoncent dans la peau tout en laissant sortir la partie arrière de leur corps. N'essayez pas de retirer une tique avec les doigts si vous pouvez faire autrement: la tête restera à l'intérieur de l'épiderme et vous causera des douleurs.

Pour enlever une tique, faites une application d'huile ou de tabac humide; vous pouvez utiliser la chaleur d'une allumette, d'une cigarette ou d'une braise ou encore de l'eau chaude. Vous pouvez aussi exposer votre peau à la fumée d'un feu de bois vert. Vous verrez alors la tique ressortir de la peau et vous n'aurez qu'à l'enlever de votre corps.

Les mites, les chiques et les poux

Ces très petits insectes se retrouvent un peu partout au monde et leur capacité d'irriter est tout à fait hors de proportion avec leur grosseur. Les chiques sont des puces en formation qui se fraient un chemin à travers la peau, causant inconfort et démangeaison. Les gens particulièrement sensibles à ces piqûres en deviennent souvent malades. Dans certains coins du monde, les chiques transmettent le typhus de la brousse. La mite, provoquant la démangeaison chez les humains peut susciter de nombreuses maladies cutanées telles la gale ou la démangeaison norvégienne. En se grattant, on risque de contacter des infections secondaires. Un bain d'eau salée élimine les chiques; pour les enlever de vos vêtements, exposez-les longuement à la fumée.

Les villages indigènes étant habituellement infestés de poux, évitez d'entrer dans les huttes et de prendre personnellement contact avec les autochtones. Lorsque piqué par un pou, ne vous grattez pas car vous en répandrez, ainsi, les fèces à l'intérieur de la piqûre. C'est par infection par les fèces du pou que l'homme contracte la maladie du typhus épidémique et la fièvre chronique. Pour vous défaire des poux sans avoir recours à une poudre appropriée, faites bouillir vos vêtements; si cela n'est pas possible, étendez-les en plein soleil (surtout la doublure) durant quelques heures. Si vous avez été en contact avec ces insectes, lavez-vous à l'eau savonneuse de préférence. À défaut de savon, les sédiments ou le sable provenant du fond d'un cours d'eau seront des substituts acceptables. Examinez fréquemment les parties velues de votre corps; ce sont les endroits de prédilection pour ces parasites tenaces.

Les abeilles, les guêpes et les frelons

Les piqûres faites par des essaims d'abeilles, de guêpes ou de frelons courroucés sont souvent dangereuses, parfois même fatales; si vous êtes attaqué par un essaim, jetez-vous dans les broussailles épaisses.

Une abeille perd toujours son dard à l'intérieur de la blessure qu'elle inflige et il faut le retirer afin de prévenir toute infection. Les guêpes et les frelons, par contre, sont capables de piquer à plusieurs reprises. Pour diminuer la douleur causée par ces piqûres, appliquez-y de la boue, de l'argile trempée, du tabac humecté ou du sel mouillé. Une application d'ammoniaque ou de la pâte de levure conviennent également. Ces remèdes soignent aussi les piqûres de scorpions, de mille-pattes et de chenilles.

Les araignées

À l'exception de la veuve noire ou de la "brune recluse", les araignées ne sont généralement pas dangereuses. On ne considère pas fatale la piqûre de la tarentule. Cependant, il faut fuir la veuve noire et les membres de cette famille tropicale puisque leurs piqûres, extrêmement douloureuses, provoquent une enflure et sont souvent mortelles. Toutes ces araignées sont noires et marquées de taches blanches, jaunes ou rouges, et leurs piqûres peuvent être suivies de crampes abdominales et intermittentes durant un jour ou deux; ces douleurs ressemblent à celles d'une indigestion aiguë ou d'une appendicite.

Les scorpions

Quoique dangereuse, la piqûre de ce petit animal est rarement fatale. Quelques espèces, de taille assez imposante, sont cependant plus redoutables et leurs piqûres entraînent parfois la mort. Les scorpions se trouvent en des régions très éloignées les unes des autres. Ils présentent un réel danger puisqu'ils se cachent et se dissimulent dans les vêtements, les chaussures ou dans le matériel de couchage. Secouez bien vos vêtements avant de vous habiller et, si vous vous faites piquer, soignez-vous avec des compresses froides et de la boue. Vous pouvez extirper une certaine quantité de venin en pressant un roseau vide sur la piqûre pendant plusieurs minutes. Ainsi, le poison, mêlé d'un peu de sang, sera poussé vers l'extérieur de la plaie.

Les mille-pattes et les chenilles

Les mille-pattes abondent sous les tropiques et quelques-uns, parmi les plus gros, peuvent infliger de douloureuses piqûres. S'ils ne piquent l'homme que rarement, ils peuvent le faire quand ils sont traqués. Tout comme les scorpions, ils ne sont pas nécessairement dangereux sauf lorsqu'ils s'installent dans un vêtement qu'on s'apprête à porter. Si l'on se frotte contre un mille-pattes ou une chenille, on peut souffrir de démangeaisons et d'inflammations violentes. De plus, en Amérique centrale ainsi qu'en Amérique du Sud, certains adultes trop affaiblis sont, paraît-il, morts lorsqu'ils ont été touchés par des insectes appelés "chenilles électriques".

Les sangsues

Ces créatures suceuses de sang se retrouvent à Bornéo, aux Philippines, en Australie, dans le Pacifique sud et dans différentes parties de l'Amérique du Sud. Elles s'agrippent aux brins d'herbe, aux feuilles et aux brindilles, ce qui leur permet aussi de s'accrocher aux passants. Leurs succions suscitent des malaises et des pertes sanguines possiblement suivis d'infection. On enlève les sangsues en les touchant avec le bout allumé du feu d'une cigarette ou d'une allumette, ou par une application de tabac mouillé, ou encore à l'aide d'un produit insecticide.

Les douves

Ces parasites habitent les eaux douces et dormantes de l'Amérique tropicale, de l'Afrique, de l'Asie, du Japon, de Formose, des Philippines et d'autres îles du Pacifique; il n'en reste pas dans les eaux salées. Les douves pénètrent par la peau lorsque l'on se baigne dans une eau infestée ou que l'on en boit. Elles se nourrissent des globules du sang et leurs oeufs se glissent dans la vésicule biliaire ou dans l'intestin. Il faut bien se vêtir pour éviter d'être en contact avec elles.

Le ver ankylostome

Ce petit ver, commun dans les régions tropicales et soustropicales, entre par la plante des pieds ou par toute autre partie du corps en contact direct avec le sol. Les vers ankylostomes n'existent pas dans les espaces déserts et inhabités.

Les morsures de serpents (soins d'urgence)

Presque tous les serpents mordent. S'il s'agit d'un serpent non venimeux, la morsure doit être lavée, nettoyée et soignée comme une plaie ordinaire.

À moins d'être un expert dans l'identification des serpents, mieux vaut traiter toutes leurs morsures comme étant venimeuses. Voici les règles à suivre:

1) Restez calme, mais agissez promptement.
2) En autant que faire se peut, immobilisez la partie affectée de manière à ce qu'elle se retrouve en-dessous du niveau du coeur.
3) Sur le membre atteint, à deux ou quatre pouces au-dessus de la morsure, resserrez légèrement un garrot improvisé. Et si l'enflure progresse vers le haut, arrêtez sa progression en remontant le garrot. Celui-ci devra être juste assez serré pour bloquer le sang dans les vaisseaux de surface, sans entraver, pour autant, la pulsation artérielle.
4) En moins d'une heure, pratiquez une seule incision (couteau, lame de rasoir, instrument tranchant) juste au-dessus de chacune des blessures laissées par le crochet à venin. Cette inclusion doit être parallèle à la morsure et ne doit pas excéder 1/2 pouce de longueur et 1/4 de pouce de profondeur.
5) Si vous disposez d'une trousse appropriée, opérez une succion sur la plaie à l'aide d'une pompe à succion; sinon, faites une succion avec la bouche, puis crachez fréquemment le sang et autres liquides extirpés. Le venin du serpent est inoffensif dans la bouche, à moins qu'il y ait une blessure. Même à cela, le risque est très restreint. Avant de relâcher le garrot, il faut opérer une succion durant 15 minutes sans arrêt.
6) Si après ce temps, la victime ne ressent pas de sécheresse et de raideur dans la bouche, de maux de tête, de douleurs ou d'enflures, cela veut dire que le venin n'est pas toxique.
7) Si le contraire se produit, le venin est évidemment toxi-

que et il vous faut alors continuer le traitement tel qu'indiqué au no 5.

Les mesures élémentaires de soins d'urgence et de secours I

Le manque d'oxygène

L'homme ne peut vivre sans oxygène. Le manque d'oxygène amène une mort rapide. Savoir comment dégager les voies respiratoires, comment rétablir la respiration et le battement du coeur, cela fait donc partie des soins d'urgence.

Comment dégager les voies respiratoires

Méthode de la tête renversée

Étendez immédiatement la personne sur le dos, le cou allongé et la tête relevée. Afin de la maintenir dans cette position, placez une couverture enroulée, un poncho ou quelque chose du genre, sous les épaules du malade; mais ne perdez pas de temps à chercher ces objets car les secondes sont précieuses. Cette méthode est efficace dans de nombreux cas.

Méthode de la mâchoire relevée

Lorsque la méthode de la tête renversée s'avère inefficace, ramenez la mâchoire le plus loin possible vers l'extérieur. Cette position éloigne la base de la langue du fond de la gorge facilitant ainsi l'accès de l'air aux poumons. On peut, pour suivre cette dernière technique, se servir soit du pouce, soit des deux mains.

Mâchoire relevée avec le pouce: voilà la meilleure méthode pour dégager la mâchoire, à moins que l'état du malade ne puisse le permettre. Placez votre pouce dans la bouche du malade pour saisir la mâchoire et la tirer vers l'extérieur. N'essayez pas de retenir ou d'abaisser la langue.

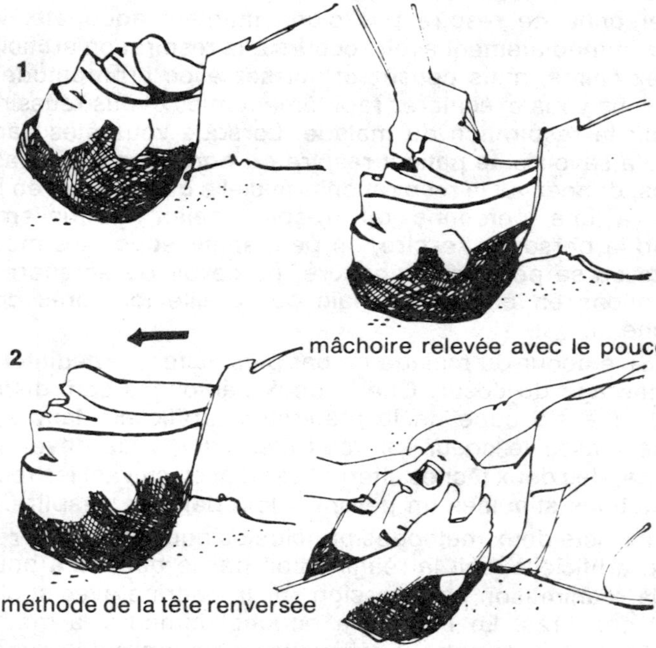

Illustration 5-1 Dégager les voies respiratoires

Mâchoire relevée avec les deux mains: lorsque les mâchoires sont serrées l'une contre l'autre et qu'il est impossible d'introduire le pouce à l'intérieur de la bouche, saisissez alors, à l'aide de vos deux mains, la mâchoire inférieure (juste sous les lobes des oreilles) pour la ramener fermement vers l'extérieur; puis, d'un même mouvement, ouvrez la bouche du patient en reculant, à l'aide de vos pouces, la lèvre inférieure vers le menton.

La respiration artificielle

Si, après avoir essayé de dégager les voies respiratoires, la personne ne respire pas d'une manière adéquate, vous devez immédiatement avoir recours à la respiration artificielle. Restez calme, mais pensez et agissez avec promptitude car plus vous vous exécuterez rapidement mieux vous réussirez à rétablir la respiration du malade. Lorsque vous êtes dant le doute à savoir si le patient respire ou non, ne perdez pas de temps; donnez-lui la respiration artificielle qui ne peut, en rien, nuire à une personne qui respire déjà. Habituellement, quand la personne respire, on peut sentir et voir les mouvements de sa poitrine ou, encore, percevoir ou entendre ses expirations en plaçant la main ou l'oreille tout près de sa bouche.

Si le coeur du malade ne bat plus, faites immédiatement un massage du coeur. Quand deux personnes sont disponibles, l'une s'occupe de la respiration artificielle tandis que l'autre masse le coeur. Si vous êtes seul, vous devez vous occuper des deux tâches alternativement en suivant les recommandations stipulées un peu plus loin dans ce chapitre.

Il existe deux méthodes principales pour assurer la respiration artificielle, soit la réanimation par le bouche à bouche soit la réanimation par pression sur la poitrine avec soulèvement des bras. Le bouche à bouche demeure la méthode préférable à toute autre, quoiqu'elle soit inapplicable quand le visage du patient est trop meurtri.

La réanimation par le bouche à bouche

Cette méthode de respiration artificielle consiste à amener l'air aux poumons du patient en soufflant vous-même à l'intérieur de sa bouche. Pour réussir, suivez bien ces recommandations:

1) La personne doit être étendue sur le dos; placez-vous sur le côté de sa tête et glissez votre main sous son cou afin de maintenir le visage dans la position verticale et de le garder incliné aussi loin que possible vers l'arrière.

2) Utilisez le pouce et l'index de l'autre main pour pincer les narines du patient tout en exerçant une pression sur son front de manière à garder sa tête renversée (pour bloquer le nez, vous pouvez aussi appuyer votre joue sur les narines).
3) Aspirez profondément et ajustez hermétiquement votre bouche à la sienne. S'il s'agit d'un petit enfant, recouvrez sa bouche et son nez de la vôtre en scellant vos lèvres contre la peau de son visage.
4) Soufflez vigoureusement dans la bouche de la personne afin de soulever sa poitrine (quand il s'agit d'un jeune enfant, il vaut mieux y aller par petites bouffées). Si la poitrine se soulève, cela indique qu'une quantité d'air suffisante s'infiltre dans ses poumons.

Si par contre, la poitrine ne se soulève pas, corrigez immédiatement la situation en ajustant sa mâchoire et en soufflant plus fort encore. Ce faisant, assurez-vous que l'air ne puisse s'échapper ni par les contours de votre bouche ni par le nez du patient.

Si, alors, la poitrine ne se soulève toujours pas, retournez la tête du blessé sur le côté et libérez ses voies respiratoires de la manière suivante: ouvrez-lui la bouche pour y introduire vos doigts jusqu'à la base de la langue à l'intérieur de la gorge; retirez, par un mouvement de balayage, toute vomissure, toute mucosité ou tout corps étranger.

Si les voies respiratoires demeurent quand même obstruées, roulez la personne sur le côté puis, avec la paume de la main, frappez vigoureusement entre ses omoplates pour déloger ce qui ferait encore obstruction. Enfin, recommencez le processus de réanimation par le bouche à bouche.

5) Lorsque la poitrine du patient se soulève, retirez votre bouche de la sienne, puis, prêtez l'oreille au bruit que fait l'air venant de ses poumons. Si l'exhalation est bruyante, relevez davantage la mâchoire de la personne.
6) Après chacune des exhalations, pincez le nez du patient et regonflez ses poumons, tout en vous assurant, visuellement, du mouvement d'expansion et de contraction de la poitrine. Vos quatre premiers souffles doivent être complets et rapides (sauf quand il s'agit

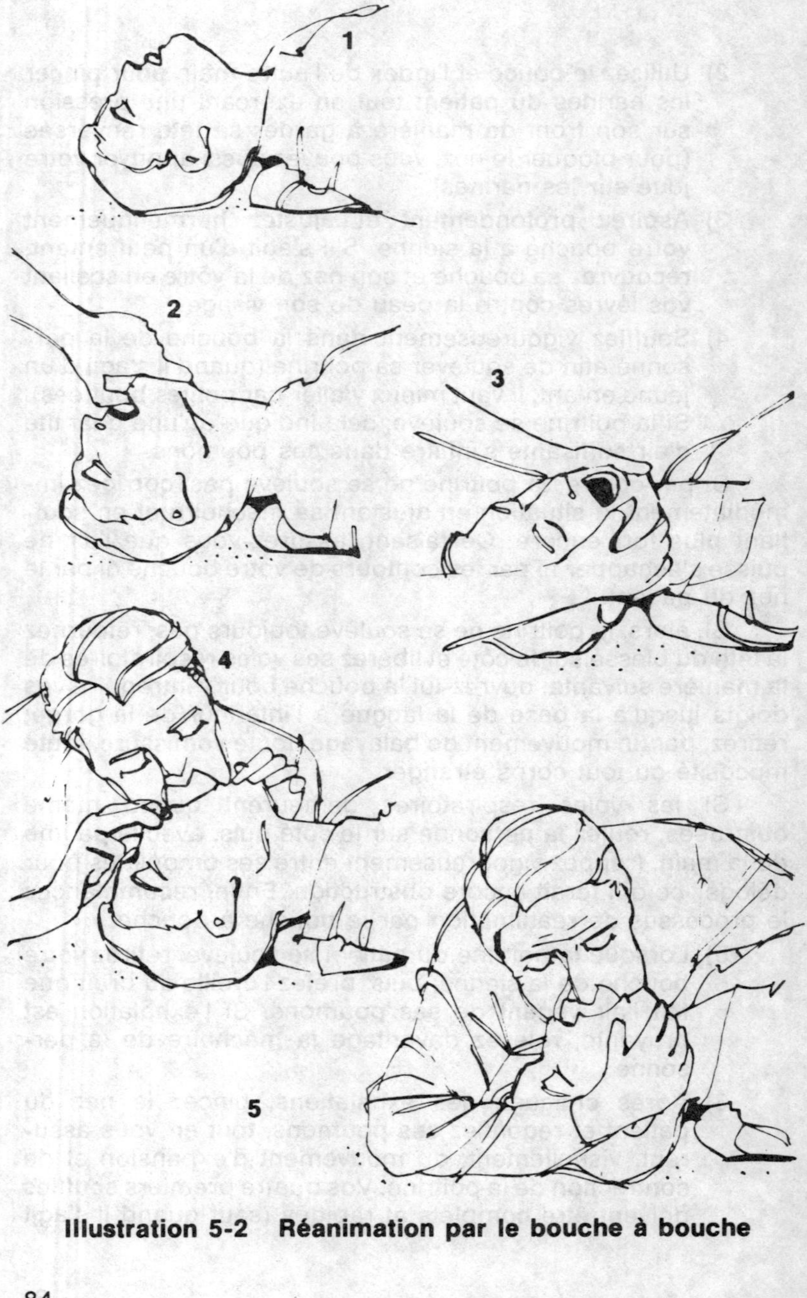

Illustration 5-2 Réanimation par le bouche à bouche

d'un petit enfant) pour éviter que les poumons se dégonflent complètement. Continuez, ensuite, au rythme d'un souffle à toutes les 5 secondes jusqu'à ce que la personne reprenne conscience. Si celle-ci ne donne aucun signe de vie, continuez durant au moins 45 minutes. Alors que la personne recommence à respirer, essayez de soutenir sa respiration à son rythme. Une cadence douce est désirable mais un chronométrage rigoureux n'est guère essentiel.

Après une période de réanimation, l'abdomen de la personne peut gonfler. Cela indique qu'une certaine quantité d'air s'infiltre dans son estomac. Vous devrez alors, entre les temps d'inspiration, exercer une délicate pression sur l'abdomen avec votre main.

Quand vous soufflez profondément, d'une façon soutenue et rapide, vous pouvez ressentir une certaine défaillance, avoir des bourdonnements, ou même vous évanouir. Toutefois, si vos quatre premiers souffles sont complets et rapides et que vous reprenez ensuite le rythme d'un souffle à toutes les cinq secondes en augmentant ce rythme modérément, vous pourrez maintenir la respiration artificielle pendant une longue période sans ressentir de malaise. (Si vous vous épuisez lorsque vous réanimez un jeune enfant, par petites bouffées d'air, interrompez-vous de temps à autre et respirez profondément.)

La réanimation par le bouche à nez

Cette méthode peut être utilisée si vous ne pouvez faire une réanimation par le bouche à bouche à cause d'une fracture à la mâchoire ou d'une blessure à la bouche du malade ou encore si la mâchoire est trop serrée (sous l'effet de spasmes). Le bouche à nez se fait comme le bouche à bouche sauf que vous soufflez dans le nez du blessé tout en lui gardant les lèvres fermées. Peut-être sera-t-il alors nécessaire de séparer les lèvres de la personne à chacune des expirations.

Pression sur la poitrine avec soulèvement des bras

Il faut avoir recours à ce mode de réanimation quand le

visage est trop meurtri pour une réanimation par le bouche à bouche.

Les mesures initiales

1) Dégagez les voies respiratoires du blessé. Étendez-le sur le dos, la figure dans une position verticale et placez une couverture enroulée (ou autre chose équivalente) sous les épaules de manière à lui renverser la tête. Tenez-vous à la hauteur de sa tête, face à ses pieds. Placez un genou sur le sol et l'autre pied à plat et à côté de la tête du blessé près de son épaule. Pour ne pas vous fatiguer, alternez en vous appuyant sur l'autre genou.
2) Saisissez les mains du blessé et tenez-les sur ses côtes inférieures tout en vous projetant vers l'avant afin d'exercer une pression uniforme et régulière, jusqu'à ce que vous sentiez une ferme résistance. Ainsi, vous forcez l'air à l'extérieur des poumons.
3) Soulevez ses bras tout droit à la verticale, puis ramenez-les vers l'arrière jusque sur le sol et le plus loin possible. Ce mouvement a pour effet d'accroître le volume de la poitrine et d'amener l'air aux poumons.
4) Replacez ses mains sur sa poitrine et recommencez les mêmes gestes: presser, lever, étirer et ramener à une cadence de 10 à 12 cycles à la minute et de façon régulière et uniforme. Les trois premiers mouvements (presser, lever, étirer) doivent suivre le même rythme tandis que le quatrième (ramener les bras sur la poitrine) doit être exécuté le plus rapidement possible.
5) Lorsque la personne semble vouloir respirer, aidez-la en réglant vos efforts de manière à la soutenir. Continuez la respiration artificielle jusqu'à ce qu'elle ait repris conscience, ou jusqu'à ce que vous soyez remplacé par une personne médicalement compétente, ou, encore, durant au moins 45 minutes si le blessé ne donne aucun signe de vie.
6) Comment vous faire remplacer: lorsque la fatigue vous accable, cédez, si possible, votre place à une autre personne sans, pour autant, briser le rythme des mouvements respiratoires. Tout en continuant le travail,

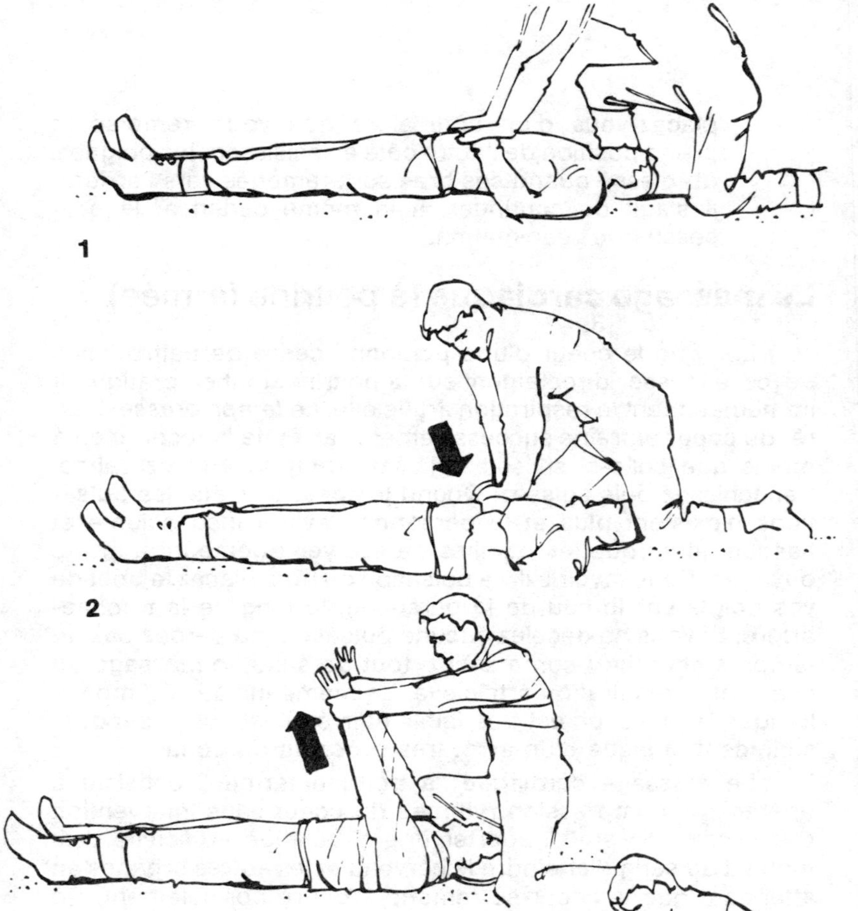

Illustration 5-3 Respiration artificielle: méthode de la pression sur la poitrine avec soulèvement des bras

placez-vous d'un côté alors que votre remplaçant prend position de l'autre côté en saisissant les poignets du blessé quand ses bras sont ramenés vers l'arrière; il s'agit de continuer, à la même cadence, le processus de réanimation.

Le massage cardiaque (à poitrine fermée)

Lorsque le coeur d'une personne cesse de battre, vous devez le masser directement sur la poitrine, tout en pratiquant immédiatement la respiration artificielle. *Le temps presse*! L'arrêt du coeur entraîne successivement l'arrêt de la respiration à moins que celle-ci se soit déjà interrompue. Restez calme. Réfléchissez puis agissez! Quand le coeur s'arrête, les pulsations n'existent plus et la personne devient inconsciente et flasque, alors que les pupilles de ses yeux demeurent grand ouvertes. Pour savoir s'il y a pulsation ou non, placez le bout de vos doigts sur le cou de la personne, le long de la trachée-artère. Si vous ne décelez aucune pulsation, ne perdez pas de temps à chercher; commencez, tout de suite, le massage du coeur et la respiration artificielle. La même initiative s'impose lorsque la pulsation est très faible et irrégulière, car c'est possiblement le signe d'un arrêt très prochain du coeur.

Le massage cardiaque "à poitrine fermée" consiste à opérer une compression rythmée du coeur sans intervention chirugicale. Il vise à apporter une circulation artificielle permettant au sang d'atteindre le cerveau et les autres organes en attendant que le coeur se remette à battre normalement. Ce massage diffère évidemment du massage à poitrine ouverte, lequel consiste (après ouverture de la poitrine) à masser manuellement le coeur lui-même.

Le coeur se situe entre le sternum et l'épine dorsale. La pression exercée sur le sternum pousse le coeur contre l'épine dorsale pour en expulser le sang et le forcer à pénétrer dans les artères, tandis que le relâchement de la pression permet au coeur de se remplir de sang à nouveau.

Les mesures initiales

Quand il faut faire un massage du coeur "à poitrine fermée" on doit toujours pratiquer la respiration artificielle en

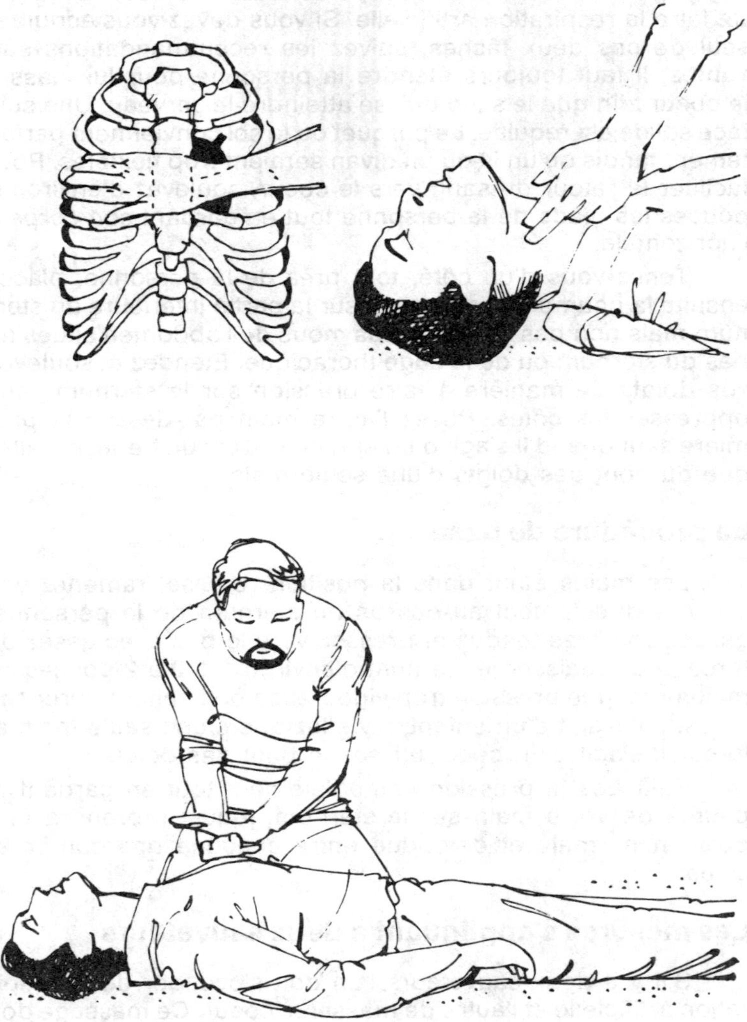

Illustration 5-4 Massage du coeur à poitrine fermée

même temps, et pour cela il est préférable d'être deux pour accomplir ce travail; l'un s'occupe de masser le coeur et l'autre de faire la respiration artificielle. Si vous devez vous acquitter seul de ces deux tâches, suivez les recommandations suivantes: Il faut toujours étendre la personne pour lui masser le coeur afin que le sang puisse atteindre le cerveau. Une surface solide est requise. Le parquet ou le sol conviennent parfaitement tandis qu'un lit ou un divan seraient trop flexibles. Pour faciliter le retour du sang vers le coeur, soulevez d'environ 6 pouces les pieds de la personne tout en gardant son corps à l'horizontale.

Tenez-vous d'un côté, tout près de la personne; placez ensuite la paume de votre main sur la partie inférieure du sternum mais non pas sur les tissus mous de l'abdomen situés au bas du sternum ou de la cage thoracique. Étendez et soulevez vos doigts de manière à faire pression sur le sternum sans oppresser les côtes. Posez l'autre main par-dessus la première sauf quand il s'agit d'un enfant; si c'est un bébé, n'y allez que du bout des doigts d'une seule main.

La procédure de base

Les mains étant dans la position requise, ramenez vos épaules directement au-dessus du sternum de la personne, gardez vos bras tendus et pressez vers le bas avec assez de force pour abaisser le sternum d'environ 1 1/2 à 2 pouces au maximum: une pression trop vigoureuse pourrait fracturer ses côtes. S'il s'agit d'un enfant, n'y allez que d'une seule main et lorsqu'il s'agit d'un bébé, utilisez le bout des doigts.

Relâchez la pression immédiatement tout en gardant la paume de votre main sur le sternum, lequel reprendra une position normale et détendue entre chacune des compressions.

Les mesures s'appliquant à deux sauveteurs

S'il y a deux sauveteurs l'un doit s'occuper de la respiration artificielle et l'autre de masser le coeur. Ce massage doit s'exécuter au rythme d'une compression à la seconde (60 à la minute). Cette cadence est possible puisqu'il n'a pas à s'occuper de la respiration artificielle. Ces compressions doivent être ininterrompues, douces et régulières. Pour garder le rythme de 60 compressions à la minute, le sauveteur doit compter à voix haute: un 1000, un 2000, un 3000, un 4000, un 5000. Chaque fois qu'il dit le mot "un", le sauveteur doit compresser le coeur; et lorsqu'il prononce le mot "mille", il relâche alors la pression. Il recommence le même cycle de un 1000 à un 5000, sans arrêt, durant toute la durée du massage cardiaque.

Simultanément, l'autre sauveteur, chargé de pratiquer la respiration artificielle, souffle rapidement dans la bouche du blessé, à toutes les cinq compressions (proportion 5 à 1). Lorsque son compagnon dira "5000", ce sera pour lui le moment de souffler dans les voies respiratoires de la personne. On ne doit absolument pas interrompre les mouvements de compression durant le processus de la respiration. C'est là un point extrêmement important car, autrement, il en résulterait une chute complète de la tension artérielle.

Deux sauveteurs s'acquittent de leur tâche plus efficacement s'ils se placent de chaque côté de la personne blessée. Ainsi, il leur est possible de se remplacer en cas de fatigue, et cela, sans interrompre sensiblement le rythme de 5 à 1. Ce changement s'effectue de la manière suivante: le sauveteur responsable de la respiration artificielle (pression sur la poitrine avec soulèvement des bras) prend place sur le côté de la personne immédiatement après en avoir gonflé les poumons puis, il ramène ses mains au-dessus de celles de son compagnon qui, lui, continue toujours à masser le coeur. Le changement des mains se fera au compte de un 2000 ou de un 3000 dans la série des compressions et c'est à cet instant que les sauveteurs échangent respectivement leur tâche initiale. La prochaine inspiration doit s'exécuter au compte de un 5000.

Les mesures s'appliquant à un seul sauveteur

S'il n'y a qu'un seul sauveteur, il doit alternativement masser le coeur et pratiquer la respiration artificielle au rythme de 15 à 2. c'est-à-dire, 15 compressions du coeur suivies de 2 gonflements complets et rapides des poumons. Afin de compenser pour le temps qu'il mettra à insuffler l'air dans les poumons du malade, le sauveteur solitaire doit exécuter chaque série à une cadence de 80 compressions à la minute. Pour ce faire, il comptera à voix haute: 1 et 2 et 3 et 4 et 5 et, 1 et 2 et 3 et 4 et 10 et, 1 et 2 et 3 et 4 et 15. Après le compte de "15", le sauveteur donne deux souffles rapides et profonds (en-dedans de 5 à 6 secondes) sans permettre une exhalation complète entre chaque inspiration. Puis, il recommence le même compte tout au long du processus de réanimation. Il devient impératif de persister dans une séance de réanimation malgré l'épuisement, l'inconfort ou autres malaises ressentis par le sauveteur jusqu'à ce que la victime ait repris conscience, ou qu'une personne médicalement compétente puisse prendre la relève ou, encore, pendant au moins 45 minutes, si la personne ne donne aucun signe de vie.

Les mesures élémentaires de soins d'urgence et de secours II

L'hémorragie

La vie ne peut être maintenue chez l'homme sans un afflux de sang suffisamment abondant pour amener l'oxygène dans les tissus. Arrêter une hémorragie fait donc partie des mesures de soins d'urgence.

Une plaie béante requiert habituellement votre première attention puisqu'une abondante perte de sang conduit souvent à une commotion, laquelle entraîne parfois la mort.

Le pansement à pression demeure toujours la méthode la plus utilisée pour contrôler l'hémorragie. Lorsqu'on choisit de faire ce pansement, on doit également élever le membre blessé et y exercer une pression digitale. Le garrot s'emploie aux mêmes fins mais ne doit être utilisé que lorsque le pansement à pression se révèle inefficace.

L'application du pansement à pression, l'élévation du membre blessé et la pression digitale

L'application d'un pansement stérile faisant pression sur une plaie saignante favorise la coagulation du sang, compresse les vaisseaux sanguins blessés et protège de toute infection.

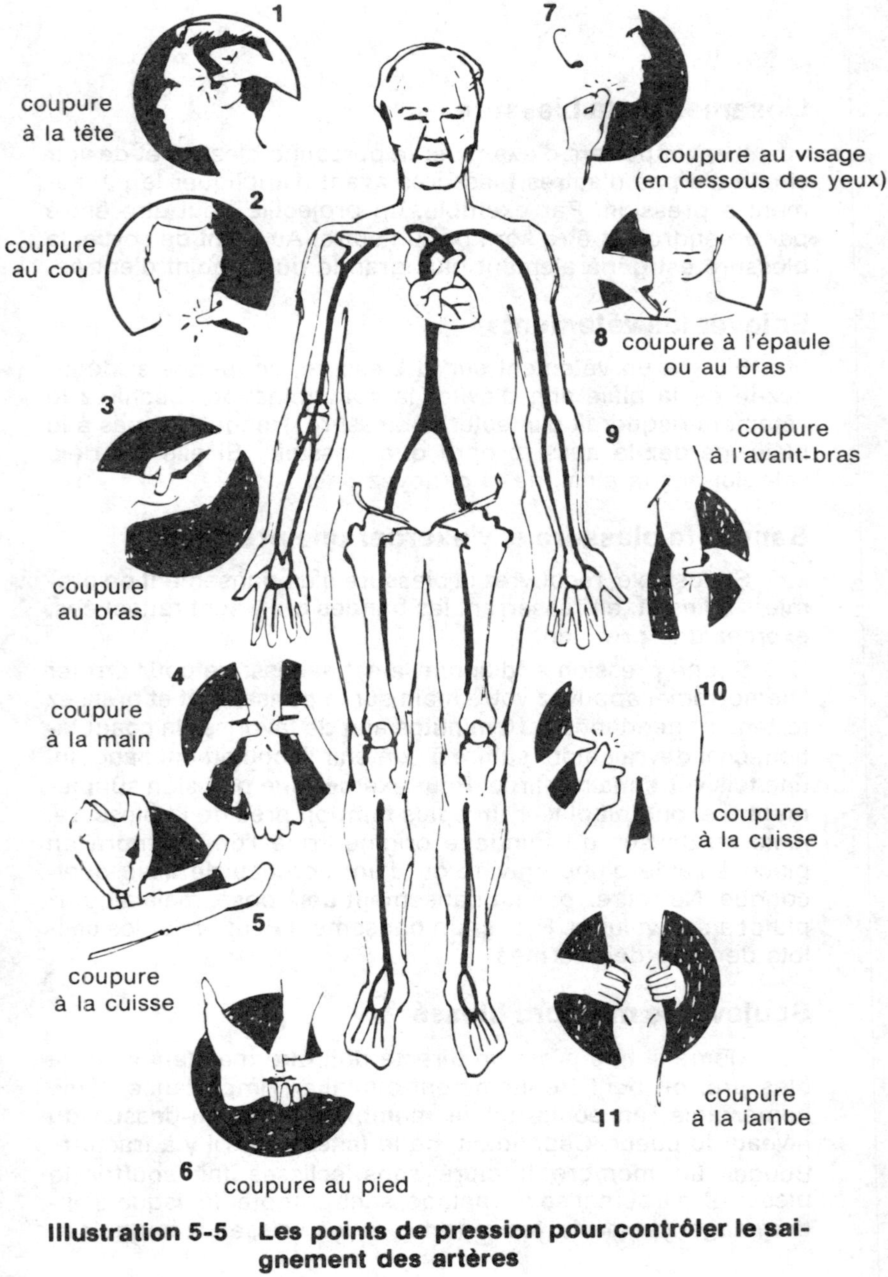

Illustration 5-5 Les points de pression pour contrôler le saignement des artères

L'examen de la blessure

Il est important d'examiner la personne blessée et de voir si elle n'a pas d'autres blessures avant d'appliquer le pansement à pression. Par exemple, un projectile peut être entré par un endroit et être sorti par un autre. Au point de sortie, la blessure est généralement plus grande qu'au point d'entrée.

Enlever les vêtements

S'il y a un vêtement sur la blessure, coupez-le et dégagez-le de la plaie afin d'éviter la contamination. Déchirez le vêtement risquerait d'infecter la blessure. Ne touchez pas à la plaie, gardez-la aussi propre que possible. Si elle est déjà sale, laissez-la ainsi, ne la nettoyez pas.

Bander la blessure et y exercer une pression

Si possible, recouvrez la blessure d'un pansement de premiers soins et, en resserrant les bandes qui y sont rattachées, exercez une pression.

Si une pression additionnelle est nécessaire pour arrêter l'hémorragie, appuyez votre main sur le pansement et pressez fortement pendant 5 à 10 minutes afin de favoriser la coagulation; ceci devrait alors suffire à contenir l'écoulement sanguin, une fois votre main retirée. Pour exercer une pression supplémentaire, on doit placer un épais tampon près de la blessure, juste au-dessus du bandage original, que l'on retiendra en place à l'aide d'une cravate ou d'un morceau de tissu quelconque. Ne retirez pas un pansement déjà posé, mais ajoutez plutôt à son volume. Retirer un pansement peut briser les caillots de sang déjà formés.

Soulever le membre blessé

Même si une pression directe doit être maintenue sur la blessure, on peut fréquemment diminuer l'importance d'une hémorragie, en soulevant le membre blessé au-dessus du niveau du coeur. Cependant, ne le faites pas s'il y a fracture. Bouger un membre fracturé sans éclisses fait souffrir le blessé et le traumatise davantage, sans compter le risque d'endommager les nerfs, les muscles et les vaisseaux sanguins.

Exercer une pression avec les doigts

Lorsque le sang gicle (hémorragie artérielle), une pression des doigts peut contrôler l'effusion sanguine jusqu'à ce que l'on y applique un pansement. La pression s'exerce sur un point de pression avec les doigts, les pouces ou les mains. Un point de pression est l'endroit où une artère principale (alimentant la région blessée) se situe près de la surface cutanée ou au-dessus d'un os. En pressant un de ces points, le flot sanguin venant du coeur jusqu'à la blessure sera bloqué ou ralenti. Vous avez correctement localisé un point de pression quand vous en sentez la pulsation au bout de vos doigts. Il faut absolument repérer la pulsation avant d'exercer une pression.

Comment appliquer un garrot

Un garrot est une bande de tissu que l'on place autour d'un bras ou d'une jambe pour comprimer les artères afin d'arrêter une hémorragie. Le garrot n'est que très rarement requis et mieux vaut, lorsque possible, ne point en faire usage, car il a en maintes occasions endommagé les vaisseaux sanguins et les nerfs de la victime d'une hémorragie. On a recours au garrot quand la pression exercée sur une blessure ou sur un point de pression et l'élévation de la partie blessée se révèlent inefficaces. Une compression trop prolongée peut entraîner la perte d'un bras ou d'une jambe.

Une hémorragie artérielle de la cuisse, de la jambe ou du bras ou encore, de plusieurs artères (lors d'une amputation traumatique) devient parfois incontrôlable par simple pression. Si une pression vigoureuse de la main sur un pansement ne diminue pas le flot de sang d'une blessure il faut vite faire un garrot.

Une fois le garrot en place, ne le desserrez pas après l'arrêt de l'hémorragie car, autrement, il pourrait en résulter un choc suivi d'une perte de sang ce qui pourrait être fatal. La victime doit recevoir une assistance médicale le plus tôt possible.

À défaut d'un véritable garrot, on peut utiliser un tissu à la fois doux, fort et flexible, comme par exemple de la gaze de coton ou de soie, un bandeau de mousseline, un vêtement ou toute pièce d'étoffe. Un garrot ainsi improvisé s'accompagne d'un bâton ou d'une baguette rigide. Pour ne pas trop endom-

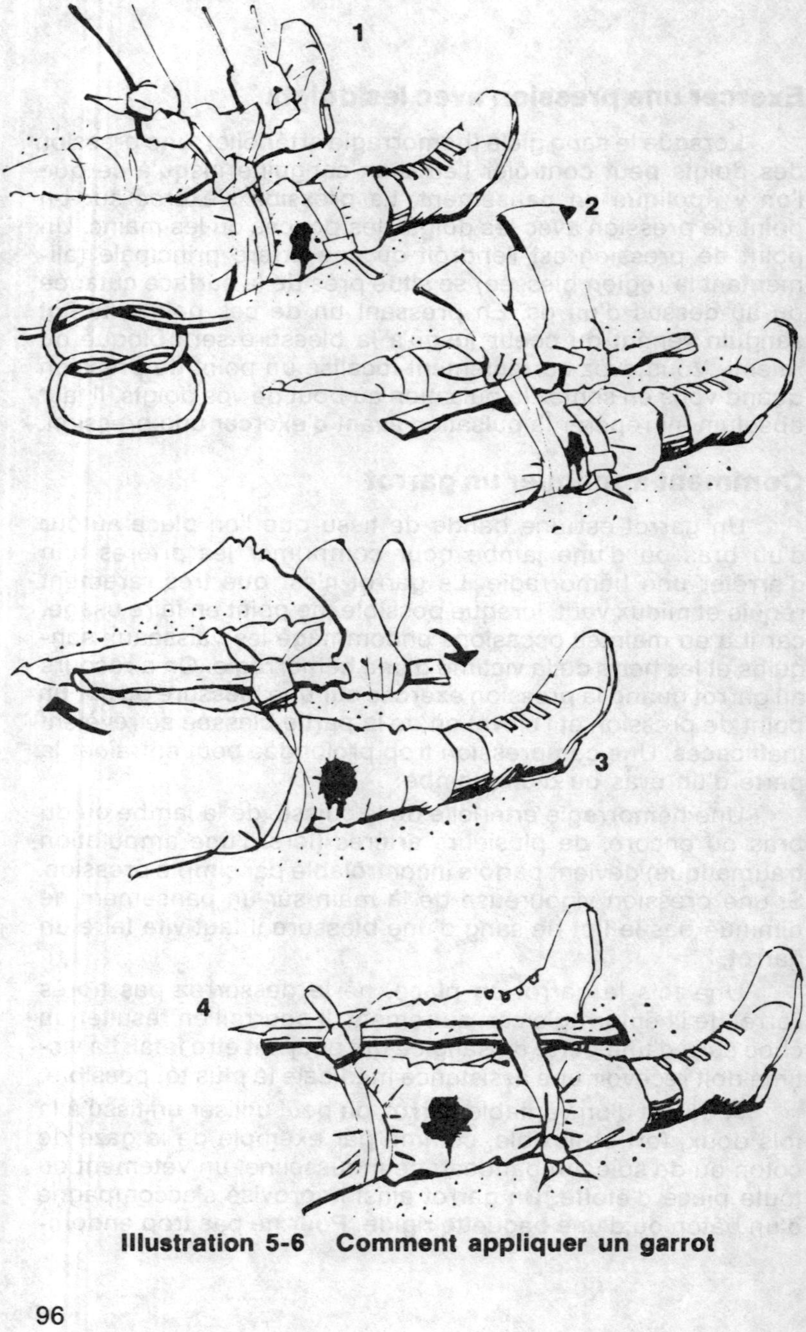

Illustration 5-6 Comment appliquer un garrot

mager l'épiderme, la largeur du garrot sera telle au départ qu'elle sera d'au moins 3 cm après resserrement.

Procédez de la façon suivante:

1) Placez le garrot autour du membre concerné, entre la blessure et le thorax (entre la blessure et le coeur) et à 5 ou 10 cm au-dessus de la blessure. Jamais directement sur une blessure ou sur une fracture.
2) Lorsque possible, faites le garrot par-dessus la manche ou la jambe du pantalon afin de ne pas pincer ou tordre la peau. Si la peau est endommagée, elle ne peut servir à recouvrir l'amputation lors d'une intervention chirurgicale. Une amputation plus importante est alors requise pour obtenir les mêmes résultats. Protégez la peau diminue la douleur.
3) Une fois le bandage en place, glissez le bâton sous la boucle, faites-le pivoter et resserrez-le juste assez pour bloquer la circulation sanguine à cet endroit. Si la pulsation de la cheville ou du poignet restés intacts peut être ressentie avant la pose du garrot, l'arrêt de cette même pulsation sera le signe qu'une pression suffisante est exercée.
4) Pour déceler la pulsation, placez deux doigts (non pas le pouce) sur le point de pression du poignet ou de la cheville. Ne vous servez pas de votre pouce car la petite artère qui s'y trouve brouillerait le compte de la pulsation recherchée. Si vous ne pouviez vous fier à cette pulsation comme élément de contrôle, vous n'auriez plus qu'à vous fier à votre bon jugement pour décider de la réduction du flot sanguin arrivant à la blessure. Dans un tel cas, découvrez temporairement celle-ci et vérifiez.
5) L'hémorragie artérielle cessera après un resserrement adéquat du garrot, mais le saignement des veines localisées dans la partie inférieure du membre concerné continuera jusqu'à ce que les vaisseaux soient vidés de leur sang. Ne persistez pas alors à resserrer le garrot dans le but d'entraver ce dernier processus.
6) Quand le garrot est bien en place, pansez et bandez la blessure.

Les mesures élémentaires de soins d'urgence et de secours III

L'état de choc

Une personne est en état de choc lorsque ses tissus et ses organes vitaux ne reçoivent plus l'apport sanguin qui leur est nécessaire. Un état de choc peut entraîner la mort, même si la blessure qui en est la cause ne se révèle pas fatale en soi. Le choc résulte de bien des causes telles une hémorragie, une perte de liquide à la suite de brûlures profondes, une expansion des vaisseaux sanguins, une douleur ainsi qu'une réaction forte à la vue du sang ou de blessures. Savoir comment prévenir l'état de choc fait également partie des soins d'urgence puisque, pour une personne blessée, les chances de survie sont meilleures quand elle n'entre pas en état de choc. Tous les genres de blessures peuvent susciter cet état, et plus la blessure est grave, plus le danger de choc devient imminent.

L'agitation, la soif, la pâleur et le rythme accéléré de la pulsation demeurent autant de signes d'un état de choc prochain. Une personne en état de choc devient agitée ou, au contraire, semble calme et très fatiguée; souvent elle transpire quoique sa peau reste froide. Si l'état de choc s'aggrave, la respiration devient courte, rapide et haletante, même si les voies respiratoires sont parfaitement dégagées. Le regard se fixe, la peau se couvre parfois de taches bleuâtres plus particulièrement autour des lèvres et de la bouche.

Les soins d'urgence qui s'imposent

Administrer les premiers soins aidant à prévenir l'aggravation d'un état de choc chez le blessé, voilà bien votre premier objectif. Ces soins consistent, entre autres, à soulever les pieds du blessé, à desserrer ses vêtements et à l'envelopper d'une couverture pour prévenir les frissons. Toutes les mesures ci-après mentionnées aideront à éviter ou à contrôler un état de choc.

Maintenir une respiration et une pulsation adéquates

Pour maintenir une respiration et une pulsation cardiaque adéquates, peut-être n'aurez-vous qu'à dégager les voies respiratoires, à placer la personne de manière à assurer l'expulsion de tout fluide obstruant la respiration et à voir à ce que ses voies respiratoires demeurent libres de toute obstruction. Parfois, il vous faudra encore pratiquer la respiration artificielle ainsi que le massage du coeur par pression sur la poitrine.

Arrêter l'hémorragie

Contrôlez l'hémorragie en appliquant un pansement-pression, en élevant le membre blessé et en appuyant correctement sur les points de pression. Le garrot ne sera utilisé qu'en dernier ressort.

Relâcher les vêtements trop serrés

Relâchez l'encolure, la ceinture et les autres endroits d'un vêtement trop serré. Faites la même chose avec les bottes et les chaussures mais ne les enlevez pas.

Rassurer le blessé

Prenez les choses en main. Le blessé sera réconforté en sentant votre calme, votre confiance en vous-même et votre comportement doux mais ferme. Sachant ce que vous devez faire, tout ira bien pour lui puisque vous êtes là. Soyez attentif; n'entamez la conversation que pour transmettre vos instructions ou recommandations, ou encore pour obtenir les informations requises. Si le blessé s'enquiert de la gravité de sa blessure, rassurez-le. N'oubliez pas que l'état de choc peut provenir tout aussi bien d'une réaction psychologique que physiologique.

Dans quelle position doit-on placer le blessé?

La nature de la blessure et l'état de conscience ou d'inconscience du blessé dictent la position dans laquelle vous devez le placer. À moins d'une blessure exigeant une position tout à fait spéciale, placez délicatement la personne sur une couverture et suivez les recommandations suivantes:

1) Si le blessé est conscient, étendez-le sur le dos, les jambes relevées d'environ 15 à 20 cm afin de diriger l'afflux du sang vers le coeur. Rappelez-vous, cependant, de ne pas bouger une personne dont un membre fracturé n'aura pas été éclissé.
2) Lorsque la personne est inconsciente, étendez-la sur le côté ou sur l'abdomen afin qu'elle ne puisse s'étouffer, advenant un vomissement de sang ou autre fluide.
3) S'il s'agit d'une blessure à la tête, celle-ci doit être plus élevée que le reste du corps.
4) Gardez la victime confortablement au chaud mais sans plus. Lorsque possible, glissez sous son corps une couverture, un poncho, une toile ou tout autre article convenable. Il n'est pas toujours nécessaire de recouvrir le blessé, mais si vous le faites, enlevez-lui tous ses vêtements mouillés à l'exception de ses chaussures.

Les pansements et bandages

Des germes sont toujours présents à la surface de la peau, sur les vêtements et dans l'air; donc toutes les blessures peuvent se contaminer. De plus, tout projectile ou instrument infligeant une blessure apporte et charrie ses propres germes. L'infection est le résultat d'une prolifération et d'une croissance des germes envahissant la blessure. Il est important de protéger une blessure de toute infection subséquente même si cette blessure est déjà contaminée. Moins il y a de possibilité d'infection et plus les chances de guérison sont grandes. Pansez et bandez une blessure le plus tôt possible afin de la protéger de la contamination et d'arrêter l'hémorragie.

Les pansements

Les pansements sont des compresses ou des tampons stériles qu'on applique sur les blessures. Ils sont ordinairement faits de coton enveloppé dans de la gaze. Sur le terrain de manoeuvre, on utilise un pansement de secours avec bandes. D'autres pansements se composent de compresses de gaze de grandeurs différentes ainsi que de petites compresses sur ruban adhésif (communément appelées diachylon).

Pour faire un pansement, coupez le vêtement et ramenez-le loin de la blessure afin d'éviter une plus grande contamination. Retirez le pansement de son enveloppe et placez-le directement sur la plaie tout en prenant garde de ne pas le mettre en contact avec autre chose. Un pansement rudimentaire peut être réalisé à l'aide d'une pièce de tissu que vous faites bouillir immédiatement avant usage, pour, ensuite, la plier de manière à en faire un tampon suffisamment grand pour couvrir la blessure. Ne touchez pas à la surface du pansement devant être directement en contact avec la plaie.

Si vous disposez d'un antiseptique, mettez-en sur le pansement avant d'en recouvrir la blessure. Parmi les antiseptiques naturels, on compte la sève du sapin baumier (tirée de l'écorce), la gomme du gommier, la térébenthine pure provenant de toutes espèces de pins et la résine de cyprès et de ciguë. On peut faire bouillir les noeuds de ces arbres pour ensuite récolter, à la surface de l'eau, la résine antiseptique. Il ne faut jamais retourner un pansement pour en utiliser l'autre surface laquelle serait alors évidemment contaminée.

Les bandages

Un bandage peut être fait de gaze ou de mousseline. On l'utilise pour recouvrir un pansement afin de le retenir en place et de le protéger contre germes et saletés. Il sert également à exercer une pression sur la blessure dans le but de contrôler l'hémorragie, à supporter un membre blessé ou, encore, à immobiliser une éclisse soutenant une fracture. Un bandage doit être fixé fermement de manière à ne pas glisser et à bien retenir le pansement. Un bandage trop serré nuit à la circulation sanguine. S'il faut faire un noeud pour attacher soli-

Illustration 5-7 Bandage triangulaire replié de manière à former une cravate (bandeau)

dement un bandage, employez un noeud plat, qui ne se relâchera pas.

Les bandages avec bandes d'attache

Ces bandages peuvent être attachés au pansement tout comme on le fait avec les pansements de campagne. Les extrémités des deux bandes d'attache seront déchirées sur une longueur de 10 à 15 cm ou davantage, selon les besoins. On peut également déchirer une bande de gaze de 4 pouces de largeur par 36 pouces de longueur en partant de ses deux extrémités et en laissant une partie centrale intacte qui servira à couvrir le pansement déjà appliqué sur la blessure.

Les bandages triangulaires et cravates

Ces bandages sont faits d'une pièce de mousseline triangulaire que l'on retrouve dans la plupart des trousses de secours. Si cette pièce de mousseline n'est pas repliée, il s'agit d'un bandage triangulaire; si elle est repliée de manière à former un bandeau, il s'agit, alors, d'un bandage cravate. Chaque bandage comprend deux épingles de sûreté.

Grâce à une application facile, ces bandages sont très utiles en cas d'urgence. On peut aussi les façonner à l'aide d'un morceau de chemise ou de drap, d'un mouchoir ou d'un autre tissu souple et convenable. Pour ce faire, découpez un morceau de tissu excédant légèrement 1 m carré et pliez-le en diagonale. Lorsque deux bandages sont requis, coupez le tissu sur le pli.

L'application des bandages

Les yeux

Même lorsqu'un seul oeil est blessé, les deux yeux doivent être bandés, et cela, parce qu'ils bougent simultanément. Donc, tout mouvement de l'oeil indemne s'accompagne d'un même réflexe chez l'oeil blessé, lequel, alors, se fatigue et peut s'irriter.

La mâchoire

Avant de bander la mâchoire du blessé, retirez les dentiers (pleins ou partiels) et placez-les dans sa poche. Appliquez le bandage de façon à ce que la mâchoire reste libre pour permettre le passage de l'air et le drainage de la bouche. Pour éviter de refermer complètement la bouche du blessé, placez un tampon d'environ 0,5 cm d'épaisseur entre ses dents ou ses gencives, lequel sera retenu à l'extérieur de la bouche par de petites attaches reliées au bandage. Cela empêchera le tampon de glisser dans la gorge et d'obstruer ainsi les voies respiratoires.

Les mains et les pieds

Dans le but de prévenir tout échauffement et toute irritation de la peau, à l'aide d'un tissu absorbant, séparez soigneusement les doigts et les orteils du blessé avant d'y appliquer pansements et bandages.

Les blessures graves

Certaines blessures à la tête, à la figure, au cou, à la poitrine et à l'abdomen requièrent une attention toute spéciale et des soins très particuliers.

Les blessures à la tête

Une blessure à la tête peut comprendre une ou plusieurs des conditions suivantes: coupure ou meurtrissure du cuir chevelu, fracture du crâne avec lésion du cerveau et/ou des vaisseaux sanguins. Habituellement, une fracture crânienne sérieuse entraîne un dommage cérébral; il demeure cependant possible que le cerveau soit gravement atteint sans qu'il y ait, pour autant, une fracture du crâne.

On remarque aisément une blessure à la tête quand il y a une coupure au cuir chevelu, mais sans cela elle ne se voit pas facilement. Vous devez, conséquemment, vous méfier d'une blessure à la tête et prendre les mesures qui s'imposent dans l'ordre que nous allons donner.

1) Le blessé est-il ou a-t-il été inconscient?
2) Le sang (ou autre liquide) s'échappe-t-il de son nez ou de ses oreilles?
3) Son pouls est-il lent?
4) A-t-il mal à la tête?
5) A-t-il la nausée ou vomit-il?
6) A-t-il eu des convulsions?
7) Respire-t-il très lentement?

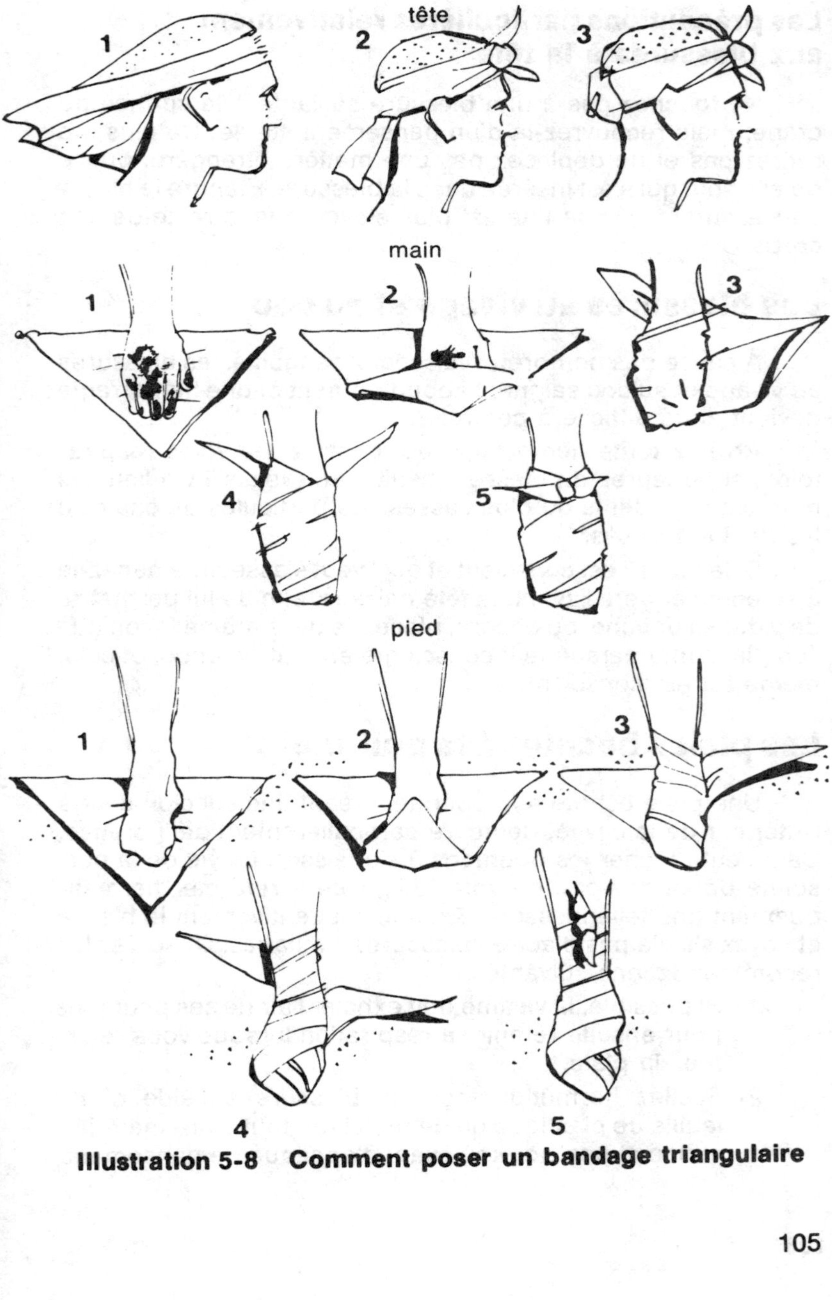

Illustration 5-8 Comment poser un bandage triangulaire

Les précautions particulières relativement aux blessures à la tête

Ne touchez pas à une blessure saillante à la surface du crâne, mais recouvrez-la d'un pansement stérile. De plus, ne retirez pas et ne déplacez pas une matière étrangère, quelle qu'elle soit, qui s'est insérée dans la blessure. Étendre le blessé en s'assurant que sa tête est plus élevée que le reste de son corps.

Les blessures au visage et au cou

À cause des nombreux vaisseaux sanguins, les blessures au visage et au cou saignent abondamment et une hémorragie devient alors difficile à contrôler.

Arrêtez toute hémorragie qui obstrue les voies respiratoires supérieures du blessé. Ensuite, enlevez, s'il y a lieu, les morceaux de dents ou d'os cassés, les particules de chair ou les dentiers brisés.

Si le blessé est conscient et qu'il veut s'asseoir, amenez-le à se pencher vers l'avant, la tête baissée, afin de lui permettre de vider sa bouche; ou encore, placez-le de la même façon que l'on place une personne inconsciente en état de choc, et cela, même s'il est conscient.

Les plaies béantes à la poitrine

Une plaie béante à la poitrine, créant une succion d'air à l'intérieur de la cavité, demeure particulièrement dangereuse. Cela peut amener les poumons à s'affaisser. La vie de la personne dépend, alors, de votre diligence à refermer hermétiquement une telle blessure. Examinez attentivement le blessé et voyez s'il n'a pas d'autres blessures similaires. Observez les recommandations suivantes:

1) Si possible, la victime doit exhaler l'air de ses poumons pour ensuite retenir sa respiration lorsque vous refermez la plaie.
2) Scellez hermétiquement la blessure à l'aide d'une feuille de plastique ou de métal (ou tout autre matériau mince et non poreux) avant d'appliquer le pansement.

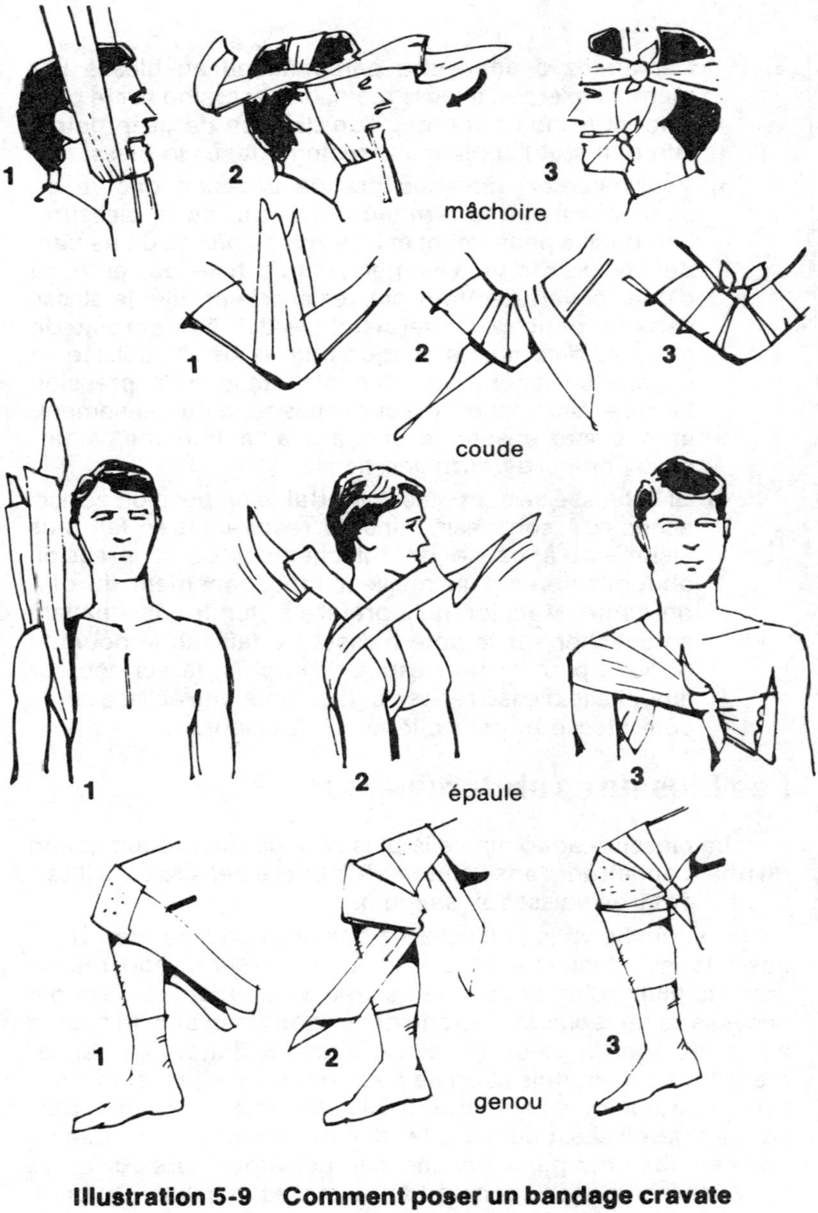

Illustration 5-9 Comment poser un bandage cravate

Demandez à une autre personne ou au blessé lui-même d'exercer, avec la main, une pression sur le pansement (à noter: lorsque l'on dispose de gaze petrolatum, il faut l'appliquer directement sur la blessure).

3) Pour exercer une plus grande pression encore et, ainsi, assurer une fermeture étanche de la blessure, entourez le pansement et le corps du blessé d'une bande déchirée d'un vêtement, d'une toile de tente ou d'une couverture. Vous pouvez aussi enrouler le blessé dans un poncho. Un tel bandage doit être enroulé de manière à ce que, à chaque tour, la bande utilisée se superpose légèrement afin d'effectuer une pression ferme et bien distribuée sur l'ensemble du pansement. Immobilisez ensuite le bandage à l'aide d'une ceinture, d'une corde ou d'une ficelle.
4) Si le blessé se sent plus confortable en position assise, accédez à son désir. Ainsi la respiration se fait plus aisément, à cause du relâchement de la pression abdominale et d'un meilleur fonctionnement du diaphragme. Mais lorsqu'il préfère s'étendre, incitez-le à se coucher sur le côté blessé. Ce faisant, le poumon opposé peut mieux respirer. De plus, la surface sur laquelle le blessé repose agit comme une éclisse sur le côté blessé et peut atténuer la douleur.

Les blessures abdominales

La blessure abdominale la plus sérieuse se produit quand un objet, pénétrant dans l'abdomen, perfore des organes internes ou de gros vaisseaux sanguins.

N'y touchez pas et n'essayez pas de repousser des organes tels les intestins à l'intérieur de la blessure, mais recouvrez-les plutôt d'un pansement stérile. Cependant, s'il devient nécessaire de replacer l'intestin dans l'abdomen afin de couvrir adéquatement la blessure, alors faites-le. Bandez le pansement sans serrer, puisqu'on ne peut, par simple pression, contrôler une hémorragie interne. D'ailleurs, une pression excessive, en pareil cas, peut susciter d'autres lésions. Le blessé ne doit rien absorber par la bouche, car toute nourriture ou liquide se répandrait dans l'abdomen à travers les intestins. On peut, cependant, mouiller les lèvres du blessé en vue d'étancher sa soif.

Gardez le blessé sur le dos mais tournez sa tête d'un côté puisqu'il sera enclin à vomir, et voyez à ce qu'il ne s'étouffe point.

Les brûlures graves

Les brûlures sont des lésions produites par une chaleur excessive, par des produits chimiques ou encore par l'électricité. Elles sont classifiées selon leur cause, leur degré d'intensité et leur étendue. Le traitement des brûlures se complique lorsqu'il y a obstruction des voies respiratoires, empoisonnement par oxyde de carbone, lésion pulmonaire, choc et infection. Lors d'un incendie, la plupart des personnes qui meurent sur-le-champ périssent par suffocation. D'autres peuvent mourir quelques heures plus tard à cause d'un choc ou d'une commotion. Il reste ceux qui meurent plusieurs jours après avoir été brûlés, à cause d'infection. Bien d'autres facteurs, impossibles à prévoir, peuvent compliquer les brûlures; mais voici quelques conseils pour les soins immédiats:

1) Protégez la brûlure contre toute contamination afin de réduire les possibilités d'infection.
2) Sans toucher à la brûlure, coupez et soulevez délicatement les vêtements qui la recouvrent, si possible:
   - — n'essayez pas de retirer un vêtement ayant adhéré à la brûlure et ne tentez, en aucune manière, de nettoyer celle-ci;
   - — ne ramenez aucun vêtement sur la partie brûlée;
   - — ne crevez pas les ampoules;
   - — ne mettez aucun onguent ou aucun médicament sur la brûlure.
3) Recouvrez la brûlure d'un pansement stérile que vous maintenez en place à l'aide de bandages. Lorsque vous manquez de pansements, vous pouvez utiliser un drap propre.
4) Prévenez l'état de choc (voir le chapitre concernant l'état de choc).

5) Si le blessé demeure conscient, ne vomit pas et ne souffre pas de blessures à l'abdomen ou au cou, faites-lui prendre une mixture de chlorure de sodium et de bicarbonate de soude (la plupart des trousses de secours en sont pourvu) que vous laissez se dissoudre dans un litre d'eau froide. Il ne faut jamais employer d'eau chaude puisque celle-ci, lorsque salée, provoque le vomissement.

À NOTER: À défaut de ce mélange, faites fondre 4 comprimés de sel et 2 comprimés de bicarbonate de soude, ou 1/2 c. à thé de sel et 1/4 de c. à thé de bicarbonate de soude dans un litre d'eau froide. Si vous ne disposez pas de bicarbonate, n'employez que du sel et, à l'extrême, que de l'eau.

6) Le blessé doit absorber cette solution très lentement pendant au moins une heure et, s'il a la nausée, ne lui en donnez pas plus afin qu'il ne vomisse pas. Conservez quand même cette mixture qu'il boira plus tard. Une telle solution reconstitue le liquide et les sels perdus par l'organisme.

Les fractures

Si les fractures (os cassés) entraînent parfois une invalidité totale et même la mort, on peut, par ailleurs, traiter certaines fractures jusqu'à guérison complète. Pour ce faire, les premiers soins consistent à immobiliser la fracture et à suivre les autres mesures de sauvetage déjà mentionnées. Immobiliser l'articulation se situant au-dessus et au-dessous de la fracture, voilà bien le principe de base de l'éclissage.

Les genres de fractures

Une fracture fermée est une fracture sans plaie ouverte. Ce type de fracture peut endommager les tissus sous-cutanés. Quoiqu'il ne s'agit parfois que d'une dislocation ou d'une entorse, une blessure de cette nature doit être traitée comme une fracture fermée.

Une fracture est ouverte quand l'os brisé vient transpercer l'épiderme ou que certains débris pénètrent dans la chair jusqu'à l'os. Cette fracture peut se contaminer et est sujette à infection.

Les signes et les symptômes d'une fracture

Une fracture est vite repérée lorsque l'os transperce la peau, ou lorsque la partie blessée se trouve dans une position anormale, ou encore lorsque la cage thoracique s'affaisse. Parmi les autres indications de fracture, on compte la douleur provoquée par une pression délicate sur la partie blessée, ainsi que l'enflure et la décoloration de la peau. Une douleur aiguë ressentie par la personne, alors qu'elle tente de bouger, laisse supposer également la présence d'une fracture. Toutefois, n'incitez pas la personne à remuer certaines parties de son corps dans le but d'identifier une fracture, car le mouvement endommage alors les tissus environnants et favorise l'état de choc chez le blessé. Dans le doute, agissez comme s'il y avait fracture.

Pourquoi faut-il immobiliser une fracture?

Une fracture doit être immobilisée afin que l'os brisé et tranchant ne vienne couper les tissus, les muscles, les vaisseaux sanguins et les nerfs. En outre, l'immobilisation réduit considérablement la douleur, prévient l'état de choc et empêche les fragments osseux de faire d'une fracture fermée une fracture ouverte laquelle peut se contaminer et s'infecter. L'immobilisation est réalisée par l'éclissage de la partie fracturée.

Les principes de l'éclissage

S'il s'agit d'une fracture ouverte, arrêtez d'abord l'hémorragie pour ensuite appliquer un pansement et un bandage comme vous le feriez pour toute autre blessure. Observez les règles suivantes:

1) Tenez-vous-en au principe déjà éprouvé "Éclissez-les là où ils se trouvent." Cela veut dire d'éclisser la partie fracturée avant que la personne ne bouge et avant que toute tentative pour la déplacer ne soit entreprise. N'essayez pas de redresser un os ou une articulation

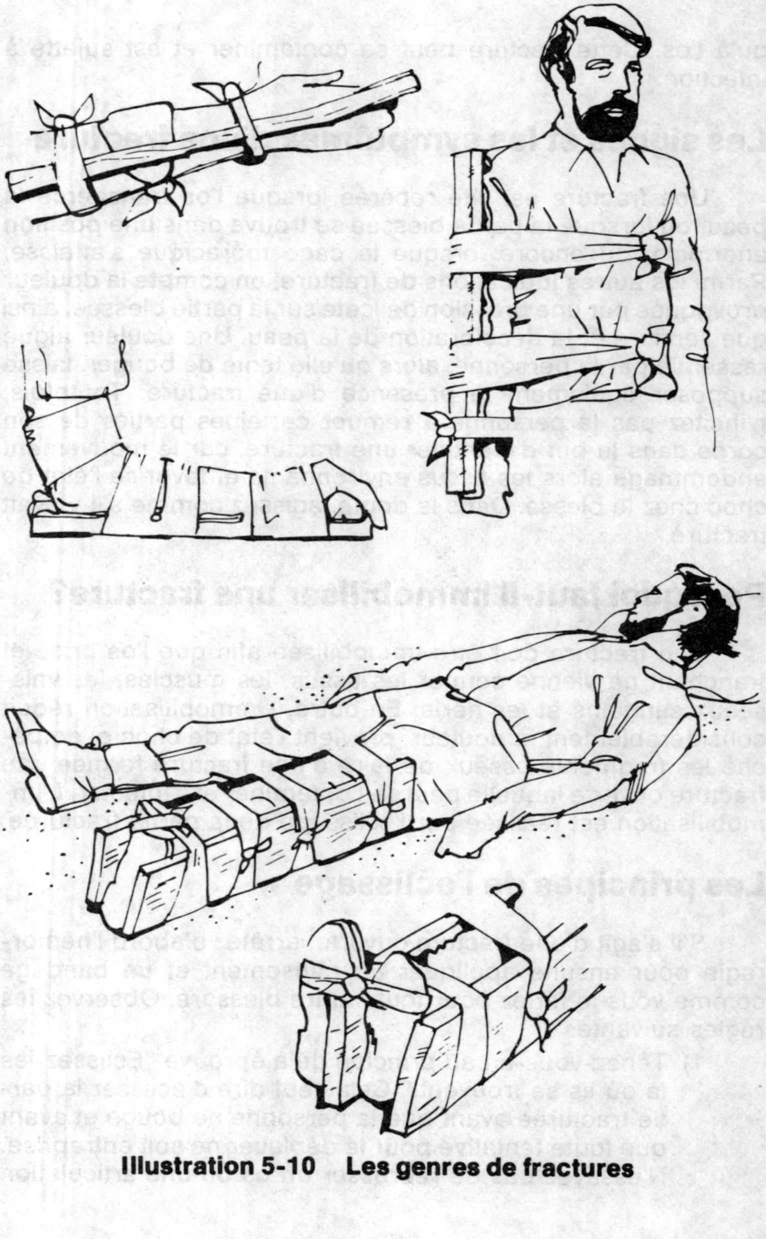

Illustration 5-10 Les genres de fractures

repliée qui se trouvent dans une position anormale. Ne pliez pas, non plus, une articulation qui ne l'est pas déjà. Quand les circonstances vous obligent à déplacer une personne avant de pouvoir éclisser sa jambe cassée, attachez celle-ci à sa jambe valide. Saisissez, ensuite, le blessé sous les aisselles et soulevez-le en ligne droite. Ne le tournez pas sur lui-même et ne le déplacez pas de côté.

2) Placez l'éclisse de façon à immobiliser l'articulation au-dessus et au-dessous de la fracture.
3) Placez des coussinets et des tampons entre la partie blessée et l'éclisse afin d'éviter toute pression indue et afin de ne pas traumatiser davantage les tissus, les vaisseaux sanguins et les nerfs. Redoublez de précautions lorsqu'il s'agit de l'entre-jambes, des aisselles et des endroits où l'éclisse vient en contact avec les parties osseuses telles le coude, le poignet, le genou et la cheville.
4) À l'aide de bandages, fixez l'éclisse à plusieurs endroits au-dessus et au-dessous de la fracture, mais ne la serrez pas trop pour ne pas nuire à la circulation du sang. N'appliquez pas de bandages sur la fracture même. Attachez les bandages en faisant des noeuds plats.
5) Pour supporter, à l'aide d'une attelle, un bras plié, foulé, ou blessé, ainsi qu'un coude fracturé, utilisez une écharpe.

Les éclisses

En guise d'éclisses, on peut se servir de planches, de perches, de bâtons, de branches d'arbres, de magazines et de journaux roulés ainsi que de carton. À défaut de tout cela, la cage thoracique peut immobiliser un bras cassé, et, jusqu'à un certain point, la jambe intacte peut remplir la même fonction pour la jambe fracturée.

Le rembourrage

À cette fin, on peut utiliser un veston, une couverture, un poncho, ou des feuilles d'arbres.

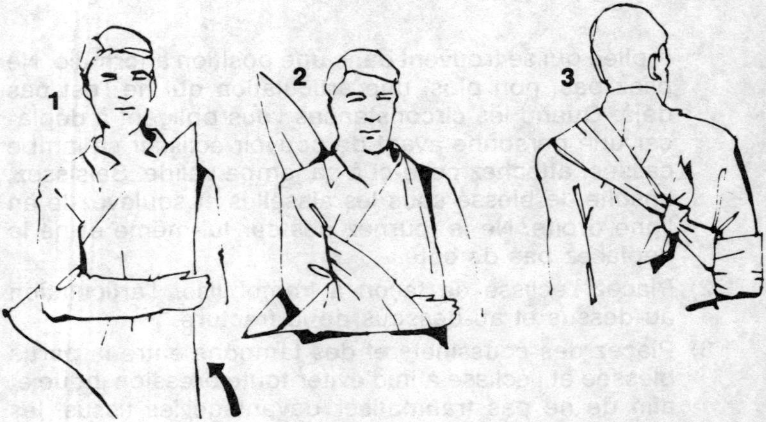

écharpe triangulaire

écharpe avec ceinture

écharpe double (épaule disloquée)

écharpe attachée à la chemise

Illustration 5-11 Les genres d'écharpes

Les bandages

Des ceintures, des bandoulières de fusil, des mouchoirs et des bandes déchirées à partir d'un vêtement ou d'une couverture peuvent servir de bandages improvisés. Il ne faut rien utiliser de trop étroit comme, par exemple, du fil métallique ou de la corde.

Les écharpes

En guise d'écharpes, on peut utiliser le dos d'un manteau ou la queue d'une chemise ainsi que des bandes de vêtements ou de couvertures. Ici, le bandage triangulaire convient parfaitement.

Les fractures de la colonne vertébrale

Il est souvent impossible de déterminer s'il y a fracture de la colonne vertébrale. Toute blessure au dos doit être considérée avec la plus grande attention, plus particulièrement après une chute ou lorsque le dos de la personne aura été vivement heurté. Lors d'un tel accident, quand le blessé ne sent plus ses jambes ou ne peut les bouger, vous pouvez raisonnablement en déduire qu'il souffre d'une blessure grave au dos laquelle doit être considérée comme une fracture. En un pareil cas, ne pliez pas la colonne vertébrale du blessé afin d'éviter que les fragments osseux viennent meurtrir ou couper la moelle épinière et que cela entraîne une paralysie permanente.

Si vous devez transporter le blessé, observez les recommandations suivantes:

Le transport d'un blessé couché sur le dos

Lorsque le blessé est étendu sur le dos, il faut le transporter sur une civière. À défaut de celle-ci, on doit utiliser une planche large ou une porte dont la longueur doit excéder la taille du blessé. À l'aide d'une cravate ou d'un bandeau, retenez ses poignets à sa ceinture sans trop serrer. Étendez une couverture repliée sur la civière là où doit reposer son arc dorsal. Pour le placer sur la civière, sans courber sa colonne vertébrale, mettez-vous à quatre et procédez de la façon suivante:

1) Ayant un genou au sol près des pieds du blessé, le deuxième, le troisième et le quatrième sauveteur se placent d'un côté de la victime tandis que le premier se tient du côté opposé.
2) Doucement et d'un seul mouvement, tous soulèvent le blessé à une hauteur de 8 pouces environ tandis que le premier sauveteur glisse la civière sous ce dernier, tout en s'assurant que la couverture soit adéquatement placée.
3) Ensuite, avec une parfaite coordination, on dépose délicatement la personne sur la civière.

Le transport d'un blessé couché sur le ventre

Lorsque le blessé est étendu sur le ventre, il faut le transporter dans cette position. À quatre hommes, soulevez-le et placez-le sur une civière ou sur une couverture roulée, tout en gardant sa colonne vertébrale inclinée vers l'arrière. N'oubliez pas de déposer une couverture repliée sur la civière, là où la poitrine doit reposer.

Les fractures du cou

Une fracture du cou demeure extrêmement dangereuse. Les fragments osseux peuvent meurtrir ou couper la moelle épinière, tout comme dans le cas d'une fracture dorsale. Lorsqu'il faut attendre du personnel médical avant de transporter la victime, tenez-vous-en aux recommandations suivantes:

1) Si le blessé est conscient, veillez à ce qu'il ne bouge pas. Bouger pourrait alors provoquer la mort.
2) Ne changez pas la position de la personne. Si le cou se trouve dans une position anormale, immobilisez-le ainsi.
3) S'il repose sur le dos, gardez sa tête immobile; soulevez légèrement ses épaules, puis glissez sous son cou un linge roulé ayant à peu près le volume d'une serviette de bain, soit une épaisseur suffisante pour lui courber faiblement le cou alors que l'arrière de la tête

reste appuyé sur le sol. Ne ramenez ni la tête ni le cou vers l'avant. Ne soulevez pas la tête et ne la tournez pas.

4) Afin que la tête ne bouge pas, appuyez-la de chaque côté avec des objets lourds comme, par exemple, des pierres enroulées dans une serviette ou dans une pièce de vêtement. Vous pouvez également utiliser, à cette fin, les bottes du blessé; après les avoir remplies de pierres, de gravier ou de sable, vous en refermez solidement la partie supérieure.

Au moins deux personnes sont requises lorsque le blessé doit être transporté puisqu'il faut alors déplacer simultanément la tête et le tronc. Pour ne pas plier le cou du blessé, les deux secouristes doivent travailler avec une parfaite coordination de mouvements et procéder de la manière suivante:

1) Près de la victime, placez une planche large dont la longueur excède d'au moins 10 cm sa tête et ses pieds.
2) Si le blessé est étendu sur le dos, le premier secouriste doit lui immobiliser la tête et le cou tandis que le deuxième (un pied et un genou de chaque côté de la planche afin qu'elle ne puisse glisser) le saisit à l'épaule et à la hanche pour le pousser délicatement sur cette planche.
3) Si le blessé repose sur le ventre, le premier secouriste lui immobilise la tête et le cou, alors que le deuxième le roule doucement sur la planche.
4) Le premier secouriste soutient toujours la tête et le cou du blessé tandis que le deuxième lui soulève les épaules et place un coussinet sous son cou. Ensuite, il lui immobilise la tête en la retenant de chaque côté par des objets lourds: pierres enroulées dans une couverture, bottes, etc.
5) Maintenez en place ces supports improvisés à l'aide d'une cravate ou d'une bande de tissu passant sur le front du blessé et sous la planche.
6) Pour transporter le blessé, placez la planche sur une civière ou sur une couverture.

Les premiers soins concernant les urgences ordinaires

Les blessures légères

La plupart des blessures légères, telles les coupures, ne saignent pas abondamment. Le saignement contribue à nettoyer la blessure. L'infection par contamination demeure toujours le danger majeur. Lorsque vous vous blessez légèrement, soignez-vous de la façon suivante:

1) Éviter de contaminer la blessure.
2) Lavez délicatement le contour de la blessure et la blessure elle-même au savon et à l'eau. Désinfectez celle-ci en y appliquant de la teinture de benzalkonium ou une autre solution appropriée (la force de ces solutions ne doit jamais excéder une partie pour 750).
3) Recouvrez la plaie d'une compresse stérile (celle-ci ne venant en contact avec rien d'autre) et faites un pansement.
4) *Important.* Il faut d'abord faire bouillir les vêtements ou tout autre tissu qui serviront de compresses ou de pansements.

Les brûlures mineures

La chaleur, les liquides brûlants, les produits chimiques, l'électricité et les rayons du soleil peuvent causer des brûlures mineures. Lorsque vous vous infligez une telle brûlure, plongez la partie atteinte dans un cours d'eau ou placez-la sous l'eau très froide jusqu'à ce que la douleur se dissipe (5 minutes environ). Les brûlures mineures se classent en deux catégories qui se distinguent par la présence ou l'absence de cloques.

Recouvrez les cloques ayant tendance à crever et à se fendre d'une compresse stérile afin de protéger la peau contre l'infection (toujours possible). Ne crevez pas les cloques. Retenez la compresse bien en place à l'aide d'un bandage.

Si la brûlure ne cause pas de cloques et n'amène pas la peau à se fendre, elle est considérée mineure, même lorsque cette brûlure s'étend sur une grande partie du corps (coup de soleil). Une telle brûlure ne requiert pas de compresse stérile. Pour soulager la douleur, on s'immerge dans l'eau froide, ou on se recouvre de vaseline ou d'une solution faite de levure (farine) et d'eau. À défaut de celles-ci, la glaise ou la terre mouillée conviennent parfaitement.

Les corps étrangers dans l'oeil

Quand il vous arrive d'avoir un corps étranger dans l'oeil, ne frottez pas votre oeil. Si le corps étranger se loge sous la paupière supérieure relevez celle-ci en la dégageant du globe oculaire et attendez quelques instants jusqu'à ce que les larmes coulent abondamment et débarrassent l'oeil de cet intrus.

Si les larmes ne changent rien, demandez à quelqu'un d'examiner votre oeil et, une fois l'objet repéré, enlevez-le avec le coin mouillé d'un mouchoir propre.

Si l'objet ne se trouve pas sous la paupière inférieure, saisissez les cils avec le pouce et l'index et placez un bâtonnet sur la paupière supérieure. Ramenez-la au-dessus du bâtonnet. Examinez ensuite l'intérieur de la paupière tandis que l'oeil est tourné vers le bas. Retirez délicatement la particule avec le coin mouillé d'un mouchoir propre.

S'il s'agit d'une particule de verre ou de métal que vous ne pouvez retirer selon les méthodes ci-haut indiquées, il faut alors bander les yeux de la personne et l'amener à une clinique médicale.

À NOTER: Même lorsqu'un seul oeil est affecté, les deux yeux doivent être bandés, et cela parce qu'ils bougent simultanément. Donc, tout mouvement de l'oeil indemne est suivi par l'oeil affecté, lequel alors se fatigue et s'irrite.

Lorsqu'une matière caustique ou brûlante, tel l'acide d'accumulateur d'automobile ou de l'ammoniaque, vous arrive dans l'oeil, lavez immédiatement celui-ci sous un jet d'eau abondant. S'il s'agit de l'oeil droit, tournez la tête du côté droit, si c'est l'oeil gauche, tournez la tête du côté gauche. Ainsi, la matière caustique ne pourra se répandre d'un oeil à l'autre.

Les corps étrangers dans l'oreille, le nez et la gorge

Ne fouillez jamais les oreilles pour en retirer un corps étranger. Un insecte dans l'oreille? Attirez-le en plaçant la lumière d'une lampe de poche contre l'oreille. Quand ce moyen ne réussit pas, vous pouvez noyer l'insecte ou l'immobiliser en versant de l'eau dans l'oreille. On peut parfois libérer l'oreille d'un corps étranger en y faisant jaillir de l'eau. Toutefois, s'il s'agit d'un objet qui se gonfle lorsque mouillé tel une graine ou une particule de bois, n'employez jamais d'eau.

Chercher à localiser un objet enfoui dans le nez ne contribue, le plus souvent, qu'à le pousser plus loin encore, et ce faisant, on risque d'endommager les fosses nasales. Essayez plutôt de déloger l'objet en vous mouchant doucement et, si cela ne suffit pas, ayez recours à une aide médicale.

En toussant, on se libère souvent d'un objet coincé dans la gorge. Si cette tentative s'avère inutile, essayez d'y arriver avec les doigts; mais prenez garde de ne pas refouler l'objet plus profondément. Si l'objet reste toujours coincé, il peut y avoir danger de bloquer les voies respiratoires; vous devez alors avoir recours à des soins médicaux le plus tôt possible. La méthode "HEIMLICH HUG" est décrite pour vous à la fin de ce chapitre.

La noyade

La noyade se produit lorsque l'eau ou un autre liquide provoque un spasme sur les cordes vocales, bloquant ainsi l'entrée d'air dans les voies respiratoires. Plusieurs personnes victimes de la noyade et apparemment sans vie peuvent être sauvées grâce à la respiration artificielle si l'action est prompte et efficace. En cela, la rapidité s'impose, et chaque instant de retard compromet la vie de la personne. Il est souvent possible de suivre la méthode du bouche à bouche avant même que la personne ne soit ramenée sur le rivage. Dès que sa tête se trouve hors de l'eau et que sa bouche arrive à la portée de la vôtre, commencez la respiration artificielle et ne l'interrompez pas, même lorsque les autres secouristes transportent la victime. Une fois sur la rive, ne perdez pas un temps précieux à expulser l'eau de ses poumons, mais maintenez plutôt le rythme de la respiration artificielle.

Le choc électrique

Ce genre d'accident résulte habituellement d'un contact avec un fil électrique; il arrive parfois lorsqu'une personne est frappée par la foudre. Dans le premier cas, prenez les mesures suivantes.

1) Si possible, fermez le courant sans perdre de temps à en localiser la source. À l'aide d'une perche de bois, de vêtements secs, d'une corde sèche, ou d'un autre matériau non conducteur, éloignez la personne du fil électrifié. Ne touchez ni au fil, ni à la personne, car autrement, vous subirez le même choc.
2) Un choc électrique peut bloquer la respiration et arrêter le coeur; vous devez donc commencer la respiration artificielle tout de suite après avoir libéré la personne. Si vous ne décelez aucune pulsation cardiaque, pratiquez un massage du coeur et la respiration artificielle.

La méthode "HEIMLICH HUG"

Une personne, dont la trachée est obstruée par la nourriture ne peut ni respirer ni parler et peut devenir livide et s'effondrer. Dans un tel état, elle n'a que quatre minutes à vivre, à moins d'être sauvée par la méthode HEIMLICH HUG.

Lorsque la personne est assise ou debout:

1) tenez-vous derrière elle et ceinturez-la de vos bras;
2) placez le poing contre son abdomen, juste au-dessus du nombril et sous la cage thoracique; puis, de l'autre main, saisissez fermement votre poing;
3) d'un geste brusque, énergique et remontant, enfoncez votre poing dans l'abdomen de la personne. Une vive exhalation d'air expulsera alors la nourriture hors des voies respiratoires;
4) recommencez plusieurs fois, s'il le faut.

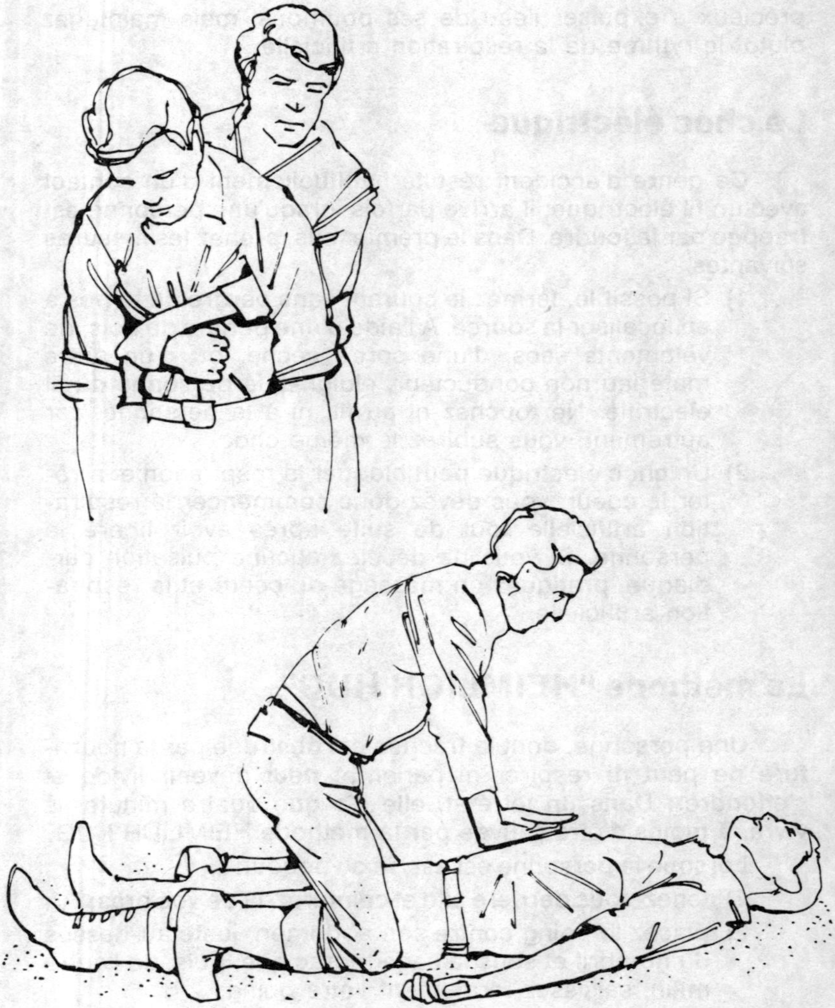

Illustration 5-12 Le "Heimlich Hug"

Lorsque la personne repose sur le dos:

1) agenouillez-vous au-dessus de la personne, les genoux de chaque côté de ses hanches;
2) superposez vos deux mains sur son abdomen, juste au-dessus du nombril, sous la cage thoracique;
3) d'un mouvement vif et remontant, pressez fortement avec la paume de la main sur l'abdomen de la victime;
4) recommencez plusieurs fois, si nécessaire.

Si la personne repose face contre terre, retournez-la et procédez de la manière prescrite ci-haut.

Transporter un blessé

Pour assurer le confort du blessé, mieux vaut le transporter sur une civière. La tâche n'en est d'ailleurs que plus facile. Cependant, à cause du terrain, il faut parfois transporter le blessé à bras. Dans un tel cas, il est impératif d'utiliser une civière (authentique ou improvisée) le plus tôt possible.

Comment transporter un blessé

Bien que l'on ait pu sauver la vie d'une personne en employant des mesures de premiers soins adéquates, il demeure quand même possible de la perdre en la transportant sans précautions. Voilà pourquoi vous devez, avant même de songer à bouger un blessé, vérifier sa blessure et vous rendre compte de sa gravité. A-t-on adéquatement immobilisé et supporté les os fracturés afin qu'ils ne puissent perforer ou couper les muscles, les vaisseaux sanguins et la peau? En constatant le genre de blessure et sa gravité, ainsi que vous basant sur vos connaissances, vous pouvez décider de la meilleure façon de transporter le blessé. Lorsque celui-ci est conscient, il est en droit de savoir comment il sera transporté. Cela peut aider à dissiper son angoisse et vous assurera son entière coopération.

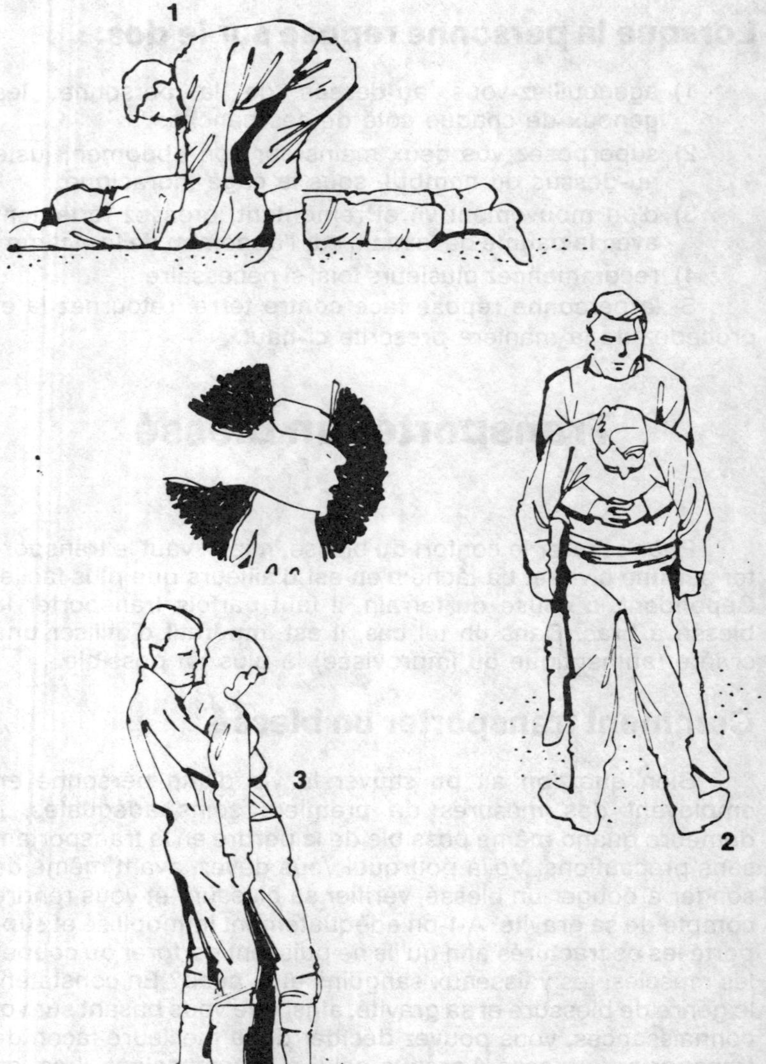

Illustration 5-13 A la manière des pompiers

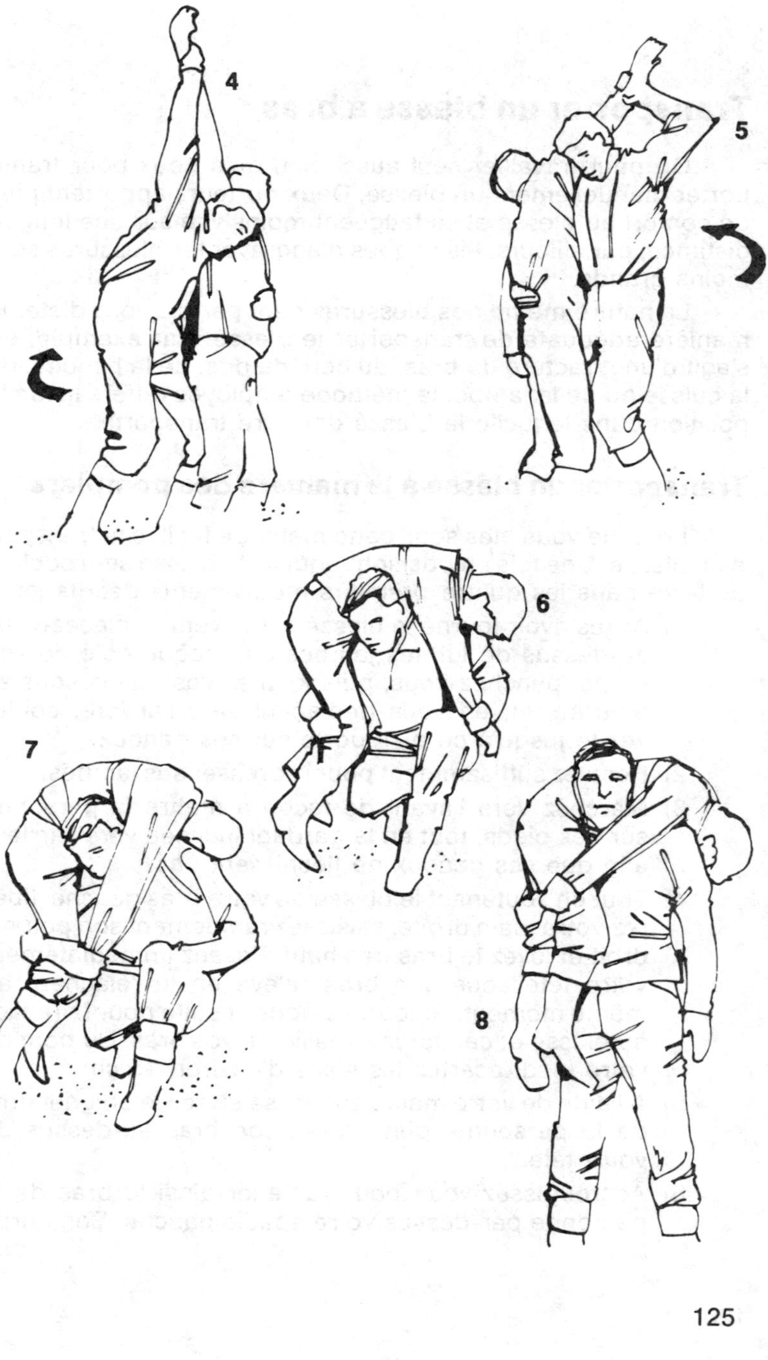
4
5
6
7
8

Transporter un blessé à bras

On peut travailler seul aussi bien qu'à deux pour transporter manuellement un blessé. Deux porteurs apportent plus de confort au blessé et se fatiguent moins vite sur une longue distance; par ailleurs, les risques d'aggraver les blessures sont moins grands.

La nature même des blessures peut parfois vous dicter la manière adéquate de transporter le blessé. Par exemple, s'il s'agit d'une fracture du bras, du cou, du dos, de la hanche, de la cuisse ou de la jambe, la méthode employée diffère selon la position dans laquelle le blessé doit être transporté.

Transporter un blessé à la manière des pompiers

Lorsque vous êtes seul, cette méthode facilite le transport d'un blessé. Une fois en position requise, le blessé sera soulevé de terre dans les quatre premiers mouvements décrits ici.

1) Après avoir tourné le blessé sur le ventre, placez-vous au-dessus de lui, les jambes de chaque côté de son corps; penchez-vous, puis joignez vos mains sous sa poitrine, et, en vous déplaçant vers l'arrière, soulevez-le jusqu'à ce qu'il porte sur ses genoux.
2) Reculez suffisamment pour redresser ses jambes.
3) Marchez vers l'avant de façon à mettre la personne sur ses pieds, tout en la gardant inclinée vers l'arrière afin que ses genoux ne fléchissent pas.
4) Tout en soutenant le blessé de votre bras gauche, libérez votre main droite, saisissez rapidement son poignet droit et levez le bras très haut. Passez immédiatement votre tête sous son bras relevé en le relâchant au même moment. Retournez-vous ensuite pour faire face au blessé et ceinturez sa taille de vos bras. Du bout de votre pied, écartez les siens d'environ 15 cm.
5) À l'aide de votre main gauche, saisissez le poignet droit de la personne, puis élevez son bras au-dessus de votre tête.
6) Accroupissez-vous pour ramener ainsi le bras de la personne par-dessus votre épaule gauche. Son corps

repose alors sur vos épaules. Ce faisant, passez votre bras droit entre ses jambes.

7) Placez son poignet droit dans votre main droite.

8) En appuyant votre main gauche sur votre genou gauche, relevez-vous. Votre main gauche reste libre et le blessé demeure en position confortable.

Supporter et soutenir un blessé

Cette méthode implique que le blessé est en mesure de marcher, ou, au moins, d'aller à cloche-pied, tout en s'appuyant sur son secouriste comme sur une béquille. On l'utilise tant et aussi longtemps que le blessé peut marcher ou sautiller.

Transporter un blessé dans ses bras

Il convient de transporter un blessé dans ses bras seulement lorsqu'on doit parcourir une courte distance ou lorsqu'on doit le déposer sur une civière.

Transporter un blessé à selle sur ses épaules

Cette méthode ne peut être appliquée que lorsqu'une personne est consciente, puisque celle-ci doit se retenir en passant ses bras autour du cou du porteur.

Transporter un blessé à la manière d'un havresac

Ici, la victime porte haut sur le dos du secouriste. Cela facilite la tâche sur une courte distance. Afin de ne pas blesser le bras de la victime, on doit le garder replié vers l'intérieur.

1) Soulevez la personne tel qu'indiqué à l'illustration 5-13 c'est-à-dire à la manière des pompiers.

2) Supportez la personne en la ceinturant de votre bras et saisissez le poignet le plus près en ramenant son bras au-dessus de votre tête et par-dessus votre épaule. Placez-vous en avant de la personne, tout en l'appuyant contre votre dos. Saisissez son autre poignet et passez ce bras sur votre épaule.

3) Penchez-vous vers l'avant et hissez le blessé très haut sur votre dos de manière à y laisser porter tout son poids.

Illustration 5-14 Transporter un blessé à l'aide d'une ceinture

Transporter un blessé à l'aide de ceintures

Voilà bien la meilleure méthode pour transporter un blessé sur une longue distance. Celui-ci est solidement retenu sur les épaules du porteur par une courroie. Ainsi les mains de ce dernier et celles du blessé restent libres pour transporter armes ou équipement, et pour gravir les obstacles. Ainsi, le secouriste peut mieux se faufiler et ramper à travers les buissons et les branches basses.

1) Joignez deux ceintures de manière à former une seule courroie (à défaut de ceintures, on peut utiliser des cravates, des bandages, des courroies de civière ou toute autre attache non courante et pas trop étroite). Placez l'attache sous les cuisses et sous les reins de la personne de manière à former une boucle de chaque côté (voir l'illustration 5-14).
2) Étendez-vous sur le dos entre les jambes écartées de la victime. Passez vos bras dans les boucles, puis saisissez la main et la jambe du côté où la personne est blessée.
3) Retournez-vous sur le ventre par le côté opposé à la blessure en ramenant, ainsi, la personne sur votre dos. Ajustez adéquatement l'attache.
4) Placez-vous sur les genoux. La courroie ajustée retient alors la personne en place.
5) Appuyez une de vos mains sur un genou et redressez-vous. La personne repose maintenant sur vos épaules.
6) Ainsi, vous pouvez transporter le blessé les mains libres.

Transporter un blessé à deux

Un seul homme, transportant un blessé selon la méthode des pompiers ou à l'aide d'une courroie, peut parcourir une plus grande distance, plus rapidement et plus confortablement pour la victime et pour lui-même que ne peuvent faire deux ou plusieurs secouristes. Cependant, sur une distance plus courte, deux hommes accompliront la même tâche plus rapidement qu'un seul homme. Pour cela, la façon la plus simple consiste à soutenir le blessé, en passant ses bras par-dessus les épau-

Illustration 5-15 Transporter un blessé à deux

les de chaque secouriste, après l'avoir placé sur ses pieds. Ils peuvent alors le supporter par la taille ou (si la personne est plus grande que les secouristes) par les cuisses, pour l'amener, s'il y a lieu, à la civière ou au véhicule. Vous pouvez également transporter la victime dans le creux de vos bras, ou, à deux hommes, l'un soutenant les jambes et l'autre le torse. Toutefois, nous devons admettre qu'il est très inconfortable pour le blessé d'être ainsi "étiré" entre deux secouristes, surtout lorsque vous devez parcourir de longues distances en terrain difficile.

Les civières improvisées

Il existe bien des façons de fabriquer une civière improvisée. La plupart des objets à surface plane et de grandeur

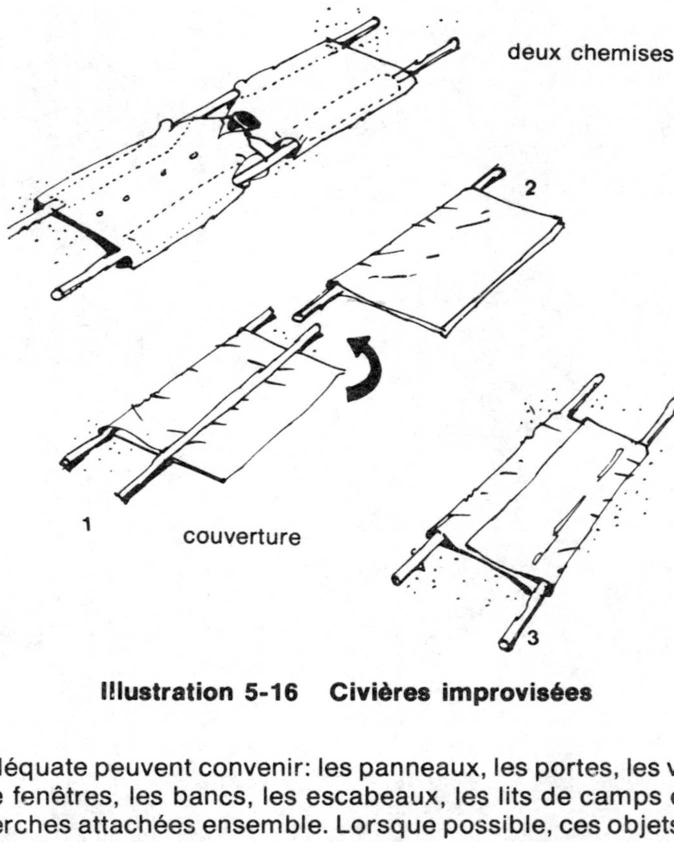

Illustration 5-16 Civières improvisées

adéquate peuvent convenir: les panneaux, les portes, les volets de fenêtres, les bancs, les escabeaux, les lits de camps et les perches attachées ensemble. Lorsque possible, ces objets doivent être recouverts d'une couverture, de vêtements ou de feuillage.

On obtient des civières convenables en insérant de longs bâtons tels des branches, des fusils, des skis, des supports de tentes, etc. à l'intérieur des couvertures, des toiles, des vestons, des chemises, des havresacs ou du matériel de couchage.

À défaut de perches ou de longs bâtons, on peut rouler une couverture des deux bouts vers le centre. Les rouleaux ainsi obtenus offrent une prise solide et ferme pour transporter le blessé.

Chapitre 6

Les activités essentielles dans une situation de survie

Que faut-il faire lorsqu'on se retrouve tout à coup au milieu de nulle part, sans secours immédiat? Par où commencer pour s'en sortir? Comment survivre si les secours se font attendre? Que faut-il savoir pour éviter les dangers que présentent la flore et la faune environnantes? De quelles façons peut-on profiter du milieu et en tirer sa subsistance? Ce chapitre a pour but de répondre à ces questions cruciales. Il comporte une série d'informations concernant les mesures que vous devrez prendre sans délai pour vous protéger des dangers les plus immédiats ou pour régler les problèmes les plus urgents. Vous y trouverez aussi différents moyens de signaler votre présence et d'accélérer votre sauvetage. En outre, les renseignements contenus dans ce chapitre vous aideront à satisfaire vos besoins essentiels dans une situation de survie. Ils vous permettront de vous mettre à l'abri des éléments, de boire et de manger en puisant dans les ressources du milieu. Les informations concernant les sources d'eau, différentes plantes et certaines espèces animales faciliteront votre approvisionnement en eau potable et en denrées comestibles. Grâce aux techniques de chasse et de pêche et aux méthodes de conservation des aliments qui sont décrites plus loin, vous pourrez attendre les secours sans souffrir de la faim. Enfin, en suivant tous ces conseils, vous diminuerez les risques de contracter des maladies souvent très graves et vous serez plus en mesure d'affronter la situation.

L'information que nous donnons ici peut être utile dans toutes les parties du monde. Cependant, elle convient plus précisément aux régions qui jouissent de conditions atmosphériques et géographiques semblables à celles que l'on retrouve aux États-Unis et en Europe. Ailleurs, le climat et le terrain constituent une menace beaucoup plus sérieuse. Nous parlerons plus loin, dans les chapitres 7, 8 et 9, des questions de survie dans ces zones plus inhospitalières.

Les mesures immédiates

Si vous êtes victime d'un accident dans un milieu isolé, par exemple lors d'un écrasement d'avion, vous devez:

1) vous éloigner le plus rapidement possible de toute source de danger immédiat, par exemple des débris de l'avion écrasé et des fuites de carburant;
2) examiner les blessures et apporter les premiers soins;
3) monter un abri temporaire et faire un feu s'il fait très froid;
4) vous reposer et vous détendre jusqu'à ce que le choc et la fatigue se soient dissipés. N'élaborez pour l'instant aucun plan d'action précis, mais prenez quand même conscience de la situation. Suivez à ce sujet les conseils contenus dans le premier chapitre.

Une fois bien détendu, familiarisez-vous avec l'environnement et analysez la situation. Le manque de nourriture et d'eau et la gravité des blessures vous dicteront votre conduite immédiate. Lorsque ces besoins seront satisfaits, procédez aux opérations suivantes:

1) Préparez des signaux. À intervalles réguliers, balayez l'horizon du rayon réfléchi par miroir ou par tout autre objet équivalent. La nuit, signalez votre présence à l'aide d'une lampe de poche ou faites un feu. Déployez parachutes, gilets de sauvetage et autres objets de couleurs vives et brillantes. Disposez géométrique-

ment les signaux sur le sol. Ils seront plus visibles ainsi. Presque tous les navires et les avions sont équipés de trousses de secours. Si vous trouvez de la teinture fluorescente, étendez-en sur l'eau ou sur la neige. Hissez un drapeau à l'endroit le plus élevé de votre emplacement.

2) Prenez des dispositions qui faciliteront votre sauvetage. Dégagez tout ce qui nuirait aux opérations de secours. Lorsque les secours se font imminents, emballez tout l'équipement que vous devrez prendre avec vous. Apprenez les signaux corporels de communication sol-air.

3) Déterminez votre position par les meilleurs moyens possibles. Voyez à ce sujet les chapitres deux et trois "S'orienter à l'aide d'une carte ou d'une boussole" et "S'orienter sans carte ou boussole".

4) Décidez si vous devez rester sur les lieux ou s'il ne vaudrait pas mieux aller au devant des secours. Il est habituellement recommandé d'attendre sur place, plus particulièrement lorsqu'il s'agit d'un écrasement d'avion. Cependant, il serait préférable que vous optiez pour la seconde solution:

   — si vous connaissez parfaitement votre position et si vous savez dans quelle direction et à quelle distance se trouvent les secours;
   — si vous avez suffisamment de provisions et de vivres;
   — si vous êtes convaincu, après une attente de plusieurs jours, que vos chances d'être secouru sont bien minces;
   — si un membre de votre groupe est sérieusement blessé et que le temps devient un facteur décisif.

5) Établissez votre campement dans un endroit judicieusement choisi, si possible près d'un cours d'eau. Ne vous installez pas au bas d'une pente raide, évitez les terrains propices aux avalanches, aux éboulis ou aux inondations et choisissez un emplacement à l'abri du vent.

L'abri

L'abri doit avant tout vous protéger contre les inconvénients et les dangers d'un milieu inhospitalier. Il vous sera évidemment de plus en plus précieux si les secours se font attendre.

L'abri peut prendre diverses formes, depuis le simple appentis jusqu'à la cabane bien isolée. Plusieurs facteurs détermineront la qualité de sa construction. Celle-ci dépendra d'abord des outils dont vous disposez et de votre intention de bâtir un refuge temporaire ou un abri plus durable. Sans l'apport minimum d'un couteau ou d'une hache, vos efforts se limiteront nécessairement à la construction d'un abri rudimentaire et cela, même si vous envisagez un séjour prolongé. De votre habilité, en regard du temps disponible, dépendra également la qualité de la construction.

Nous ne saurions discuter ici de l'art de tailler et de travailler le bois. De plus, on ne devient expert en ce domaine qu'après une longue pratique. Si vous n'êtes pas du nombre de ces derniers, à quoi vous servirait alors tout un traité sur le sujet?

Néanmoins, on peut très bien construire un abri convenable avec peu d'outils et des connaissances plutôt restreintes. Ici, il faut improviser. Improvisation et créativité, plus une certaine adresse, vous permettront de bâtir un abri solide et confortable.

Choisir un emplacement

Tâchez de repérer un endroit élevé et dégagé, assez loin des marécages, mais pas trop éloigné d'une source ou d'un cours d'eau. Les moustiques y sont plus rares, le sol plus sec et l'air plus salubre. En montagne, dans la jungle, les nuits sont froides. Évitez les lits désséchés des rivières car ils peuvent, en quelques heures, être inondés par des pluies pourtant tombées très loin de votre emplacement.

Les genres d'abri

S'agit-il d'un abri temporaire ou d'une construction durable? De combien de temps disposez-vous? Voilà les deux points majeurs qui décideront du genre d'abri que vous devez construire. Parmi les abris les plus simples, mentionnons:

L'abri parachute

Il consiste à jeter un parachute (ou tout autre pièce de tissu du genre) sur une corde tendue entre deux arbres.

L'abri de chaume

(Charpente en A). Ici, on recouvre une charpente, en forme de A, d'une épaisse couche de chaume, de feuilles, d'écorces ou d'herbages. Commencez la toiture par le bas, comme pour le bardeau. Vous obtiendrez un abri idéal qui pourra vous protéger de la pluie.

L'abri appentis (abri ordinaire en bois)

Cet abri doit être construit là où il est possible d'allumer un grand feu, en tenant compte des vents prédominants. Pour plus de chaleur et de confort, placez près du feu un écran réflecteur fait de bûches de bois vert. De grosses pierres serviront aux mêmes fins.

Le "Parateepee"

C'est une tente que l'on peut construire facilement à l'aide d'un parachute et de quelques bonnes perches mesurant de 3,5 à 4,5 m de longueur. Cet abri offre une excellente protection contre les insectes et l'humidité. On peut y faire la cuisson, manger, dormir et s'y reposer, et même envoyer des signaux sans avoir à en sortir.

L'abri sous les saules

Pour avoir un abri sous les saules, il suffit de courber et de relier ces arbres très flexibles en un point suffisamment élevé, de manière à obtenir une charpente assez grande pour accommoder un homme et son équipement. Recouvrez ensuite cette charpente de tissu ou d'étoffe. Placez l'ouverture à angle droit par rapport aux vents prédominants. Retenez les rebords de la couverture avec de la terre et de la neige afin d'empêcher le vent de souffler sous la tente.

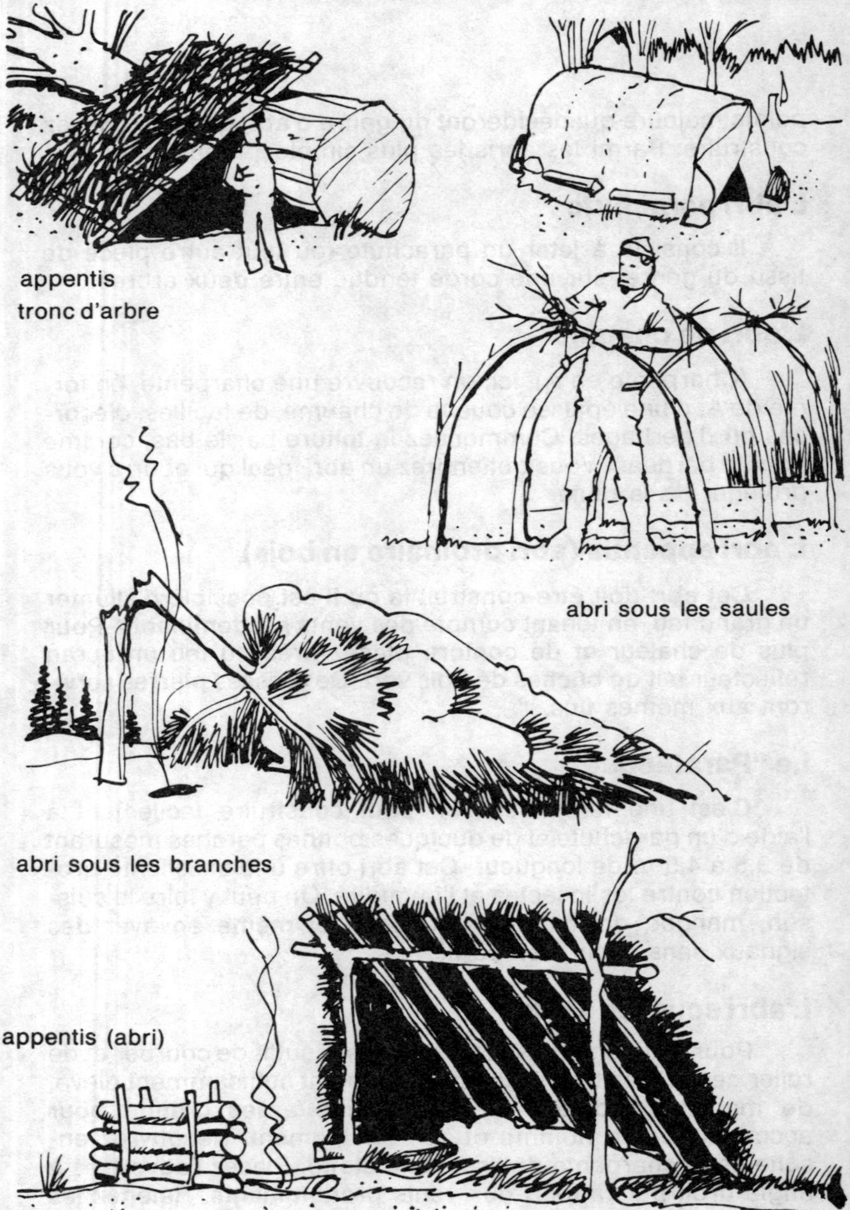

Illustration 6-1 Genres d'abris

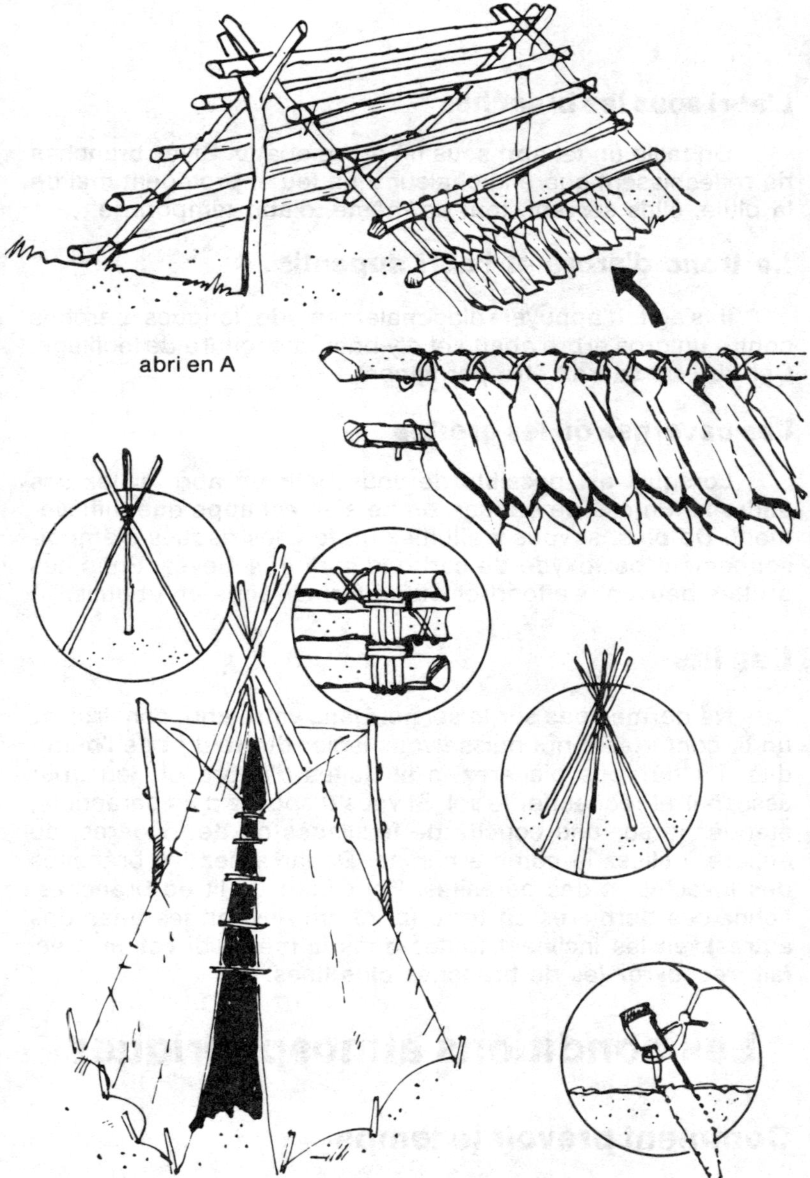

Illustration 6-1 Genres d'abris

L'abri sous les branches

On taille un tel abri sous un arbre abattu. Si les branches ne réfléchissent guère la chaleur d'un feu et protègent mal de la pluie, elles servent, tout de même, d'abri temporaire.

Le tronc d'arbre et l'abri appentis

Il s'agit d'appuyer diagonalement de longues perches contre un gros arbre abattu et d'y bâtir une toiture de feuillage. Cet abri ne saurait être permanent.

Les cavernes ou les grottes

Lorsqu'il est possible de vous bâtir un abri, évitez ces endroits. En cas de danger, on ne s'en échappe que difficilement. De plus, si vous y allumez un feu, les risques d'empoisonnement par oxyde de carbone sont très élevés. Enfin, les grottes peuvent s'effondrer ou se fermer sous un éboulis.

Les lits

Ne dormez pas sur le sol nu. Dans votre abri, construisez un lit confortable qui puisse vous isoler du froid et de l'humidité. Là où vous placerez le lit, faites d'abord un feu pour assécher et réchauffer le sol. Si vous disposez d'un parachute, étendez-le sur une couche de feuillages ou de fougères, ou encore, utilisez-le comme hamac. Débarrassez les branches des insectes et des parasites. Pour faire un lit de branches, fichez ces dernières en terre (à 20 cm environ les unes des autres), en les inclinant toutes dans la même direction. Ceci fait, recouvrez-les de branches plus fines.

Les conditions atmosphériques

Comment prévoir le temps

Malgré ses appareils très sophistiqués, la science météorologique s'avère souvent imprécise et inexacte. Votre habileté à prévoir les conditions atmosphériques, particulièrement dans les régions aux températures extrêmes, peut s'avérer un atout précieux dans votre lutte pour survivre.

Le vent

La direction du vent est sans doute l'indice météorologique le plus à notre portée. Pour connaître la direction du vent et prévoir quel temps il fera dans votre région, fabriquez un drapeau à l'aide d'une pièce de tissu, tenez tout simplement un doigt mouillé dans la direction du vent, ou encore, projetez quelques brins d'herbe dans les airs. Les vents qui changent rapidement de direction laissent prévoir des perturbations atmosphériques et un revirement probable du temps. Aux États-Unis, les vents soufflent généralement d'ouest en est. Venant du nord-est, ils apportent de l'air plus sec et plus frais; ceux du sud-est entraînent de l'humidité et de la pluie.

La vitesse du vent: un facteur de refroidissement

L'effet combiné de l'air froid et du vent abaisse considérablement la température du corps. Par exemple, les parties de votre corps qui ne sont pas protégées par les vêtements gèleront si vous vous exposez à un vent de 3,2 km/h par une température de -40° C. La même chose se produira quand la température de l'air est seulement de -12° C, si le vent atteint 32 km/h. Dans les régions froides, l'abri doit, d'abord et avant tout, vous protéger contre le vent.

Les nuages

Les nuages se présentent sous une variété de formes et d'arrangements. Si vous apprenez à les distinguer et si vous savez à quelles conditions atmosphériques ils correspondent, il vous sera plus facile de prévoir le temps qu'il fera.

Les cumulus, ces nuages blancs et gonflés qui nous sont très familiers, annoncent généralement du beau temps. Mais s'il s'accumulent verticalement en formant des "têtes" massives dans le ciel, ils sont précurseurs de tempête. Noirs et en forme d'enclume, ils laissent prévoir des orages.

Les très légers cirrus sont habituellement avant-coureurs de beau temps. Cependant, lorsqu'ils se concentrent dans des régions froides, ces nuages font présager une tempête de neige.

Les stratus et les nimbus, denses, sombres et bas dans le ciel apportent quant à eux de la pluie et de la bruine.

Cumulus, cirrus, stratus et nimbus peuvent s'agglomérer en une multitude de formations et, selon leur altitude, ils nous font connaître différentes conditions atmosphériques. Les cirrocumulus, ces nuages pommelés, ressemblant à des écailles de poisson, nous préviennent d'une précipitation prochaine (12 à 15 heures).

Les autres indices du changement de temps

1) Quand la fumée s'élève d'un feu en une mince colonne verticale cela indique du beau temps; si la fumée rampe cela laisse présager un orage.
2) Le matin et le soir, la couleur du ciel vous aidera à prévoir le temps qu'il fera. Souvenez-vous de l'adage: "Rougeoiement du soir, du beau temps l'espoir; rougeoiement du matin, pluie et vent en chemin."
3) Lorsqu'au matin l'herbe se couvre de rosée, c'est qu'il fera beau. Au contraire, l'herbe sèche annonce de la pluie. "Quand, au matin, la rosée s'assoit sur l'herbe, dame pluie ne vient pas. Mais quand l'herbe ne voit goutte, dame pluie nous mouille avant la nuit."
4) Lorsque l'air est lourd et humide, les oiseaux et les insectes volent plus bas que d'habitude. Une précipitation devient alors imminente. Les insectes sont plus actifs à l'approche de l'orage, les abeilles plus laborieuses quand vient le beau temps.
5) Un front de basse pression est souvent annoncé par des vents légers et à peine perceptibles alors que l'air s'alourdit d'humidité. Ces conditions signifient que le mauvais temps durera plusieurs jours. Une basse pression se "renifle" et "s'entend". L'air humide et stagnant répand alors des odeurs sauvages; les bruits portent plus loin et les sons se font plus aigus.

Les dangers et périls

En ce qui concerne les dangers propres aux régions tropicales, au désert, à l'Arctique et à la mer, voyez les chapitres appropriés.

Les maladies et les dangers transmis par les insectes
(Voir au chapitre cinq, les bestioles)

Les serpents venimeux

La peur que nous inspirent les serpents est reliée à leur aspect étrange, pour ne pas dire répugnant, mais elle résulte aussi du fait que nous manquons d'information à leur sujet, de sorte que même les plus inoffensifs suscitent beaucoup de méfiance. Notre crainte généralisée de tous ces reptiles n'est cependant plus justifiée quand on apprend à les connaître et à identifier les plus dangereux. Le fait de savoir comment se protéger de leurs méfaits et ce qu'il convient de faire dans les cas de morsures contribue également à atténuer notre peur. Nous vous référons à la section "Premiers soins" du chapitre 5 pour les précisions concernant les soins d'urgence suite à des blessures infligées par des reptiles venimeux. Mais il faut souligner encore que la plupart des serpents ne sont pas venimeux et que les cas de morsures sont très rares. En Amérique du Nord, seulement quatre sortes de serpents sont dangereux: le mocassin, le serpent à sonnettes, le copperhead et le serpent-corail. Pour en savoir un peu plus sur tous les serpents venimeux que l'on retrouve dans le monde, consultez l'appendice I.

Les dangers que présentent les mammifères

La plupart des histoires que l'on raconte sur les animaux dangereux relèvent de la fiction. En effet, très rares sont ceux qui, s'étant trouvés en situation de survie, ont été blessés ou tués par des animaux sauvages. Disons cependant que la plupart des animaux sont agressifs s'ils sont traqués ou coincés. Beaucoup d'entre eux deviennent dangereux quand ils sont blessés ou lorsqu'ils doivent protéger leurs petits. Très rarement verra-t-on des lions, des tigres ou des léopards (devenus trop vieux pour rester de bons prédateurs) se transformer en mangeurs d'hommes. Les vieux ermites, tels les éléphants, les sangliers et les buffles, ayant été rejetés par le troupeau, sont souvent plus agressifs.

Dans les régions arctiques et sub-arctiques, les ours sont bourrus et dangereux. Si vous les chassez, ne tirez pas sur ces bêtes à moins d'être sûr de les tuer. L'ours polaire ne vient qu'exceptionnellement sur la terre ferme. Cependant, il peut y être attiré par l'odeur qui se dégage des caches de nourriture et par celle des carcasses d'animaux. Ce chasseur infatigable et astucieux ne doit être approché qu'avec circonspection et prudence. Les ours sont généralement considérés comme l'espèce la plus dangereuse et la plus imprévisible du règne animal.

À cause de leur caractère vicieux et mesquin, éloignez-vous des buffles. N'approchez des sangliers qu'avec méfiance. Si, d'instinct, les éléphants et les tigres évitent l'homme, ils peuvent, cependant, passer à l'attaque lorsque surpris.

Les morsures de chien, de chacal, de renard (ou de tout autre canidé) et de certains carnivores transmettent parfois la rage. Les vampires suceurs de sang ne sont dangereux que s'ils sont eux-mêmes atteints de cette maladie. Prévenez cependant tout danger d'infection d'une plaie causée par une morsure de cet animal.

Quand vous rencontrez un animal dangereux, rappelez-vous les règles suivantes:

1) Ne vous affolez pas. Ne vous précipitez pas. Retirez-vous calmement et lentement hors du lieu du danger.
2) Faites en sorte que l'animal ne se sente ni traqué ni menacé.

Pour éviter d'attirer les animaux dangereux:

1) gardez votre campement bien propre;
2) cachez votre nourriture et gardez-la dans des contenants bien fermés;

3) ne mangez pas dans votre abri et n'y gardez aucune nourriture;
4) restreignez vos activités nocturnes. La plupart des gros animaux chassent la nuit;
5) ne dérangez jamais un antre ou une tanière et ne vous laissez jamais surprendre entre une mère et sa progéniture.

Les dangers que présentent les plantes

Les plantes vénéneuses des États-Unis présentent les mêmes dangers que celles des autres parties du monde. Quoiqu'en général, ces dangers ne soient pas sérieux, ils peuvent le devenir dans certaines conditions. Les plantes vénéneuses se classent en deux catégories principales: celles qui intoxiquent au toucher et celles qui empoisonnent après avoir été consommées.

Les plantes toxiques au toucher

La plupart des plantes toxiques au toucher appartiennent soit à la famille SUMAC, soit à la famille LAUREL DAPHNÉ. L'herbe-à-la-puce, le chêne toxique et le sumac vénéneux forment les trois plus importantes plantes vénéneuses des États-Unis. (Voir ill. 6-2)

L'herbe à puces (crampon)

Petits arbrustes aux feuilles reluisantes et triples.

Le chêne toxique

Espèce d'arbuste aux feuilles elliptiques et triples.

Le sumac vénéneux

Genre d'anacardiacée dont les feuilles douces, étroites et parallèles poussent sur des tiges ligneuses.

Herbe à puces, chêne toxique et sumac vénéneux portent tous trois des grappes de baies blanches. Une connaissance des aspects et des effets de ces plantes vous sera très utile

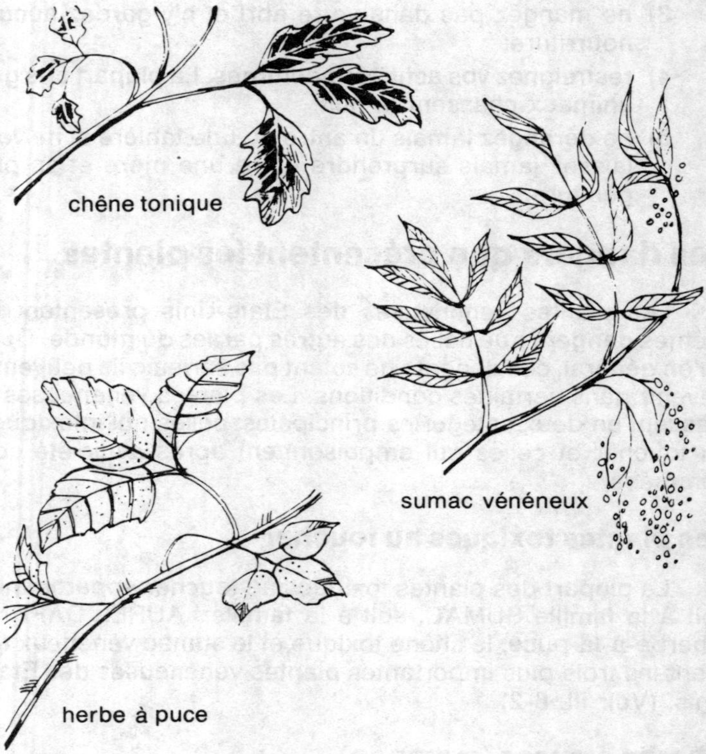

Illustration 6-2 Plantes vénéneuses d'Amérique du Nord

dans d'autres régions du monde, car on y rencontre des plantes similaires. On peut efficacement traiter l'intoxication due à ces plantes en appliquant de la cendre de bois mouillée sur la partie affectée.

Quelles que soient les régions du monde, l'empoisonnement par les plantes présente les mêmes symptômes: rougeurs, démangeaisons, enflures et ampoules. Après avoir touché à ces plantes, le meilleur traitement consiste à se laver avec de l'eau et un savon fort.

Les plantes toxiques suite à leur consommation

Les plantes toxiques sont très peu nombreuses comparativement aux plantes non toxiques et comestibles. La règle consiste à connaître les plantes comestibles et à ne manger que celles-là. (Voir la section “Plantes comestibles” de ce chapitre.)

L'eau

Il est essentiel de boire de l'eau pour survivre. Un homme inactif peut se passer d'eau durant 10 jours par une température de 10°C. Il résistera pendant 7 jours si le mercure indique 32°C et il ne vivra guère plus de deux jours si la chaleur atteint 50°C. Au-delà de ces limites, le corps se déshydrate et la mort rôde. L'eau demeure le seul remède à la déshydratation. Dans une situation de survie, il est donc essentiel de veiller à vous en assurer un approvisionnement suffisant.

Il faut mentionner que la soif n'indique pas toujours un besoin d'eau. Il arrive souvent, particulièrement en régions froides et même en travaillant dur, qu'on ne se sente aucunement ennuyé par une déshydratation partielle.

Parmi les facteurs qui déterminent la quantité quotidienne minimum d'eau requise, il faut d'abord considérer le climat, la température et les activités physiques. Dans une situation de survie, la disponibilité et l'accessibilité de l'eau deviennent des priorités. Quand l'eau abonde, buvez à intervalles réguliers et fréquents, et en petites quantités à la fois (1/2 litre).

Les dangers de boire de l'eau non potable

Quelle que soit votre soif, ne buvez pas d'eau non potable. Les maladies venant de l'eau constituent une des plus grandes menaces à la survie. Faites bouillir l'eau durant au moins une minute ou ajoutez-y des comprimés propres au traitement des eaux.

Au nombre des maladies transmises par absorption d'eau non potable, mentionnons:

La dysenterie

Cette maladie cause une diarrhée générale, pénible et prolongée, accompagnée de selles sanglantes et de faiblesse. Si vous croyez souffrir de diarrhée, mangez fréquemment et buvez, si possible, du lait de noix de coco, de l'eau bouillie ou du jus d'écorce bouillie. Le lait de noix de coco étant un laxatif, il faut le boire à petites doses. Le riz bouilli est fortement recommandé.

Le choléra et la typhoïde

Même avec le vaccin, vous demeurez vulnérables à ces maladies si vous ne prenez garde à l'eau que vous buvez.

Les douves

Les douves prolifèrent en eaux stagnantes et polluées, surtout dans les tropiques. Lorsqu'on les avale, elles s'infiltrent dans le sang et provoquent des maladies douloureuses et souvent mortelles. Ces vers parasites pénètrent même dans le corps à travers l'épiderme. Il ne faut donc pas marcher ou se baigner dans des eaux contaminées.

Les sangsues

Les petites sangsues foisonnent plus particulièrement dans les cours d'eau africains. Lorsqu'on les avale, elles s'agrippent aux parois de la gorge et à l'intérieur du nez, y suçant le sang et causant des blessures. Ces parasites se déplacent et chacune des nouvelles plaies ouvrent, toute grande, la porte à l'infection. Dégagez-vous le nez le plus rapidement possible en reniflant de l'eau salée à forte concentration ou enlevez les parasites avec des pinces improvisées.

L'eau polluée, stagnante et fangeuse

Si après de multiples tentatives, vous n'aviez pas réussi à trouver de l'eau potable, vous pourriez alors boire de cette eau fangeuse et malodorante, à condition, évidemment, de la faire bouillir durant au moins une minute.

Pour nettoyer et purifier l'eau boueuse:

— laissez-la reposer durant 12 heures; ou
— faites-la circuler à l'intérieur d'un bâton de bambou mesurant environ 1 mètre de longueur, que vous aurez rempli de sable et dont le bout sera bourré d'herbages; ou encore,
— versez l'eau dans un linge rempli de sable. Faites bouillir l'eau polluée et ajoutez-y du charbon de bois afin d'en enlever les odeurs. Ensuite, laissez-la reposer durant 45 minutes avant de la boire.

Où et comment trouver de l'eau

Quand il n'y a pas d'eau en surface, tirez-en de la nappe phréatique (constituée d'eau de pluie ou de neige fondue imbibant le sol). L'accès à cette source d'eau pure dépend du profil et de la qualité du sol.

Dans les sols rocheux

L'eau désagrège facilement le calcaire et y creuse des cavernes qui recèlent sources et suintements.

À cause de sa porosité, la lave retient beaucoup d'eau. Vous trouverez des sources le long des vallées qui traversent d'anciens écoulements de lave.

Quand un canyon desséché coupe à travers une couche de grès poreux, il y a là de l'eau qui suinte sur ses parois.

Dans les régions riches en granit, creusez un trou dans l'herbe verte et vous y verrez surgir de l'eau.

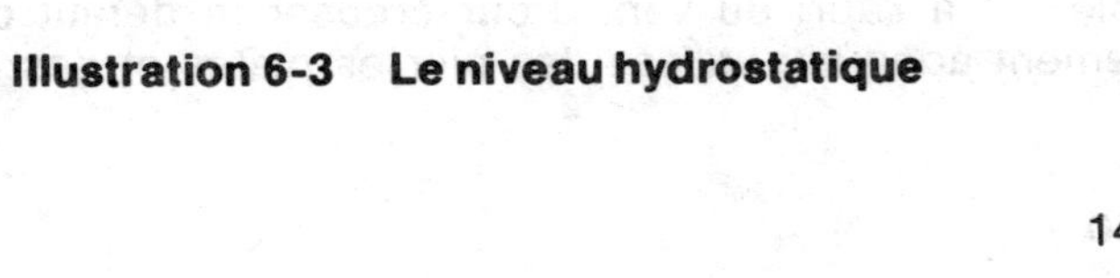

Illustration 6-3 Le niveau hydrostatique

Dans les sols mous

L'eau y est ordinairement plus abondante et plus facile à découvrir que dans les sols rocheux.

Les nappes phréatiques font souvent surface dans les vallées et sur leurs pentes. Les sources et les suintements se tiennent au-dessus de la ligne des hautes eaux des rivières, après le retrait de celles-ci.

Avant de creuser pour trouver de l'eau, essayez de découvrir les signes qui en indiquent la présence. Le fond d'une vallée au pied d'une pente raide, un coin de verdure ayant abrité une source à la saison des pluies, une forêt basse, le rivage de la mer et les plaines, voilà autant d'endroits où le niveau hydrostatique repose sous la surface. Il n'est pas nécessaire d'y creuser profondément pour puiser de l'eau.

Au-dessus du niveau de la nappe phréatique, il y a des ruisseaux et des marais. Ces eaux sont contaminées et dangereuses même lorsqu'elles se situent très loin de toute habitation.

Le long de la côte

Au bord de la mer, on peut trouver de l'eau dans les dénivellations entre les dunes, en creusant dans le sable humide. Sur la plage, à marée basse, faites des trous dans le sable à environ 30 m au-dessus de la ligne atteinte par la marée haute. Cette eau, quoique saumâtre, demeure suffisamment potable. Passez-la tout de même à travers un filtre de sable afin d'en adoucir le goût salin.

Ne buvez pas l'eau de mer. La concentration de sel y est si forte qu'elle extirpe tous les fluides de l'organisme et gêne le bon fonctionnement des reins.

Sur les montagnes

Creusez dans les lits désséchés des ruisseaux, car l'eau s'y cache souvent sous le gravier. En terrain enneigé, faites fondre de la neige dans un récipient que vous placerez en plein soleil et à l'abri du vent. Pour creuser, à défaut d'un équipement adéquat, utilisez des pierres plates et des bâtons.

Illustration 6-4 Le cactus-baril

Comment extraire l'eau des plantes

Lorsqu'il vous est impossible de trouver de l'eau par les moyens mentionnés précédemment, une plante aqueuse, à la sève pure et sucrée, saura bien vous désaltérer. Cette sève se compose presque entièrement d'eau. En cas d'urgence, guidez-vous sur les observations suivantes:

1) de nombreuses plantes aux feuilles et aux tiges charnues sont porteuses d'eau potable. Cueillez-les quand il s'en trouve sur votre route;
2) le cactus-baril du sud des États-Unis demeure une source d'eau possible. Ne l'utilisez, cependant, qu'en dernier ressort et seulement si vous croyez avoir l'énergie requise pour en tailler la rude écorce. Coupez la partie supérieure du cactus et décortiquez-en la chair; versez ensuite le liquide dans un récipient. On peut en apporter de gros morceaux pour se désaltérer dans une situation critique. Un cactus-baril mesurant 1 m de hauteur donne environ un litre de jus laiteux. Ce cactus fait exception à la règle selon laquelle aucune plante à sève laiteuse ou colorée ne peut être consommée.

Les autres sources d'approvisionnement

Chatons, plantes de créosote, saules, baie de sureau et herbes salées ne poussent qu'aux endroits où l'eau sourd de la terre. Les lieux visiblement humides où les animaux auront gratté le sol et au-dessus desquels les mouches voltigent constituent des emplacements où il y a des nappes d'eau. Par une nuit étoilée, vous pouvez, à l'aide d'un mouchoir, éponger et recueillir jusqu'à une pinte d'eau par heure.

Les déserts, les régions tropicales et les océans

En ce qui concerne les moyens de trouver de l'eau dans ces endroits, voyez les chapitres appropriés.

Utilisation d'un condenseur d'eau (alambic)

Le condenseur d'eau fonctionne de la manière suivante: la chaleur du soleil élève la température de l'air et du sol enfermés sous une feuille de plastique, jusqu'à ce que l'espace clos, ainsi formé, soit saturé.

Les vapeurs se condensant en gouttelettes sur la surface extérieure et plus froide du plastique, l'eau coule lentement le long des côtés inclinés de ce cône renversé et vient tomber dans un seau.

Ces alambics produisent environ la moitié plus d'eau, entre 16 h et 8 h que durant le jour. Après le coucher du soleil, le plastique se refroidit rapidement alors que la température du sol demeure relativement élevée. Ainsi, le processus de condensation se maintient.

Pour construire un tel "alambic" voyez l'illustration 6-5.

Voici les matériaux de base dont vous aurez besoin:

1) une feuille de plastique clair, mesurant 1,8 m sur 1,8 m; un plastique lourd, transparent et dépoli convient mieux à cette fin, parce que les gouttes d'eau y adhèrent facilement. Pour rendre rugueux un plastique plus fin, on le frotte avec du papier-émeri;
2) une roche lisse et grosse comme le poing;

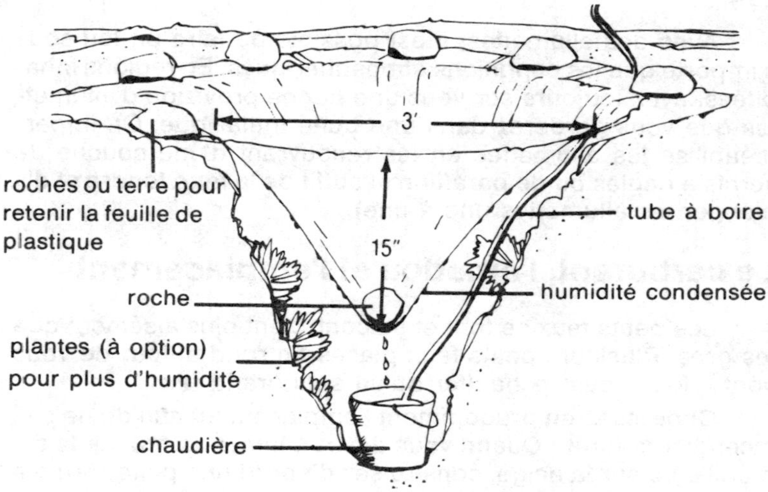

Illustration 6-5 Condenseur d'eau (Alambic)

3) un seau, une jarre ou un cône de papier métallique, de plastique ou de toile pour recueillir l'eau;
4) un tube de plastique flexible de 1,5 m de longueur environ. Ce tube n'est pas indispensable, mais il vous permettra de boire sans avoir à retirer le seau et interrompre ainsi la récupération.

Ne vous attendez pas à boire cette eau immédiatement. Il faut 24 heures pour en récolter une pinte, parfois un litre. Cet "alambic" peut également vous apporter de la nourriture, puisque l'eau sous le plastique attire les serpents et les petits animaux qui s'engouffrent dans le cône et ne peuvent en ressortir.

Comment faire un feu

Il faut un feu pour se réchauffer, se tenir au sec, signaler sa présence, faire la cuisson et purifier l'eau en la faisant bouillir. Le temps de survie sera plus ou moins long selon votre habileté à bâtir un feu au bon moment et au bon endroit.

Avec des allumettes, il est possible de faire un feu sous n'importe quelles conditions atmosphériques. En régions inhabitées, ayez toujours sur vous une bonne provision d'allumettes que vous garderez dans une boîte métallique. On imperméabilise les allumettes en les recouvrant d'une couche de vernis à ongles ou de paraffine (il suffit de la faire fondre et d'y plonger les allumettes une à une).

Le carburant, l'amadou et l'emplacement

Les petits feux se font et se contrôlent plus aisément que les gros. Plusieurs petits feux placés en rond autour de vous vont mieux vous réchauffer qu'un seul grand feu.

Choisissez-en prudemment l'emplacement afin de ne pas incendier la forêt.[1] Quand vous devez allumer un feu sur le sol mouillé ou sur la neige, construisez d'abord une plate-forme à l'aide de rondins ou de pierres. Entourez le feu d'un écran protecteur qui dirigera la chaleur dans la direction désirée. Les branches et les arbres morts et desséchés vous serviront de combustible. À l'intérieur des troncs d'arbres déjà abattus, on trouve du bois sec, même par temps humide et pluvieux.

En région déboisée, vous utiliserez des herbes, de la fiente séchée, du gras d'animal et, quelquefois, même du charbon, de l'huile de schiste et de la tourbe. Lorsque vous vous trouvez à proximité d'un avion écrasé, n'oubliez pas qu'un mélange fait d'essence et d'huile constitue un excellent combustible mais que son usage requiert de la prudence. Si presque toutes les plantes alimentent bien un feu de bois, n'utilisez tout de même pas les plantes toxiques au toucher, telles l'herbe à puces ou le chêne vénéneux. Quand ces plantes brûlent, leur poison se dégage avec la fumée.

Pour allumer un feu, rien de mieux que des petits fagots qui s'enflamment vite, ainsi que des brindilles de bois sec, des noeuds de pin, des écorces, des baguettes, des feuilles de palmier, des aiguilles de pin, des herbes desséchées et rigides, du lichen, des fougères et des filets secs et poreux de vesses-de-loup (ces dernières sont comestibles). Le bois complètement pourri des arbres morts constitue un excellent

---

(1) N.D.E.: rappelez-vous que si un feu de forêt signale votre présence, il risque aussi de vous brûler vous-mêmes!

allume-feu. On peut même l'utiliser par temps pluvieux, en le débarrassant de ses parties pâteuses et détrempées. Même mouillé, le brai résineux des noeuds du pin ou des souches desséchées s'enflamme aisément. L'écorce se détachant des bouleaux contient également une huile résineuse très inflammable. Disposez ces allume-feu en forme de wigwam ou de pyramide, afin d'alimenter le feu plus généreusement en oxygène. Pour les protéger du vent, recouvrez de cendre et de terre les tisons et la braise. Il est moins fastidieux de nourrir le même feu que d'en bâtir un nouveau.

Sur les glaces polaires et dans les autres régions où le combustible est rare, on peut faire un feu avec du blanc de baleine ou du gras d'animal.

Comment faire un feu sans allumettes

Avant d'entreprendre d'allumer un feu sans allumettes, préparez d'abord de l'amadou très sec que vous placerez à l'abri du vent et de l'humidité. Bois pourri, charpie de vêtements, cordes et ficelles, feuilles de palmier mort, écorce sèche et brisée, poudre de bois que font les insectes sous l'écorce des arbres morts, et revêtements intérieurs des nids d'oiseaux sont autant de bons amadous que vous conserverez dans une boîte étanche.

Le soleil et la lentille

Pour concentrer les rayons du soleil sur l'amadou, on peut utiliser la lentille d'un appareil photographique, celles d'une paire de jumelles (les grosses lentilles convexes), celle d'un télescope ou d'une lampe de poche.

La pierre et l'acier

Voilà la meilleure méthode d'enflammer l'amadou très sec quand on ne dispose pas d'allumettes. À défaut de pierre à briquet, utilisez une pierre très dure. Tenez celle-ci le plus près possible de l'amadou et frappez-la avec la lame d'un couteau ou tout autre objet en acier. Frapper en mouvements descendants pour que les étincelles jaillissent au centre de l'amadou. Quand le feu commence à couver, attisez-le de

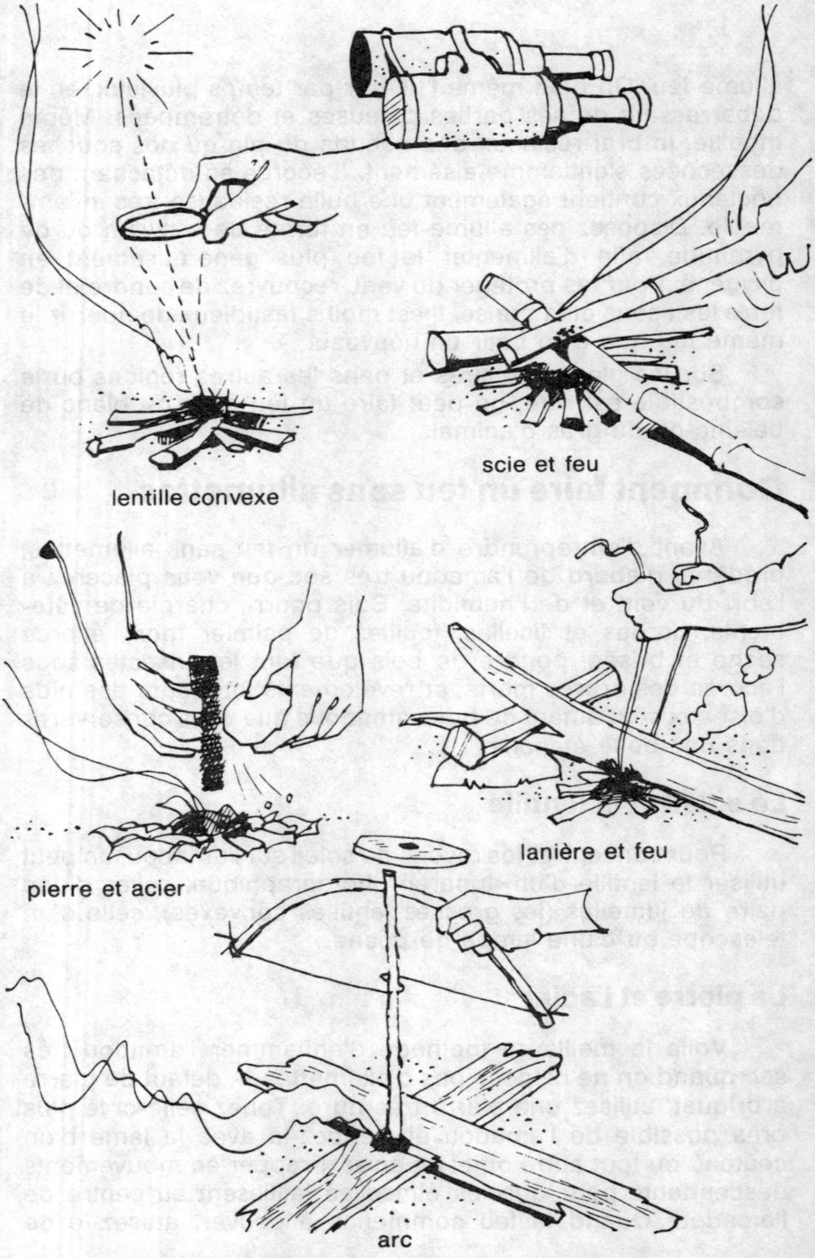

Illustration 6-6 Faire un feu sans allumettes

votre souffle puis, peu à peu, ajoutez le combustible. Lorsqu'une première pierre ne produit pas d'étincelle, essayez avec une autre.

Le bois et le frottement

Cette méthode d'allumer un feu n'étant guère facile, ne l'employez qu'en dernier ressort.

L'arc à roulement

Avec une branche courbée, faites un arc à l'aide d'un lacet de chaussure, d'une corde ou d'une lanière. Enroulez la ligne autour d'une baguette de bois mou et sec que vous ferez pivoter entre une planche de bois dur très sec posée sur le sol et un bloc placé dans le creux de votre main. Vous obtiendrez, ainsi, une poudre noire qui s'enflammera peu à peu.

Une fois le feu bien amorcé, retirez votre arc et ajoutez du combustible.

La lanière

Utilisez un bout de jonc (d'environ 60 cm de longueur) et un bâton sec ou une petite branche. Pratiquez une fente sur une des extrémités du morceau de jonc que vous appuierez ensuite sur une pierre. Maintenez cette fente ouverte en y introduisant un petit coin (pierre ou pièce de bois.) Placez un tampon d'amadou sous la planche. Entre celle-ci et l'amadou, passez une lanière que vous ferez vivement glisser contre le jonc en faisant des mouvements de scie (voir ill. 6-6). Ce faisant, retenez la planche avec votre pied.

Le mouvement de scie

Il s'agit de prendre deux morceaux de bois (bâtons) et de les frotter vigoureusement l'un contre l'autre avec un mouvement de scie. On emploie souvent cette méthode dans la jungle. En guise de scie, on utilise du bambou fendu ou toute espèce de bois mou. Le bois de support doit être très sec. Le frottement se fait au-dessus d'un bon allume-feu (voir ill. 6-6).

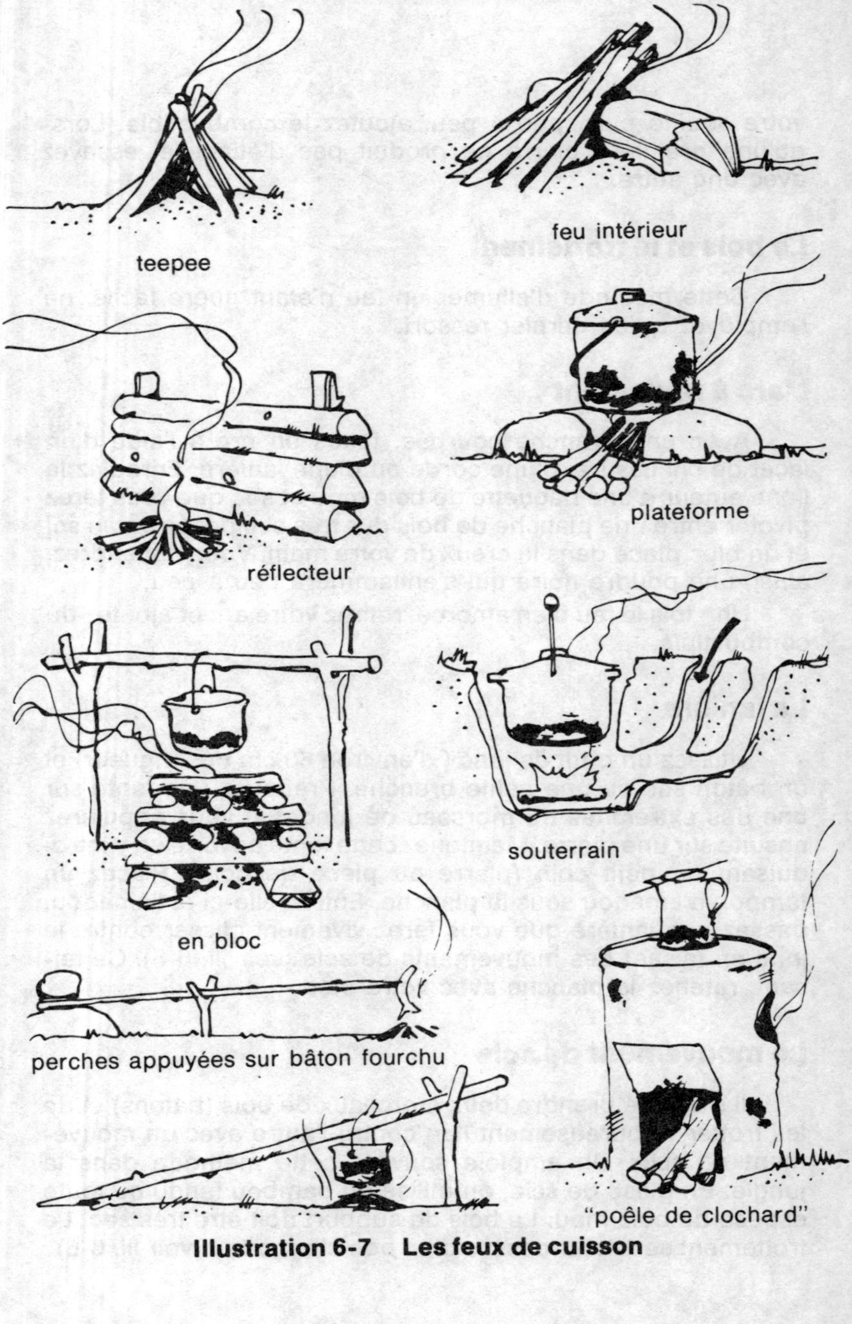

Illustration 6-7 Les feux de cuisson

Les munitions et la poudre

Placez la poudre de plusieurs cartouches sous un fagot. Prenez deux pierres, déposez un peu de poudre sur l'une d'elles et frottez les pierres ensemble, juste au-dessus de la poudre déjà déposée sous les fagots. Ainsi, la poudre broyée s'enflammera d'abord pour ensuite enflammer l'autre.

Les feux de cuisson

Petit feu et poêle de fortune conviennent parfaitement à la cuisson. Entrecroisez les bûches et laissez-les brûler jusqu'à ce qu'elles forment une couche uniforme de braise.

Allez-y simplement. Deux bûches, des pierres ou un fossé étroit suffiront à supporter un récipient au-dessus du feu.

Voici quelques types de "poêles de survie" (voir ill. 6-7):

1) le "poêle de clochard", fait d'une boîte en fer blanc, convient particulièrement aux régions arctiques;
2) une simple perche appuyée sur un bâton fourchu soutiendra un récipient au-dessus du feu;
3) un feu destiné à la cuisson peut être bâti au fond d'un creux. On le laisse brûler jusqu'à ce qu'il forme une couche de braise;
4) un feu souterrain comprenant une ou deux ouvertures placées contre le vent. Ces ouvertures (tout comme la cheminée d'un poêle ordinaire) apportent une circulation d'air qui vient nourrir la flamme. Ce feu de cuisson convient tout à fait pour une situation de survie, puisqu'il réduit les dangers que comportent les grands vents.

La cuisson

L'écaillage et le nettoyage

Le poisson

Dès que vous attrapez un poisson, coupez-lui les branchies, écaillez-le et videz-le. Ne coupez pas la tête. Les "épau-

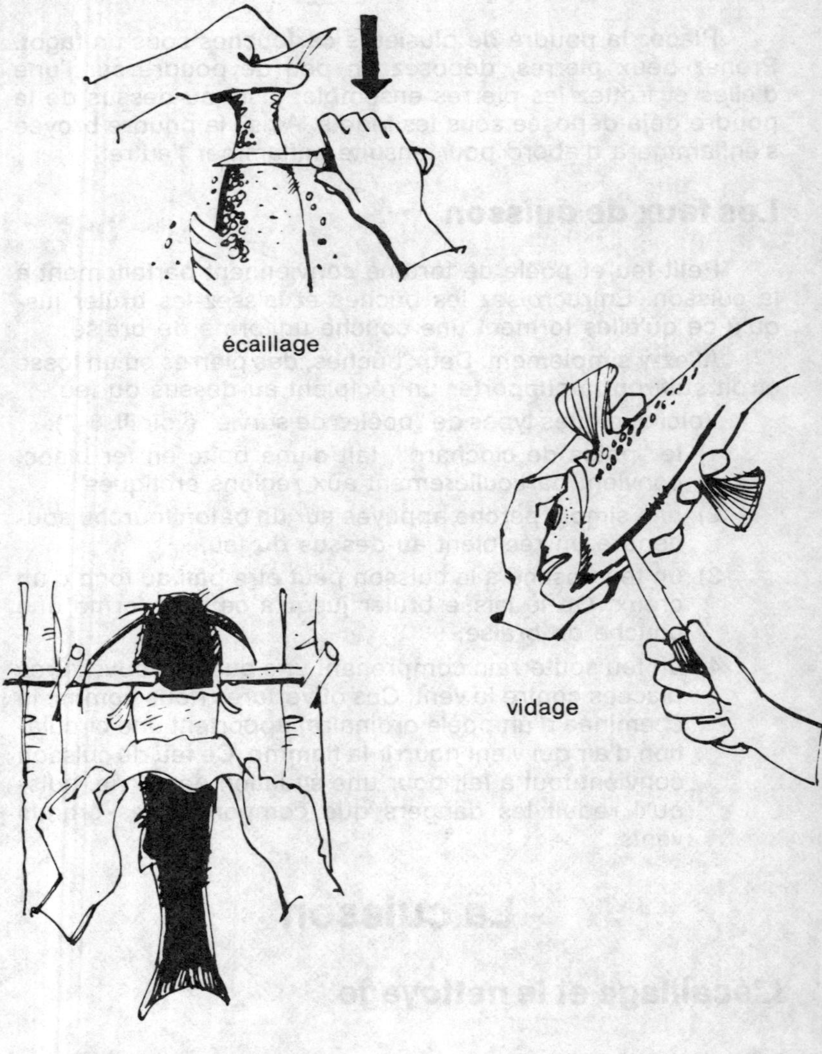

Illustration 6-8 Préparer le poisson

les" et les "joues" contiennent pas mal de chair. Il n'est pas nécessaire de vider les petits poissons mesurant moins de 10 cm, mais il faut quand même les écailler.

Le gibier d'eau

La plupart des oiseaux doivent être plumés. Faites-les cuire avec la peau afin d'en retenir l'humidité et de conserver tous les éléments nutritifs. Après avoir plumé l'oiseau, coupez-lui la tête et videz-le en l'ouvrant à partir du croupion. Lavez toutes les cavités à l'eau fraîche et pure. Gardez le gésier, le foie et le coeur pour en faire un ragoût. Ouvrez le gésier, débarrassez-le de sa membrane intérieure et des débris d'aliments qu'il contient. S'il est généralement plus facile de plumer un oiseau après l'avoir ébouillanté, le gibier d'eau, par contre, se plume mieux à sec. Une fois cuites, certaines espèces seront plus savoureuses si on enlève la peau, mais elles perdront, de ce fait, une partie de leur valeur nutritive. Dans le cas des oiseaux charognards, tels les vautours et les buses, il faudra les faire bouillir durant au moins vingt minutes pour en tuer tous les parasites.

Conservez toutes les plumes, excepté celles des charognards. Elles sauront vous être utiles pour isoler vos chaussures et vos vêtements ou encore, pour rendre votre couche plus confortable.

Les animaux

Après avoir tué un animal, attendez qu'il refroidisse avant d'en nettoyer la carcasse. Les puces et les parasites délaissent le corps froid des animaux. Pour accomplir cette tâche, installez-vous, si possible, près d'une source d'eau courante.

Pour préparer les animaux de petite et moyenne taille:

1) Suspendez la carcasse tête en bas. Coupez la gorge et laissez couler le sang dans un récipient et faites-le bouillir. Le sang est salin et très nourrissant.
2) Faites une incision autour des jointures et une autre en "Y", partant du postérieur et longeant le ventre jusqu'à la gorge. Ne coupez pas la chair, mais seulement la peau.

3) À partir de la poitrine, coupez le long des pattes de devant.
4) Découpez les organes génitaux.
5) Partant du postérieur, enlevez la peau. Celle-ci s'enlève habituellement comme un gant lorsqu'il s'agit d'animaux fraîchement abattus.
6) Éventrez l'animal et videz-le de bas en haut en y allant fermement d'une incision circulaire pour enlever les organes génitaux.
7) Gardez les rognons, le foie, le coeur et le gras entourant les intestins et adhérant à la peau. Toutes les parties des mammifères sont comestibles, incluant le cerveau, les yeux, la langue et tout ce qui est charnu. Vérifiez le coeur, les rognons, le foie et les intestins et voyez s'ils ne sont pas infestés de vers. S'il s'agit d'un animal malade, portez des gants pour manipuler et préparer la nourriture, afin de vous protéger contre tout risque de contagion. Prolongez le temps de cuisson. Si la viande est très bien cuite le danger de consommer la chair d'un animal malade est minime.
8) Ne jetez aucune partie de l'animal. Les glandes, les entrailles et les organes reproducteurs peuvent servir d'appâts pour les pièges et pour les hameçons.

Le tannage

Gardez la peau. Séchée, elle devient plus légère et peut servir de couverture et de vêtement. Pour traiter la peau, on la débarrasse d'abord de son excès de chair puis on l'étire sur un châssis de bois. Ensuite, on plonge le cuir dans de l'acide tannique (mélange d'écorce de chêne et d'eau). Plus la solution est forte, plus le traitement est efficace. Lorsque le cuir est bien imprégné, il faut suspendre la peau et la laisser sécher dans un endroit ombragé. Recommencez plusieurs fois le procédé d'immersion et de séchage. Notez que l'on trouve également de l'acide tannique dans le châtaignier, le mimosa, la ciguë et le thé.

S'il s'agit de très gros animaux, suivez les mêmes recommandations. Munissez-vous cependant d'une corde plus forte pour suspendre l'animal. Si cela est impossible, il vous faudra vider et nettoyer l'animal sur le sol.

Les rongeurs

Les rats et les souris vivant dans les bois et le désert ont une chair savoureuse et particulièrement délectable si on en fait un ragoût. Pour les apprêter, il faut les écorcher, les vider et les faire bouillir durant 10 minutes au moins. Faites-les cuire en conservant la foie et en ajoutant des pissenlits.

Le lapin et le lièvre

Il a bon goût, quoiqu'il soit un peu gras. On le capture et le tue facilement. Pour l'écorcher, faites une incision derrière la tête, glissez-y les doigts et ramener la peau vers l'arrière. Ouvrez l'abdomen de haut en bas en y allant d'une incision vigoureuse; d'un seul coup, les viscères sortiront. Grattez et lavez la chair conservez le coeur et le foie, s'ils sont intacts.

Les autres animaux comestibles

Tous les mammifères sont comestibles. Chiens, chats, hérissons, porcs-épics et blaireaux doivent être évidemment écorchés et vidés avant la cuisson. Apprêtez-les en ragoût auquel vous ajouterez des feuilles comestibles.

Les reptiles

Les serpents et les lézards peuvent être mangés. Enlevez la tête et la peau. Les lézards se trouvent pratiquement un peu partout, mais davantage dans les régions tropicales et subtropicales. Faites-les griller ou frire.

Comment faire la cuisson

La cuisson détruit les bactéries et les toxines, donne meilleur goût aux aliments et les rend plus digestibles.

Faire bouillir la nourriture

Quand la viande est dure, faites-la d'abord bouillir avant de la faire frire ou rôtir. Pour garder aux aliments tous leurs sucs, mieux vaut les faire bouillir. Ainsi, on bénéficie des éléments nutritifs, tels le sel et le gras. Le point d'ébullition ne s'atteint que difficilement en haute altitude. Au-dessus de 3600 mètres, il faut y renoncer.

Les récipients servant à faire bouillir

Pour faire bouillir de l'eau, on peut utiliser des récipients faits de toile imperméabilisée, d'écorce ou de feuilles. Mais de tels récipients brûlent au-dessus de la surface de l'eau qu'ils contiennent, à moins de les humecter constamment ou de garder le feu très bas. Une moitié de noix de coco encore verte ou une perche de bambou entaillée entre deux cloisonnements (ill. 6-9) servent efficacement aux mêmes fins. Ils ne brûleront pas tant que l'eau n'aura pas atteint son point d'ébullition.

On peut aussi utiliser l'écorce de bouleau ou l'écorce mince de plusieurs espèces d'arbres, à condition qu'il ne s'y trouve aucune fissure. En réchauffant délicatement l'écorce au-dessus du feu, elle s'assouplira.

De même, on peut utiliser les feuilles du bananier après avoir relié les côtés à l'aide d'éclats de bois ou d'épines. On peut encore faire bouillir de l'eau à l'intérieur d'une écope, d'un pot d'argile, ou d'une bûche creusée en y jetant des pierres brûlantes, c'était la technique des Indiens d'Amérique avant qu'ils adoptent les contenants métalliques apportés par les Européens.

Le rôtissage et les grillades

Voilà un moyen très expéditif d'apprêter les plantes sauvages et la chair plus tendre de certains animaux. Il suffit de piquer la viande au bout d'un bâton et de la tenir au-dessus de la braise. La viande ainsi préparée reste juteuse.

La cuisson au four

Une excavation sous le feu, un récipient fermé ou un recouvrement d'argile peuvent servir de four de fortune. Ils doivent permettre une cuisson constante à feu modéré. Pour cuire sous le feu, étendez d'abord au fond de l'excavation des

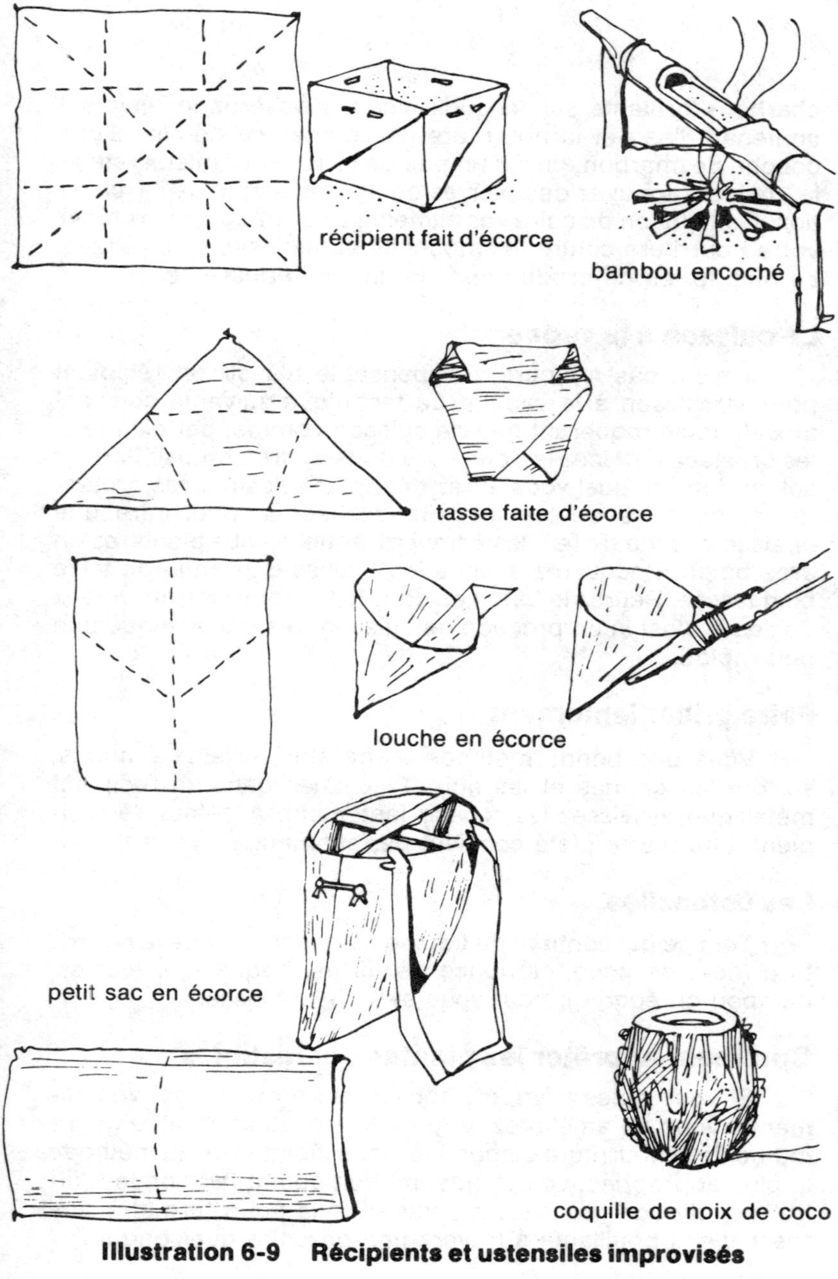

Illustration 6-9 Récipients et ustensiles improvisés

charbons brûlants sur lesquels vous déposerez le récipient contenant l'eau et la nourriture. Recouvrez ce dernier d'une couche de charbon, puis d'un peu de terre. Pour mieux retenir la chaleur, appuyez des pierres contre les parois de l'excavation. Cette façon de cuire vos aliments a l'avantage de protéger votre nourriture contre les mouches et les insectes nuisibles. La nuit, le feu ne produit aucune flamme apparente.

La cuisson à la vapeur

Il n'est pas toujours indispensable d'avoir un récipient pour la cuisson à la vapeur. La technique suivante convient aux aliments requérant peu de cuisson comme, par exemple, les crustacés. Placez la nourriture dans un trou creusé dans le sol, au fond duquel vous aurez déjà placé des pierres brûlantes recouvertes de feuilles. Étendez sur la nourriture une épaisse couche de feuilles à travers laquelle vous planterez un gros bâton. Recouvrez ensuite les feuilles d'un rang de terre bien tassée. Retirez le bâton et, dans le trou ainsi formé, versez de l'eau. C'est là un procédé de cuisson très efficace quoique peu rapide.

Faire griller lentement

Voilà une bonne méthode d'apprêter certains aliments, surtout les graines et les noix. Placez-les dans un récipient métallique et laissez-les roussir lentement. À défaut de récipient, une pierre plate convient parfaitement.

Les ustensiles

Tout ce qui contient du liquide comestible ou de la nourriture (noix de coco, carapace de tortue, coquillage, feuilles, bambou ou écorce), peut vous servir d'ustensile.

Comment apprêter les plantes comestibles

Si vous faites tremper, bouillir, cuire ou "filtrer" vos aliments, vous en améliorez le goût. Votre situation et le genre même de la nourriture disponible, vous indiqueront la méthode la plus appropriée. Les glands ont bon goût quand on les "filtre" (le "filtrage" consiste à écraser de la nourriture et à l'arroser d'eau bouillante à travers une passoire quelconque).

Les herbes potagères

Il faut faire bouillir les feuilles, les tiges et les bourgeons jusqu'à ce qu'ils deviennent tendres. Quelques herbes trop amères requièrent plusieurs changements d'eau durant la cuisson.

Les racines et les tubercules

S'ils cuisent et rôtissent aisément, certains tubercules et certaines racines doivent être bouillis afin d'en éliminer les substances nocives, tel les cristaux d'acide oxalique.

Les noix et les autres fruits à écale

Les fruits à écale se mangent crus, mais quelques-uns, tels les glands ont meilleur goût quand on les écrase et les fait griller. Les châtaignes rôties, cuites à la vapeur ou au four sont délicieuses.

Les graines et les grains

Cuits lentement, ils ont meilleur goût, mais on peut très bien les manger crus ou moulus.

La sève

Par ébullition, vous pouvez déshydrater toute sève contenant du sucre et obtenir ainsi un bon sirop.

Les fruits

Faites cuire au four les fruits durs (à pelure épaisse) et mettez à bouillir les fruits juteux. Beaucoup de fruits se mangent crus.

Comment cuire la viande

Avant de griller ou rôtir la viande de tout animal qui serait plus gros qu'un chat domestique, faites-la d'abord bouillir. Il faut faire griller la viande le plus vite possible car sur un feu lent elle durcirait. Les animaux plus gros doivent être débités en plusieurs morceaux. Quand la viande est trop coriace, faite-la cuire en ragoût avec des légumes. Lorsque vous faites cuire la viande au four ou en grillades, utilisez le gras de l'animal si possible. Placez-le sur la viande; la chaleur le fera fondre et il se répandra sur toute la surface.

Le petit gibier

Le petit gibier et les mammifères peuvent être cuits en entier, mais il faut d'abord les vider. Pour faire cuire un gros oiseau, recouvrez-le d'abord de glaise. En retirant la glaise, vous enlèverez les plumes du même coup. Quand on fait bouillir le petit gibier, on a moins de pertes. Vous pouvez le farcir avec de la noix de coco, des baies, des grains, des oignons et des plantes vertes.

Le poisson

Vous pouvez faire rôtir le poisson sur un gril improvisé, fait de branches de bois vert ou le cuire enveloppé de feuilles et de glaise ou encore, le suspendre au-dessus du feu. Parce qu'ils contiennent des germes de maladies, tous les poissons et tous les aliments provenant d'eaux douces doivent être très bien cuits avant d'être consommés.

Les reptiles et les amphibies

Les grenouilles, les petits serpents et les lézards peuvent être rôtis au bout d'un bâton. Les gros serpents et les anguilles ont meilleur goût quand on les met à bouillir avant de les faire rôtir. Faites bouillir les tortues jusqu'à ce que la carapace se détache, puis coupez la viande que vous mélangerez avec des tubercules et des plantes pour obtenir une soupe. Les salamandres rôties sont comestibles. Écorchez et videz les grenouilles et les serpents avant de les faire cuire. Bien que la peau du serpent ne soit pas toxique, mieux vaut l'enlever. La viande n'en sera que meilleure.

Les crustacés

Afin d'en éliminer les germes infectieux et parce qu'ils se gâtent très vite, les crabes, les écrevisses, les langoustes, les crevettes et les autres crustacés doivent être cuits immédiatement. Mieux vaut les faire bouillir vivants.

Les mollusques

Quant aux fruits de mer, vous pouvez les cuire à la vapeur ou au four ou encore, les mettre à bouillir dans leur coquille. Ajoutez des plantes et des tubercules.

Les insectes

Les insectes comme les sauterelles, les criquets, les larves, les termites et les fourmis pour ne nommer que ceux-là ont le double avantage d'être faciles à attraper et nourrissants. Frits ou rôtis, ils ont meilleur goût.

Les oeufs

Comestibles, quel que soit le stade de développement de l'embryon, les oeufs d'oiseaux et de tortues comptent parmi les aliments les plus sûrs. Lorsqu'ils sont cuits durs, on peut les garder en réserve durant plusieurs jours.

L'assaisonnement

On obtient du sel en faisant bouillir l'eau de mer. Les cendres de branches du palmier, du noyer blanc et de certaines autres plantes contiennent du sel qui se dissout dans l'eau. Il suffit de faire évaporer l'eau pour obtenir un sel à teinte foncée. L'acide citrique que renferment les limettes et les citrons peut servir à macérer les algues, le poisson et d'autres viandes. Pour ce faire, diluez deux parties de jus de fruit dans une partie d'eau. Laissez-y tremper le poisson ou la viande durant au moins une demi-journée.

La cuisson du pain

On peut faire du pain avec de la farine et de l'eau seulement. Si possible, utilisez l'eau de mer à cause du sel qu'elle contient. Après avoir pétri la pâte, placez-la dans un trou creusé dans le sable. Sur le dessus de la pâte, étendez du sable, puis recouvrez de charbons embrasés. Un peu d'expérience vous permettra d'équilibrer la température de la pâte et celle du feu, afin que le sable ne puisse adhérer au pain lorsque celui-ci sera cuit. Une autre façon de cuire le pain consiste à l'enrouler autour d'une branche de bois vert dont on aura enlevé l'écorce et de le maintenir au-dessus du feu. Mordez d'abord la branche afin d'en goûter la sève. Si elle est trop amère, elle altèrera la saveur du pain. Enfin, une autre façon de procéder consiste à étendre une mince couche de pâte sur une pierre brûlante. Pour obtenir un meilleur pain, utilisez en guise de levain un peu de pâte que vous aurez laissé surir.

Comment conserver la nourriture

La congélation

C'est un excellent moyen de conserver la nourriture à condition évidemment que le climat le permette.

Le séchage

Les plantes et les viandes peuvent être séchées par le vent, le soleil, l'air ou le feu.

Le fumage

Si vous coupez la viande dans le sens des fibres en lanière de 6 mm d'épaisseur et la laissez sécher dans le vent ou la fumée, elle sera coriace. Placez plutôt les morceaux de viande sur un treillis de bois vert, au-dessus d'un feu doux, jusqu'à ce qu'ils deviennent friables. Pour bâtir le feu, utilisez du saule, du l'aulne, du peuplier, du bouleau ordinaire ou du bouleau nain. Les bois résineux, tel le pin et l'épinette, donnent à la viande une saveur douteuse. Une tente TEEPEE en toile de parachute dont on a fermé les ouvertures au sommet convient parfaitement pour le fumage. Suspendez-y la viande verticalement au-dessus d'un feu qui couve.

Voici une méthode très rapide pour fumer la viande: Dans le sol, creusez d'abord un trou d'un mètre de profondeur sur une demi-mètre de largeur, au fond duquel vous ferez un

Illustration 6-10 Caches désertiques

petit feu que vous recouvrirez de branches de bois vert. À environ 75 cm au-dessus du feu, installez une grille improvisée. Après une nuit de fumage, la viande se conserve durant cinq à sept jours. Après deux nuits elle reste comestible plus d'un mois. Lorsque la viande est adéquatement fumée, elle prend la forme d'une baguette tordue de couleur sombre.

Comment conserver le poisson, le gibier et les fruits

Le poisson et le gibier se conservent comme les autres viandes. Pour fumer un poisson, coupez la tête, séparez-le en deux dans le sens de la longueur et utilisez une branche mince débarrassée de son écorce pour l'embrocher. Vous pouvez également faire sécher le poisson au soleil, en le suspendant aux branches, en l'étendant sur des roches chaudes ou sur les côtés de votre radeau. Lorsque la chair devient sèche, aspergez-la d'eau de mer afin d'en saler la surface. Ne gardez pas de fruits de mer à moins de les sécher et de les saler adéquatement.

Plantains, bananes, fruits de l'arbre à pain, feuilles, baies et autres fruits sauvages peuvent être séchés à l'air, au soleil, au vent ou au feu, avec ou sans fumée. Coupez les fruits en minces tranches et placez-les au soleil ou près d'un feu.

Comment mettre la nourriture en réserve

Le poisson et la viande doivent être placés dans une cache ou gardés hors de portée des rôdeurs. À cette fin, tendez une corde entre deux arbres. Vous en jetterez une autre par dessus elle. Une de ses extrémités retiendra la nourriture haut dans les airs au-dessus du sol. (Voir ill. 6-10.)

La chasse

Les instruments de chasse

La lance constitue l'instrument de chasse le plus simple qui soit. Vous pouvez fabriquer une fronde à l'aide d'un matériau élastique et d'une branche souple et fourchue. De gros cailloux vous serviront de munition. La fronde est une arme efficace pour le petit gibier.

Si vous en avez le temps et la possibilité, essayez de façonner un arc et des flèches. Vous obtiendrez ainsi une arme versatile et très efficace.

Comment trouver le gibier

Le secret d'une chasse fructueuse consiste à voir l'animal avant qu'il ne vous aperçoive. Chassez tôt le matin ou au crépuscule et cherchez les pistes, les sentiers, l'herbe piétinée ou la fiente qui vous indiqueront la présence toute proche d'un animal. Lorsque vous approchez d'une crête, d'un lac ou d'une clairière, ralentissez et regardez d'abord au loin, puis plus près de vous. En général, il est bon d'appliquer les principes militaires de déplacement et de camouflage.

Chasser n'est pas une mince tâche, même pour un homme des bois très averti; voilà pourquoi, comme débutant, vous devez redoubler d'attention. Tenez-vous là où les animaux devraient venir (sentiers et pistes, sources d'eau ou pâturages). Soyez à l'affût et restez à l'abri du vent afin que le gibier ne puisse renifler votre présence. Ne bougez pas, et attendez que l'animal soit à portée de votre tir.

Quand vous traquez un animal, déplacez-vous face au vent. Avancez lentement et sans faire de bruit et ne bougez que lorsque l'animal se nourrit ou qu'il regarde dans la direction opposée. S'il se tourne vers vous, restez immobile.

C'est par la vue, l'ouïe et l'odorat que les animaux détectent le danger. Les oiseaux voient et entendent exceptionnellement bien, mais l'odorat leur fait défaut. Vous les attraperez plus facilement au printemps et au début de l'été puisqu'au cours de cette période, ils ne s'éloignent guère de leurs nids. Ils nichent dans les arbres, sur les branches, dans les falaises et les marais. Observez régulièrement leur allers et retours sur un même trajet et vous pourrez localiser leurs nids.

Chasser avec une arme à feu

Si vous disposez d'une arme lorsqu'un animal est tout près de vous, sifflez d'un son sec et strident afin d'inciter la bête à s'immobiliser brusquement. Ainsi vous pourrez aisément la mettre en joue. Pour le gros gibier, visez la région du coeur, le cou ou la tête de la bête. Quand un animal blessé s'enfuit, suivez lentement et prudemment les traces de sang. S'il est gravement blessé et qu'il ne se sent pas suivi, il tombera plus vite, s'affaiblira et ne pourra plus se relever. Approchez-vous avec précaution et achevez-le.

Après avoir tué un gros animal tel un cerf, éviscérez-le et saignez-le immédiatement. Coupez le porte-musc situé entre les pattes postérieures. En retirant les organes internes, prenez garde de ne pas couper la vésicule biliaire ou l'estomac.

Tendre des pièges

Pour tendre des pièges avec succès, vous devez d'abord décider du genre d'animal que vous désirez prendre et savoir comment celui-ci réagira. Vous devez également être capable d'utiliser les appâts appropriés.

Rongeurs et lapins se piègent aisément. Les habitudes des petits mammifères ne varient guère et leur champ d'activités est très restreint. Repérez leur emplacement ou leur piste, puis appâtez et tendez un piège (voir ill. 6-11).

Quelques conseils

1) Pour attraper un mammifère vivant au creux d'un arbre, essayez d'introduire à l'intérieur de sa cachette un bâton fourchu que vous ferez pivoter de manière à pouvoir agripper la peau de l'animal. En le retirant de son abri, exercez constamment une pression sur le bâton.
2) Utilisez la fumée pour faire sortir les animaux de leur cachette, puis tendez-leur un piège ou assommez-les au passage.
3) Appâtez un hameçon avec un vairon et laissez-le porter près de la surface de l'eau. Les goélands, les corneilles et d'autres oiseaux du genre viendront s'y prendre.

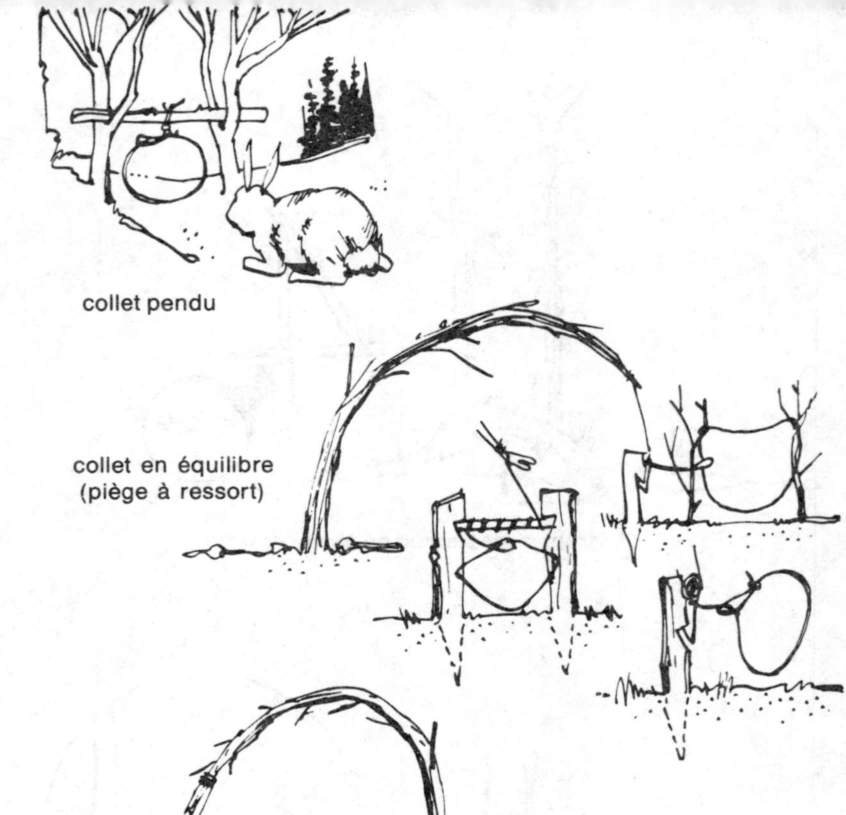

Illustration 6-11 Trappes, pièges et collets

trappe assommoir en forme de 4

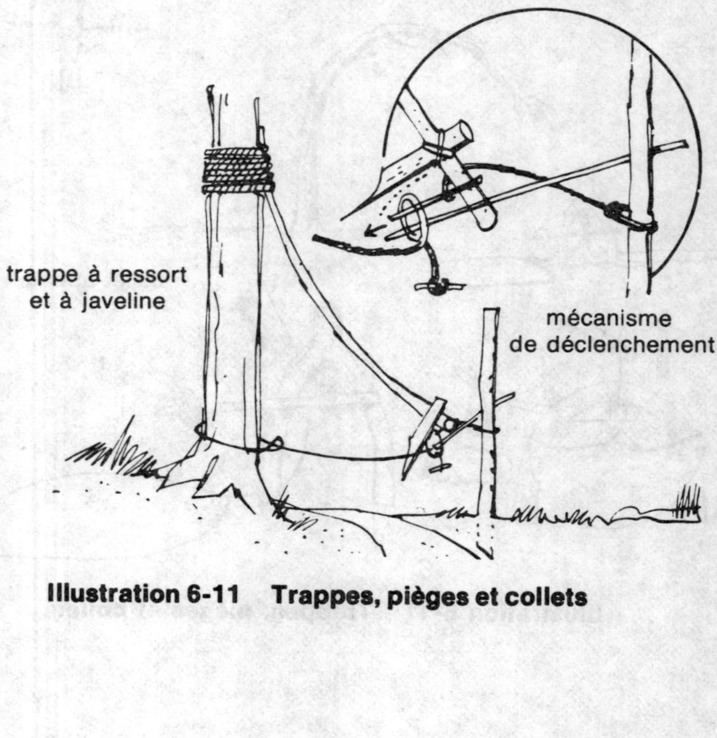

Illustration 6-11 Trappes, pièges et collets

4) La nuit, installez vos pièges sur les pistes fraîches. Placez des collets dans des endroits où vous avez déjà dépecé un animal. Les entrailles des animaux font de bons appâts. De chaque côté du piège, érigez des barrières faites de branches mortes, de bâtons et de feuilles que vous disposerez en forme d'entonnoir pour amener le gibier vers le piège. Ensuite, pour neutraliser votre rôdeur, répandez tout autour le sang d'un animal ou le contenu de sa vésicule biliaire. Cette précaution est bien sûr inutile s'il pleut.

Les autres genres de pièges

Le piège à ressort

Ce piège est particulièrement utile le long des pistes. Près d'un buisson, attachez le collet à un arbre, une bûche ou un pieu encoché (voir ill. 6-11).

Le collet appâté

Courbez une aulne et attachez-en l'extrémité à un mécanisme de déclenchement. Le noeud coulant doit être juste assez grand pour attraper la tête de l'animal. Il suffira d'une toute petite secousse pour déclencher le piège.

La trappe à ressort et à javeline

Fait d'une perche de bambou tendue et d'une javeline, ce piège vous permettra d'attraper les mammifères de la jungle. Lorsque l'animal touche à la corde, le mécanisme de déclenchement relâche la javeline.

La trappe assommoir

Une pierre ou une grosse bûche est appuyée sur un mécanisme de déclenchement ayant la forme d'un 4 et sur lequel vous attacherez l'appât. En touchant celui-ci, l'animal se fait assommer (voir ill. 6-11).

La pêche

Le meilleur temps pour pêcher n'est certainement pas facile à déterminer puisque les poissons, selon leur espèce, se nourrissent à des heures différentes mais bien déterminées avant le jour ou la nuit. Règle générale, mieux vaut pêcher avant l'aurore ou juste après le crépuscule, avant une tempête ou encore lorsque la lune est pleine ou à son déclin. Des vairons qui sautent et des cercles sur l'eau annoncent la présence de poissons voraces.

Où pêcher

Vous choisirez le meilleur endroit selon les eaux et l'heure du jour. Dans un cours d'eau rapide et en pleine chaleur du jour, essayez les mares profondes situées en bas des rapides. À l'approche du soir ou tôt le matin, tendez votre appât près des bûches submergées, sous les talus et les buissons surplombant la surface de l'eau. Sur les lacs, pendant les chaleurs d'été, pêchez en profondeur. Durant la saison chaude, le soir et au petit matin, pêchez en eaux peu profondes.

Les appâts

Généralement, les poissons mordent aux appâts que vous trouvez dans les eaux environnantes. Au bord de l'eau, cherchez des insectes aquatiques et des vairons; sur la rive, des vers et des insectes terrestres. Quand vous attrapez un poisson, ouvrez-le, voyez ce que son estomac contient et choisissez des appâts de même nature. Si ces derniers se révèlent inefficaces, utilisez, aux mêmes fins, les yeux et les intestins du poisson attrapé. Si des vers vous servent d'appât, il doivent couvrir la pointe de l'hameçon pour mieux tromper le poisson. S'il s'agit de vairons, gardez-les vivants et amorcez-les par le dos, la queue ou les lèvres. Lorsque vos appâts ne sont pas vivants, ne les enfoncez pas trop dans l'hameçon. Vous pouvez fabriquer des leurres artificiels avec des chiffons de couleurs vives, des plumes ou du métal brillant imitant des vairons blessés.

Les hameçons et lignes improvisés

Si vous ne disposez pas d'hameçons, fabriquez-en à l'aide d'insignes, d'épingles, d'os, ou de bois franc. Des fibres d'écorce ou de tissus tordus vous serviront de ligne. Prenez des fibres d'arbres ou de vignes et faites un noeud aux extrémités des deux longueurs que vous tournerez l'une sur l'autre dans le sens des aiguilles d'une montre tout en les entrecroisant en sens opposé. Pour rallonger la ligne, ajoutez autant de fibres que nécessaire. S'il s'agit de poissons très lourds, utilisez, si possible, des cordes de parachutes. Des clous peuvent aussi servir d'hameçons. Parfois, il demeure impossible d'attraper le poisson même avec un équipement des plus sophistiqués. Ne vous découragez donc pas; recommencez plus tard dans la journée ou essayez une autre méthode le lendemain.

À la ligne de fond

Les lignes de fond constituent une méthode pratique pour pêcher le poisson lorsqu'on s'installe pour quelque temps au bord d'un lac ou d'un cours d'eau. Au bout d'une ligne, attachez plusieurs hameçons accompagnés d'un poids approprié. Appâtez les hameçons et suspendez la ligne à une branche basse et souple qui pliera mais ne cassera pas quand le poisson viendra s'y prendre. Tant et aussi longtemps que vous demeurez dans les parages, gardez cette ligne dans l'eau et véfifiez-la régulièrement pour en retirer le poisson et appâter à nouveau votre ligne.

La "brochette"

La "brochette" fait un excellent hameçon pour la ligne de fond. Il s'agit tout simplement d'une amorce de bois ou d'os, au centre de laquelle la ligne sera retenue. Immergez cette amorce parmi plusieurs hameçons. Lorsque le poisson l'avalera, elle basculera et s'agrippera à l'intérieur de son estomac.

À l'amorce ou au lancer

Cette méthode requiert une perche mesurant de 2,5 à 3 mètres de longueur, un hameçon, une pièce de métal brillant

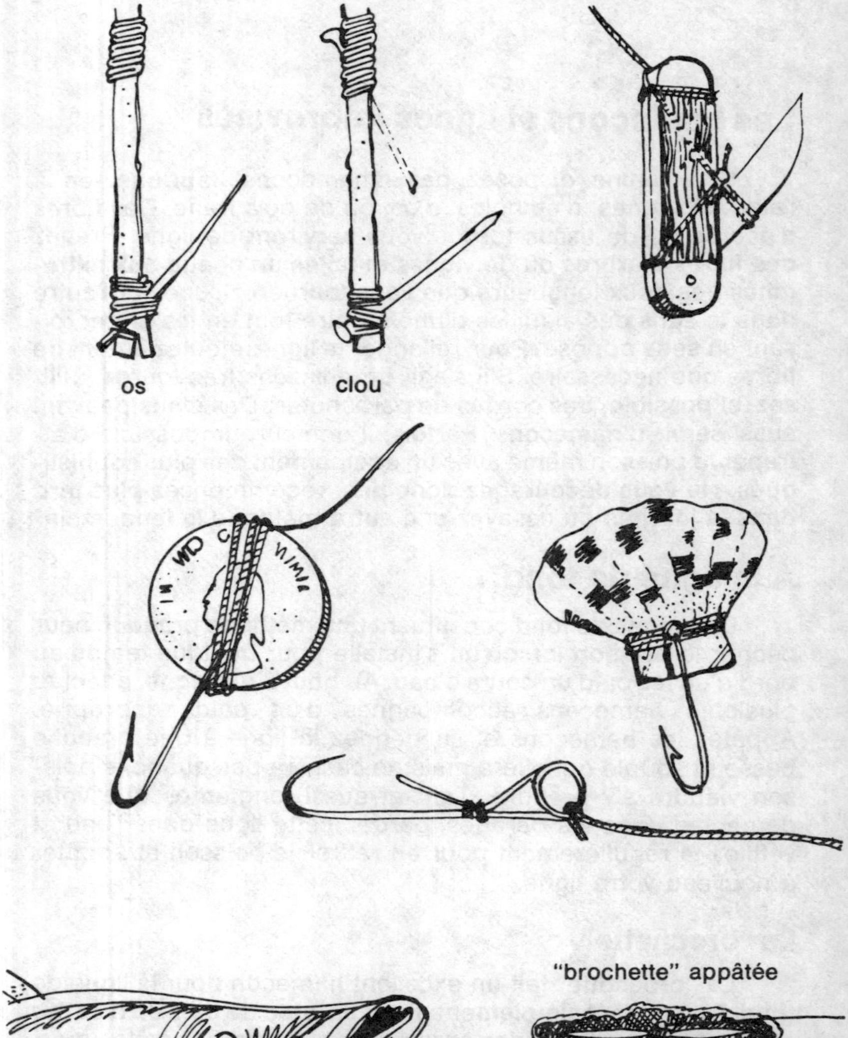

Illustration 6-12 Hameçons improvisés

ressemblant à un leurre qu'on achète chez le marchand, un morceau de viande blanche de 5 à 7 cm (comme une couenne de lard ou des intestins de poisson) et une ligne d'environ 25 cm de longueur. Attachez l'hameçon juste au-dessous du leurre au bout de la ligne et reliez celle-ci à l'extrémité de la perche. En pêchant à proximité des longues herbes, plongez l'appât sous la surface de l'eau et remuez la perche pour attirer le poisson. Ce procédé se révèle plus efficace la nuit.

Pêcher à la main

C'est là une excellente façon de pêcher sur la berge des petits cours d'eau ou encore dans les flaques peu profondes que laisse la mer en se retirant (n'utilisez pas cette méthode dans les eaux recélant des serpents venimeux ou des poissons électriques). Plongez vos mains dans l'eau jusqu'à ce qu'elles en atteignent la même température et promenez-les lentement au fond tout en remuant légèrement les doigts. Lorsque vous touchez un poisson, passez doucement votre main le long de son ventre jusqu'à ses branchies, puis saisissez-le fermement. S'il s'agit d'un poisson-chat, prenez garde à ses piquants dorsaux et pectoraux.

Dans les rapides, particulièrement au nord des États-Unis où le saumon abonde, on peut littéralement jeter les poissons hors de l'eau en les frappant avec la main. D'ailleurs, les ours n'en font-ils pas autant?

Pêcher en eau trouble

Les mares que forment, en se retirant, les eaux d'une rivière gonflée fourmillent souvent de petits poissons. Du bout d'un bâton, remuez le fond de ces flaques et vous les verrez se précipiter vers l'eau plus limpide à la surface. Il vous sera alors facile de les projeter hors de l'eau ou de les assommer avec votre bâton.

Pêcher au harpon

C'est là une méthode difficile, à moins de pêcher au temps du frai et en eau peu profonde. Au bout d'une perche, fixez une baïonnette, une lame de couteau ou de longues épines; fixez une pointe au bout d'une tige de bambou ou d'un grand bâton. Installez-vous sur un rocher ou sur un tronc d'arbre et guettez patiemment le poisson.

Pêcher au filet

Souvent, les berges et les affluents des lacs et des rivières foisonnent de poissons trop petits pour l'hameçon ou le harpon, mais assez gros pour le filet. Choisissez une branche fourchue et faites-en un cerceau dans lequel vous fixerez, en guise de filet, votre gilet de corps ou encore une longueur de la matière semblable à du tissu que l'on trouve à la base des cocotiers. Pêchez autour des rochers ou dans les étangs.

Piéger le poisson

Qu'il s'agisse de poissons d'eau douce ou d'eau salée, il faut beaucoup de temps pour les piéger, surtout lorsqu'ils se déplacent par bancs. Dans les lacs et les grands cours d'eau, le poisson s'approche des berges et des hauts-fonds le matin et le soir. Les poissons de mer voyageant par bancs très vastes, approchent du rivage avec la marée montante. Souvent, ils se déplacent parallèlement à la grève, ou se cachent autour des obstacles.

Le piège à poissons se compose d'une enceinte dont l'ouverture dissimulée prend la forme d'un entonnoir. Le temps et les efforts requis pour construire un tel piège dépendent de votre besoin de nourriture et de la durée de votre séjour au même endroit.

Près de la mer, c'est à marée haute que vous choisirez l'emplacement de votre piège, et c'est à marée basse que vous le construirez. Sur un rivage rocheux, utilisez les étangs naturels qui se forment dans les anfractuosités du roc. Dans une île de corail, ces étangs (qu'ils soient à l'intérieur ou sur les récifs) serviront aux mêmes fins, si vous en bloquez les ouvertures alors que la marée se retire. Sur les rives sablonneuses, utilisez les bancs de sable et leurs fondrières. Le piège comprend un mur bas, fait de pierres ou de pieux, qui s'avance en eau plus profonde et forme un angle avec le rivage.

Refoulez les poissons vers cet angle, et plusieurs iront s'y échouer.

Les armes à feu et les poissons

Si vous disposez d'une arme à feu et de munitions, essayez de faire feu sur le poisson. À cause de la réfraction, dans une eau peu profonde (moins de 1 mètre), visez légèrement sous le poisson. Faites exploser une grenade à main ou une cartouche de dynamite dans un banc de poissons et vous aurez de quoi vous nourrir pour plusieurs jours.

Les plantes comestibles

On compte au moins 300 000 espèces de plantes sauvages à travers le monde et un très grand nombre d'entre elles sont comestibles. Très peu présentent un danger mortel d'intoxication lorsqu'absorbées en petites quantités (voir, ci-après, le guide des plantes comestibles).

Dans le présent ouvrage, nous ne pouvons décrire d'une manière exhaustive toutes les plantes sauvages comestibles; voilà pourquoi nous ne donnons qu'une information sommaire et graphique sur les plantes les plus nombreuses et les plus faciles à identifier. Nous parlerons ici des plantes communes aux régions tempérées. Pour ce qui est des autres espèces végétales, nous en traiterons dans les chapitres consacrés aux régions climatiques difficiles.

Comment reconnaître les plantes comestibles

Lorsque vous doutez des qualités comestibles de certaines plantes, observez les rongeurs, les singes, les ours ou d'autres animaux végétariens; ce qu'ils mangent convient habituellement aux êtres humains. En cela, on ne peut guère se fier aux oiseaux car souvent, les baies qu'ils consomment se

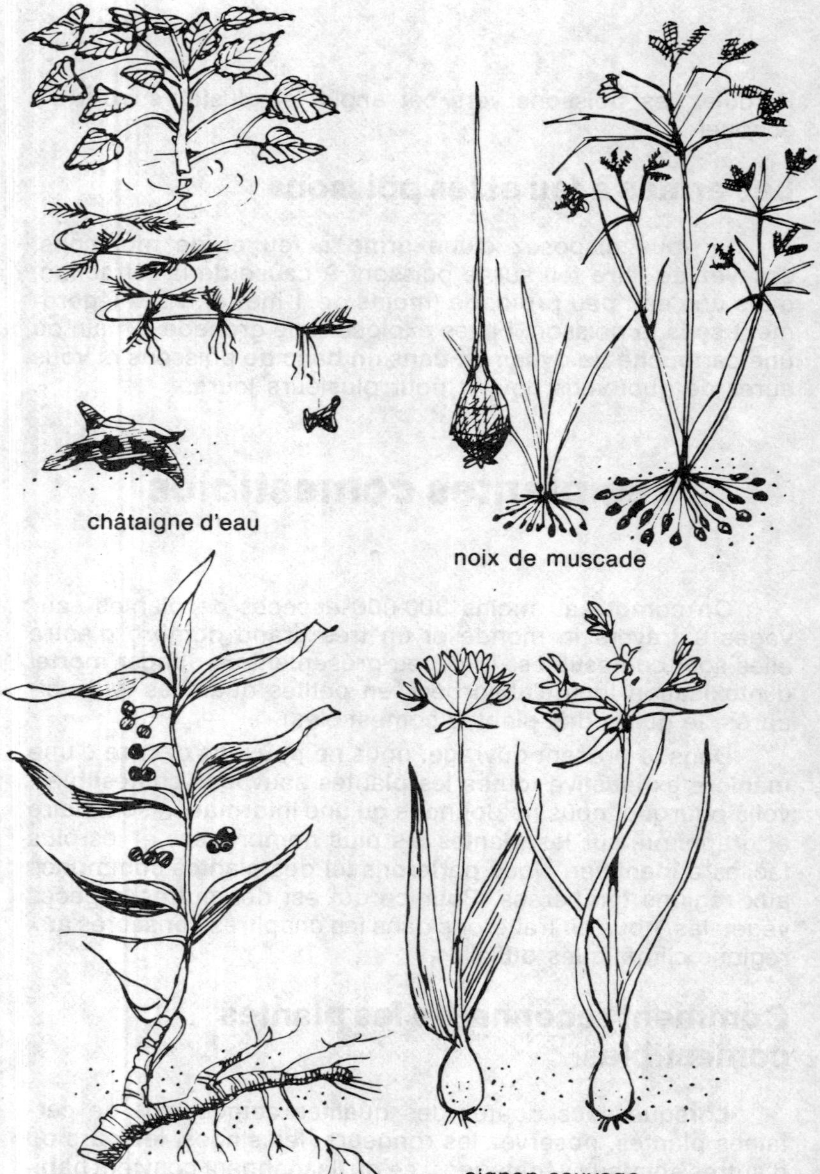

Illustration 6-13 Racines et autres parties souterraines comestibles

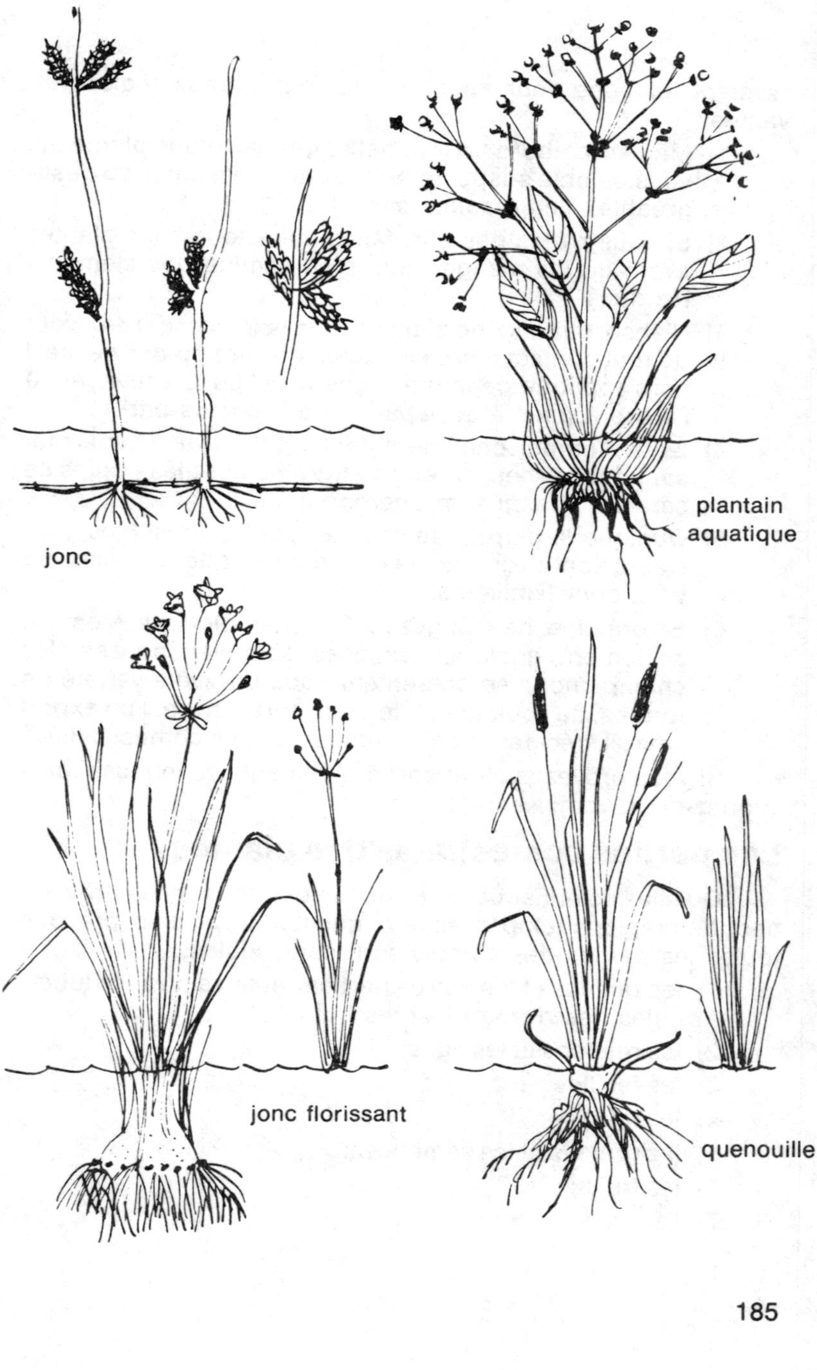
jonc
plantain aquatique
jonc florissant
quenouille

révèlent toxiques pour nous. Tenez-vous en aux règles suivantes:

1) Mâchez d'abord un tout petit morceau d'une plante qui vous semble suspecte. Si le goût en est amer ou désagréable, n'en mangez pas.
2) Si vous n'êtes pas sûr, faites cuire toutes les plantes avant de les manger, afin d'en éliminer les éléments toxiques.
3) N'absorbez aucune plante au jus laiteux et gardez-vous de tout contact entre ce liquide et votre épiderme; ceci ne s'applique cependant pas aux figues sauvages, à l'arbre à pain, à la papaye et au "cactus-baril".
4) Évitez l'empoisonnement par l'ergot en vous débarrassant des herbes, céréales et grains dont les pépins se seraient changés en éperons noirs.
5) Quoique la plupart des baies soient comestibles, plusieurs sont toxiques; ne consommez que les baies qui vous sont familières.
6) En principe, ne mangez pas de champignons. Même si seulement quelques espèces sont vénéneuses, les champignons se présentent sous une telle variété de formes, de couleurs et de grosseurs que seul un expert saurait décider avec certitude de leur comestibilité.

Si vous croyez avoir absorbé une plante vénéneuse, provoquez-en le vomissement.

Les parties comestibles des plantes

Qu'elles soient aquatiques ou terrestres, qu'elles proviennent des régions tempérées, arctiques ou tropicales, presque toutes les parties des plantes sont comestibles:

1) les racines et les autres parties souterraines: les tubercules, les rhizomes et les bulbes;
2) les rejetons et les tiges;
3) les feuilles;
4) les noix;
5) les graines et les semences;
6) les fruits;
7) l'écorce.

Les racines et les autres parties souterraines: les tubercules

Il faut creuser le sol pour atteindre les tubercules. Faites-les bouillir ou rôtir. Voici quelques exemples.

Le "Solomon's seal" (voir ill. 6-13)

Ces tubercules poussent sur des petites plantes que l'on retrouve en Amérique du Nord, en Europe, au Nord de l'Asie et en Jamaïque. Bouillis ou rôtis, ils goûtent le panais.

La châtaigne d'eau (voir ill. 6-13)

Cette plante originaire d'Asie se retrouve également dans les régions tropicales et tempérées, incluant l'Amérique du Nord, l'Afrique et l'Australie. La châtaigne d'eau flotte sur les rivières, les lacs et les étangs et elle en couvre de vastes étendues. Elle comprend deux feuilles dont une, oblongue et duveteuse, reste submergée; l'autre forme une rosette à la surface de l'eau. Ses fruits cornus mesurent de 2,5 à 5 cm de diamètre et contiennent des grains que l'on peut faire bouillir ou rôtir.

La noix de muscade

Cette plante, répandue à travers le monde, pousse plus particulièrement dans les endroits sablonneux et humides, le long des cours d'eau, des étangs et des rigoles. On la retrouve aussi bien dans les zones tropicales que dans les régions tempérées. Ses tiges tripartites la rendent facilement identifiable. Ses tubercules sucrés et savoureux mesurent tout près de 2,5 cm de diamètre. Il faut les faire bouillir, les peler et les moudre. La farine ainsi obtenue se substitue très bien au café.

Les racines et les autres parties souterraines: les racines et les rhizomes

Les racines et les rhizomes contiennent beaucoup d'amidon. Les racines comestibles mesurent parfois plusieurs mètres de longueur et ne se gonflent pas comme les tubercules. Les rhizomes sont des tiges souterraines, courtes, pointues et épaisses. Voici quelques exemples de racines et de rhizomes comestibles.

Le jonc

Cette plante familière à haute tige se rencontre en Amérique du Nord, en Afrique, en Australie, aux Indes et en Malaisie. Elle pousse ordinairement dans les endroits humides et marécageux. Les racines et les tiges du jonc peuvent êtres mangées crues ou cuites.

Le plantain aquatique

Cette plante aux fleurs blanches se trouve le plus fréquemment aux abords des lacs, des étangs et des cours d'eau où elle est souvent submergée dans quelques centimètres d'eau. Le plantain aquatique abonde dans les régions marécageuses des zones tempérées du nord. Elle se caractérise par des feuilles soyeuses en forme de coeur et aux multiples nervures. Les oignons du plantain aquatique perdent leur goût acre après avoir été séchés. Faites-les cuire comme des pommes de terre.

Le jonc florissant

Cette plante pousse le long des rivières, près des lacs, des étangs et des prés marécageux d'Europe, d'Asie, de Russie et dans les régions tempérées de Sibérie. La plante adulte atteint un mètre ou plus de hauteur et se pare de grappes de fleurs roses et vertes. Son rhizome charnu et souterrain doit être pelé et bouilli comme une pomme de terre.

Les quenouilles

On les trouve partout dans le monde le long des lacs, des étangs et des rivières, excepté dans la toundra et les régions forestières du grand nord. Ces plantes atteignent de 1 à 4,6 m de hauteur et leurs longues feuilles vertes et verticales mesurent 2,5 cm de largeur. Elles forment des rhizomes comestibles de 2,5 cm d'épaisseur que l'on mange crus ou bouillis après en avoir enlevé la pelure. Le pollen jaune que produisent ses fleurs peut être mélangé avec de l'eau et cuit à l'étuvée comme le pain. De plus, les rejetons des quenouilles sont délicieux lorsqu'on les fait bouillir comme des asperges.

Les racines et les autres plantes souterraines: les bulbes

Tous les bulbes sont riches en amidon et, à l'exception de l'oignon sauvage, très savoureux quand on les mange cuits.

L'oignon sauvage

Il demeure le plus commun de tous les bulbes comestibles. Il ressemble à l'oignon de jardin. On le trouve dans les zones tempérées d'Amérique du Nord, d'Europe et d'Asie. Enfoui jusqu'à 25 cm sous terre, ce bulbe produit une plante dont les feuilles peuvent atteindre plusieurs centimètres de largeur. Leurs fleurs sont blanches, bleues ou rougeâtres. L'oignon sauvage émet une odeur qui lui est tout à fait caractéristique. Tous les bulbes de cette espèce sont comestibles.

La pomme de terre sauvage

La pomme de terre sauvage est un tubercule que l'on retrouve partout dans le monde, mais plus particulièrement dans les régions tropicales. Voyez la description de cette plante au chapitre sept ("Survivre dans les régions tropicales").

Les rejetons et les tiges

Les rejetons comestibles ressemblent aux asperges. Certaines variétés peuvent être mangées crues, mais la plupart des rejetons ont meilleur goût cuits. Faites-les bouillir durant 10 minutes, changez l'eau et continuez la cuisson jusqu'à ce qu'ils deviennent suffisamment tendres.

Les fougères comestibles

Les fougères foisonnent dans toutes les régions humides. On les retrouve particulièrement en forêt, près des ruis-

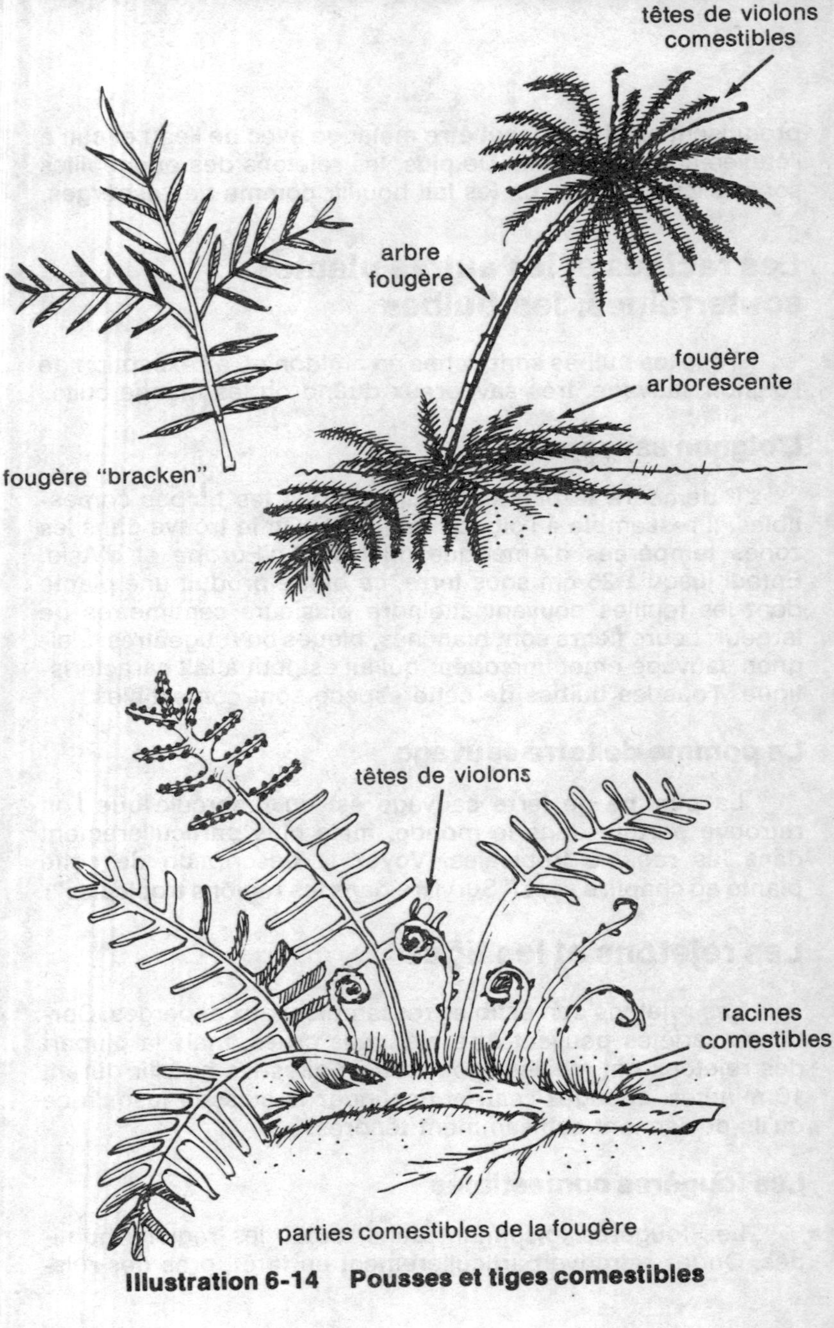

Illustration 6-14 Pousses et tiges comestibles

seaux, le long des cours d'eau et en lisière des bois. À première vue, on peut les confondre avec des plantes à fleurs, mais en les observant de plus près, il faut admettre qu'elles se distinguent parfaitement de ces dernières. À l'envers de la feuille, vous remarquerez une multitude de petits points bruns recouverts d'un pollen jaune, brun ou noir. Les spores qui remplissent ces points facilitent l'identification des fougères. Choisissez les jeunes rhizomes (violons de beaupré ou queues de violon) dont la hauteur n'excède pas 15 ou 20 cm et cassez-les le plus bas possible en leur point le plus tendre; enlevez les "poils" qui les recouvrent en faisant glisser les tiges entre vos doigts. Lavez-les et faites-les bouillir dans l'eau salée ou faites-les cuire à la vapeur jusqu'à ce qu'ils deviennent tendres.

Les fougères arborescentes

Cette fougère, une des plus répandues qui soit, pousse un peu partout dans le monde, excepté dans l'Arctique, dans les bois desséchés, les clairières récemment incendiées et les pâturages. Il s'agit d'une fougère ordinaire aux rhizomes clairsemés dont la base cylindrique couleur de rouille atteint souvent 1 cm d'épaisseur. Chacun des angles de ses frondes tripartites est marqué d'un coin violacé qui sécrète un jus sucré. Les rhizomes rampants et ligneux mesurent environ 7 mm d'épaisseur.

Parmi les autres pousses et tiges d'Amérique du Nord, on compte le mescal (voir le chapitre 8, "Survivre en régions désertiques") et le bambou (voir le chapitre 7, "Survivre dans les régions tropicales").

Les feuilles

De toutes les plantes nutritives, les plantes à feuilles comestibles sont les plus nombreuses. Elles se mangent crues ou cuites. Il faut cependant limiter le temps de cuisson sinon, on en perd les précieuses vitamines. Voici quelques plantes à feuilles comestibles.

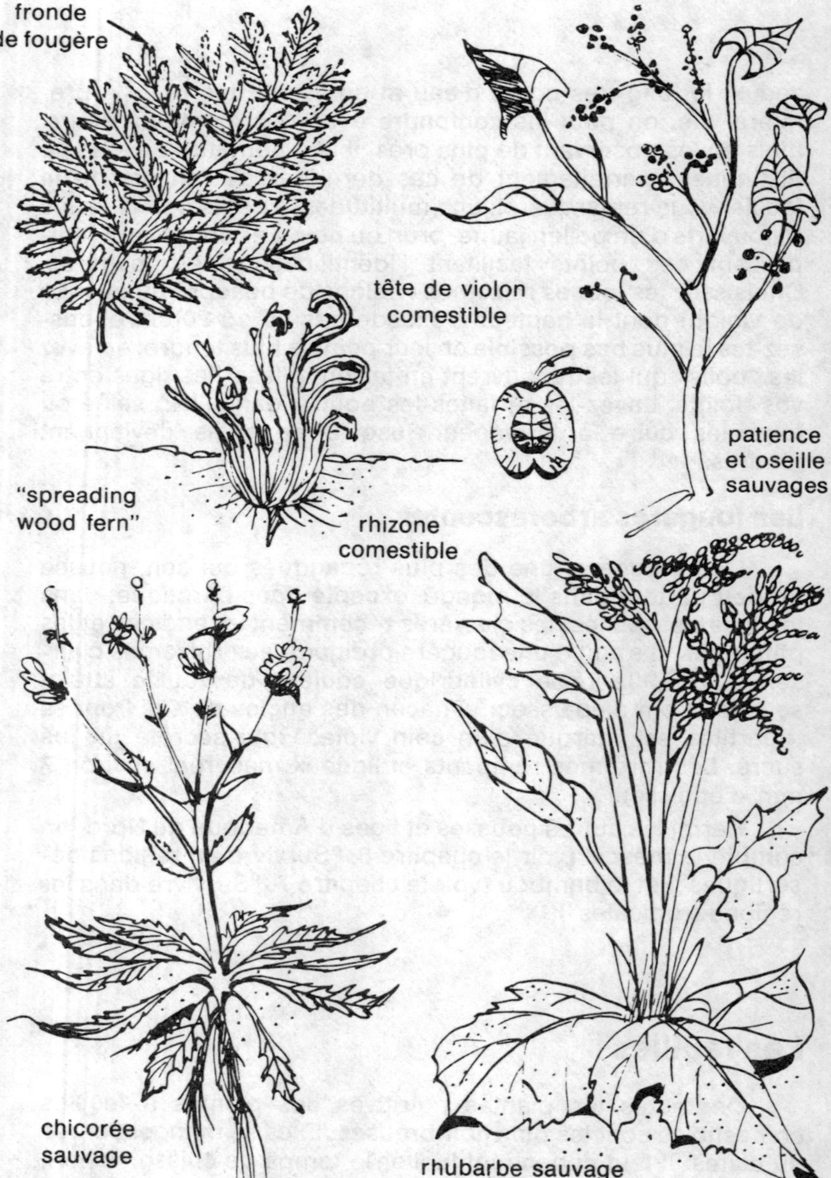

Illustration 6-15 Feuilles comestibles

mouron

pissenlit

"lamb's quarters"

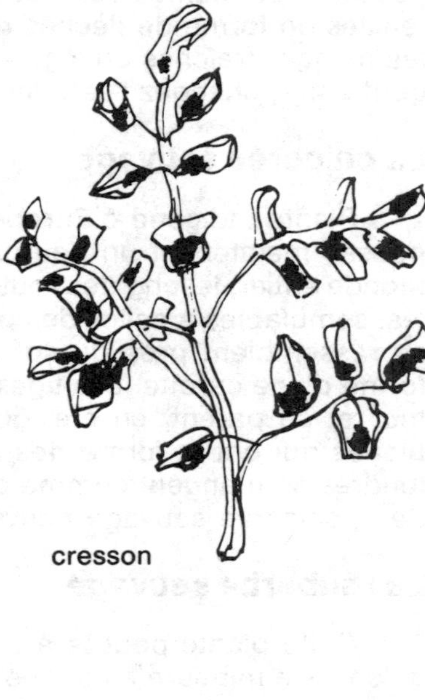

cresson

Le “Spreading Wood Fern”

Cette plante des montagnes et des forêts surabonde en Alaska et en Sibérie. Elle germe à partir de fortes tiges souterraines, lesquelles sont recouvertes de racines ressemblant à de petites bananes. Faites rôtir ces racines et enlevez-en la peau brunâtre et luisante. Quand vient le printemps, ramassez les jeunes frondes ou les violons de beaupré. Faites-les bouillir ou cuire à l’étuvée et mangez-les comme des asperges.

La patience et les oseilles sauvages

Ces plantes indigènes du Moyen-Orient abondent souvent dans les pays tropicaux et les régions pluvieuses. Vous les trouverez dans les champs, le long des routes et dans les endroits déserts. La patience sauvage est une plante robuste dont les feuilles poussent surtout au bas de la tige. Celle-ci mesure entre 15 et 30 cm de haut. Elle produit des petites touffes de fleurs vertes et cramoisies qui ressemblent à des panaches. L’oseille sauvage, quoique plus petite que la patience, possède les mêmes caractéristiques que cette dernière. Ses feuilles en forme de flèches renferment un jus aigre. On peut les manger fraîches ou légèrement cuites. Pour en éliminer le goût amer, changez l’eau une ou deux fois durant la cuisson.

La chicorée sauvage

Plante indigène d’Europe et d’Asie, la chicorée sauvage pousse maintenant un peu partout aux États-Unis et dans le monde entier, le long des routes et dans les champs. Ses feuilles, semblables à celles des pissenlits, quoique plus épaisses, se rassemblent près du sol et couvrent une racine ayant la forme d’une carotte. Les tiges s’élèvent jusqu’à 1,2 m de hauteur et se parent, en été, de multiples et ravissantes fleurs bleues qui ont la forme des pissenlits. Les feuilles jeunes et tendres se mangent comme de la laitue. Moulues, les racines de la chicorée sauvage peuvent très bien remplacer le café.

La rhubarbe sauvage

Cette plante pousse à partir du sud-est de l’Europe jusqu’en Asie mineure ainsi que dans les régions montagneuses d'Asie centrale et de Chine. On la trouve dans les grands espaces, le long des rivières, en bordure des bois et aux flancs des montagnes. Ses grandes feuilles se campent sur de longues et fortes tiges qui sont comestibles.

Parmi les autres plantes à feuilles comestibles, mentionnons le pissenlit, le cresson, le "lamb's quarters" et le mouron, sans oublier quelques plantes d'Amérique du Nord telles l'oseille, le raifort, le muguet (chapitre 7, "Survivre dans les régions tropicales"), le saule de l'Arctique (chapitre 9 "Survivre dans les zones froides") et le figuier de Barbarie (chapitre 8, "Survivre dans le désert").

Les noix

La noix, riche en protéines, compte parmi les plantes les plus nourrissantes. Elle pousse sous tous les climats et sur tous les continents excepté l'Arctique. Certaines noix, telles les noisettes, les avelines, les amandes, les fruits du noyer blanc, les glands, les faines et les amandes du pin poussent en zones tempérées; tandis que la noix de coco, les noix du Brésil et les anarcades nous viennent des tropiques.

La noix anglaise

Cette noix pousse à l'état sauvage dans le sud-est de l'Europe, en Asie et en Chine. Dans l'Himalaya, où elle abonde, elle provient d'un arbre qui atteint parfois 20 m de hauteur et dont les feuilles s'écartent les unes des autres. Cette dernière caractéristique est propre à toutes les espèces d'arbre portant des noix. La noix proprement dite se forme à l'intérieur d'une écorce épaisse qu'il faut briser. L'amande mûrit en automne.

La noisette (aveline)

Les noisettes se retrouvent sur de vastes étendues des États-Unis, plus particulièrement dans l'est. Elle poussent également en Europe, en Asie de l'est, dans l'Himalaya, en Chine et au Japon. Les noisetiers forment des buissons de 2 à 4 m de hauteur. On les trouve le long des cours d'eau et dans les clairières. La noisette est recouverte d'une enveloppe à

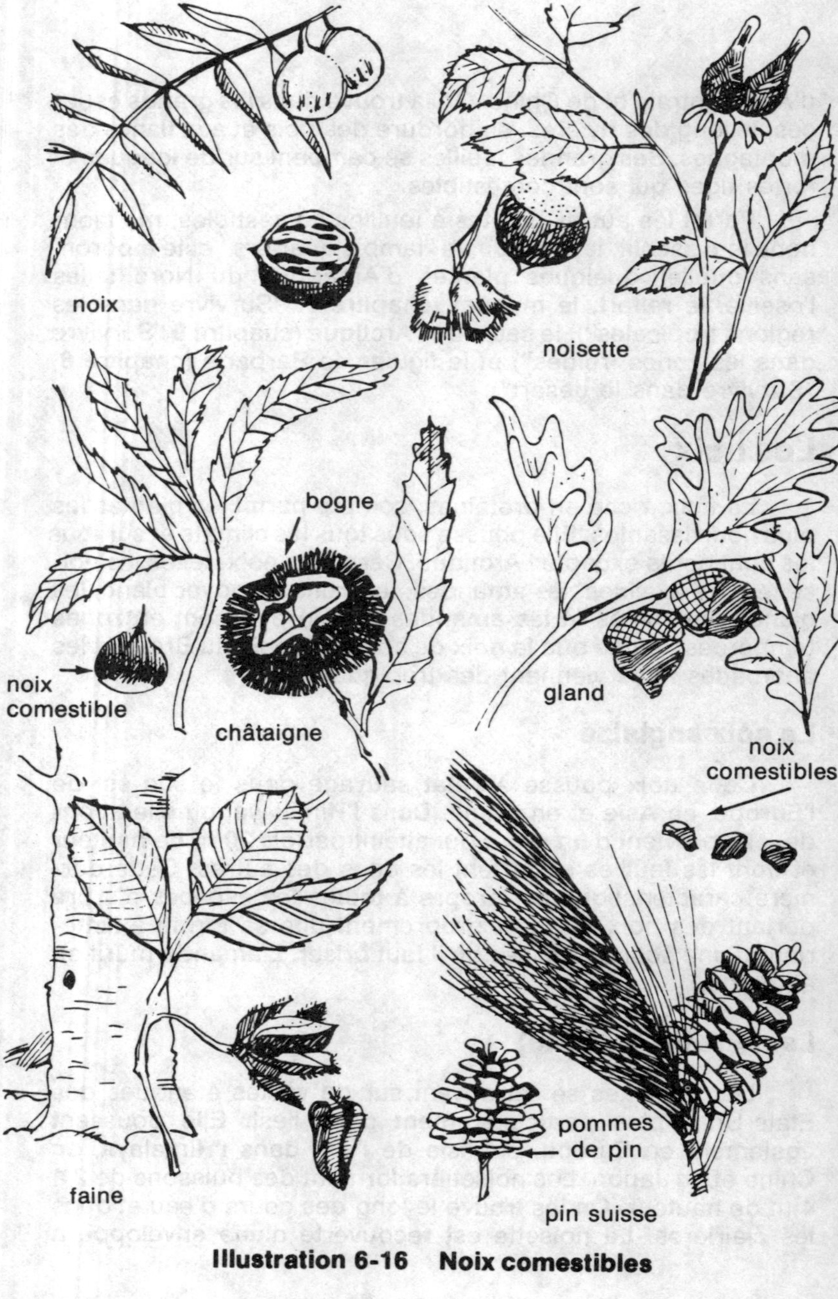

Illustration 6-16 Noix comestibles

poils raides et de forme allongée. Elle mûrit en automne. On peut la manger fraîche ou séchée.

La châtaigne

Les châtaignes sauvages sont très précieuses en situation de survie. On en trouve en Europe centrale, en Europe du sud, en Asie, en Chine et au Japon. La châtaigne d'Europe demeure la plus commune; le châtaignier européen mesure environ 18 m et pousse en bordure des prairies. Les châtaignes se mangent rôties sur la braise ou bouillies. Dans ce dernier cas, il faut en faire une purée comme pour les pommes de terre.

Les glands (chêne anglais)

Le chêne se présente sous de multiples variétés; le chêne anglais se retrouve au nord de la zone tempérée. Il atteint souvent 20 m de hauteur et ses feuilles sont creuses et recourbées. Ses glands ne se mangent pas crus à cause du tannin au goût âcre de leur amande. Faites-les bouillir durant deux heures pour ensuite les laisser tremper dans une eau froide que vous renouvellerez de temps en temps. Après deux ou trois jours de trempage, les glands devront être broyés pour produire une pâte que vous mélangerez avec de l'eau avant de la faire cuire. Vous pouvez aussi laisser sécher la pâte jusqu'à ce qu'elle se transforme en farine.

La faîne du hêtre

La faîne du hêtre pousse à l'état sauvage dans les régions humides de l'est des États-Unis, en Europe, en Asie et en Afrique du nord. Elle est commune au sud-est de l'Europe et dans les zones tempérées d'Asie mais inconnue dans les zones tropicales ou sub arctique. Le hêtre atteint parfois jusqu'à 25 m de hauteur. Son écorce gris pâle est douce et son riche feuillage est d'un beau vert foncé. Lorsque mûres, les faînes tombent de leur follicule et la noix peut se briser du bout des doigts. Faites rôtir celle-ci et pulvérisez-la. Vous obtiendrez ainsi un excellent substitut au café.

Le pin suisse

Le pin suisse est largement répandu en Europe et au nord de la Sibérie. Ses aiguilles poussent en panicules et ses noix se cachent à l'intérieur de pommes qui pendent séparement ou en grappes au bout des branches. Vous pouvez les manger crues ou rôties.

La noix de coco

Quoique la noix de coco pousse à l'état sauvage sous les tropiques, on la trouve également dans les régions tropicales d'Amérique du Nord. Voyez-en la description et l'illustration au chapitre 7 ("Survivre dans les régions tropicales").

Les grains et les semences

Les grains de nombreuses plantes telles le sarrasin, le "ragweed", l'amarante, la poulette grasse, les fèves et les pois contiennent des huiles riches en protéines. On peut les broyer entre deux pierres pour ensuite les mélanger avec de l'eau et les cuire afin d'obtenir un gruau. On peut aussi les manger grillés. Quand ils sont grillés, les grains de maïs se conservent bien.

Parmi les autres plantes indigènes d'Amérique du Nord dont les grains sont comestibles, mentionnons le muguet, le bambou et le riz. Voyez à ce sujet la description et l'illustration au chapitre 7.

Les fruits

Les fruits comestibles abondent dans la nature; tantôt ils se classent parmi les desserts, tantôt parmi les légumes. Les myrtilles, les mûres, les framboises, les cerises et les pommes de la zone tempérée comptent parmi les fruits. Au nombre des légumes, mentionnons la tomate, le concombre, le poivre, l'aubergine et l'okra.

Voici quelques fruits sauvages que l'on retrouve aux États-Unis ainsi que dans d'autres régions.

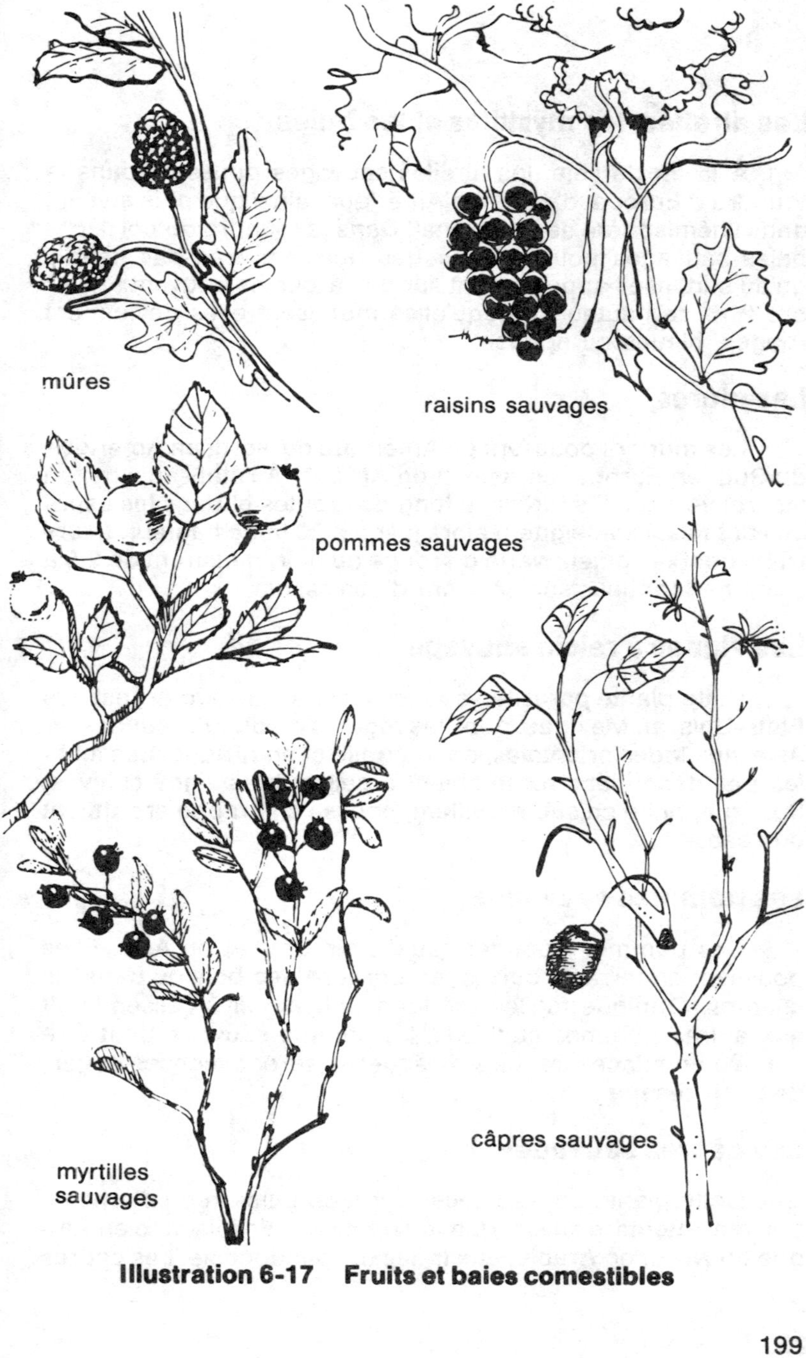

Illustration 6-17 Fruits et baies comestibles

Les airelles, les myrtilles et les baies

À la fin de l'été, les airelles sauvages poussent dans la toundra d'Europe, d'Asie et d'Amérique, ainsi que plus au sud, dans l'hémisphère septentrional. Dans la toundra du nord, ces baies sauvages poussent sur des buissons très bas, tandis qu'au sud, elles apparaissent sur des arbustes pouvant atteindre 2 m de hauteur. Lorsqu'elles mûrissent elles deviennent rouges, bleues ou noires.

Les mûres

Les mûriers poussent en Amérique du Nord, en Amérique du Sud, en Europe, en Asie et en Afrique. À l'état sauvage, on les trouve dans les forêts, le long des routes et dans les espaces habités. Ils atteignent alors jusqu'à 20 m de hauteur. Leurs fruits dont la couleur varie du rouge au noir, mesurent de 2,5 à 5 cm de longueur sur un 1 cm d'épaisseur.

Les vignes à raisin sauvage

Cette plante parasite se rencontre dans le sud et l'est des États-Unis, au Mexique, dans les régions méditerranéennes, en Asie, aux Indes orientales, en Australie et en Afrique. Ses feuilles très découpées ressemblent à celles de la vigne cultivée. Son fruit, riche en sucre vivifiant, pousse en grappe et contient de l'eau.

Les pommes sauvages

Ces pommes abondent aux États-Unis et en Asie. Elles poussent en terrains boisés, en bordure des bois ou dans les champs. Quoique facilement identifiables, elles ressemblent aux autres pommes cultivées. La pomme sauvage peut être coupée en minces tranches, lesquelles seront séchées et gardées en réserve.

Les câpres sauvages

Cette plante pousse sous forme de buisson ou d'arbuste pouvant atteindre environ 6 m de hauteur. Elle foisonne en Afrique du Nord, en Arabie, aux Indes et en Indonésie. Les câpres apparaissent au bout de branches sans feuilles mais recouvertes d'épines et de fleurs. Les bourgeons sont également comestibles.

La figue sauvage

La figue sauvage se trouve parfois dans les déserts d'Amérique du Nord. Voir la description au chapitre 8, "Survivre dans le désert".

L'écorce

L'écorce intérieure d'un arbre, (la couche recouvrant immédiatement le bois) peut se manger crue ou cuite. En pulvérisant l'écorce intérieure du cotonnier, du tremble, du bouleau, du saule ou du pin, vous obtiendrez une farine. L'écorce extérieure ne peut être utilisée aux mêmes fins à cause de sa forte teneur en tannin.

L'écorce du pin est riche en vitamine C. Grattez-en la couche extérieure et ne conservez que la partie qui adhère au tronc de l'arbre. Vous pouvez la manger fraîche, séchée, cuite ou broyée.

Les vêtements

Dans une situation de survie, le vêtement a d'abord pour fonction d'aider l'organisme à maintenir une température normale. Il doit en plus protéger le corps contre les blessures et les insectes de toutes sortes. Étant donné les circonstances, il faut nécessairement s'accommoder d'un choix de vêtements plutôt restreint.

L'habillement ne prend vraiment toute son importance qu'en régions froides ou tropicales, ainsi que dans le désert. Vous trouverez, aux chapitres consacrés à la survie dans ces régions spécifiques, toutes les informations relatives aux vêtements. Nous ne donnerons donc ici que des conseils d'ordre général à ce sujet.

1) Gardez vos vêtements propres en les lavant régulièrement. Restez habillés durant la nuit et faites aérer les vêtements que vous ne portez pas.

2) Lorsqu'il ne fait pas froid, mieux vaut ne pas trop se vêtir quand on exécute un travail qui demande des efforts puisque le corps se réchauffe alors rapidement. Évitez tout refroidissement.
3) Si vous avancez à travers buissons et broussailles, glissez les jambes de vos pantalons à l'intérieur de vos bas. Fermez vos vêtements aux chevilles et aux poignets et boutonnez-les.
4) Gardez vos bas et vos chaussures bien secs. La nuit, réchauffez-les au-dessus d'un feu et laissez-les s'aérer. De tels soins vous éviteront des ampoules, des échauffements et des engelures.

Chapitre 7

Survivre dans les régions tropicales

Le terrain

La jungle n'est pas la même partout. Une jungle "primaire" se caractérise par la multitude de ses arbres géants dont les sommets de plus de 30 mètres forment une voûte dense et bien garnie. Cette jungle ne récèle que peu de buissons et ne reçoit guère de lumière. Elle se traverse aisément.

Plusieurs régions de la jungle primaire sont parsemées d'immenses clairières cultivables. Lorsque ces espaces sont abandonnés, la jungle reprend ses droits et les transforme en vastes étendues de broussailles. Cette jungle "secondaire" est beaucoup plus difficile à traverser que la première.

Dans les tropiques, au-delà de la moitié des terres sont cultivées. On y retrouve principalement des plantations de caoutchouc, de thé et de noix de coco. Dans ces endroits, les gens préposés à la récolte sauront probablement vous aider.

Si les régions sèches, caractérisées par une végétation rabougrie, sont naturellement plus ouvertes que la jungle détrempée et humide, elles sont, par contre, plus difficiles à traverser puisqu'on y trouve très peu de points de repère, aucune piste et aucun être humain. Armé d'une boussole et de beaucoup de bon sens on peut quand même s'y aventurer avec confiance.

Les considérations essentielles

Sous la voûte que forme la végétation très dense de la jungle, vos chances d'être secouru ou aperçu sont très minimes. Vous auriez alors intérêt à trouver une clairière.

Si vous êtes victime d'un écrasement d'avion, les choses les plus importantes que vous devez prendre avec vous avant de quitter les lieux sont une hache (ou autre instrument tranchant vous permettant de vous frayer un chemin à travers la brousse), une boussole, une trousse de premiers soins ainsi qu'un parachute ou une autre pièce de tissu mince et flexible capable de vous protéger des moustiques et de vous servir d'abri.

Les déplacements

Lorsque vous avancez seul dans la jungle, détendez-vous, ne vous affolez pas, réfléchissez et souvenez-vous des recommandations suivantes.

1) Établissez votre position aussi rigoureusement que possible afin de préciser votre parcours. Si vous ne disposez pas d'une boussole, servez-vous du soleil et de votre montre pour vous orienter.
2) Faites provision d'eau et de victuailles.
3) Déplacez-vous dans la même direction, mais pas nécessairement en ligne droite. Évitez les obstacles, ne les affrontez pas. En terrain hostile, sachez vous dissimuler et prendre avantage des abris naturels.
4) Il existe une technique pour se déplacer dans la jungle; avancer à tâtons ne vous apporterait que des contusions et des éraflures. Tournez plutôt les épaules, jouez des hanches, courbez le corps, faites-vous plus petit ou plus grand, ralentissez ou accélérez le pas au besoin.

L'abri

Au chapitre six, les informations concernant les abris s'appliquent à la plupart des situations de survie en zones tropicales. L'abri en forme de A convient particulièrement bien dans ce cas précis; pour le construire, utilisez des feuilles de palmiers ou de jeunes bananiers. Sur une grande pierre plate ou sur une plate-forme faite de plus petites pierres, bâtissez un feu pour y sécher les feuilles qui serviront de toiture; ainsi traitées, elles seront plus imperméables et pourront servir de bardeaux improvisés. Une fois l'abri bien en place, creusez une rigole tout autour afin de garder le sol bien sec. Ne dormez pas sur la terre nue, mais sur un lit fait de bambou, de petites branches et de feuilles. Faute de mieux, utilisez l'écorce d'un arbre mort; cela vaut certainement mieux que rien du tout. Avec la toile d'un parachute vous pouvez fabriquer un hamac.

Les dangers que présente l'environnement

Si la flore et la faune des régions tropicales constituent une source abondante de nourriture, ces contrées plus que toute autre comportent des dangers dont il faut être averti. Tout ce qui vit dans les tropiques y prend des proportions gigantesques et là plus qu'ailleurs, la prudence est de rigueur.

Les plantes vénéneuses

Voici la liste des plantes vénéneuses des régions tropicales:

Le manglier blanc

Le manglier blanc est une plante à feuilles blanches porteuses de baies de la même couleur, qui pousse dans les marais, les estuaires et le long des côtes. Si vous en touchez la sève, votre peau se couvrira d'ampoules et si elle atteint vos yeux, elle vous aveuglera.

Les cerisiers des Antilles

Il s'agit d'une plante à trois feuilles qui porte des fleurs pourpres et retombantes et des gousses duveteuses dont les poils infligent des irritations et rendent aveugle lorsqu'ils vien-

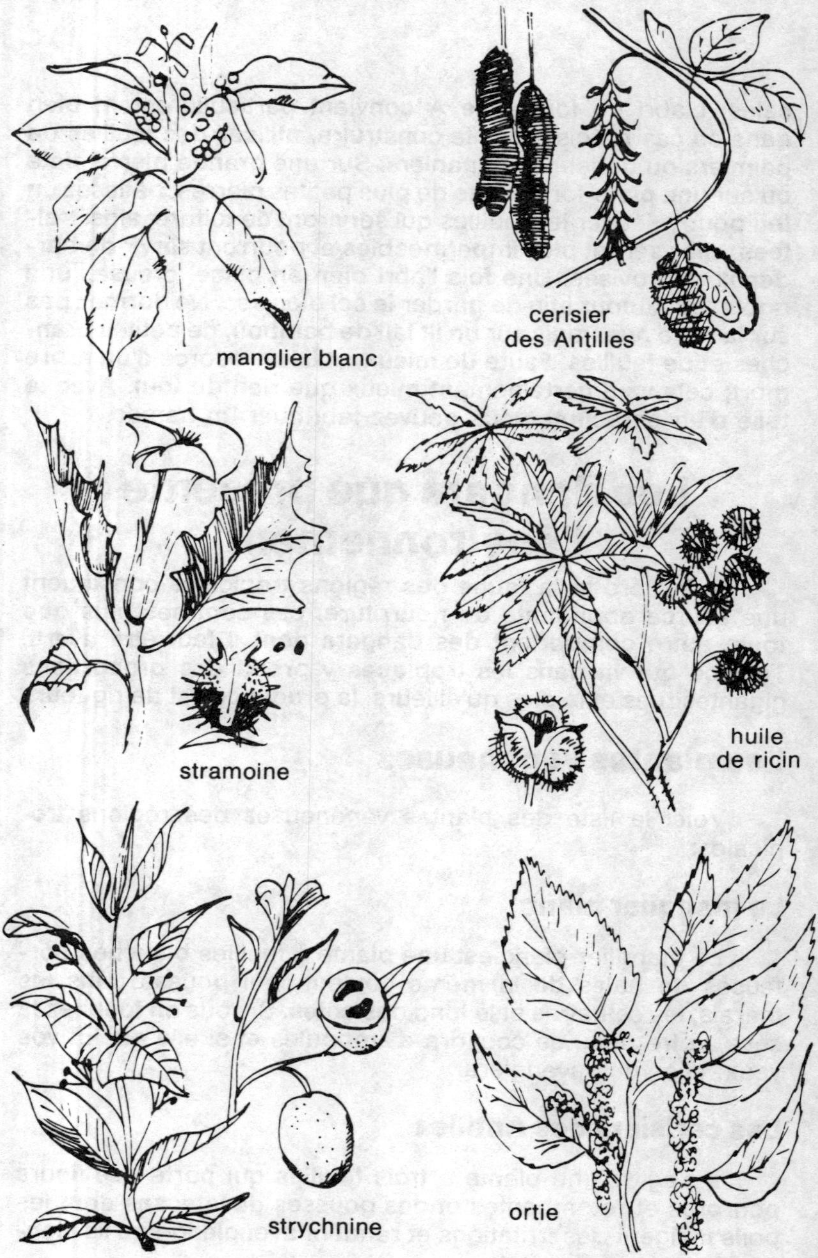

Illustration 7-1 Plantes vénéneuses des Tropiques

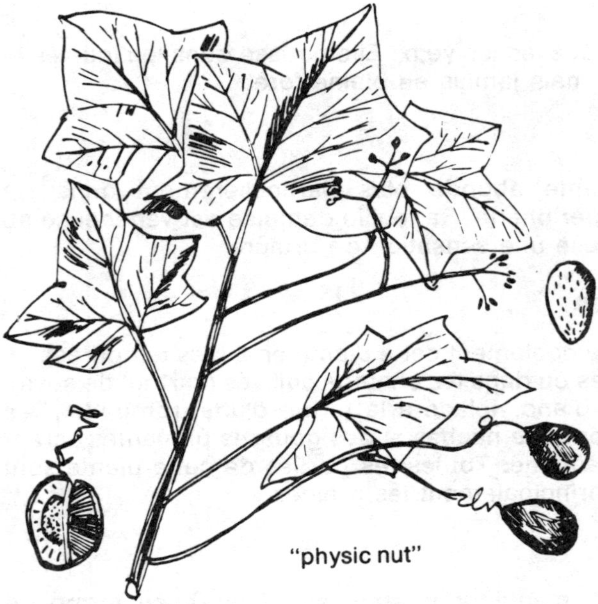

"physic nut"

"pangi"

nent en contact avec les yeux. Elle pousse dans les fourrés et les bosquets, mais jamais en pleine forêt.

L'ortie

Cette plante abonde plus particulièrement dans les étangs et en périphérie. Sa feuille dentelée est vénéneuse au toucher et cause une sensation de brûlure.

La stramoine

On trouve également cette plante en zones tempérées, le long des routes ou dans les champs cultivés (surtout de soya). Sa fleur d'un blanc violacé a la forme d'une trompette. Des feuilles aux contours hachés et des gousses piquantes caractérisent le stramoine. Toutes les parties de cette plante sont vénéneuses, principalement les graines.

Le pangi

C'est une plante grimpante, aux feuilles en forme de coeur qui pousse principalement dans la jungle malaisienne. Ses grains, qui contiennent de l'acide prussique, sont toxiques quand on les mange crus mais commestibles quand ils sont cuits.

Le pignon d'Inde

Il s'agit d'un arbuste dont les feuilles ressemblent aux feuilles de l'érable et dont les graines agissent comme un puissant laxatif.

Le ricin

Les feuilles de cet arbuste ressemblent étrangement au sommet d'un palmier miniature. Il pousse dans les bosquets et les clairières. Ses graines toxiques et laxatives mûrissent en grappes.

Le cornouiller

Les cornouillers poussent à l'état sauvage un peu partout dans les tropiques. Son fruit blanc et jaune est d'autant plus alléchant qu'il ressemble à une petite orange. Sa pelure extrêmement amère et ses graines recèlent un des poisons les plus violents que l'on connaisse, la strychnine.

Les serpents venimeux

Afin de pouvoir identifier les serpents tropicaux, voyez l'appendice 1 ("Serpents venimeux du monde entier"). Pour traiter leurs morsures, reférez-vous au chapitre 5 ("Premiers soins de secours").

Les autres animaux dangereux des régions tropicales

Le piranha

Ces petits poissons vivent dans l'Amazone et ses cours d'eau tributaires. Le piranha noir, le plus gros de cette espèce atteint parfois jusqu'à 46 cm de longueur. Les piranhas sont attirés par la plus infime quantité de sang. Ces carnivores sont extrêmement dangereux. Par mesures sécuritaires, agissez comme si tous les cours d'eau d'Amérique du Sud étaient infestés de piranhas et cela, même en sachant qu'ils préfèrent les eaux claires et tumultueuses aux eaux boueuses. S'il vous faut traverser une rivière grouillante de piranhas, jetez-y d'abord la carcasse saignante d'un animal, puis passez à bonne distance en amont.

Les anguilles électriques

Ces créatures de forme cylindrique et allongée vivent dans presque toutes les eaux tropicales, quoiqu'elles soient plus abondantes dans les rivières d'Amérique du Sud. On les aperçoit le long des berges et dans les hauts-fonds. Si les anguilles électriques sont généralement paresseuses et pacifiques, les plus grosses d'entre elles peuvent provoquer un choc électrique capable de renverser un cheval. Elles peuvent mesurer jusqu'à 2,5 m de longueur et atteindre 45 cm d'épaisseur.

Les crocodiles et les alligators

Ces reptiles amphibies vivent dans des régions très éloignées les unes des autres. Les alligators ne se retrouvent qu'au sud des États-Unis et en Chine, le long de la rivière Yangtze, tandis que les crocodiles abondent dans les marais d'Afrique et de Madagascar. Le crocodile américain, vivant sur le littoral du Mexique, des Indes occidentales, d'Amérique centrale, de la Colombie, et du Vénézuela, évite généralement les êtres humains. S'il a la réputation d'être plus traître et plus vicieux que l'alligator, il demeure habituellement inoffensif quand on ne le dérange pas.

Les risques pour la santé

Pour vivre dans la jungle, il faut se garder en très bonne santé. Même dans les meilleures conditions, tout y devient difficile; il est essentiel, pour augmenter vos chances de survie, que vous observiez les règles suivantes:

1) Demeurez calme; jamais vous ne vaincrez la jungle en vous précipitant, cela est impossible.
2) N'escaladez les hauteurs que pour vous orienter. Mieux vaut faire un long détour en terrain plat.
3) Prenez soin de vos pieds en changeant et en lavant vos bas très souvent. Protégez vos chaussures en les frottant avec de la graisse ou du gras d'animal.
4) Lorsque vous avez la fièvre, attendez qu'elle se dissipe avant de vous remettre en route. Buvez beaucoup d'eau.
5) Les tiques, les sangsues, les moustiques et les insectes de toutes sortes menacent constamment votre santé et votre sécurité. Protégez-vous à l'aide d'un insecticide. Évitez les endroits où ils abondent.
6) Gardez-vous des infections; dans la chaleur et l'humidité des tropiques, les blessures s'infectent rapidement; il faut donc tout de suite les couvrir d'un pansement propre. Si vous ne disposez pas d'une trousse de premiers soins, stérilisez des bandages et des pansements improvisés.

7) Prévenez l'épuisement, les crampes et les coups de chaleur en buvant beaucoup d'eau potable afin de remplacer le liquide que vous perdez par la transpiration. Si la chaleur vous accable, reposez-vous dans un endroit ombragé.

Au nombre des maladies tropicales, mentionnons:

La malaria, la dengue, la fièvre jaune et l'encéphalite

Toutes ces maladies sont causées par les morsures de moustiques porteurs de germes. Des frissons violents et une température élevée en sont les symptômes. Si vous croyez en être atteint, reposez-vous et absorbez beaucoup de liquide.

La disenterie

La disenterie est causée par l'eau et les aliments pollués.

La fièvre "Sandfly"

Cette maladie présente les mêmes symptômes que la malaria. Buvez beaucoup d'eau ou d'autres liquides et reposez-vous jusqu'à ce que la fièvre tombe.

Le typhus

Dans les régions tropicales, le typhus désigne plusieurs maladies infectueuses. Les puces et les poux portent les germes de certaines d'entre elles. Maux de tête, faiblesse, fièvre et douleurs généralisées en sont habituellement les symptômes. La victime a un teint blafard et peut développer une éruption de l'épiderme. Certaines formes de typhus non traitées sont mortelles dans une proportion allant jusqu'à 40%. Il devient essentiel d'observer une hygiène corporelle très stricte et d'éviter tout contact avec les poux, les puces, les rongeurs infestés et les herbes porteuses de mites. Chez les adultes déjà vaccinés, le typhus transmis par les poux est plutôt bénin et passe souvent inaperçu. Il est donc sage de se faire vacciner régulièrement.

L'épuisement

Dans les régions tropicales, la chaleur et l'humidité combinées drainent l'énergie de l'organisme beaucoup plus vite que partout ailleurs dans le monde. Modérez vos activités et prenez beaucoup de repos.

Buvez beaucoup d'eau. Diluez, si possible, deux comprimés de sel par pinte d'eau. Si vous souffrez d'un coup de chaleur, reposez-vous à l'ombre et buvez 1/2 bidon de cette eau salée, à toutes les quinze minutes. Continuez ce traitement jusqu'à ce que vous soyez rétabli.

L'engelure

Le "pied de tranchée" — Au Vietnam, ce genre d'affection a mis plus de soldats hors de combat que ne le firent les mines, les pièges et les fougasses. Le "pied de tranchée" ressemble à l'engelure, quoique la cause en soit toute autre. Il apparaît lorsque les pieds ont été gardés dans l'eau ou l'humidité pendant une période de plus de douze heures.

On compte deux genres de "pied de tranchée", dont une ("immersion à l'eau chaude") se limite à la plante des pieds. Cette affection survient après avoir traversé des criques, des cours d'eau, des canaux et des marais entrecoupés de terrains secs. Au bout de trois jours environ, la couche de peau épaisse à l'intérieur de la plante des pieds devient blanche et se ride. Certains des plis sur la plante des pieds se font très sensibles et ils nuisent à la marche. Au cours des deux ou trois jours suivants, la douleur augmente considérablement et les pieds se mettent à enfler. Si vous enleviez alors vos chaussures, il vous serait impossible de les remettre à cause de l'enflure et de la douleur qu'elle provoque. Le mal est plus accentué encore aux talons et aux éminences métatarsiennes. Le malade a l'impression de marcher sur des cordes logées à l'intérieur de ses chaussures. Le seul traitement consiste à enlever ses bas et ses chaussures et à se reposer. La peau doit être séchée et le demeurer. Les plissements, les rides, les blancheurs et la moiteur disparaîtront en vingt-quatre heures environ, mais la plante des pieds restera sensible durant quelques jours, puis la couche de peau épaisse qui la recouvre se détachera peu à peu.

L'autre genre de pied de tranchée (appelé aussi "pied de rizières"), attaque le dessus des pieds et des jambes. Cette maladie afflige les personnes qui pataugent dans les rizières boueuses, les marais, les criques, les cours d'eau et les canaux. Elle est plus fréquente quand la température de l'eau ou de la boue se maintient à 30° et plus. Elle blesse les pieds, les chevilles et les jambes jusqu'à la hauteur des bottes. En deux ou trois jours, la peau tourne au rouge, se couvre de cellulite et enfle. La douleur augmente à mesure que la peau s'étire et durcit pour ensuite se contusionner et s'érafler. La friction des bottes peut causer des écorchures et mettre la chair à vif. Cinquante pour cent des victimes souffrent de nodules lymphatiques aux aines, lesquels s'accompagnent parfois d'une fièvre s'élevant jusqu'à 40°.

Le traitement consiste à retirer ses bas et chaussures et à se reposer dans un endroit sec en gardant les pieds élevés. En six heures, l'oedème devient mou, il se gonfle sous la pression des doigts. Les douleurs, l'enflure et la fièvre se dissipent après quelques jours de repos.

L'eau

S'il est relativement facile de trouver de l'eau dans la jungle, les conseils qui suivent sauront vous être utiles.

1) L'eau provenant des cours rapides et clairs, aux fonds rocheux, devient une source idéale d'eau non polluée où il est possible de se baigner. Faites cependant bouillir l'eau avant de la boire, ou traitez-la chimiquement.
2) Une eau presque limpide peut être tirée d'un ruisseau ou d'un lac boueux en creusant un trou sur la terre ferme, à au moins un mètre de la berge. Attendez ensuite que l'eau s'infiltre et que la boue se soit déposée au fond du trou.
3) Certaines plantes et vignes contiennent de l'eau. Utilisez la méthode suivante pour entailler ces dernières:

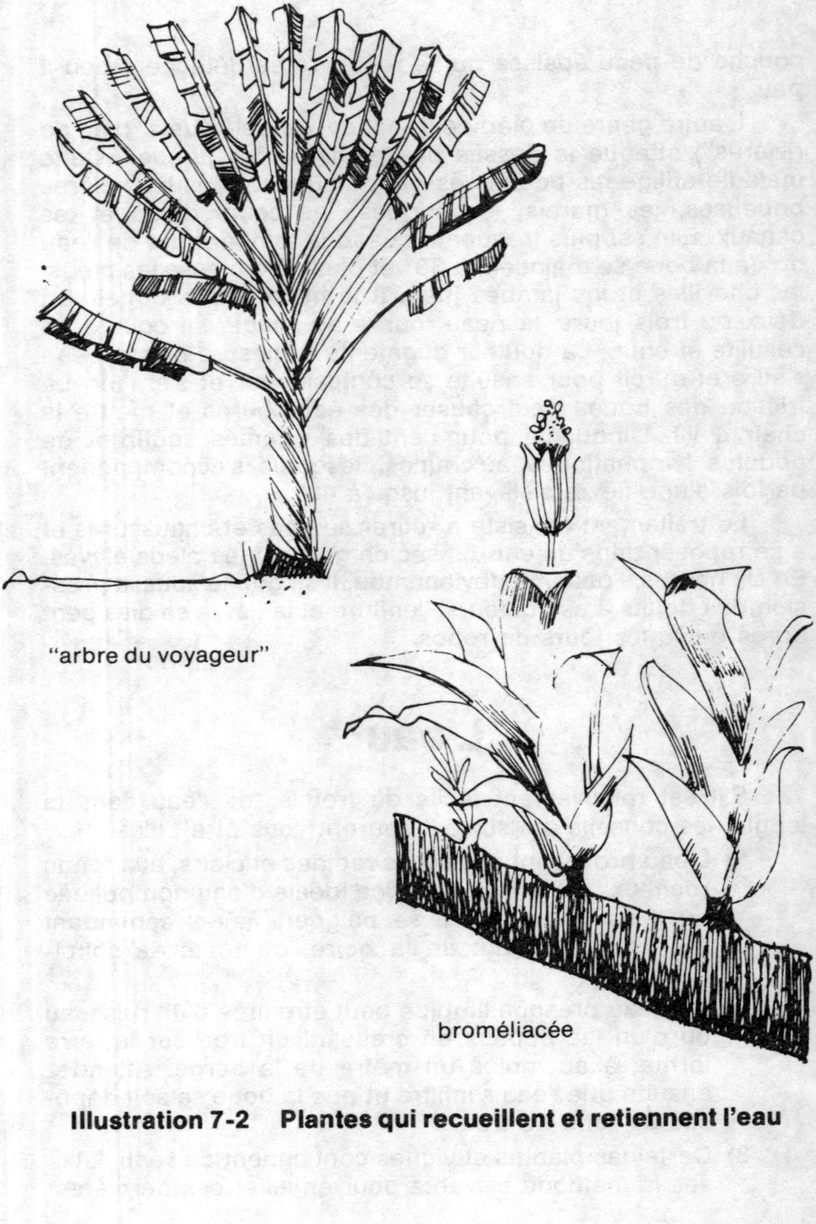

Illustration 7-2 Plantes qui recueillent et retiennent l'eau

— sur la vigne, en son point le plus haut, pratiquez une large entaille;
— coupez la vigne très près du sol et laissez-en couler l'eau dans votre bouche ou dans un récipient;
— lorsque l'eau cesse de couler, recommencez les mêmes gestes jusqu'à ce que la vigne se tarisse.

Les noix de coco, surtout lorsqu'elles sont vertes, fournissent un lait délectable et nourrissant, quoique très laxatif. Il doit donc être bu en petites quantités. Une sève sucrée sort des aiguilles de leurs fleurs coupées. Les noix de coco poussent à l'année longue. Une sève potable sucrée peut également être tirée du nipa, du buri et d'autres palmiers.

Les plantes qui recueillent et retiennent l'eau

Souvent, les tiges de bambou retiennent l'eau au creu de leurs noeuds (cloisons). Si vous percevez un son de glouglou en secouant les tiges, faites une entaille au bas de chacun des noeuds et recueillez-en l'eau dans un récipient.

Dans les régions tropicales américaines, les grandes feuilles épaisses des broméliacés (genre ananas) contiennent parfois une importante quantité d'eau. Coulez celle-ci à travers un linge propre afin d'en éliminer les saletés et les insectes.

Parmi les autres plantes gobeuses d'eau, mentionnons "l'arbre du voyageur" (traveler's tree) de Madagascar, le magnolier parasol d'Afrique tropicale de l'Ouest et le baobad du nord de l'Australie et de l'Afrique.

La nourriture

Si la jungle regorge de nourriture il faut cependant se méfier des plantes et des fruits vénéneux. Tout ce que mange un singe convient généralement à l'être humain. En maintes régions habitées des tropiques, les fruits et les légumes souvent fertilisés avec des excréments humains sont porteurs de maladies. Ne mangez jamais de tels fruits crus, à moins d'en avoir enlevé la pelure ou gratté la surface. Faites cuire tous les légumes avant de les consommer.

Les plantes tropicales comestibles

Les forêts tropicales offrent aux survivants égarés un choix considérable de nourriture, mais la plupart des gens ne connaissent guère les plantes de ces lieux. Si nous savons identifier la noix de coco, la banane, l'ananas et les agrumes que nous trouvons sur le marché américain, des centaines d'autres fruits nous sont cependant inconnus. Plusieurs sortes de fruits et !égumes tropicaux très répandus sont illustrés dans ce manuel et de nombreuses informations supplémentaires vous indiquent comment identifier d'autres plantes sauvages et commestibles de ces régions.

Les plantes toxiques des tropiques ne sont pas, en proportion, plus nombreuses que leurs équivalents des régions tempérées. Voyez au chapitre six comment identifier les plantes comestibles.

La vie des plantes, au-dessus de la ligne supérieure des forêts dans les hautes montagnes tropicales, ressemble à bien des égards à celle du grand nord et de l'Arctique. Si vous devez vivre dans ces régions élevées, voyez le chapitre neuf, "Survivre dans les zones froides".

Les plantes tropicales comestibles poussent plus abondamment dans les clairières des forêts, le long du rivage de la mer, en bordure des cours d'eau et dans les marais. Les forêts denses, humides et pluvieuses (jungles primaires) ne sont guère propices aux plantes comestibles nécessaires à la survie.

Le meilleur endroit pour en trouver serait un jardin que les indigènes auraient abandonné. Les plantes cultivées y persistent et y repoussent longtemps après avoir été délaissées. Ces jardins se situent le long des rivages et des berges des cours d'eau, aussi bien qu'à l'intérieur des terres, et la plupart de leurs fruits sont comestibles.

Cherchez d'abord les fruits, les noix ou les grains, car on peut s'en nourrir immédiatement. Les bourgeons tendres, les centres féculents de certains troncs de palmiers, les rejetons de jeunes bambous, les racines d'herbes, les pousses et les bourgeons de bananes sauvages, voilà autant de sources de nourriture. Les fougères, habituellement abondantes dans les régions humides des tropiques, font de bonnes salades. À défaut de toute autre nourriture on peut toujours mâcher les brindilles de bien des plantes nutritives.

Les tubercules

Au nombre des tubercules des zones tropicales, mentionnons le taro, la pomme de terre sauvage ainsi qu'une variété de patates ou d'ignames.

Le taro

Cette grande plante basse à pelure douce, dont les feuilles vert pâle (en forme de coeur) n'ont qu'une seule pointe, poussent dans les forêts humides de presque toutes les régions tropicales. Sa fleur jaune orange de 10 cm de diamètre ressemble à la tulipe. Son tubercule comestible, poussant légèrement sous la surface du sol, doit être bouilli afin d'en détruire les cristaux irritants. On le mange comme une pomme de terre.

La pomme de terre sauvage

Comme tous les tubercules, la pomme de terre sauvage pousse dans le sol et il faut creuser pour la cueillir. On la mange cuite ou rôtie. C'est une petite plante que l'on trouve partout dans le monde et plus particulièrement sous les tropiques. Elle est vénéneuse quand elle n'est pas cuite.

Les ignames

Les vignes en sont comestibles aussi bien que les tubercules. Il existe environ sept cents sortes de vignes ignames répandues dans les régions tropicales et subtropicales du monde. Ne pas confondre l'igname avec la patate vendue en Amérique; celle-ci n'est pas une vraie igname, elle s'apparente à la belle-de-jour.

Les ignames abondent dans les jardins des indigènes, les clairières de la jungle et les forêts pas trop denses. Il faut

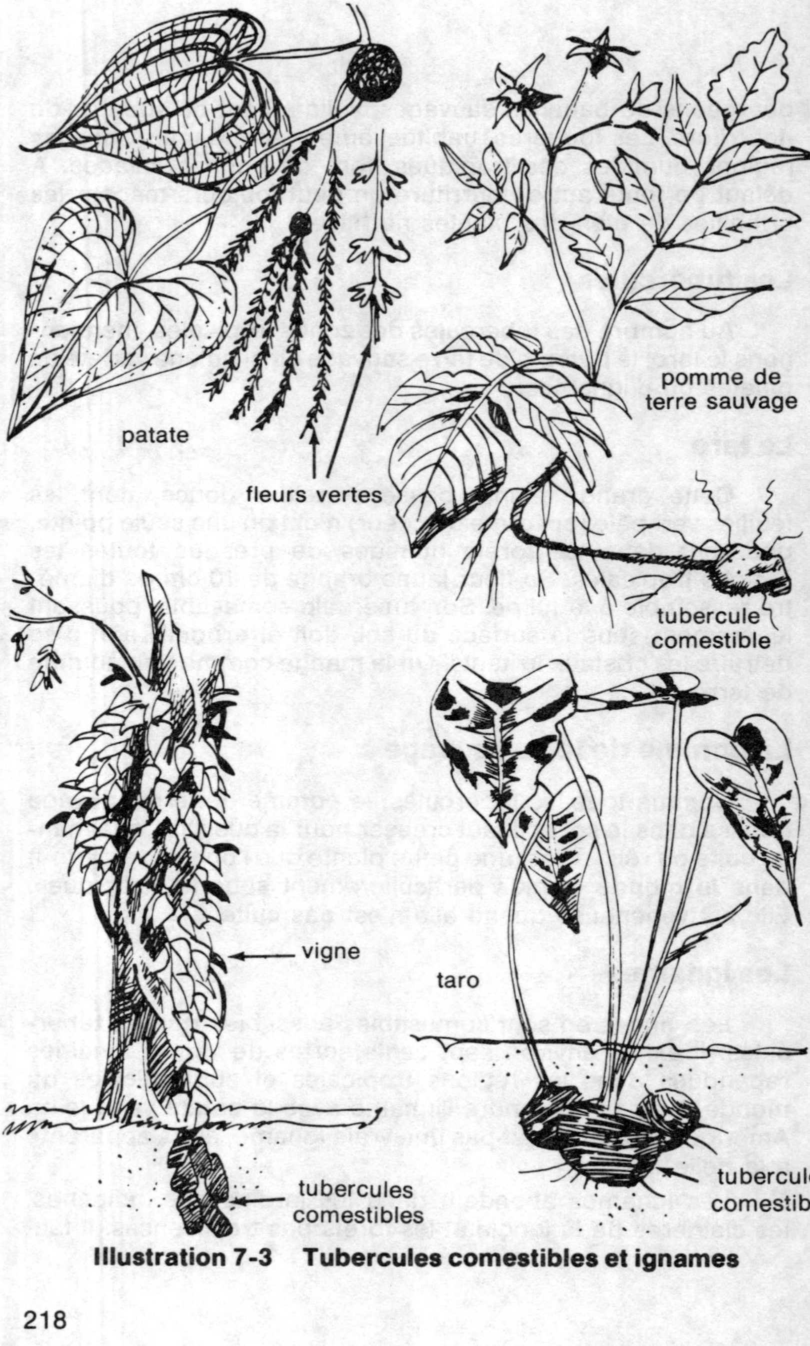

Illustration 7-3 Tubercules comestibles et ignames

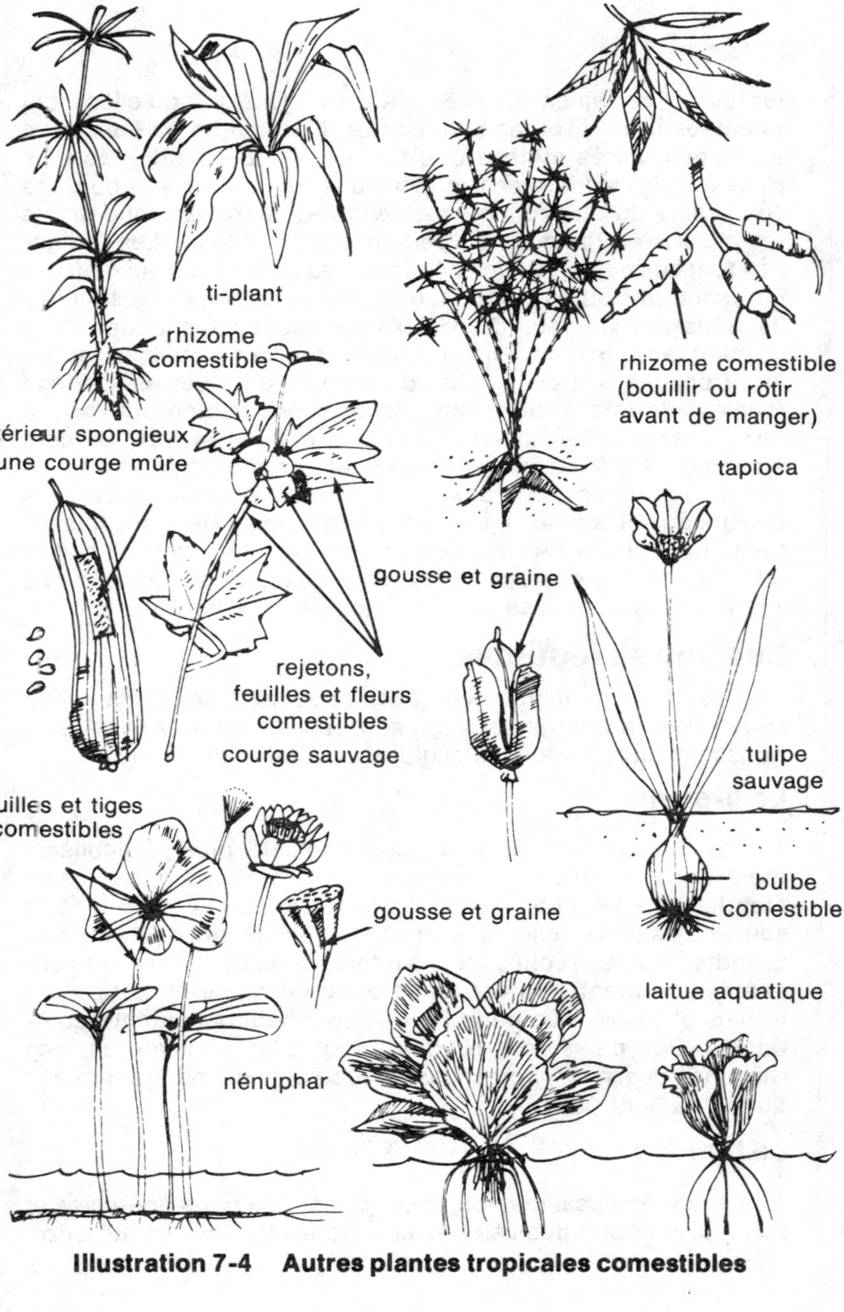

Illustration 7-4 Autres plantes tropicales comestibles

les cuire, certaines variétés étant toxiques lorsqu'elles sont mangées crues. Toutes sont comestibles quand on les coupe en tranches très minces que l'on couvre de cendre de bois pour ensuite les laisser tremper dans un cours d'eau ou dans l'eau salée durant trois ou quatre jours. Ce traitement détruira les propriétés toxiques de certaines d'entre elles. Les Indigènes font cuire les ignames non toxiques de la façon suivante: ils creusent un trou et y placent de grosses roches sur lesquelles ils bâtissent un feu. Quand les roches sont chaudes ils y mettent la nourriture sur un tapis de feuilles vertes; ils recouvrent ensuite le trou à l'aide de palmes ou d'autres grandes feuilles. Parfois, il doublent ces dernières d'une couche de terre. Les ignames cuisent en une demi-heure environ. On peut également les faire bouillir et les piler comme des pommes de terre. L'igname produit aussi un tubercule (appelé patate) audessus du sol, sur ses tiges grimpantes. Ces tubercules foisonnent au sud de l'Asie orientale mais, à moins de pouvoir différencier les toxiques des non toxiques, ne les mangez pas avant de les avoir traités tel qu'indiqué plus haut.

Les autres légumes

Le ti-plant, le tapioca (aussi appelé manioc) la tulipe sauvage et la courge sauvage sont facilement identifiables et poussent dans toutes les régions tropicales du monde.

Le ti-plant

Le ti-plant se trouve en zone tropicale, plus particulièrement dans les îles du Pacifique. On le cultive sur de vastes étendues de l'Asie tropicale. Cette plante (cultivée ou à l'état sauvage) s'élève jusqu'à 2 et même 4,5 m de hauteur. Ses grandes feuilles rêches, reluisantes, coriaces, vertes ou rougeâtres, forment une couronne au bout d'une forte tige. Le ti-plant s'affuble d'un panache de fleurs habituellement retombantes. Ses baies sont rouges lorsqu'elles sont mûres. Ses rhizomes charnus, comestibles et féculents se mangent mieux quand ils sont cuits.

Le tapioca

Appelée aussi manioc, cette plante aux tiges noueuses et aux feuilles oblongues se retrouve dans tous les climats tropicaux mais surtout en régions très humides. Elle atteint de 1 à 3 m de hauteur. Le manioc amer et le manioc sucré produisent des rhizomes comestibles. À moins d'être cuit, le manioc amer demeure toxique et son rhizome doit être broyé en une pâte qu'il faut cuire durant une demi-heure au moins. On peut encore en faire cuire les racines coupées en gros morceaux durant une heure pour ensuite les peler et les râper. Pétrissez-en la pâte avec de l'eau afin d'en éliminer le jus laiteux et faites cuire à la vapeur jusqu'à l'obtention d'une masse malléable. Roulez cette pâte en petites boules que vous aplatirez en forme de galettes, lesquelles seront séchées au soleil avant d'être rôties. Les rhizomes des maniocs sucrés, n'ayant évidemment rien d'amer, peuvent être mangés crus ou cuits comme un légume. Vous pouvez aussi en obtenir une farine et faire des petits gâteaux selon la méthode décrite ci-haut.

La tulipe sauvage

Elle pousse en Asie mineure et en Asie centrale. Les bulbes de cette plante peuvent être cuits et mangés comme des pommes de terre. Au printemps, la tulipe sauvage porte des fleurs rouges, jaunes ou orange qui ressemblent aux tulipes de nos jardins quoique plus petites. En l'absence de ces fleurs, elle se pare de gousses très caractéristiques.

La courge sauvage

Membre de la famille des courges, la courge sauvage pousse comme la pastèque, le melon cantaloupe et le concombre. On la cultive beaucoup en régions tropicales, quoiqu'on puisse la trouver à l'état sauvage dans les jardins abandonnés ou dans les clairières. Ses feuilles atteignent jusqu'à 20 cm de largeur et son fruit cylindrique est doux et chargé de graines. Celui-ci doit être bouilli et consommé lorsqu'il est à moitié mûr. Mangez-en les pousses tendres, les fleurs et les jeunes feuilles. Les graines peuvent être rôties et mangées comme des arachides.

La laitue aquatique

La laitue aquatique pousse partout dans les régions tropicales des vieux continents, tant en Afrique qu'en Asie, ainsi que dans le Nouveau Monde, en Floride et en Amérique du Sud. On ne la trouve que dans les régions très humides où elle flotte habituellement sur l'eau. Recherchez-la sur les lacs calmes, les étangs ou les eaux stagnantes et remarquez les petites herbes sortant de ses feuilles. Ces plantes en forme de rosettes s'étendent sur de vastes étendues. A regarder leurs feuilles très tendres, on dirait de la laitue. Il faut les faire bouillir avant de les manger.

Le nénuphar

Il pousse dans les eaux douces, les lacs, les étangs et les cours d'eau calmes. On en trouve à partir du bassin du Nil, dans les régions d'Asie, jusqu'en Chine et au Japon et, vers le sud, en Inde. Le nénuphar pousse également aux Phillipines, en Indonésie, au nord de l'Australie et dans l'est des États-Unis. Ses feuilles en forme de boucliers mesurent jusqu'à 1 m de largeur et se maintiennent à 1,5 m environ au-dessus de la surface de l'eau. Ses fleurs roses, blanches ou jaunes ont un diamètre de 10 à 15 cm. Faites cuire les jeunes tiges et les jeunes feuilles, mais enlevez-en la surface rugueuse avant de les manger. Lorsque mûres, les graines sont également comestibles, à condition d'en retirer l'embryon amer avant de les mettre à bouillir ou de les faire rôtir. Les rhizomes, longs de 15 m, sont aussi très nourrissants. Faites-les bouillir et dégustez-les comme des pommes de terre.

Les arbres, les rejetons et les rhizomes

Parmi ceux-ci, il faut inclure le bambou aux multiples usages, le baobab, le raifort et plusieurs variétés de palmiers.

Le bambou

Cette plante pousse dans les régions humides des zones tempérées et tropicales. On la trouve dans les clairières, autour des jardins abandonnés, en forêt et le long des rivières et des cours d'eau. Le bambou ressemble au maïs et à la canne à sucre. Ses tiges mûres sont très dures et ligneuses tandis que les jeunes pousses sont tendres et succulentes. Coupez ces dernières comme vous le feriez pour des asper-

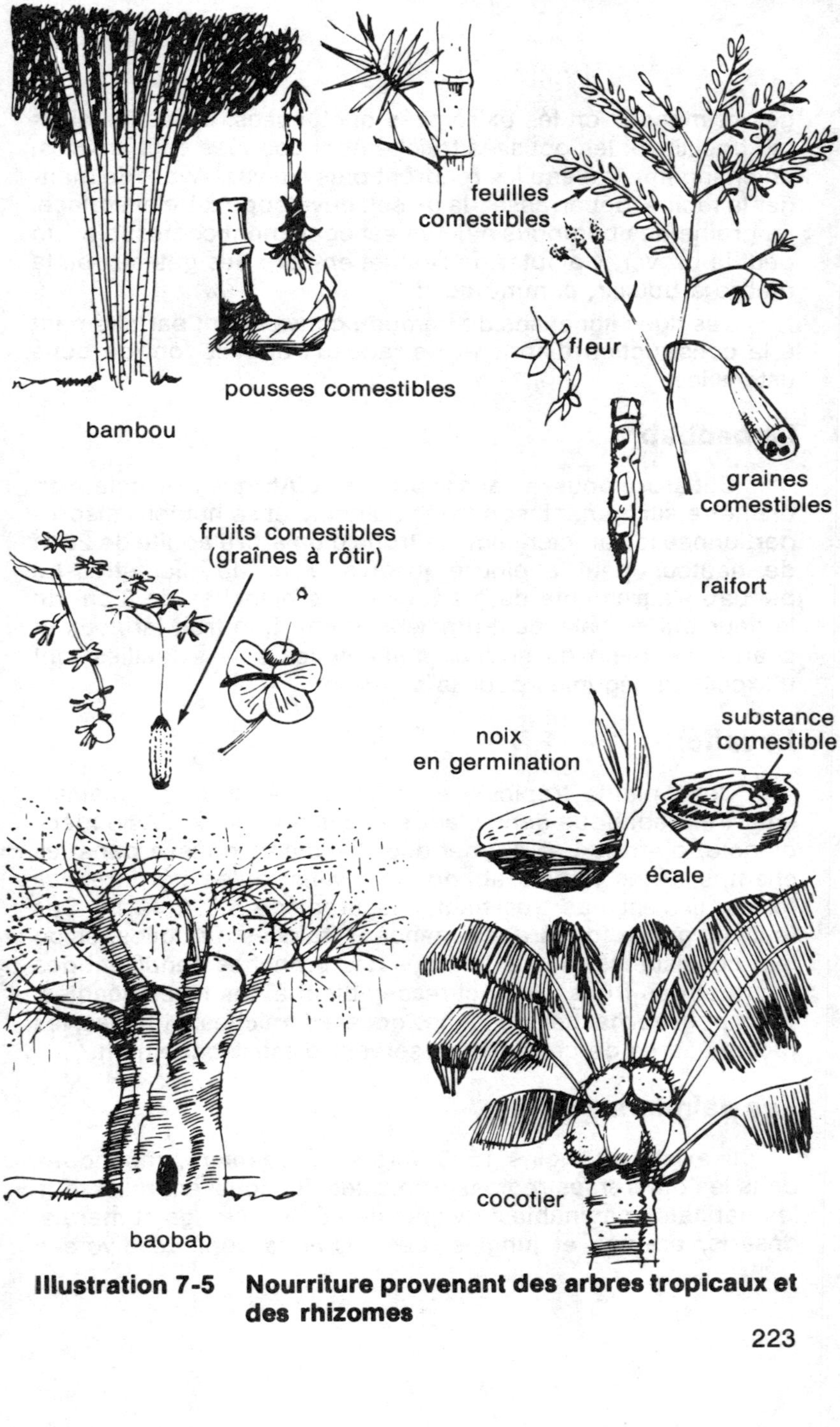

Illustration 7-5 Nourriture provenant des arbres tropicaux et des rhizomes

ges et mangez-en les extrémités onctueuses, après les avoir fait bouillir. Si les pousses fraîchement coupées sont amères, un changement d'eau les rendront plus suaves. Avant de manger la racine, débarrassez-la de son enveloppe dure et coriace. La graine des bambous à fleurs est également comestible. On peut la broyer, y ajouter de l'eau et en faire des gâteaux ou la mettre à bouillir, comme du riz.

Les tiges ligneuses du bambou conviennent parfaitement à la construction d'abris et de radeaux et elles font de bons ustensiles.

Le baobab

Cet arbre pousse dans la brousse d'Afrique tropicale. Son diamètre surprenant, son tronc ballonné et sa hauteur disproportionnée le caractérisent. Le tronc d'un arbre adulte de 20 m de hauteur peut atteindre jusqu'à 9 m de diamètre. Le baobab s'agrémente de grandes fleurs blanches de 8 cm de largeur qui se balancent gracieusement. Son fruit farineux et charnu est plein de graines comestibles et ses feuilles font d'excellents légumes pour la soupe.

Le raifort

Cette plante tropicale et indigène de l'Inde est maintenant très répandue dans d'autres pays tropicaux d'Asie méridionale, d'Afrique et d'Amérique. Le raifort pousse dans les champs et les jardins abandonnés ainsi qu'en bordure des forêts. Il n'est pas très haut, mesurant de 4,5 à 12 m. Ses feuilles, genre fougère, se mangent fraîches ou cuites, selon leur consistance. Aux extrémités des branches pendillent des fleurs et des fruits. Ceux-ci ressemblent à des fèves géantes. Vous pouvez mâcher les jeunes gousses fraîches. Moulues, les racines âcres de cette plante servent d'assaisonnement.

Les palmiers

Il existe au moins 1500 sortes de palmiers, répandues dans les différentes régions tropicales. Ils poussent dans tous les habitats imaginables: rivages de la mer, étangs et marais, déserts, prairies et jungles. Les palmiers sont de diverses tailles, certains n'ont que quelques centimètres de hauteur tandis que d'autres atteignent jusqu'à 30 m de haut. Si ces arbres diffèrent de formes ils demeurent quand même facilement identifiables. Les feuilles des palmiers se classent en deux catégories principales: 1) les pennées (ressemblant à des plumes). Exemple: les feuilles du dattier. 2) Les palmées (comme une main dont les doigts sont réunis par une membrane). Exemple: les feuilles du palmiste.

Situé et enfoui au sommet de l'arbre, caché par la cime ou l'enveloppe que font les tiges des feuilles, le bourgeon terminal (bouton adventif), ou point de pousse, sur la plupart des palmiers, se mange cuit ou cru. Certains palmistes ont un goût âcre et amer. Beaucoup de palmiers ont une sève savoureuse et nourrissante.

Toutes les noix de tous les palmiers des deux Amériques, sont comestibles. Aucune d'entre elles n'est vénéneuse, quoique plusieurs soient coriaces et, conséquemment, difficiles à avaler. Les noix de plusieurs palmiers des vieux continents ("Fishtail" et palme à sucre) contiennent des cristaux microscopiques et piquants qui causent des douleurs extrêmes lorsqu'on les mange. Disons, cependant, que la plupart des palmiers de ces mêmes régions produisent des fruits comestibles.

Les troncs du sagou, de la palme à sucre, du "fishtail" et du buri géant comportent de grandes quantités de fécule comestible. Ces palmiers vivent principalement dans le sud-est asiatique et dans les îles avoisinantes d'Indonésie. Le cycad, une autre plante de ces mêmes régions, produit également beaucoup de fécule. Le cycad pourrait peut-être résulter d'un croisement entre une fougère et un palmier.

Dans le sud-ouest du Pacifique et le sud-est asiatique, on mange le zeste du sago. Ce palmier pousse à l'état sauvage dans presque tous les marais et dans la plupart des cours d'eau et des lacs. Souvent, les indigènes le plantent et le cultivent en terrains plus élevés. Le palmier sago atteint près de 8 m de hauteur sur 60 cm de largeur. Ses feuilles en forme de plumes sont traversées d'une épaisse nervure épineuse. Coupez cet arbre avant sa floraison, puis enlevez-en l'écorce jusqu'à la peau blanche. Broyez et pétrissez celle-ci dans le creux formé par la base d'une tige et laissez-en couler l'eau féculente dans un autre creux où elle se condensera en une délicate farine. Débarrassez-vous de l'excès d'eau. Mettez cette farine à bouillir comme vous feriez pour du gruau. Lorsqu'elle épaissit, versez-la, par petites quantités, sur des feuilles et laissez refroidir. Les gâteaux gélatineux ainsi obtenus peuvent être mangés immédiatement ou gardés durant plusieurs jours. La même farine fait d'excellentes crêpes.

Le cocotier

La noix de coco pousse à l'état sauvage dans les endroits marécageux des tropiques et plus particulièrement sur la côte est de l'Afrique, dans les régions tropicales d'Amérique, en Asie et dans les îles du sud du Pacifique. On en trouve surtout près des rivages de la mer et quelquefois sur les plages de quelques îles lointaines. Elle n'abonde guère le long des côtes désertiques et encore moins sur la côte ouest des régions continentales.

Le bourgeon du cocotier fait un excellent légume qui se mange cru ou cuit. Il s'agit d'un mets délicat qu'on appelle "Salade des millionnaires".

En partie ou dans son entier, la bogue des jeunes noix est parfois succulente; on la mâche alors comme du sucre de canne. La noix de coco fournit un lait délicieux. Quand la chair de la jeune noix est encore tendre, présentant l'aspect d'une gelée, on peut en tirer un liquide rafraîchissant. Une noix adulte et mûre glougloute quand on la secoue près de l'oreille. Ne buvez cependant pas le liquide d'une très jeune noix ou d'une noix trop vieille. Râpez ou hachez-en la chair plus ferme; elle se digère mieux ainsi.

Les noix germent à l'endroit où elles tombent. Si la chair et le lait n'y existent plus, la cavité contient, par contre, une masse poreuse, une sorte de pain. Cru ou grillé, celui-ci constitue un mets délicieux et très nourrissant. Les pousses se mangent comme du céleri. Le cocotier sert encore à bien d'autres fins dans une situation de survie. L'huile de noix de coco prévient les coups de soleil, éloigne chiques et insectes de toutes sortes, aide à la cuisson et préserve des plaies et enflures causées par l'eau salée. Avant de vous mettre à pêcher sur un récif, enduisez vos jambes et vos pieds de cette huile afin de protéger votre peau surtout si vous devez rester plusieurs heures dans l'eau salée.

Pour obtenir de l'huile de noix de coco, broyez la chair de la noix et exposez-la au soleil. Vous pouvez encore la chauffer dans une coquille au-dessus d'un feu qui couve ou la faire bouillir dans l'eau. Lorsque le mélange se refroidira, l'huile remontera à la surface.

Les fruits, les noix et les baies

Fruits, noix et baies poussent abondamment dans toutes les régions tropicales. On y trouve parfois des mûres et des framboises en des points très élevés. Vous saurez les identifier aisément puisqu'elles ressemblent aux fruits qui vous sont familiers. Quoique certains de ces fruits soient très grenus, ils demeurent quand même parfaitement comestibles.

Aux nombres des noix sauvages des régions tropicales, mentionnons la noix de coco (voir palmiers), l'anarcade et l'amande des tropiques.

L'anarcade

Cette noix pousse sous tous les climats tropicaux. Son arbre conifère, à large développement de verdure, s'élève à 12 m de hauteur. Les ramures mesurent normalement 20 cm de longueur sur 10 cm de largeur. Les fleurs sont d'un rose jaunâtre. Mûr, son fruit pulpeux en forme de poire se teinte de rouge ou de jaune et se pare d'une noix ressemblant au haricot. Cette noix ne renferme qu'une seule graine et se mange rôtie. La coque verte entourant la noix contient un poison irritant qui fait enfler les yeux et la langue comme le ferait l'herbe à puces. Si ce poison s'élimine lorsque les noix sont rôties, il faut tout de même, ce faisant, prendre garde à la vapeur qui s'en dégage puisque celle-ci peut parfois causer une cécité temporaire ou même totale.

Les amandes tropicales

L'amandier indien ou tropical, très répandu dans toutes les régions tropicales, pousse dans les champs et les jardins abandonnés, le long des routes et sur les rives sablonneuses

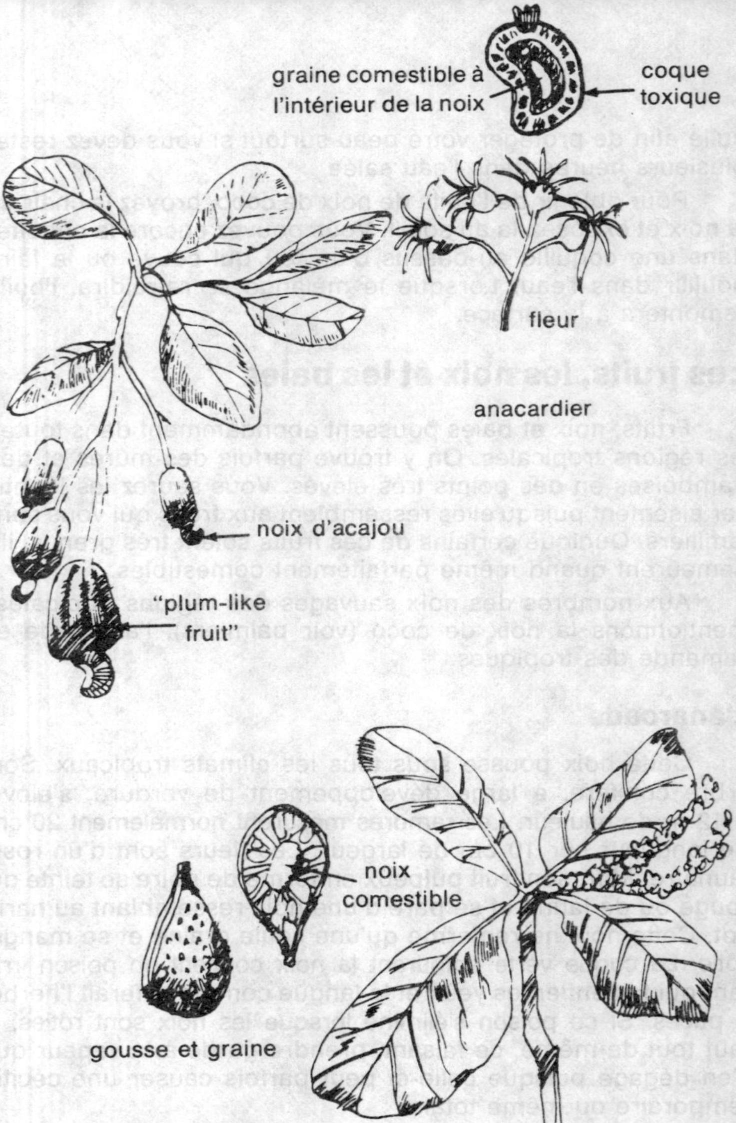

Illustration 7-6 Noix comestibles

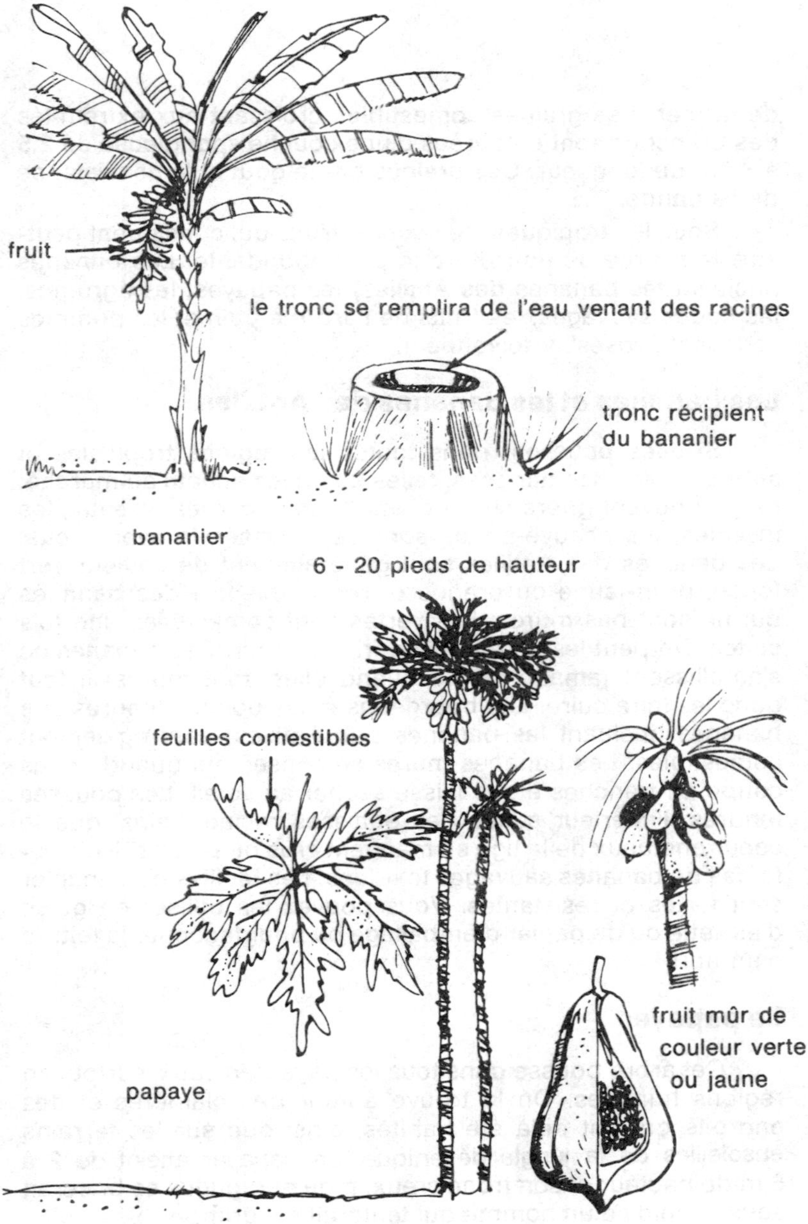

Illustration 7-7 Fruits tropicaux

de la mer. Les graines comestibles croissant aux extrémités des branches sont entourées d'une couche spongieuse de 2,5 à 8 cm de longueur. Ces graines ont le goût et la consistance de l'amande.

Sous les tropiques, ce sont les fruits qui constituent peut-être la source de nourriture la plus abondante. Les bananes (incluant les bananes des Antilles) les papayes, les agrumes, les figues sauvages, les fruits de l'arbre à pain et les pommes "odeur de roses" y foisonnent.

Les bananes et les bananes des Antilles

Si elles poussent dans toutes les régions tropicales et subtropicales, les bananes, telles qu'on les achète au marché, ne se trouvent guère sur la plante même, car les oiseaux, les insectes, les chauve-souris sont déjà passés là avant nous. Les bananes des Antilles sont généralement de couleur vert foncé, brun-jaune ou orange et ressemblent à des bananes qui ne sont pas mûres. Les vertes sont comestibles une fois cuites. On peut les faire bouillir, frire ou rôtir. Ces bananes ne s'amollissent jamais, même quand elles sont mûres; il faut donc les faire cuire. Les bourgeons et les pointes tendres des bananes (incluant les bananes des Antilles) sont également comestibles. Les bananes mûres se conservent quand on les coupe en tranches et les laisse sécher au soleil. Les pousses tendres, l'intérieur suave des épaisses racines, ainsi que le coeur onctueux de la tige se mangent crus ou bouillis. Il n'existe pas de bananes sauvages toxiques. Les feuilles du bananier sont fortes et résistantes. Vous pouvez les utiliser en guise d'assiette ou de papier d'emballage ou pour façonner la toiture d'un abri.

Le papayer

Cet arbre pousse dans tous les pays tropicaux, surtout en régions humides. On le trouve autour des clairières et des endroits qui ont déjà été habités, ainsi que sur les terrains ensoleillés de la jungle désertique. Le papayer atteint de 2 à 6 m de hauteur et son tronc creux, mou et rugueux se briserait sous le poids d'un homme qui tenterait d'y grimper. Ses fruits, en forme de courge et riches en vitamines C, poussent sous les

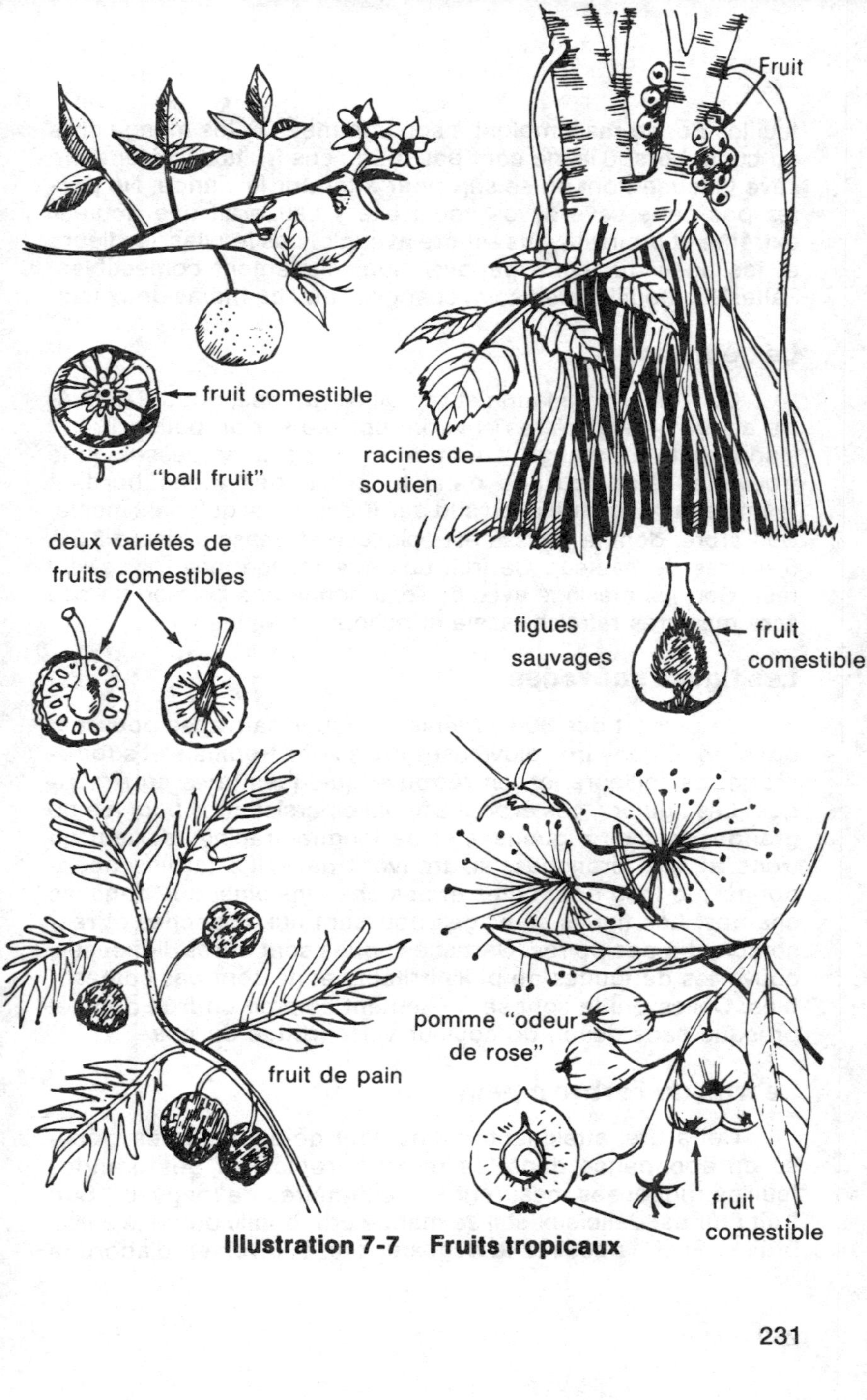

Illustration 7-7 Fruits tropicaux

feuilles qui se rassemblent à son sommet. On les mange crus ou cuits. Lorsqu'ils ne sont pas mûrs, ces fruits sécrètent une sève laiteuse dont on se sert pour attendrir la viande. Ne portez pas cette sève à vos yeux; elle y causerait une douleur extrême et pourrait vous rendre aveugle. Les feuilles, les fleurs et les tiges du jeune papayer sont également comestibles. Faites-les bouillir avec soin, changez l'eau au moins deux fois.

Le cédratier

Ce fruit gris ou jaune et rempli de graines, dont le diamètre atteint 4 centimètres environ, pousse sur un petit arbre. Il s'apparente à l'orange, au citron et au pamplemousse. On le trouve à l'état sauvage dans la partie des Indes bordant l'Himalaya, au centre et au sud des Indes, ainsi qu'en Birmanie. Son arbre, dont la pousse est épineuse et dense, mesure 2,5 à 5 mètres de hauteur. Ce fruit doit être mangé lorsqu'il devient mûr. Son jus mélangé avec de l'eau donne une boisson un peu âcre mais très rafraîchissante et riche en vitamine C.

Les figues sauvages

La plupart des 800 variétés de figues sauvages poussent dans les régions très pluvieuses de la zone tropicale et subtropicale; par ailleurs, on en retrouve quelques-unes en Amérique. Les figuiers, ces arbres à feuilles persistantes pourvus de grandes feuilles rugueuses et de longues racines sortant du tronc et des branches, se trouvent dans les jardins abandonnés, le long des routes et des chemins ainsi que dans les champs. Les figues sauvages poussent aux branches et ressemblent à des poires. Certaines figues sont dures, ligneuses, couvertes de touffes de poils irritants et ne sont pas comestibles. Celles qui le sont se présentent comme un fruit doux et presque sans duvet, de couleur verte, rouge ou noire.

Le fruit de l'arbre à pain

Cet arbre, atteignant une hauteur de deux mètres, pousse en abondance dans les régions tropicales. Ses grandes feuilles rugueuses mesurent 90 centimètres de longueur. Son fruit mûr est délicieux et il se mange cru, bouilli ou grillé sur la braise. Si vous désirez le déguster cru, enlevez-en d'abord la

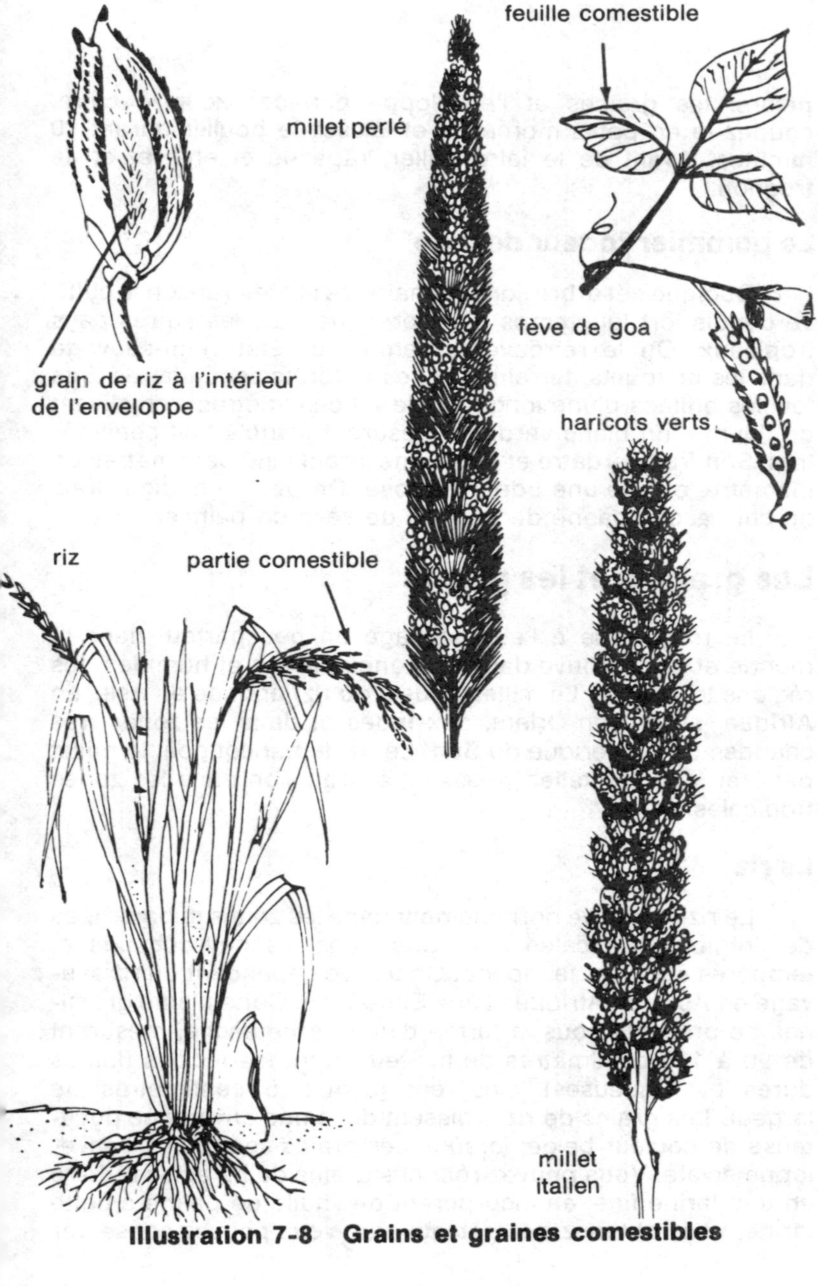

Illustration 7-8 Grains et graines comestibles

pelure, les graines et l'enveloppe coriace. Pour le cuire, coupez-le en petits morceaux et laissez-le bouillir durant 10 minutes. Avant de le faire griller, râpez-le et enlevez-en le trognon.

Le pommier "odeur de rose"

Quoique cet arbre soit originaire de la Malaisie, on le cultive depuis lort longtemps dans presque tous les autres pays tropicaux. On le retrouve également à l'état semi-sauvage dans les bosquets, terrains vagues et forêts secondaires. Ses feuilles effilées d'une longueur de 20 centimètres s'enjolivent de fleurs d'un blanc verdâtre mesurant jusqu'à huit centimètres. Son fruit verdâtre et jaune, mesurant cinq centimètres de diamètre, exhale une odeur de rose. On peut le manger frais ou cuit, accompagné de miel ou de sève de palmier.

Les graines et les grains

Le riz pousse à l'état sauvage un peu partout dans le monde et on le trouve dans les zones basses et humides des régions tropicales. Le millet (cousin du riz) abonde en Asie, en Afrique, au Moyen-Orient, aux Indes et dans les zones très chaudes de l'Amérique du Sud. Le riz, le haricot goa, le millet perlé et le millet italien poussent à profusion dans les zones tropicales.

Le riz

Le riz se cultive normalement dans les zones submergées des régions tropicales ainsi que dans les pays chauds et tempérés à travers le monde. On trouve cependant du riz sauvage en Asie, en Afrique et aux États-Unis. Cette plante graminée se présente sous la forme d'une herbe sèche, mesurant de 90 à 125 centimètres de hauteur, dont les feuilles (lames dures et rugueuses) mesurent jusqu'à 5 centimètres de largeur. Les grains de riz croissent dans une enveloppe duveteuse de couleur beige; lorsque ces grains sont mûrs, l'enveloppe éclate. Vous pouvez rôtir ces grains de riz et les réduire en une farine fine; en incorporant de l'huile de palme à cette farine, vous obtenez des gâteaux que vous pouvez conserver en les enveloppant de feuilles vertes. Vous pouvez également faire bouillir le riz.

La fève de goa

La fève de goa pousse en Afrique tropicale, en Asie, dans les Indes orientales, dans les Philippines et à Formose. Elle grimpe et couvre les arbres et les buissons. Cette fève comestible d'une longueur de 23 centimètres se trouve dans les clairières et les jardins délaissés. Ses feuilles, d'une longueur de 15 centimètres, sont ornées de resplendissantes fleurs bleues. Les gousses mûres présentent quatre angles aux arêtes dentelées. Vous pouvez manger les jeunes gousses et faire griller ou rôtir les graines mûres. Les racines et les jeunes feuilles se consomment crues ou cuites à la vapeur.

Le millet perlé

Très répandu aux Indes, au sud de l'Asie, en Arabie, en Égypte ainsi qu'en Afrique et en Amérique du Sud, le millet perlé a une grande valeur nutritive. Une fois broyé, son grain peut être cuit comme du gruau, pressé en petits gâteaux, ou utilisé pour épaissir une sauce ou une soupe.

Le millet italien

Le millet ordinaire se trouve en Corée et dans le nord de la Chine, mais on le cultive en Asie et en Afrique, plus particulièrement dans les régions où le riz ne pousse pas. Le millet italien ressemble aux graminées des cours de nos fermes. Le cotylédon regorge de petits grains jaunâtres. Les grains broyés sont très nourrissants.

Le poisson

Il existe très peu de poissons venimeux dans les eaux douces des régions tropicales, mais certaines espèces sont dangereuses à manipuler. Parmi celles-ci, mentionnons les poissons épineux tels le poisson-chat, les poissons à forte dentition comme le pyranha, ainsi que les poissons de la catégorie des anguilles électriques. Ceux-ci ne sont pas comesti-

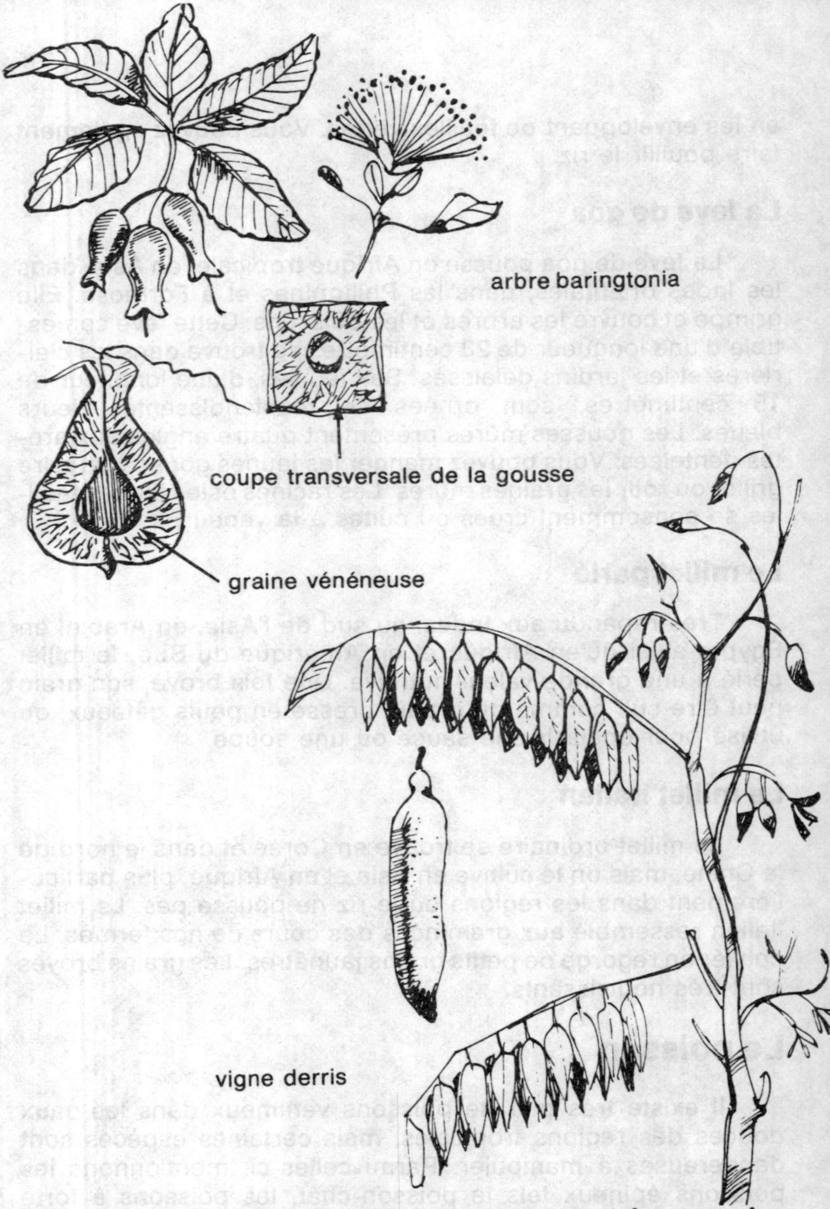

Illustration 7-9 Plantes utilisées pour empoisonner les poissons

bles. (Voir au présent chapitre: "Les risques et périls de l'environnement".)

Il ne faut d'abord manger qu'une infime portion d'un poisson quel qu'il soit. Si, après 20 minutes, vous ne ressentez aucun malaise, finissez votre repas en toute quiétude. Il est difficile de conserver les poissons dans les régions tropicales, voilà pourquoi il faut les consommer très tôt après les avoir pris.

NE MANGEZ NI LES ENTRAILLES, NI LES OEUFS DES POISSONS TROPICAUX.

Le long du littoral des régions tropicales

Les mers tropicales et leurs affluents, tant dans l'eau que sur les rivages, recèlent une grande variété de créatures marines comestibles quoique dangereuses. (Voir au chapitre dix, "Survivre en mer et sur les côtes".)

Comment empoisonner les poissons dans le but de les capturer

Si des informations d'ordre général concernant la pêche vous sont données au chapitre six, il est impératif d'indiquer ici les plantes utilisées par les indigènes des régions tropicales pour empoisonner les poissons qu'ils veulent capturer. Le poison contenu dans ces plantes n'agit que sur les animaux à sang froid. Voici quelques-unes de ces plantes:

La vigne derris

Cette vigne ligneuse ornée de fleurs pourpres et chargée de gousses, pousse dans le sud-est asiatique. Vous pouvez broyer les racines et les jeter sur l'eau à l'intérieur de petites clôtures plantées en aval et en amont de l'endroit où vous pensez trouver des poissons. En peu de temps, vous verrez surgir à la surface le poisson en détresse.

Les coraux et les coquillages

En brûlant ensemble des coraux et des coquillages, vous obtenez une chaux qui peut servir pour tuer les poissons.

Les grenouilles, les tritons et les salamandres

Ces petits batraciens habitent près des étendues d'eau douces, dans les pays chauds et tempérés du monde entier.

Vous pouvez pêcher la grenouille à l'aide d'une ligne légère et d'un hameçon appâté d'une petite pièce de tissu aux couleurs vives. Avancez lentement le long de la berge et lorsque vous apercevez le ramidé, tendez-lui l'appât. Croyant voir un insecte, la grenouille s'élancera et s'y prendra.

La nuit, vous pouvez chasser les grenouilles à l'aide d'un grand bâton et d'une lampe de poche, en vous guidant sur leurs coassements. Matraquez-les au passage et mangez-les après les avoir écorchées.

Vous trouverez les salamandres et les tritons sous les bûches pourries et sous les roches, près des endroits où les grenouilles foisonnent. Il ne faut pas manger les crapauds car ceux-ci, pour s'adapter à l'existence hors de l'eau, ont développé biologiquement certaines toxines. Si quelques variétés de crapauds ne présentent aucun danger d'intoxication, ils ont cependant un goût exécrable.

Les mollusques

Au nombre des mollusques, il faut inclure certains invertébrés d'eau douce tels divers gastéropodes, les palourdes et les moules. Quoique la plupart d'entre eux soient comestibles, assurez-vous cependant de leur fraîcheur et faites-les bouillir.

Ne les mangez pas crus, car ils sont souvent infestés de parasites.

Les crustacés

Les crabes, les écrevisses, les homards, les crevettes grises et les crevettes roses comptent parmi les crustacés et la plupart sont comestibles. Rappelez-vous, cependant, qu'ils se gâtent très vite. Certains renferment de dangereux parasites. Vous pouvez les trouver dans les bancs de mousse et sous les roches. Dans les mares, vous pouvez les prendre au filet. Les crevettes grises d'eau douce foisonnent dans les rivières et les ruisseaux des régions tropicales, surtout dans les eaux au courant paresseux. Elles s'agrippent à la végétation environnante. Les crustacés d'eau douce se mangent cuits, tandis que les crustacés d'eau salée peuvent se manger crus.

Les insectes

Les larves, les sauterelles, les termites et les autres insectes sont très nourrissants et même délicieux lorsqu'ils sont adéquatement préparés. Vous pouvez les ajouter à la soupe ou au ragoût comme supplément de protéines.

Les reptiles

Les serpents, les lézards, les alligators et les tortues constituent une source appréciable de nourriture. Les serpents venimeux aussi bien que non venimeux sillonnent les lacs et les cours d'eau fangeux, ils se glissent sous les berges ombragées et parsemées de bois flottant. Bien que les serpents venimeux soient comestibles, il faut évidemment user de ruse et de prudence pour les attraper. Il n'existe que deux lézards venimeux au monde: le monstre de Gila et le lézard perlé. On les retrouve dans les régions arides du sud-ouest des États-Unis, au Mexique et en Amérique centrale. Quoique dangereuses, ces créatures sont indolentes et facilement évitables. A moins de se trouver dans une situation désespérée, ne les mangez pas. Tous les autres lézards sont comestibles et sont très nombreux dans les régions tropicales. Le moyen le plus simple pour les attraper consiste à leur passer lentement un noeud coulant (fil, corde ou fibre) autour de la tête et de tirer brusquement. Ils ne bougent habituellement pas lors d'une telle manoeuvre.

Les petits alligators et les crocodiles sont également comestibles. Lorsqu'ils mesurent entre 30 et 125 centimètres de longueur, ils s'aventurent déjà seuls. Il devient alors facile de les attraper et de les maîtriser à l'aide d'une ligne et d'un hameçon. La nuit, à la lueur d'une lampe de poche, on peut les transpercer d'une lance (perche ou bâton pointu). Un coup de hachette entre les deux yeux les tue instantanément. Avant d'écorcher les gros alligators et les reptiles, chauffez-les au-dessus d'un feu. Ainsi, leur épaisse carcasse dorsale s'enlève plus aisément. Ensuite, coupez-en la chair blanche et ferme pour la faire bouillir ou frire.

Les tortues de mer et les tortues de terre se trouvent partout, sauf dans les régions les plus froides du globe. Les tortues de mer se prennent à la ligne; on peut toutefois les assommer tout simplement. Vous pouvez attraper les plus grosses par la queue, mais méfiez-vous de leur affreuse morsure. Si, au printemps, vous apercevez une tortue aquatique cheminant sur la terre ferme, essayez de découvrir son nid. Les oeufs de tortue sont nourrissants et savoureux quoique souvent grumeleux. Lorsque la tortue n'a pas encore pondu, c'est donc qu'elle porte ses oeufs; lorsque vous l'attrapez, gardez-les en réserve.

Comment faire du feu

Le bois existe en abondance et même si ses parties extérieures sont mouillées le coeur du bois mort est suffisamment sec pour servir de combustible. Vous trouverez toujours du bois sec enchevêtré dans les vignes ou dans les buissons.

Dans les régions où pousse le palmier, les fibres à la base de cet arbre font un excellent amadou. L'intérieur desséché des nids de termites peut servir d'allume-feu.

L'épaisse fumée que l'on produit en jetant des feuilles vertes sur un feu éloigne les moustiques.

Gardez le bois sec en le rangeant dans votre abri. Asséchez les copeaux humides et tout autre combustible en les plaçant près du feu.

Les vêtements

Les vêtements vous gardent des morsures de moustiques porteurs de malaria et vous protègent d'autres insectes nuisibles. Ils vous protègent des infections causées par les éraflures faites par les épines et par certaines herbes coupantes et de plus vous préservent des coups de soleil lorsque vous avancez en rase campagne.

En ce qui a trait aux vêtements, veuillez prendre en considération les recommandations suivantes:

1) Portez un pantalon et une chemise à manches longues. Attachez soigneusement le bas de votre pantalon

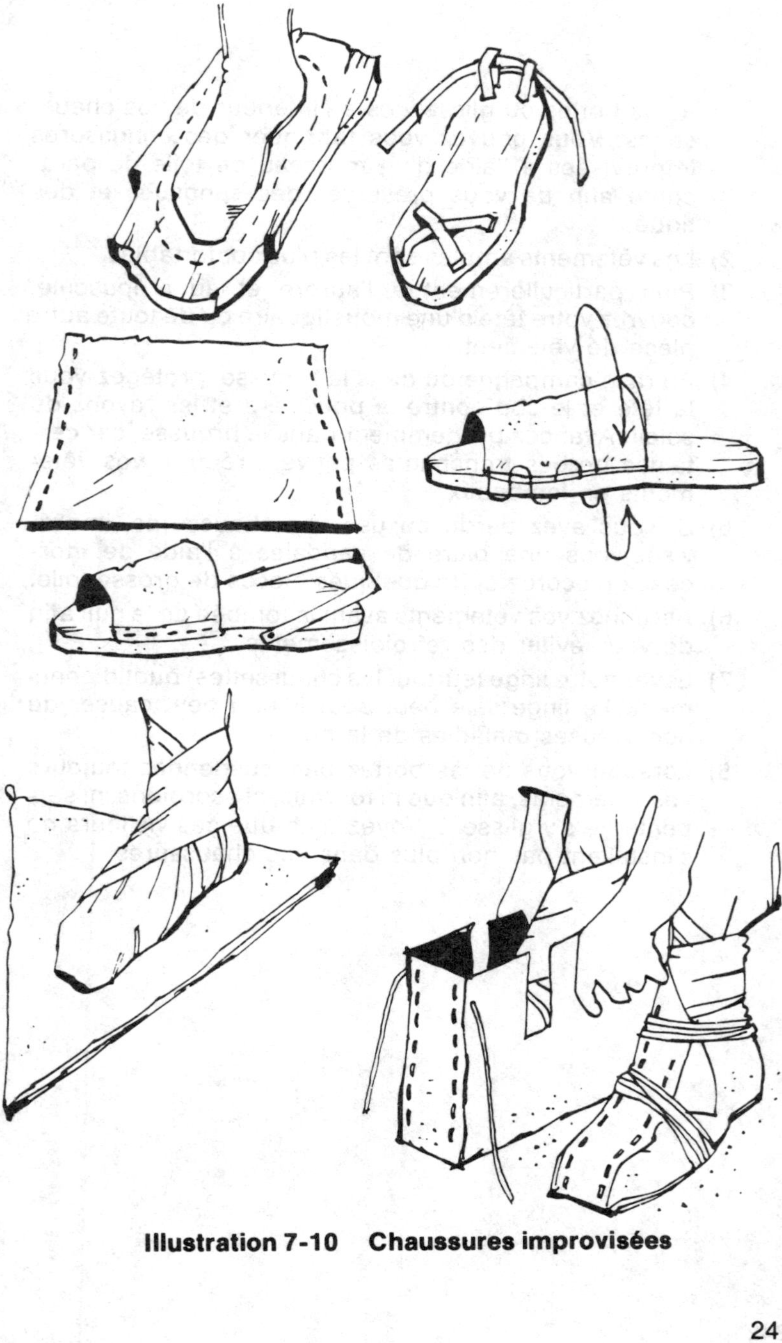

Illustration 7-10 Chaussures improvisées

à vos bottes ou glissez-les à l'intérieur de vos chaussettes. Vous pouvez vous fabriquer des chaussures improvisées à l'aide d'un morceau de toile de parachute afin de vous préserver des sangsues et des tiques.

2) Les vêtements amples sont les plus confortables.
3) Plus particulièrement à l'aurore et au crépuscule, couvrez votre tête d'une moustiquaire ou de toute autre pièce de vêtement.
4) En rase campagne ou dans la brousse, protégez-vous la tête et le cou contre la poussière et les rayons du soleil. Avancez prudemment dans la brousse, car certaines herbes tranchantes peuvent réduire vos vêtements en lambeaux.
5) Si vous avez perdu ou usé vos chaussures, improvisez-vous une paire de sandales à l'aide de morceaux d'écorce et de quelques pièces de grosse toile.
6) Asséchez vos vêtements avant la tombée de la nuit afin de vous éviter des refroidissements.
7) Lavez votre linge (surtout les chaussettes) quotidiennement. Le linge sale peut pourrir et il peut causer de nombreuses maladies de la peau.
8) Lorsque vous ne les portez pas, suspendez toujours vos vêtements, afin que ni fourmis, ni scorpions, ni serpents ne s'y glissent. Voyez à ce que ces visiteurs ne s'installent pas non plus dans vos chaussures.

Chapitre 8

Survivre dans le désert

Le terrain

On connaît toutes sortes de déserts. Leur sol peut être constitué de sel aussi bien que de sable. Certains d'entre eux, tout à fait stériles, ne peuvent faire vivre aucune plante et aucun animal. D'autres, pour nourrir les chameaux, les chèvres et les moutons fournissent assez d'herbes et de plantes épineuses. Tous les déserts présentent des conditions extrêmes: très chaud le jour, très froid la nuit, pas de végétation, pas de lacs ni de rivières. Les déserts, nombreux à travers le monde, représentent tout près du cinquième de la surface de notre planète. Parmi les plus connus, mentionnons le Sahara, le désert d'Arabie, le désert de Gobi et les plaines du sud-ouest des États-Unis.

Les considérations premières

Quelques litres d'eau et un miroir (ou tout autre objet réfléchissant), voilà ce qu'il y a d'essentiel pour la survie dans le désert. En plus de cela, il faut ajouter dans l'ordre qui suit différentes pièces d'équipement.

— une boussole, une lampe de poche et de l'eau;
— du matériel à projeter de l'ombre, des vêtements adéquats et encore plus d'eau;
— de l'équipement supplémentaire de signalisation, encore plus d'eau et, finalement, de la nourriture.

Les déplacements

Lorsque vous décidez de vous mettre en route, suivez ces recommandations:

1) Ne vous déplacez que le soir, la nuit ou au lever du jour.
2) Marchez en direction du littoral ou vers une route connue, un cours d'eau ou une région habitée. Le long de la mer, vous pourrez mouiller vos vêtements afin de conserver l'humidité de votre corps.
3) Choisissez la route la plus facile, évitez les sables mous et les terrains accidentés et suivez les pistes. Avancez dans les creux qui se trouvent entre les dunes ou sur les arêtes de ces dernières là où le terrain est le plus solide.
4) Dans la plupart des déserts, les lits des rivières aboutissent à des bassins fermés ou à des lacs temporaires; ne les suivez donc pas si vous désirez parvenir à la mer.
5) Si possible, vérifiez votre route à l'aide d'une carte. Sachez, cependant, que les cartes relatives au désert ne sont pas toujours très exactes à cause du changement constant auquel le terrain y est sujet.
6) N'avancez pas lorsque la visibilité est mauvaise. Abritez-vous pendant une tempête de sable. Marquez les directions à l'aide d'une flèche profondément incrustée dans le sol, d'un rang de pierres ou de tout moyen imaginable. Durant la tempête, étendez-vous sur le côté, le dos au vent, couvrez votre visage d'une pièce de tissu et essayez de dormir. Ne craignez pas d'être enseveli par le sable, car il faut des années à celui-ci pour recouvrir les restes d'un chameau. Si possible, cherchez refuge près d'une colline, du côté opposé au vent.
7) Multipliez par trois vos estimations de distance. À cause du manque d'éléments caractéristiques du sol, une sous-évaluation de la distance demeure toujours possible.

8) Les mirages peuvent surgir en été lorsque vous faites face au soleil. Il est bien difficile d'affirmer dans quelles conditions ou sous quelles formes ils peuvent apparaître.

Les abris

Pour survivre dans le désert, il faut se mettre à l'abri du soleil, de la chaleur et parfois des tempêtes de sable. Les matériaux pouvant servir à bâtir un abri sont rares en plein désert; voici quelques suggestions:

1) Couvrez-vous de sable afin de vous protéger des rayons du soleil et de réduire leurs effets sudorifiques. Quelques survivants du désert affirment que la pression ainsi exercée par le sable détend et repose.
2) Si vous disposez d'un parachute ou autre pièce de tissu convenable, creusez le sol et recouvrez-en l'ouverture. En certains endroits propices, étendez une toile au-dessus des roches, des buissons ou des monticules.
3) Profitez de tout ce qui peut vous apporter ombre et abri: une caverne, une grotte, un arbre, un rocher et des pierres empilées par ceux qui sont passés par là avant vous. Le mur que fait un cours d'eau desséché peut également vous abriter, pourvu que l'eau ne s'y accumule pas à la suite d'un orage. Aux abords d'un oued, le long du lit d'une rivière tarie, d'une vallée ou d'un ravin, on peut souvent trouver quelques grottes.
4) Lorsque cela est possible, utilisez tous les abris existants. Au cours de la Deuxième Guerre mondiale, même les tombeaux servaient d'abris contre les éléments ennemis.

Les dangers et les périls de l'environnement

La pénurie d'eau

On ne saurait trop insister sur l'importance de l'eau, puisqu'elle demeure essentielle quelle que soit la quantité de nourriture dont on dispose. Lorsqu'exposé à la chaleur torride du désert, il faut un minimum de 3,8 litres d'eau par jour. Cette quantité d'eau vous permet de parcourir une distance de 30 kilomètres environ pourvu que la transpiration soit bien contrôlée et que le déplacement s'effectue durant la nuit. Le jour, vous pouvez parcourir un trajet de 15 kilomètres environ. Les conseils suivants peuvent vous aider à conserver cette eau si précieuse:

1) Couvrez-vous le plus possible. Les vêtements empêchent la transpiration de s'évaporer trop rapidement, et vous aident à bénéficier de son effet rafraîchissant. Si vous enlevez votre chemise, vous pouvez vous sentir plus à l'aise mais vous transpirerez davantage et risquerez d'être brûlé par les rayons du soleil.
2) Gardez vos vêtements; ne vous inquiétez pas, vous irez plus loin avec moins d'eau si vous ne transpirez pas trop.
3) À moins d'en avoir en abondance, ne gaspillez pas votre eau à faire la lessive.
4) Quand vous buvez, n'avalez pas l'eau d'un seul trait mais allez-y plutôt à petites gorgées. Lorsque la provision d'eau tire à sa fin, ne faites que vous mouiller les lèvres.
5) Gardez quelques petits cailloux dans votre bouche ou mâchez de l'herbe (si vous en trouvez) afin d'apaiser votre soif. Respirez par le nez et ne parlez pas.
6) N'absorbez du sel qu'avec de l'eau et seulement si vous disposez de celle-ci en abondance. N'oubliez pas que le sel aiguise la soif.

Comment repérer les sources d'eau

Dans le désert, il n'est pas facile de recueillir quotidiennement un minimum de 3,8 litres d'eau, à moins de se trouver à proximité d'un puits ou d'une oasis. Le puits demeurant l'ultime source d'eau, la meilleure façon de le repérer consiste à suivre une piste très empruntée. Il existe d'autres moyens pour trouver de l'eau dans le désert. En voici quelques-uns:

1) Le long des plages sablonneuses, creusez un trou dans la première dépression de terrain que vous verrez derrière la première dune. L'eau des pluies se ramasse en ces endroits. Lorsqu'apparaît le sable humide, ne creusez plus et laissez l'eau sourdre. Si l'on creuse trop profondément, on n'obtient que de l'eau salée.
2) Là où vous voyez du sable humide, creusez en surface.
3) On peut trouver de l'eau juste au-dessous de la surface d'une rivière desséchée. Elle se retire au point le plus bas de la rivière, dans la partie extérieure d'un coude de son lit. Creusez le long de ces coudes et vous pourrez trouver de l'eau.
4) Souvent, les gens du désert connaissent plusieurs nappes d'eau qui émergent du fond des terres basses. Ils les recouvrent et les dissimulent de multiples façons. Pour les découvrir, regardez sous les talus ou les coins abrités, plus particulièrement dans les régions semi-arides.
5) Dans certaines régions, la rosée constitue une source d'eau très appréciable. Les pierres froides et les surfaces métalliques font d'excellents condensateurs. Essuyez-en la rosée à l'aide d'un chiffon et tordez celui-ci au-dessus d'un récipient. La rosée s'évapore très vite et il faut la recueillir avant le lever du soleil. Une rosée abondante peut vous donner un peu plus d'un litre d'eau par heure.
6) Regardez en arrière des rochers, dans les rigoles, sur le flanc d'un canyon ou sous l'arête d'une falaise; peut-être y trouverez-vous des citernes ou réservoirs naturels. Souvent, en ces endroits, le sol se compose

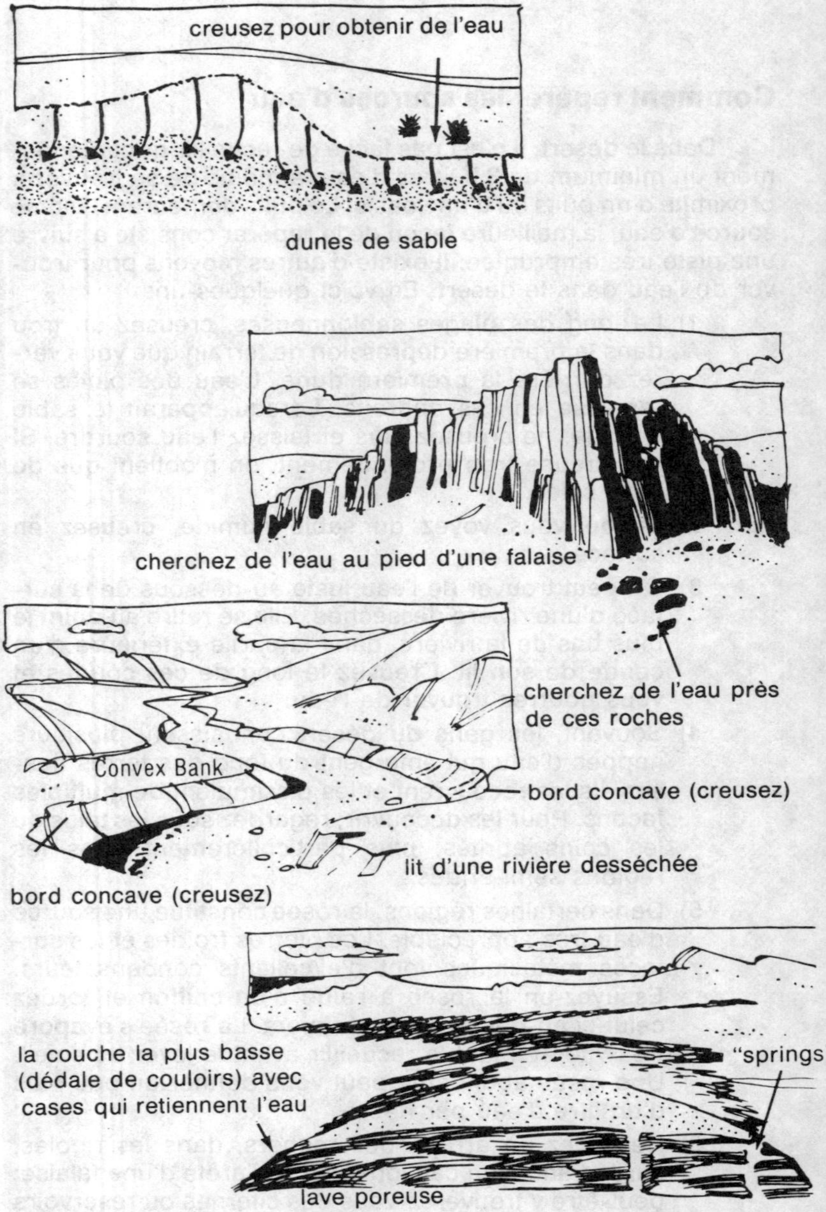

Illustration 8-1 Sources d'eau dissimulées dans le désert

de roc solide ou de terre très dure et bien tassée. Si vous ne pouvez repérer ces indices, cherchez de l'eau là où les animaux laissent leurs traces.

7) Dans le désert, observez le vol des oiseaux, particulièrement au crépuscule et à l'aube. Les oiseaux planent et tournent au-dessus des mares. La grouse des sables de l'Asie, l'alouette huppée, l'oiseau zébré y vont tous les jours, et les perroquets et les pigeons n'en sont jamais très éloignés.

8) Dans le désert de Gobi, ne comptez pas sur les plantes pour vous désaltérer. Dans le Sahara, la courge sauvage peut apaiser la soif. La pulpe du gros cactus-baril (désert américain) contient une quantité importante de liquide. Pour de plus amples informations concernant le cactus-baril, lisez au chapitre six, "Les techniques fondamentales de survie", la section "Comment trouver de l'eau".

9) Les racines de certaines plantes du désert se trouvent très proche de la surface du sol. Le "water tree" australien, le chêne du désert, et le "blood wood" en sont des exemples. Arrachez ces racines et coupez-les en longueurs de 60 à 100 centimètres. Enlevez-en l'écorce et suçez l'eau qu'elles contiennent.

10) L'arbre du voyageur de Madagascar, le magnolier parasol de l'Afrique occidentale, et le baobab de l'Australie septentrionale et d'Afrique sont au nombre des plantes capables de vous fournir de l'eau.

N'attachez pas d'importance aux histoires de puits contaminés. Le goût acidulé de certaines eaux saumâtres, alcalines et riches en magnésium en sont la cause. Les eaux du désert, par la nature même de leur provenance, sont généralement beaucoup mieux filtrées et plus limpides que l'eau du système d'acqueduc de nos villes. Néanmoins, mieux vaut faire bouillir ou traiter l'eau en ajoutant des cachets de chlore, surtout dans les villages indigènes ou à proximité d'un endroit habité.

Les tempêtes de sable

Au cours d'une tempête de sable, abritez-vous, étendez-vous le dos au vent et couvrez vos yeux. Marquez la direction de votre marche à l'aide de pierres, d'une série des gros trous ou de tout autre moyen. Le sable balayé par le simoun change considérablement l'aspect du paysage et voile les points de repère. Il ne faut pas craindre d'être "enseveli vivant". Les tempêtes de sable ne présentent pas de dangers aussi graves que les blizzards et le sable ne se comporte pas du tout comme la neige.

Les lézards

À vrai dire, il n'existe pas de lézards venimeux dans le monde. Si l'on fait exception des monstres de Gila et du lézard perlé du sud-ouest des États-Unis, de l'Amérique centrale et du Mexique. À cause de leur démarche ankylosée, ces derniers ne sont guère dangereux. D'ailleurs, on ne les trouve que dans les déserts ci-hauts mentionnés.

Les dangers et les périls relatifs à la santé

La déshydratation

Dans la chaleur du désert, la soif ne peut, à elle seule, vous indiquer la quantité d'eau requise par votre organisme. En d'autres termes, vous pouvez fort bien boire assez d'eau pour étancher votre soif et souffrir quand même de déshydratation. Si possible, buvez fréquemment et en petites quantités. Si vous ne buvez qu'aux repas, vous risquez de vous déshydrater et de vous fatiguer plus rapidement. Ne boire qu'un ou deux litres par jour peut s'avérer désastreux, surtout lorsque la température est très élevée. L'absorption d'une telle si faible quantité d'eau ne peut prévenir la déshydratation.

Lorsque la déshydratation vous épuise, buvez et vous reprendrez vite vos forces. Une déshydratation allant jusqu'à 10 pour cent de votre poids ne peut vous être fatale. Si vous pesez 70 kilos, vous pouvez perdre sept kilos d'eau par transpiration, pourvu que, subséquemment, vous absorbiez suffisamment d'eau pour recouvrer le poids perdu. L'eau froide bue trop rapidement peut causer des crampes d'estomac. S'il fait environ 29°C ou moins, vous pouvez survivre même en perdant 25% de votre poids. Par contre, s'il fait 32°C et plus, une déshydratation vous faisant perdre 15% de votre poids devient néfaste pour votre santé.

Les symptômes de déshydratation sont, d'abord, la soif accompagnée de malaises d'ordre général et suivie d'un ralentissement des mouvements ainsi que d'une perte d'appétit. Lorsque vous perdez 5% de votre poids, vous pouvez, en plus de certains malaises, avoir la nausée. Si vous perdez de 6% à 10% de votre poids, vous pouvez souffrir d'étourdissements, de maux de tête, de difficultés respiratoires, de picotements dans les bras et dans les jambes, d'une bouche desséchée; vous aurez le teint livide, la parole confuse et vous serez incapable de marcher.

Seule l'eau peut prévenir la déshydratation et maintenir le bon fonctionnement de votre organisme. Alcool, eau salée, sang et urine ne font qu'accroître le processus de déshydratation. En cas d'urgence, vous pouvez consommer de l'eau saumâtre (eau de moitié moins salée que l'eau de mer); cela peut vous être bénéfique. Tout autre liquide contenant un plus haut pourcentage de résidus, ne peut que nuire au système de refroidissement de votre corps.

Sous les rayons du soleil

Il est dangereux de s'exposer au soleil du désert. Ce faisant, on risque l'affaissement par:

Les crampes

Les crampes sont les premiers signes d'un coup de chaleur et elles se font sentir dans les muscles des jambes ainsi que dans les muscles abdominaux. En un tel cas, la personne doit se reposer et absorber un peu d'eau saline.

L'épuisement

La pâleur et la transpiration abondante, la peau qui devient moite et froide, le délire ou l'inconscience sont des signes d'épuisement. Étendez la personne sur le dos dans un endroit ombragé. Donnez-lui de l'eau saline (2 comprimés de sel pour un bidon d'eau).

Le coup de chaleur

Ceci peut se produire soudainement. Le visage est empourpré, la peau est brûlante et sèche et la victime ne transpire plus. Elle souffre d'un violent mal de tête et son pouls est rapide. Il peut en résulter un état d'inconscience. En un tel cas, il faut rafraîchir la victime, relâcher ses vêtements et l'étendre à l'ombre (mais non sur le sol), mouiller ses vêtements et lui donner de l'air. ***Ne lui administrez pas de stimulants.***

Un soleil aveuglant

Même si le sable n'est pas blanc comme de la neige, la concentration des rayons ultraviolets du soleil est très grande dans les régions torrides et le danger que présente le reflet du soleil sur le sable est semblable à celui que provoque l'éclat de la lumière sur la neige: la cécité. Ces deux situations requièrent les mêmes mesures préventives (voir le chapitre neuf). Méfiez-vous de la rétinite; ne regardez pas le soleil et protégez vos yeux; abritez-les sous un chapeau, la visière d'une casquette ou les plis d'un turban authentique ou improvisé; ajoutez à ces coiffures des morceaux de tissus qui vous protégeront les côtés du visage.

La nourriture

Dans le désert, on peut se passer de nourriture pendant plusieurs jours. Celle-ci importe moins que l'eau. Rationnez la nourriture dès le départ. Ne mangez pas au cours des premières 24 heures, et en principe, ne mangez pas à moins d'avoir de l'eau.

Les animaux

Les animaux sont rares dans le désert. Vous trouverez peut-être des rats et des lézards. Parfois, vous pouvez apercevoir des ongulés, mais ils sont très difficiles d'approche. Les petits rongeurs demeurent les vrais habitués du désert (lapins, chiens de prairie, rats). Les serpents et les lézards vivent ordinairement dans les broussailles et aux abords des étangs. Soyez prudent lorsque vous apercevez des reptiles car plusieurs d'entre eux sont venimeux. Les escargots se tiennent sur les pierres et dans les buissons. Pour attirer les oiseaux du désert (peu nombreux), embrassez votre main en produisant un bruit de succion. Si vous apercevez, sur certains lacs du désert, des grouses des sables, des outardes, des pélicans, des mouettes et des canards, vous pouvez les attraper à l'aide d'un piège ou d'un hameçon appâté.

Si les pélicans et les mouettes se posent sur un lac ou sur un étang, c'est qu'il y a du poisson. Par ailleurs, on y découvre souvent les restes d'un abri ou d'un campement.

Les plantes comestibles

Ordinairement, là où il y a de l'eau, il y a des plantes. Si certaines plantes sèches du désert ne sont guère appétissantes, d'autres, par contre, sont comestibles et succulentes.

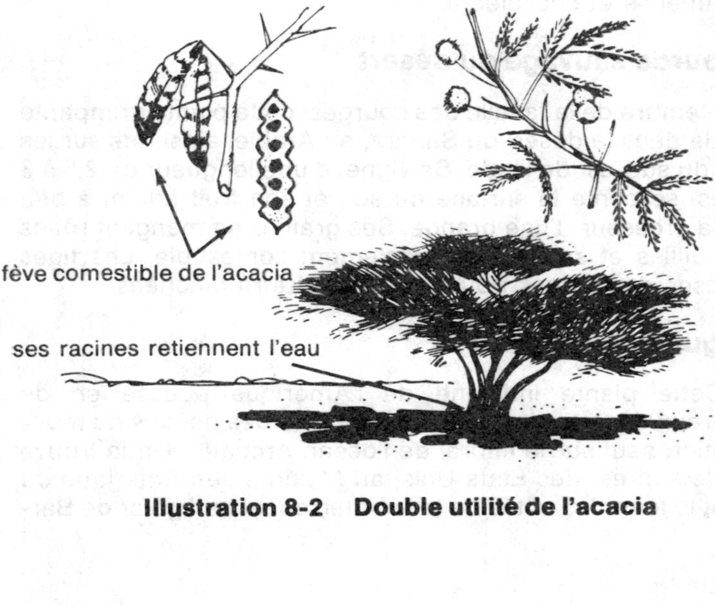

Illustration 8-2 Double utilité de l'acacia

Toutes les parties tendres des plantes poussant au-dessus du sol telles les fleurs, les fruits, les graines, les jeunes pousses et les écorces peuvent être mangées.

En certaines saisons, on trouve des fèves d'acacia épineux. Ces arbres ressemblent aux "mesquites" et aux "catclaws" du sud-ouest des États-Unis. Toutes les herbes sont mangeables sauf celles du désert du Sahara et du désert de Gobi. Les dattes poussent dans les déserts de l'Afrique, du sud-ouest de l'Asie, de l'Inde et de la Chine. Nous vous indiquons ci-après quelques-unes des plantes comestibles les plus communes du désert:

Le mescal

Cette plante (aussi appelée peyotl) pousse en Europe, en Afrique, en Asie, au Mexique et dans les Antilles. Quoiqu'elle se trouve surtout dans le désert, elle croît également dans les régions humides des tropiques. En pleine maturité, le mescal se pare de feuilles épaisses et coriaces aux pointes tranchantes et solides. Au centre, la tige qui ressemble à une chandelle est comestible. Choisissez les plantes dont les fleurs ne sont pas encore épanouies. Leur tige fibreuse contient une substance sirupeuse et succulente.

La gourde sauvage du désert

Membre de la famille des courges, cette plante grimpante abonde dans le désert du Sahara, en Arabie, ainsi que sur les côtes du sud-est de l'Inde. Sa vigne, d'une longueur de 2,5 à 3 mètres, serpente la surface du sol, et son fruit atteint à peu près la grosseur d'une orange. Ses graines se mangent rôties ou bouillies et sa fleur est également comestible. Les tiges aqueuses des jeunes pousses peuvent être mâchées.

Le figuier de Barbarie

Cette plante indigène de l'Amérique pousse en de nombreux déserts ainsi que sur les côtes des océans du monde entier, sauf sur le littoral de l'océan Arctique. On la trouve dans le sud-est des États-Unis, au Mexique, en Amérique du Sud et le long des côtes de la Méditerranée. Le figuier de Bar-

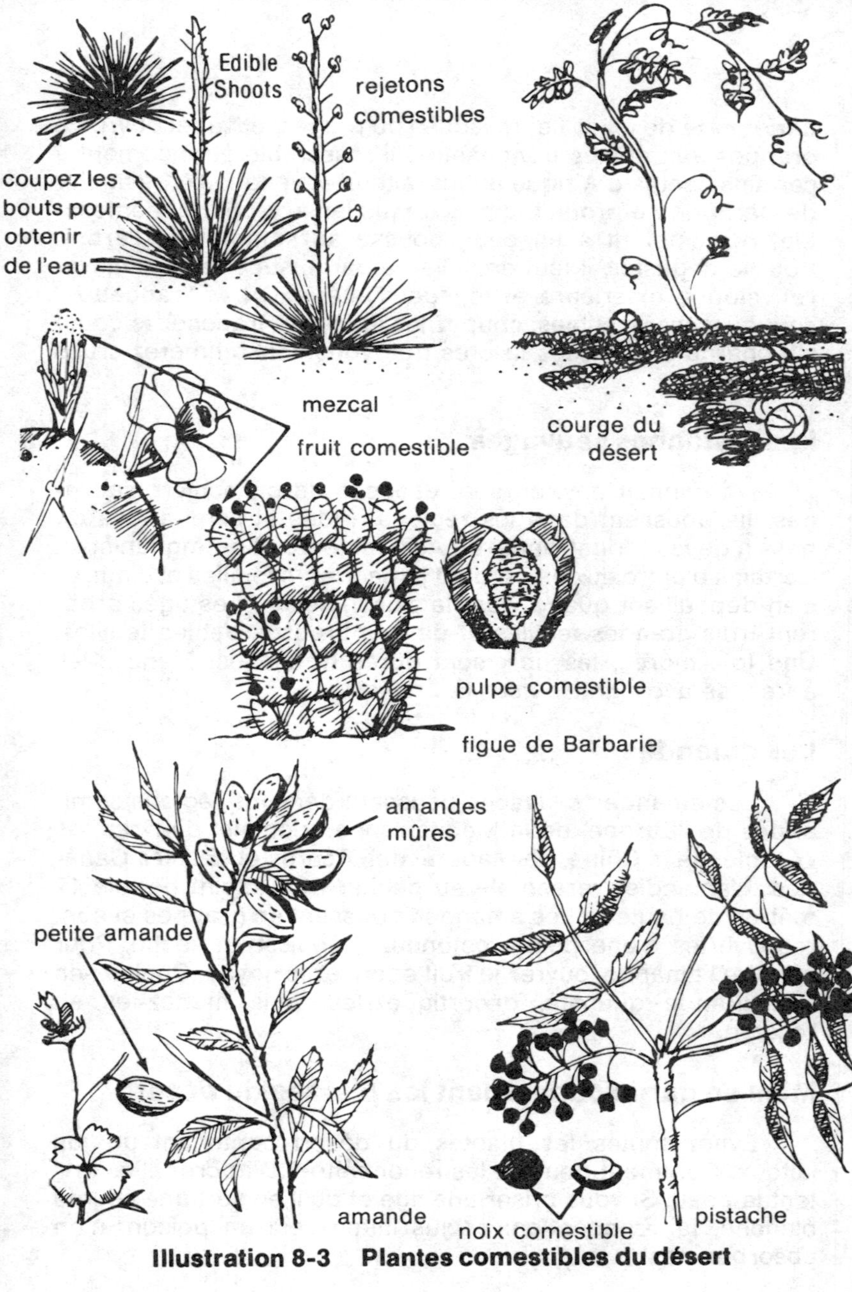

Illustration 8-3 Plantes comestibles du désert

barie porte de jolies fleurs jaunes ou rouges, et se recouvre de grappes aux épines tranchantes. Il ressemble étrangement à certains cactus d'Afrique au jus laiteux et vénéneux. Le figuier de Barbarie ne produit jamais de jus laiteux. Le fruit comestible, ressemblant à un oeuf, pousse au sommet de l'arbre. Pour le déguster, il faut en tailler la partie supérieure, enlever l'enveloppe extérieure et manger l'intérieur. Les "raquettes" sont aussi comestibles; coupez les épines et tranchez le coussin charnu en longues lisières que vous consommerez crues ou bouillies.

Les pistaches sauvages

On connaît environ sept espèces de pistachiers sauvages. Ils poussent dans les régions arides et semi-arides du bassin de la Méditerranée, en Asie mineure et en Afghanistan. Certains d'entre eux ne perdent jamais leurs feuilles et d'autres s'en dépouillent quand vient la saison sèche. Les tiges arborent trois grandes feuilles et de nombreuses petites feuilles. Une fois mûres, les noix sont dures et sèches. Mangez-les après les avoir grillées sur la braise.

Les amandes

Les amandes sauvages poussent dans les régions semi-arides de l'Europe, de la Méditerranée orientale, de l'Iran, de l'Arabie, de la Chine, de Madère, des Acores et des Îles Canaries. L'amandier ressemble au pêcher et il atteint parfois 12 mètres de hauteur. Les amandes poussent en grappes et sont recouvertes d'une pelure cotoneuse, épaisse et sèche. Pour extraire l'amande, ouvrez le fruit et brisez le noyau. Cueillez-en une grande quantité, décortiquez-les, puis mettez-les en réserve.

Mise en garde concernant les plantes du désert

Évitez toutes les plantes du désert contenant un jus laiteux. Comment peut-on les reconnaître? D'abord, elles irritent la peau. Si vous briser une tige et qu'il en sort une écume blanche, faites attention: ce jus laiteux est un poison, n'en absorbez pas!

Comment bâtir un feu

Toutes les informations d'ordre général concernant l'art de faire du feu, vous sont données au chapitre six, "Les techniques fondamentales de survie".

Les feuilles de palmier et les combustibles du même genre se trouvent dans une oasis ou à proximité de celle-ci. En plein désert, vous devrez cependant vous contenter de toute parcelle de végétation que vous trouverez. Même la fiente desséchée d'un chameau peut alors servir d'allume-feu.

Les vêtements

Afin de vous protéger des rayons du soleil, d'une suée excessive, et des nombreux insectes nuisibles du désert, suivez ces recommandations:

1) Durant le jour, recouvrez bien votre corps et votre tête. Portez un pantalon et une chemise à manches longues.
2) Protégez l'arrière de votre cou à l'aide d'une pièce de tissu.
3) Si vous ne disposez pas de verres fumés, improvisez-vous des lunettes d'alpiniste en faisant une incision dans un bandeau avec lequel vous vous couvrirez les yeux.
4) Si vous devez abandonner quelques vêtements afin d'alléger votre havresac, n'exagérez pas; songez aux nuits froides du désert.
5) Portez des vêtements amples.
6) N'exposez votre peau que dans les endroits ombragés. Même réfléchis, les rayons du soleil peuvent vous brûler.

Bien protéger vos pieds peut vous sauver la vie. Voici quelques judicieux conseils à cet égard:

1) Gardez vos chaussures libres de sable et d'insectes, même si cela implique de multiples arrêts.
2) Si vous n'avez pas de bottes, fabriquez des bandes molletières de la façon suivante: dans une pièce de

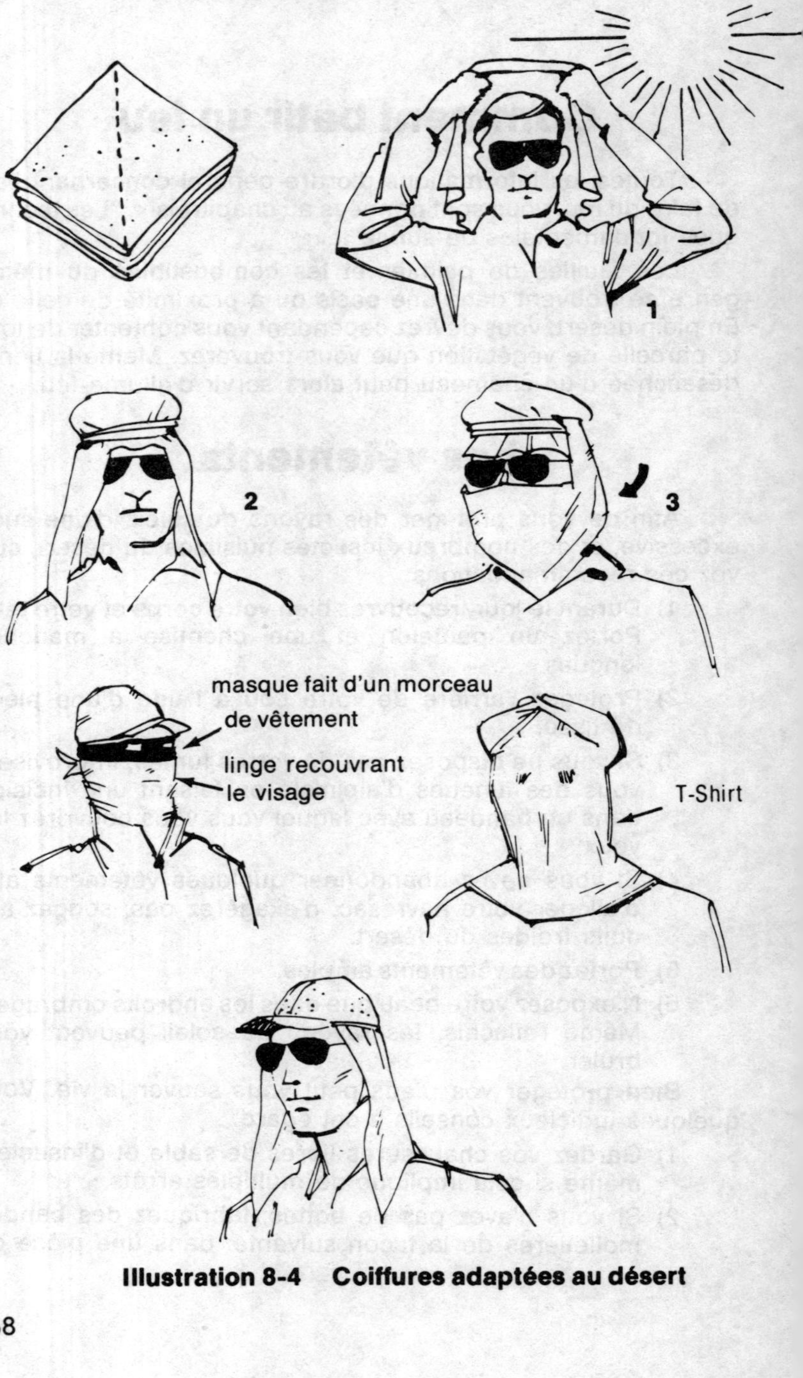

Illustration 8-4 Coiffures adaptées au désert

vêtement, découpez deux bandes mesurant de 8 à 10 centimètres de largeur sur environ 1 mètre de longueur. Enroulez celles-ci en spirales autour de la partie supérieure de vos chaussures. Ainsi le sable ne pourra y entrer.

3) Déchaussez-vous que lorsque vous vous reposez à l'ombre. Ce faisant, soyez prudent car si vos pieds enflent, il sera plus difficile de remettre vos chaussures.
4) Ne marchez pas pieds nus; le sable chaud peut vous blesser les pieds et la surface d'une saline ou d'une plaque de sel peut les brûler.
5) Autour de votre campement, portez des sabots que vous fabriquerez avec des morceaux de bois et des lanières. Protégez le dessus de vos pieds contre les rayons du soleil.
6) Si vous trouvez un véhicule abandonné dans les parages, vous pouvez façonner une paire de sandales à l'aide de quelques morceaux d'un vieux pneu. Si les semelles de vos chaussures sont usées, il vaut mieux les renforcer avec du tissu solide.

Chapitre 9
Survivre dans les zones froides

Le terrain

Le paysage des régions arctiques et subarctiques est considérablement varié, tant par les différents niveaux d'élévation des glaciers et des montagnes que par la morne étendue des plaines. L'été, les conditions de terrain vont des surfaces les plus dures et les plus raboteuses aux plus douces et aux plus humides. L'hiver, les lacs, les rivières, les étangs et les marais gelés deviennent les grands chemins du nord. Dans l'Arctique, les températures estivales peuvent excéder 18°C, sauf sur les glaciers et sur les mers gelées. L'hiver, elles peuvent atteindre parfois —55°C et un maximum de 0°C.

La zone subarctique est beaucoup plus difficile que la zone arctique. Les étés sont très courts et la température peut atteindre 32°C. Par contre, les hivers sont les plus froids de tout l'émisphère nord, avec des températures variant de —50°C à —60°C en Amérique du Nord et encore plus basses en Sibérie. Lorsque la température est moins froide et qu'il y a de grands vents, l'organisme refroidit beaucoup plus vite que lorsque la température est plus froide et qu'il n'y a pas de vent. Dans plusieurs régions du grand nord, les averses de pluie et de neige sont moins nombreuses que dans le sud-ouest très sec des États-Unis. Dans la zone subarctique (sauf près de la mer), la précipitation annuelle atteint environ 25 centimètres de pluie, tandis que dans la zone arctique, elle ne dépasse généralement pas 13 centimètres.

En ces zones d'extrêmes températures, les chances de survie y sont pourtant meilleures que vous ne le croyez. Une attitude appropriée, une volonté de survivre et des précautions élémentaires sont des facteurs nécessaires à la survie. Apprenez à travailler de concert avec la nature et non contre celle-ci.

Se protéger contre le froid demeure toujours un problème constant et immédiat. Il faut donc faire un feu et construire un abri dès que possible.

Les déplacements

Pour se déplacer dans les régions froides, il faut bien se vêtir, avoir suffisamment de nourriture, savoir se reposer et avancer à un rythme régulier. Cependant, la nourriture, le repos, la marche progressive et constante ne vous permettront de survivre si vous n'êtes pas adéquatement vêtu pour affronter les froids et les vents extrêmes de l'Arctique. Dans le cas contraire, il vaut mieux s'abriter et faire un feu afin d'essayer de conserver sa chaleur et son énergie. Lorsque la température extérieure et votre condition physique le permettent, n'hésitez pas à déployer tous vos efforts pour rejoindre des indigènes accueillants. S'il arrive qu'une peuplade hostile vous oblige à passer votre chemin, vous devez vous adapter aux circonstances et juger si le danger le plus grave est celui que présente le climat ou celui d'une attitude hostile à votre égard. Lorsque vous vous trouvez en territoire ami, envoyez des signaux de détresse le plus vite possible; si un avion de secours survole votre région, il aura, ainsi, plus de chances de vous apercevoir.

Votre position et la nature du terrain environnant doivent déterminer la direction à prendre. En montagne et en forêt, il est sage de suivre une rivière en allant dans le sens du courant. Celle-ci peut vous conduire dans un territoire habité. La Sibérie est un cas d'exception car ses rivières coulent vers le nord. Les régions peuplées sont situées au sud de la Sibérie et de la Russie d'Europe.

Lorsque vous traversez une région sans longer un cours d'eau, suivez les contours du terrain sans oublier, cependant, qu'il fait souvent plus froid au fond d'une vallée que sur les versants et les crêtes, surtout la nuit. Dirigez-vous vers une côte, une rivière importante, ou un endroit habité.

Pour vous déplacer sans difficultés durant l'hiver arctique, n'oubliez pas les quatre recommandations majeures suivantes:

Comment déterminer votre direction

Établissez votre position de départ et décidez de votre objectif. Les constellations et d'autres points de repère vous aideront à déterminer votre direction. Par exemple, la neige s'amoncelle habituellement sur le côté abrité des objets en saillie tels les rochers, les arbres, les massifs de saules ou les talus élevés. En déterminant les quatre points cardinaux à l'aide d'une boussole, vous obtiendrez la direction des amoncellements de neige; ainsi, l'angle dans lequel vous les traversez peut vous servir de moyen pour vérifier l'exactitude de votre route. La neige est habituellement plus granuleuse sur le côté sud que sur le côté nord des corniches. Vous pouvez également vous guider sur les saules, les aulnes et les peupliers pour rester dans la bonne direction; ces arbres tendent à s'incliner vers le sud. Les conifères sont toujours plus touffus du côté sud. Voici quelques informations supplémentaires.

La résistance physique

En situation de survie, il ne faut pas se presser. Sans équipement adéquat et par mauvais temps, peu de personnes possèdent assez de résistance physique pour réussir un long trajet dans les régions arctiques.

Les vêtements

Il faut suffisamment de vêtements pour se garder au sec. Vous pourrez choisir ceux-ci en tenant compte de la saison et de la région.

La nourriture

Lorsque vous faites de la route, il est bien évident que votre organisme requiert plus de nourriture que lorsque vous êtes inactif.

Le combustible et l'abri

Il faut prévoir l'équipement nécessaire pour se procurer combustible et abri.

En été, la densité de la végétation, les accidents de terrain, les insectes, le manque de fermeté du sol, les étangs, les lacs et les rivières infranchissables à gué sont autant d'obstacles à votre marche. En hiver, les difficultés viendront de la neige molle, des glaces des rivières, des conditions atmosphériques, de la rareté de la nourriture et des flaques d'eau recouvertes d'une mince couche de glace ou de neige. Dans l'Arctique:

1) Ne vous déplacez pas durant un blizzard.
2) Soyez prudent sur la glace mince; afin de distribuer également votre poids, n'avancez qu'en rampant.
3) Traversez les cours d'eau lorsque le niveau de l'eau est à son plus bas. Sous l'action normale du gel et du dégel, la profondeur d'une rivière peut varier de 2 à 2 1/2 mètres par 24 heures. Cela peut se produire à toute heure du jour, selon la distance qui vous sépare des glaciers, selon la température et le terrain. La variation du niveau d'eau d'une rivière doit être prise en considération lorsqu'il s'agit de choisir un poste de campement le long d'un cours d'eau.
4) Dans l'Arctique, il est difficile d'estimer correctement les distances. À cause du temps très clair, celles-ci semblent souvent plus courtes qu'elles ne le sont vraiment.
5) Ne voyagez pas par temps de "brume blanche" (white out) car le manque de contraste vous empêche alors de juger de la nature du terrain.
6) Franchissez toujours un pont de neige à angle droit de l'obstacle qu'il traverse. Sondez-en le point le plus fort à l'aide d'une perche. Distribuez votre poids en chaussant des raquettes ou des skis, ou encore en rampant.
7) Arrêtez-vous alors qu'il fait encore clair afin de vous donner tout le temps nécessaire pour construire un abri.

8) Utilisez les rivières, gelées ou non, comme des chemins. On voyage facilement sur les rivières gelées et libres de neige molle.

La possibilité de voyager sans problème dans les terrains enneigés dépend directement des facteurs suivants:

1) Votre habilité à utiliser et à fabriquer un équipement vous permettant de marcher sur la neige (skis ou raquettes). Quelle que soit la condition de neige, les skis sont le mode de déplacement le plus rapide. Aucun entraînement préalable n'est exigé pour se déplacer à l'aide de raquettes, mais si vous en avez l'expérience, vous irez plus loin plus rapidement en vous fatiguant un peu moins vite.

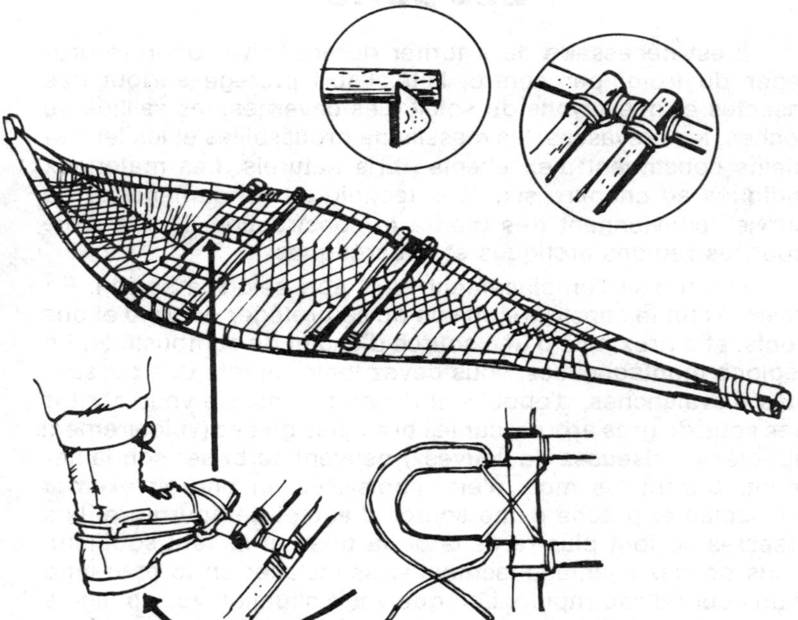

utilisez des suspentes de parachute, fils ou cordes

Illustration 9-1 Raquettes improvisées

2) Dans la neige molle et profonde, faire du ski devient épuisant; il vaut mieux, alors, utiliser des raquettes. Une croute légère recouvrant la neige favorise le ski. Une croute très dure facilite la marche à pied.

3) Pour marcher sur la neige molle et profonde, fabriquez des raquettes de fortune à l'aide du bois du saule ou d'un autre bois vert, d'un fendoir, de lanières, de fil de fer, de cordes ou de suspentes de parachute. Si les débris d'un avion se trouvent sur votre route, les fonds de sièges, les tôles et les autres pièces du genre peuvent vous être utiles dans la fabrication de vos raquettes.

Les abris

Il est nécessaire de s'abriter durant l'hiver pour se protéger du froid; par contre, l'été, l'abri protège surtout des insectes et des rayons du soleil. Les cavernes, les saillies de roches, les crevasses, les massifs de broussailles et les terrespleins constituent d'excellents abris naturels. Les matériaux indiqués au chapitre six, "Les techniques fondamentales de survie" conviennent très bien à la construction d'abris d'été pour les régions arctiques et subarctiques.

On choisit l'emplacement d'un abri selon la saison. En hiver, il faut le construire en vue de se protéger du froid et des vents, et à proximité d'une source d'eau et de combustible. En régions montagneuses, vous devez tenir compte des possibilités d'avalanches, d'éboulis et d'inondations. Ne vous abritez pas sous de gros arbres, car les branches gelées (vulgairement appelées "faiseuses de veuves") peuvent se briser soudainement. Durant les mois d'été, choisissez un endroit exempt d'insectes et proche d'une source d'eau et de nourriture. Les insectes se font plus rares là où la brise et le vent soufflent. Vous pouvez avantageusement vous installer en forêt le long d'un cours d'eau rapide. Lorsque votre situation vous oblige à vous cacher choisissez un emplacement qui vous permette de bien observer les alentours, et vous offre un chemin de sortie. La qualité de la construction d'un abri dépend des matériaux employés et du temps dont on dispose. Quel que soit le style ou la forme de l'abri, rappelez-vous que, dans les régions arcti-

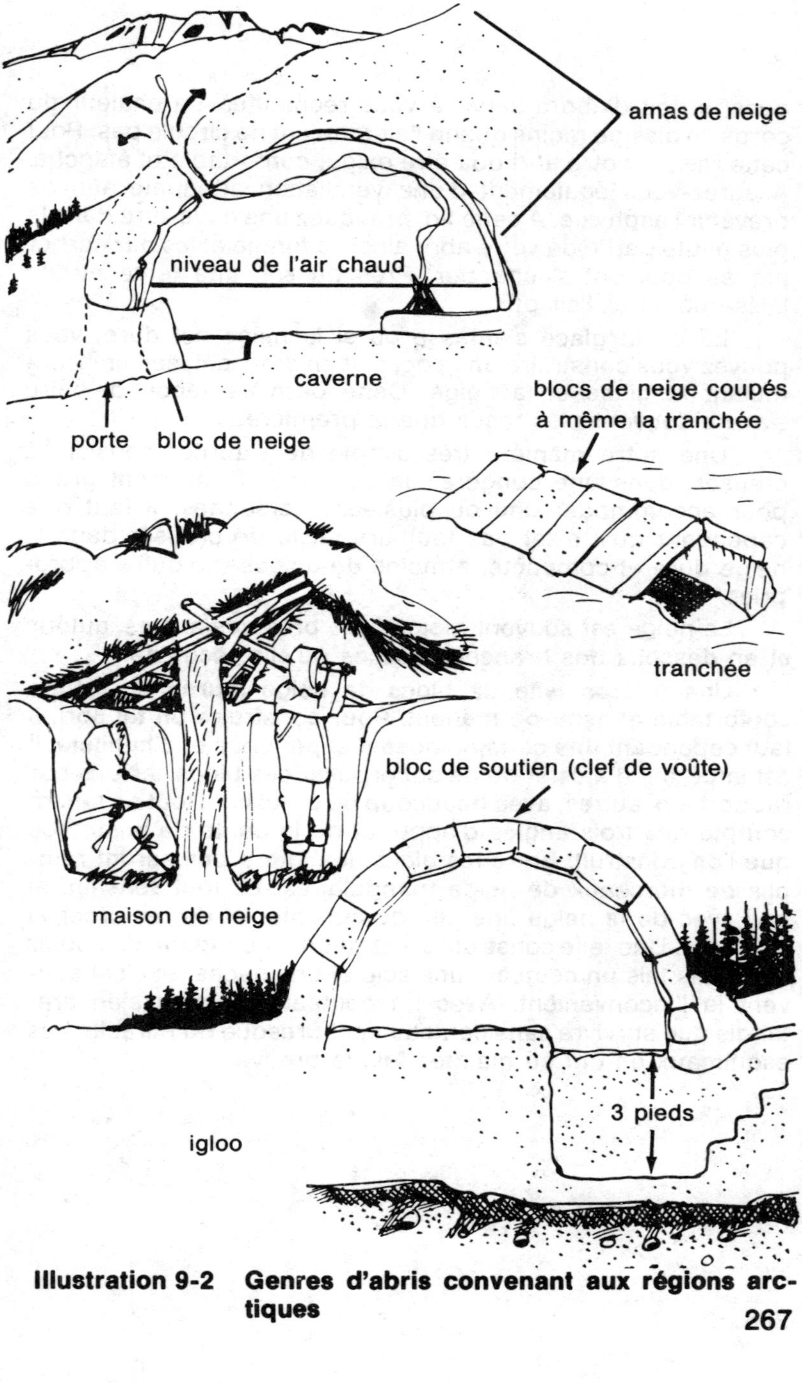

Illustration 9-2 Genres d'abris convenant aux régions arctiques

ques, il doit d'abord servir à vous réchauffer. La chaleur du corps se dissipe moins quand l'air ambiant ne circule pas. Pour cette raison, votre abri doit être exigu, confortable et étanche. Assurez-vous également d'une ventilation adéquate afin de prévenir l'asphyxie. À cette fin, pratiquez une ouverture dans la plus haute partie de votre abri, ainsi, la fumée et les gaz carboniques pourront s'échapper. Près du sol, une fente étroite laisse pénétrer l'air pur.

Là où la glace s'entasse ou si la neige est dure, vous pouvez vous construire un igloo, soit en creusant, soit en accumulant la glace et la neige. Cette dernière façon de faire s'avère souvent plus facile que la première.

Une autre manière très simple de s'abriter consiste à creuser, dans une congère, un espace suffisamment grand pour accommoder une ou plusieurs personnes. Il faut dire cependant qu'il n'est pas toujours facile de creuser dans la neige dure et compacte, à moins de disposer d'outils appropriés.

La neige est souvent moins dure près des arbres, autour et en dessous des branches basses qu'elle recouvre.

Une maison faite de blocs de neige fournit un refuge confortable et semi-permanent. Pour construire un tel abri, il faut cependant une certaine dose d'expérience et d'habileté. Il est impératif d'ajuster ou de superposer ces blocs, les uns par rapport aux autres, avec beaucoup de précision, tout en tenant compte des trois angles d'appui et de la pente de la surface que l'on construit. Entre les blocs, les interstices seront remplis de morceaux de neige triangulaires. Le tout sera fini et poli avec de la neige fine afin de cimenter et de renforcer la structure. Une telle construction requiert, cependant, des outils adéquats tels un couteau, une scie et une hache, et c'est souvent là l'inconvénient. Avec un couteau, on peut s'en tirer tandis que survivre sans couteau tient presque du miracle. Les esquimaux en ont eu maintes fois la preuve.

Les dangers et les périls de l'environnement

Les blizzards

Dans la région arctique, ne vous déplacez pas par mauvais temps. Les blizzards et les vents violents peuvent vous ensevelir très rapidement. Surveillez, attentivement et constamment, les conditions atmosphériques, puisque votre vie peut en dépendre.

Les éboulis

Les éboulis sont causés par la fonte de la neige et de la glace qui retenaient ensemble des quartiers de roches instables.

Les avalanches

Toute pente dont l'angle excède 20° présente un danger d'avalanche. Après une chute de neige, évitez les versants très inclinés. Si vous êtes pris dans le courant d'une avalanche, essayez de vous maintenir à la surface comme vous le feriez dans une rivière. Déplacez-vous en position horizontale. Alors que la neige commence à vous ensevelir, placez vos mains au-dessus de votre tête; ainsi, il vous sera possible de manoeuvrer. Si la neige vous recouvre complètement, faites de l'espace autour de votre visage afin de pouvoir respirer et éviter ainsi la suffocation.

Le sable mouvant

Les ruisseaux alimentés par l'eau provenant de la fonte des neiges forment parfois des bancs de sable bourbeux. Avant de vous aventurer sur le sable mouillé, vérifiez d'abord la consistance du sol. Si vous vous enfoncez, jetez-vous à plat ventre, les bras étendus, et rampez jusqu'à la terre ferme.

Les glaces flottantes et la neige fondante

Au printemps, dans les régions arctiques et subarctiques, la debâcle comporte des dangers dont il faut se méfier. Il faut être attentif, concentré et prudent, et, surtout, user de son bon jugement. Si la glace cède sous vos pas, étendez vite les bras. Il n'est pas facile de remonter sur la glace, mais c'est possible. Cherchez à prendre prise et essayez de vous rouler hors de l'eau. Si la glace ne vous supporte pas, avancez avec précaution vers une surface plus ferme ou vers le rivage.

Les icebergs

Les icebergs fondent plus rapidement par la base (sous la ligne de flottaison) que par le haut. Ainsi, ils sont très lourds dans leur partie supérieure et peuvent chavirer. Ne montez pas sur les plus pointus, réfugiez-vous plutôt sur les plus bas et ceux dont le sommet est plus vaste.

La brume blanche (white out)

Nous parlons ici d'un temps où le ciel couvert ne contraste pas beaucoup avec les immenses étendues de neige. Il est bien difficile dans une telle "grisaille" de discerner la nature du terrain et de juger des distances. Ne voyagez pas par un temps pareil.

La boussole

On ne peut guère se fier à la boussole dans les régions polaires. Si vous devez vous en servir, prenez plusieurs lectures, puis établissez une moyenne.

Les plantes vénéneuses

La plupart des plantes des régions polaires sont comestibles. Même si la ciguë aquatique est la seule plante considérée toxique, il vaut mieux éviter les boutons d'or ainsi que certains champignons. La ciguë aquatique est une des plantes les plus vénéneuses qui soient. Elle pousse toujours dans un sol

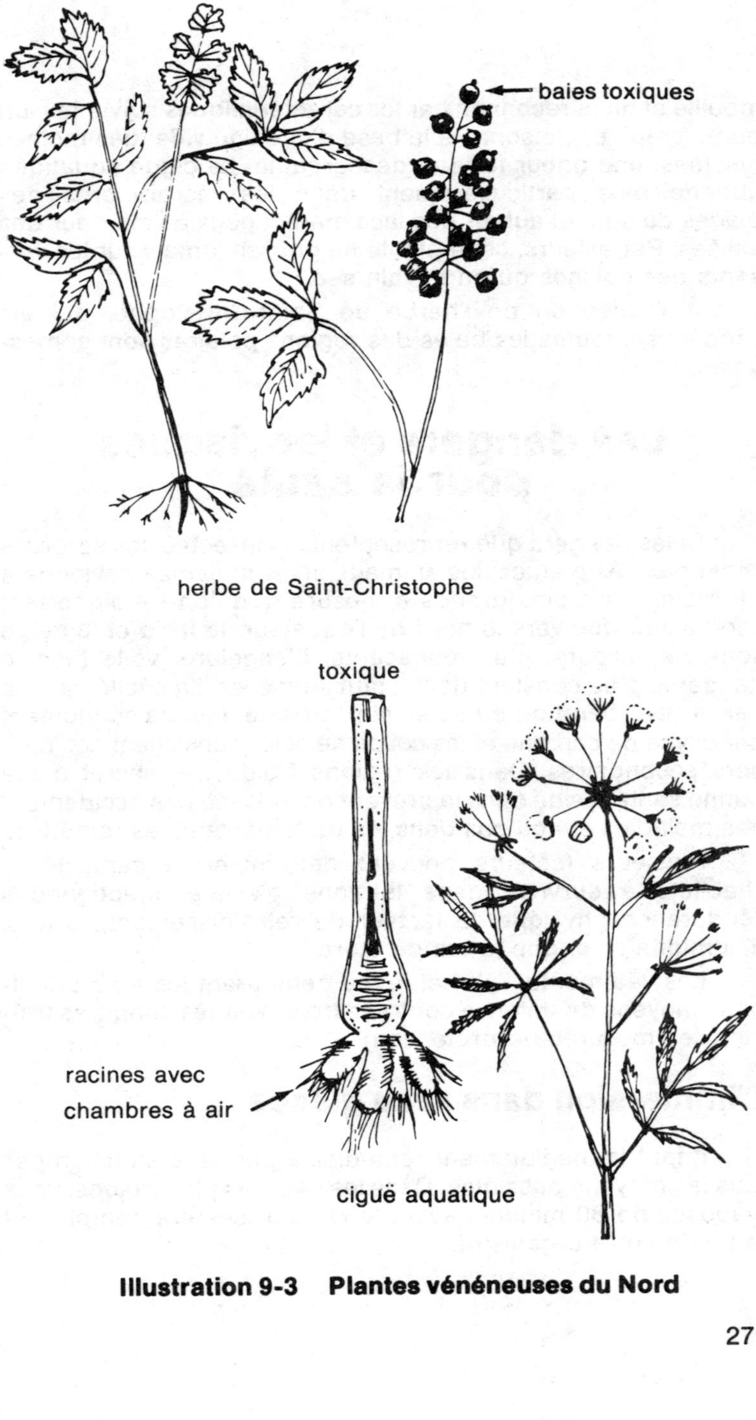

Illustration 9-3 Plantes vénéneuses du Nord

mouillé et on la reconnaît par les caractéristiques suivantes: un bulbe creux et cloisonné à la base d'une tige vide; des racines fuselées; une odeur forte et désagréable. La ciguë aquatique abonde plus particulièrement dans les marais près des plages du sud, et autour des lacs marécageux à l'intérieur des vallées. Par ailleurs, cette plante ne pousse jamais sur les versants des collines ou en terrain sec.

À l'exception de l'herbe de Saint-Christophe, qui est vénéneuse, toutes les baies des régions polaires sont comestibles.

Les dangers et les risques pour la santé

Si les dangers que représentent les insectes, les serpents venimeux, les plantes, les animaux et les maladies deviennent de moins en moins grands à mesure que l'on s'éloigne tant vers le sud que vers le nord de l'équateur, le froid et la neige sont par ailleurs, plus menaçants. L'engelure, voilà bien le danger le plus constant dont il faut se méfier. La cécité causée par la reverbération du soleil sur la neige, l'empoisonnement par oxyde de carbone et les coups de soleil constituent des dangers secondaires. Dans les régions froides, le secret d'une bonne santé réside dans la prévention efficace des accidents et des maladies et non pas dans les traitements et les remèdes.

Plusieurs facteurs peuvent déterminer la capacité et l'habileté à survivre dans la zone glaciale. Mentionnons l'endurance physique, le facteur de refroidissement, le taux d'humidité ainsi que la température.

Les vêtements, l'abri et le feu demeurent les trois principaux moyens de défense contre le froid (voir les chapitres traitant des mesures de protection).

L'immersion dans l'eau glacée

Il faut immédiatement remédier à une telle situation par tous les moyens possibles. Dans les eaux les plus froides, vous disposez de 30 minutes avant le refroidissement complet (et fatal) de votre organisme.

Les vêtements mouillés par l'eau et la transpiration provoquent d'énormes pertes de chaleur. Lorsque vous transpirez, relâchez vos vêtements afin de permettre à la sueur de s'évaporer. Si vos vêtements mouillés durcissent sous l'effet du froid, vous pouvez les battre à l'aide d'une branche d'arbre.

Par temps froid, protégez plus particulièrement les extrémités de votre corps. Les mains, les pieds, la tête, les oreilles et le nez laissent échapper la moitié de vos réserves de chaleur.

L'engelure

L'engelure (lésion des tissus) survient quand on s'expose trop longtemps au froid. Les vaisseaux sanguins se contractant, la circulation sanguine ne se fait plus. Il en résulte donc une anoxémie des tissus. L'engourdissement est le premier symptôme de l'engelure. Celle-ci peut se produire à votre insu puisqu'elle ne provoque aucune douleur particulière. La peau devient rouge, puis blafarde. Dans des cas extrêmes, lorsque les tissus dégèlent, elle s'accompagne d'oedème et d'hémorragie.

Voici comment traiter les engelures:

1) Retirer soigneusement les vêtements mouillés et serrés qui recouvrent la partie gelée, mais ne les enlevez pas de force.
2) Réchauffez les membres gelés en les mettant en contact avec une autre partie de votre corps ou de celui d'une autre personne (poitrine, cuisse, aisselles).
3) Si possible, faites tremper la partie gelée dans de l'eau juste un peu plus chaude que la température du corps;
4) Ne fumez pas, puisque la nicotine peut contribuer à resserrer les vaisseaux sanguins.
5) N'appliquez pas de neige ou de glace sur les parties gelées.
6) Ne massez pas les membres gelés, et abstenez-vous de toute gymnastique.
7) Ne brisez pas et n'ouvrez pas les ampoules qui ont pu se produire.
8) Véfifiez fréquemment les engelures, car la gangrène peut s'y installer.

Le pied de tranchée

Causé par le froid, l'humidité et la mauvaise circulation sanguine, un pied de tranchée se soigne comme toutes les autres sortes d'engelures. Relâchez les cordons des chaussures. Les symptômes d'une engelure au pied sont une sensation de froid dans les pieds, une démarche lourde et chancelante, des fourmillements et des picotements, des rougeurs et une enflure.

L'hypothermie

L'hypotermie résulte du fait que l'organisme perd plus de chaleur qu'il n'en génère. Des frissons et des grelottements incontrôlables, des difficultés à parler et à se concentrer, une peau livide et bouffie sont les symptômes de cette affection.

Agissez promptement; l'hypothermie peut être fatale. Courez, sautez, gambadez mais réchauffez vos membres. Si possible, buvez du liquide chaud, quel qu'il soit. Abritez-vous et faites un feu dès que possible.

La cécité des neiges

Cette forme de cécité est causée par les reflets éblouissants et étincelants des rayons du soleil sur la neige. Elle peut se produire même par temps nuageux et brumeux. L'impossibilité de discerner les variations de niveau du sol et une sensation de brûlure dans les yeux en sont les premiers signes. Plus tard, la lumière, si faible soit-elle, peut vous détruire la vue. La prévention demeure le meilleur remède, mais si vous souffrez de ce mal, il est préférable de demeurer dans l'obscurité totale et complète. Portez constamment des verres fumés. Si vous n'en avez pas, utilisez un morceau de bois, une bande de cuir ou de toute autre matière dans laquelle vous aurez taillé une mince ouverture. On peut réduire les effets de la réflexion de la neige en se noircissant le nez et les joues avec de la suie.

Les coups de soleil

Dans l'Arctique, le soleil peut tout aussi bien vous brûler la peau par temps nuageux que par temps ensoleillé. Il s'agit là d'un danger constant. Se frictionner la peau avec du suif aide à prévenir les coups de soleil; une forte barbe protège le visage des rayons solaires. Si vous souffrez d'un coup de soleil, humectez votre peau d'huiles animales et tenez-vous à l'ombre.

L'intoxication due à des émanations de monoxyde de carbone

Quand on est soumis aux rigueurs d'un froid extrême, le besoin de chaleur que nous éprouvons nous fait souvent oublier les règles élémentaires de prudence en ce qui a trait au danger d'intoxication par des émanations de monoxyde de carbone. Fiez-vous d'abord à vos vêtements pour vous réchauffer et non à un feu. Dans un abri temporaire, le feu ne devrait servir que pour la cuisson des aliments. Tout combustible, quel qu'il soit, brûlant durant trente minutes à l'intérieur d'un abri mal aéré, peut produire des vapeurs inodores en quantité suffisamment grande pour vous asphyxier. Pour obtenir une bonne ventilation, pratiquez une ouverture dans le haut de votre abri, et une autre très petite près du sol. Vous pouvez également bâtir, sous le plancher de l'abri, un tunnel débouchant sous le poêle. Celui-ci tirera l'air du dehors à travers ce conduit souterrain. Si vous vous sentez soudainement étourdi à l'intérieur de votre abri, sortez vite au grand air, bougez lentement et respirez profondément. N'oubliez pas surtout de corriger cette situation dangereuse. La nuit, lorsque vous dormez, postez toujours quelqu'un (à tour de rôle) en sentinelle pour faire le guet afin de pouvoir détecter toute émanation de monoxyde de carbone. La flamme d'un poêle tournant au jaune en est un indice.

Si un membre de votre groupe subit les méfaits d'un tel empoisonnement, sortez-le au grand air et commencez à lui pratiquer la respiration artificielle. La méthode du bouche à bouche n'implique aucun danger pour le sauveteur en de pareilles circonstances.

Le saignement

Sous l'effet du froid, le sang devient plus fluide et se coagule moins vite. La circulation sanguine réchauffe l'organisme, et une perte de sang trop abondante est très dangereuse.

Il faut savoir resserrer le bandage d'une blessure juste assez pour retenir l'hémorragie, et le relâcher quand celle-ci se résorbe. Si possible, gardez le corps et les membres suffisamment chauds. Lorsque l'hémorragie persiste, élevez le membre blessé, puis, à l'aide de pansements, exercez une pression sur la blessure.

En dernier ressort (s'il s'agit d'une hémorragie sérieuse au bras ou à la jambe), lorsque le sang gicle, appliquez un garrot immédiatement. Celui-ci doit être maintenu en place même au risque de perdre un membre par engelure. Quand il est impossible de remplacer le sang perdu, il vaut mieux perdre un membre que de perdre la vie.

L'hygiène

Dans l'Arctique, comme dans toutes les autres régions, l'hygiène demeure essentielle. Essayez de vous tenir propre. S'il n'est pas possible de prendre un bain, lavez-vous au moins les mains, les aisselles, l'entre-jambes et les pieds. Tous les soirs, avant de vous endormir, retirez vos chaussures puis asséchez et massez vos pieds. Suspendez vos chaussures au-dessus du feu. Ne gardez pas vos bas trempés pendant la nuit; bourrez-les d'herbes sèches ou de mousse et placez-les à l'intérieur de votre chemise. Ainsi, ils sécheront par la chaleur de votre corps.

Lorsqu'il faut déféquer, ne craignez pas d'exposer votre derrière au froid pour un court instant. Enterrez les matières fécales loin de vous et des sources d'eau.

L'eau

Le survivant a souvent tendance à se priver d'eau alors qu'il n'a qu'à faire fondre la neige et la glace pour en obtenir. La déshydratation peut aussi bien se produire dans les zones froides que dans les zones torrides et arides.

Pour obtenir de l'eau, creusez un trou dans la glace d'une rivière ou d'un lac ou faites fondre celle-ci. Rappelez-vous qu'il faut approximativement 50 % plus de temps et de combustible pour fondre la neige que pour fondre la glace.

Quoiqu'en principe, vous puissiez manger de la neige sans danger, observez, néanmoins les règles suivantes:

1) Laissez fondre suffisamment la neige pour en former une longue baguette ou une boule. Ne mangez pas la neige à l'état naturel; elle vous déshydraterait au lieu d'assouvir votre soif.
2) N'avalez pas de glace broyée car vous pouviez vous blesser les lèvres et la langue.
3) Si vous avez chaud ou froid, ou si vous êtes fatigué, manger de la neige a pour effet de refroidir votre organisme.
4) Durant l'été, on trouve habituellement de nombreux lacs, des étangs et des cours d'eau dans l'Arctique. Sur les icebergs et les surfaces recouvertes de neige fondante, ainsi que dans les anses et les criques, il y a toujours des dépressions remplies d'eau fraîche. Faites bouillir l'eau, quelle que soit sa provenance, ou traitez-la chimiquement si vous le pouvez. L'eau de marais, quoique brunâtre, est ordinairement potable. L'eau de couleur laiteuse, coulant dans un ruisseau glaciaire, convient également pourvu qu'on laisse se déposer les sédiments ou qu'on la filtre. La vieille glace provenant de la mer est teintée de bleu et est faite d'eau potable, tandis que la nouvelle, trop saline, ne l'est pas.

Toute surface capable d'absorber les rayons du soleil suffit à faire fondre la glace et la neige: une roche plate, une bâche goudronnée, un panneau de signalisation. Placez ces objets de manière à ce que l'eau puisse s'écouler dans un récipient.

La nourriture

Dans l'Arctique, la nourriture est plus ou moins rare selon les endroits et les saisons. Sur le littoral, les glaces ne laissent guère la place aux animaux et aux plantes. Cependant, au nord des régions forestières, là où il y a peu de poissons, de rongeurs et d'animaux fouisseurs, vous trouverez tout de même assez de nourriture pour survivre. Ne faites jamais rôtir la viande, car cette méthode de cuisson élimine le gras qui est nécessaire à votre survie dans de tels climats.

L'entreposage et la conservation

Si vous abattez un gros animal, ou si vous trouvez du petit gibier en abondance, vous devez entreposer ou conserver une certaine quantité de viande pour vos besoins futurs.

À cette fin, pendant les grands froids, il faut congeler la viande aussitôt que possible, en l'étendant à l'extérieur de votre abri.

Durant les mois d'été, la viande et le gibier doivent être placés dans un endroit froid et ombragé. Un trou creusé dans le sol peut servir de réfrigérateur de fortune. Pour traiter la viande, coupez-la en morceaux et accrochez-la aux branches d'un arbre battu par le vent et face au soleil. Afin que les mouches ne puissent l'atteindre, suspendez la viande à cinq mètres au-dessus du sol. Dans certaines régions, il peut devenir nécessaire de placer vos victuailles hors de la portée de maraudeurs tels que l'ours et le carcajou. Pour ce faire, il faut l'accrocher à cinq mètres du sol, à la tête d'un jeune arbre. Vous pouvez accomplir cette tâche à l'aide d'une corde que vous jetez sur les branches d'un arbre voisin. L'ours ne peut grimper au petit arbre car son diamètre est beaucoup trop petit pour supporter son poids.

Le poisson

Les eaux de l'Arctique ne contiennent que très peu de poissons venimeux. Quelques poissons tels que le "sculpin" pondent des oeufs toxiques. La moule noire dégage un poison aussi dangereux que la strychnine. La viande du requin de l'Arctique n'est pas comestible; n'en mangez pas. Les saumons abondent dans les cours d'eau et les rivières et leur chair est tout aussi délicieuse que nourrissante; mais, au fur et à mesure qu'ils s'éloignent de la mer, leur chair se détériore et est beaucoup moins nutritive.

Plus au nord, à la limite de la mer Arctique et sur le littoral, les eaux du Pacifique et de l'Atlantique regorgent de fruits de mer. L'omble, la truite, le poisson blanc et la lingue foison-

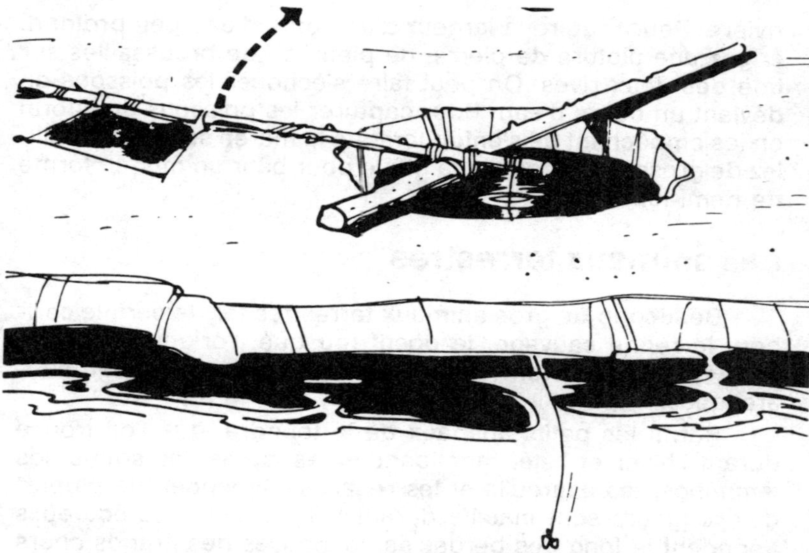

Illustration 9-4 Pêcheur automatique

nent dans les lacs et les étangs ainsi que sur le littoral de l'Amérique du Nord et de l'Asie. Beaucoup de grandes rivières contiennent du saumon et de l'esturgeon. Les escargots de rivières et les bires abondent dans les lacs et les cours d'eau des forêts de pin du nord. Toutes les eaux du littoral sont également grouillantes de vie marine.

Pour prendre le poisson, on peut se servir d'un harpon, d'un filet ou d'un hameçon; on peut l'assommer avec une pierre ou un bâton. La morue se laisse leurrer par un simple bout de chiffon, une pièce de métal ou un os. On la pêche également à travers un trou pratiqué dans la glace. Vous pouvez fabriquer un bon filet à l'aide de grosses ficelles ou de suspentes de parachute. Pour pêcher les gros saumons et les grosses truites, les mailles doivent mesurer environ 5 centimètres. Une épuisette à mailles très fines sera requise pour les petits poissons. On la fabriquera à l'aide d'une branche de saule et de ficelles tressées.

Il est plus facile de prendre les poissons au filet ou de les assommer quand on les cerne dans un rétrécissement de la rivière. Pour réduire la largeur d'un cours d'eau peu profond, érigez une clôture de pierre, de pieux ou de broussailles sur une des deux rives. On peut faire s'échouer les poissons en déviant un cours d'eau. Pour capturer les poissons du littoral en les empêchant de s'enfuir lorsque la marée se retire, empilez de grosses pierres sur la grève pour bâtir un mur en forme de demi-lune.

Les animaux terrestres

Beaucoup de gros animaux terrestres tels le cerf, le caribou, le renne sauvage, le boeuf musqué, l'orignal, l'élan, le bouc et l'ours vivent dans les régions arctiques et subarctiques.

Parmi les petits animaux de la toundra, que l'on trouve durant l'hiver et l'été, mentionnons les lapins, les souris, les lemmings, les écureuils et les renards. Cependant la plupart des rongeurs sont inactifs durant l'hiver. L'été, les écureuils abondent le long des berges sablonneuses des grands cours d'eau. Les marmottes se dissimulent dans les rochers des montagnes, aux abords des prairies.

Plus au sud, il y a la forêt et l'on y trouve le porc-épic. Pour le capturer, il suffit de le faire tomber d'un arbre, puis de l'assommer. Le porc-épic se nourrit d'écorce; les arbres écorcés vous indiqueront donc sa présence. N'approchez cet animal qu'avec prudence; assurez-vous qu'il est bien mort avant de le manipuler.

La chasse est généralement plus fructueuse aux petites heures du matin ou tard dans la soirée, alors que les animaux se déplacent pour se nourrir et s'abreuver. Pour chasser le gros gibier, utilisez une arme de fort calibre. Les gros animaux de l'Arctique se traquent facilement. Ils constituent une source importante de nourriture et de combustible, et leur peau demeure extrêmement utile. Pour les chasser sans difficultés, vous devez, d'abord, connaître certaines de leurs caractéristiques:

1) Le caribou et le renne sont habituellement très curieux et on peut les attirer à portée de fusil en agitant un chiffon et en avançant à quatre pattes dans leur direction.

2) Le même stratagème attire souvent le loup.

3) L'orignal se tient généralement dans les fourrés épais. Les femelles gardent leurs petits et les mâles en rut peuvent foncer sur vous. En hiver, on peut repérer l'orignal en grimpant au sommet d'un arbre. La vapeur qui se dégage de son corps signale sa présence.

4) Il n'est pas facile d'approcher les boucs de montagne et les mouflons car ils sont nerveux et méfiants. Pour les surprendre, il faut grimper sur les hauteurs et redescendre, sans bruit, contre le vent, alors que ceux-ci broutent la tête basse.

5) La piste des boeufs musqués est habituellement jalonnée de fiente. Lorsqu'ils sont inquiets, ces animaux se regroupent. Si vous les approchez alors, ils peuvent feindre de s'élancer sur vous.

6) Les ours sont revêches et imprévisibles. Un ours blessé devient extrêmement dangereux et il ne faut pas le poursuivre. L'ours polaire, cet infatigable chasseur astucieux, est doué d'une vue exceptionnelle et d'un odorat très puissant. Il poursuit et dévore l'homme.

7) Lorsqu'il est effrayé, le lapin tourne en rond et revient à son point de départ. Pour l'arrêter net dans sa course, vous n'avez qu'à siffler. Ce petit gibier s'attrape facilement au collet.

8) Durant l'hiver et au cours du printemps, les mammifères aquatiques tels que les phoques, les morses et les ours polaires se tiennent sur les glaces flottantes ou sur les banquises. Tout comme le grand gibier des forêts, ces animaux de la mer constituent une bonne source de nourriture et de combustible.

9) Pour attraper les phoques, procédez avec soin et prudence. Restez contre le vent et ne faites pas de mouvements brusques. Si possible, portez des vêtements blancs. N'avancez que lorsque la tête de l'animal vous indique qu'il s'est endormi. S'il bouge, redressez-vous brusquement et jetez un cri; l'animal, surpris, s'immobilisera et c'est à ce moment précis qu'il faut l'abattre. Le foie des mammifères marins et des requins

est riche en vitamine A. Pour ne pas être malade, n'en mangez que très peu.

10) Les morses se tiennent sur les glaces flottantes et il faut généralement les approcher à l'aide d'une embarcation. Ils comptent parmi les animaux les plus dangereux de l'Arctique. Mieux vaut les ignorer.

11) Les ours polaires vivent pratiquement sur tout le littoral arctique. Ils ne s'aventurent guère sur la terre ferme. Évitez-les, si possible. La chair de cet animal est infestée de parasites. Ne la mangez jamais sans la faire cuire.

Les oiseaux

L'Arctique est le terrain de reproduction d'un grand nombre d'oiseaux. Durant l'été, les canards, les oies, les plongeons et les cygnes bâtissent leurs nids près des étangs, sur les plaines du littoral. Ces espèces constituent une abondante source de nourriture. Les tétras et les lagopèdes habitent les terrains montagneux et les régions buissonières de l'Arctique et des régions subarctiques. Les oiseaux de mer se tiennent sur les falaises et les petites îles. Leur vol bruyant vous indique facilement leur emplacement. Les oiseaux de mer aussi bien que les corbeaux et les hiboux sont tous comestibles.

En hiver, les hiboux, les corbeaux et les lagopèdes sont les seuls oiseaux disponibles. Les lagopèdes des falaises sont facilement accessibles. Ils voyagent par couples et s'apprivoisent aisément. Quoique difficiles à repérer à cause de leur plumage blanc qui se confond avec la neige, on peut les tuer facilement à l'aide d'une pierre, d'une fronde et même d'un bâton. Le lagopède des saules vit en bandes et on l'attrape sans difficulté. Cherchez-le dans les massifs de saules au fond des criques et près des marais.

Au temps de la mue, durant deux ou trois semaines, tous les oiseaux de l'Arctique sont incapables de voler. Il est alors possible de les maîtriser. Leurs oeufs frais et nourrissants restent comestibles quel que soit le stade de développement embryonnaire.

Un filet improvisé, un hameçon appâté ou un piège sont autant de moyens d'attraper les oiseaux. Les petits se laisse prendre à la main.

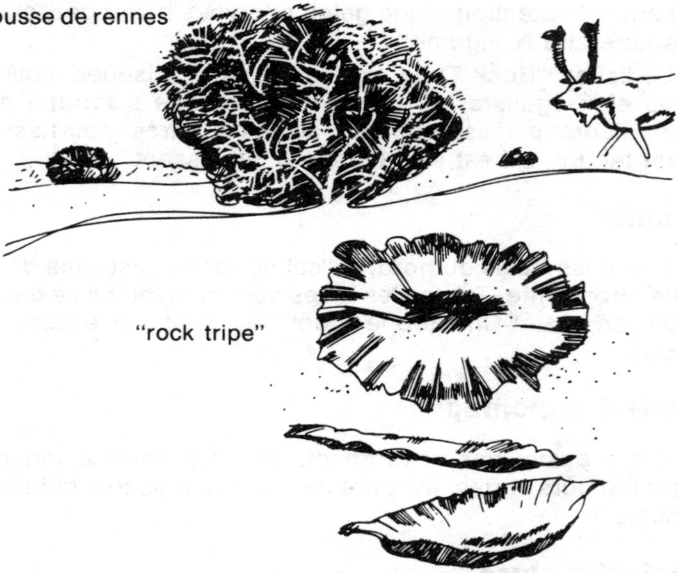

Illustration 9-5 Lichens

Les plantes comestibles

Les régions polaires renferment beaucoup de plantes comestibles. Si la ciguë aquatique demeure virtuellement la seule plante vénéneuse de cette zone, vous devez cependant éviter le bouton d'or ainsi que certains champignons.

Parmi les plantes les plus comestibles, il faut mentionner:

Les lichens

Ce sont les lichens qui offrent la plus grande valeur nutritive. Quelques variétés de ces plantes contiennent un acide amer capable de vous donner la nausée et de causer des irritations internes, si vous les mangez crues. Donc, faites-les tremper et bouillir avant de les consommer. Rôtis, les lichens sont croustillants. Pour les réduire en poudre, il faut les tremper, les sécher et les broyer sous une pierre. Laissez bouillir cette poudre jusqu'à l'obtention d'une gelée que vous mélangez, alors, à la soupe et aux légumes.

Le lichen "Rock Tripe" se compose de disques feuillus, minces et irréguliers; sa courte tige centrale s'agrippe aux rochers. Lorsqu'il est humide, ce lichen, très nourrissant, devient tendre; s'il est sec, il est dur et cassant.

Les baies

Parmi les baies du nord, la "salmonberry" est sans doute la plus importante. Toutes les baies sont comestibles excepté l'herbe de Saint-Christophe dont les fruits poussent en grappes.

La baie des montagnes

Cet arbuste, bas et rampant, dont les feuilles coriaces restent toujours vertes, est paré de fruits rouges très riches en vitamines.

La baie des alpes

Ces baies poussent par groupes de trois ou quatre au bout d'une courte tige; les feuilles de cet arbuste rampant sont rougeâtres et son fruit est presque sans saveur.

Les roses sauvages

Cette plante pousse dans les forêts sèches, plus particulièrement le long des cours d'eau et des escarpements. On la reconnaît à ses branches épaisses. Son fruit appelé "cynorrhodon" apparaît à la mi-été et dure jusqu'à l'automne (parfois jusqu'à l'hiver et même jusqu'au début du printemps). Sa couleur va du rouge à l'orange. Au printemps et en hiver, ce fruit est dur et sec; il demeure cependant comestible et très nourrissant.

La framboise et la "baie des corneilles" (bleue ou noire) sont également comestibles.

Les racines

Voici la liste des racines comestibles:

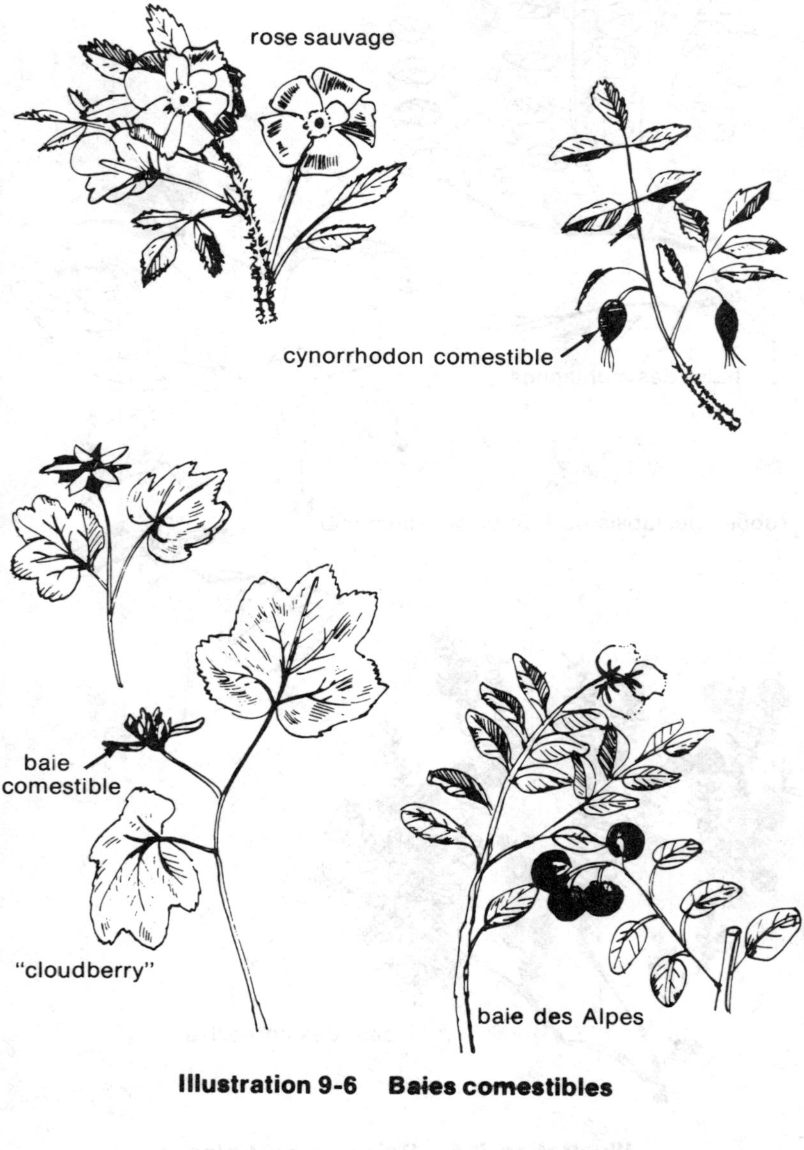

Illustration 9-6 Baies comestibles

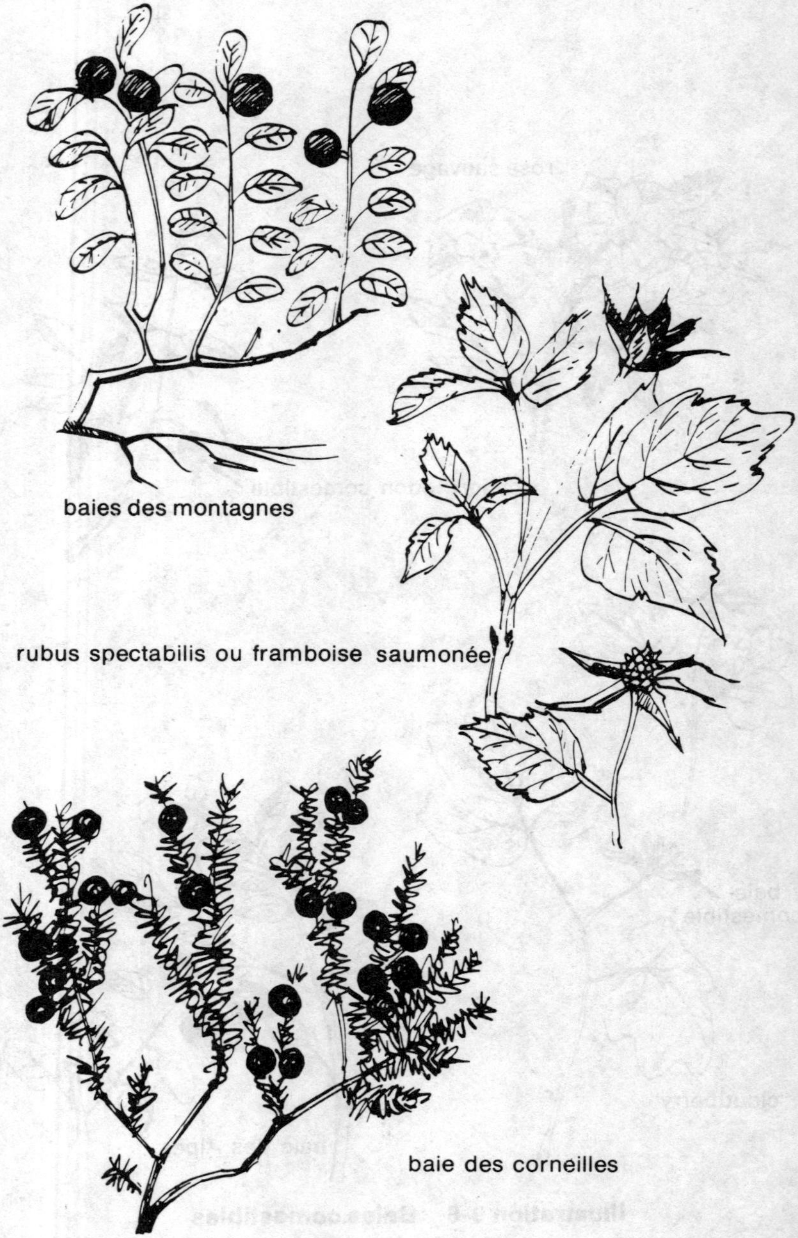

Illustration 9-6 Baies comestibles

La vesce sucrée

Cette plante pousse dans le nord et on la trouve en terrain sablonneux, plus particulièrement au bord des lacs et des cours d'eau. Ses fleurs sont roses; sa racine ayant un goût semblable à celui de la carotte est très nourrissante et se mange crue ou cuite.

Le canadensis

Cette petite plante est pourvu d'épis laineux ou de fleurs roses. Elle pousse dans la toundra sèche de l'Amérique du Nord. Sa grande racine jaune et sucrée se mange cuite ou crue.

La bistorte

La bistorte pousse dans la toundra. Elle porte des fleurs blanches ou roses qui forment des épis élancés. Ses feuilles longues, minces et douces sortent des tiges très près du sol. Sa racine, très riche en fécule, a un goût acide quand on la mange crue. Faites-la tremper dans l'eau durant quelques heures avant de la faire rôtir.

La racine de réglisse

Tout comme la pomme de terre esquimaude, cette plante forme des tubercules au printemps, en été et à l'automne (parfois, même en hiver). L'été, ces tubercules deviennent filandreux et non comestibles. La réglisse a des fleurs rosées qui poussent en épis élancés; ses longues gousses aplaties mesurent de 2 1/2 à 5 centimètres de longueur.

Pour éviter le scorbut, il faut manger des plantes fraîches et de la viande. Parmi les nombreuses plantes riches en vitamine C, mentionnons la "cochléaria" et l'épinette.

Les plantes vertes

Le pissenlit

Cette plante peut vous sauver la vie dans les régions polaires. Ses feuilles et ses racines se mangent crues. Cuites,

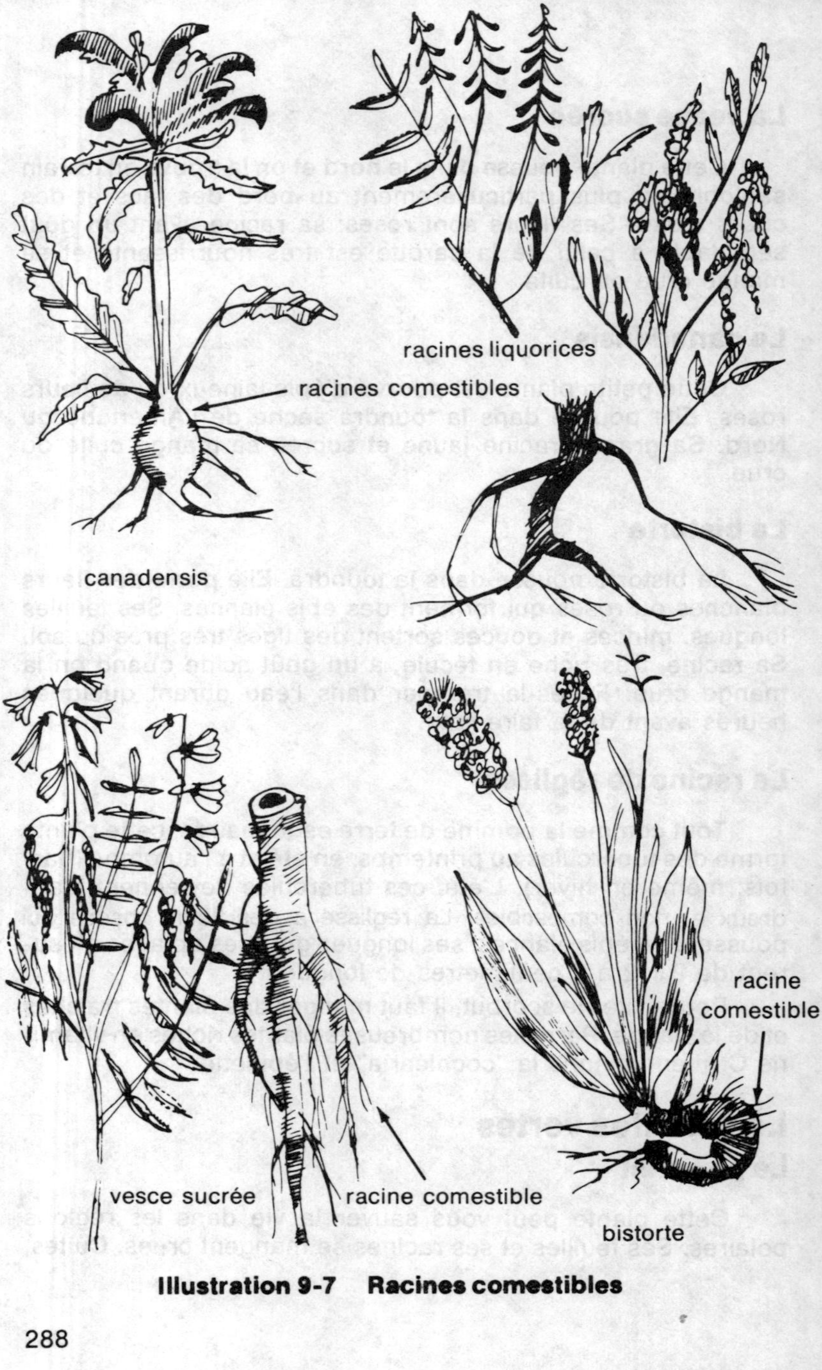

Illustration 9-7 Racines comestibles

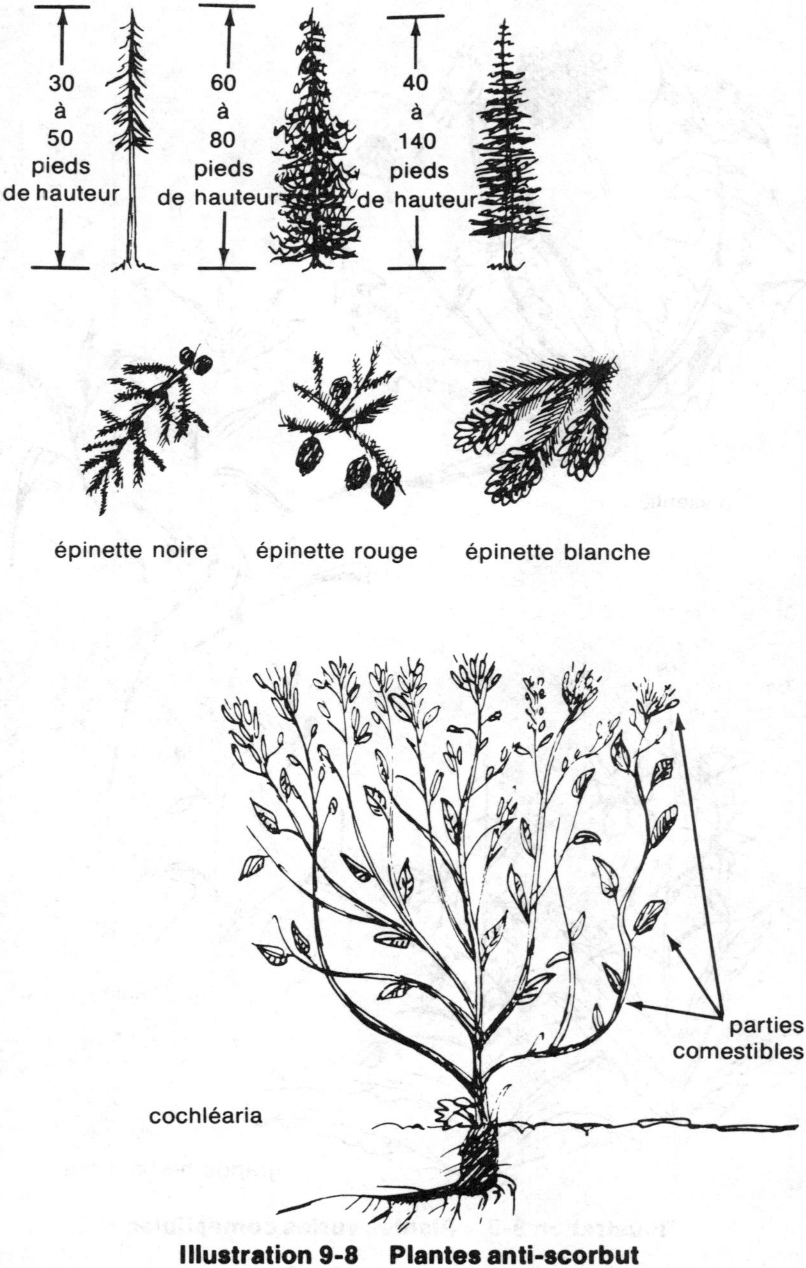

Illustration 9-8 Plantes anti-scorbut

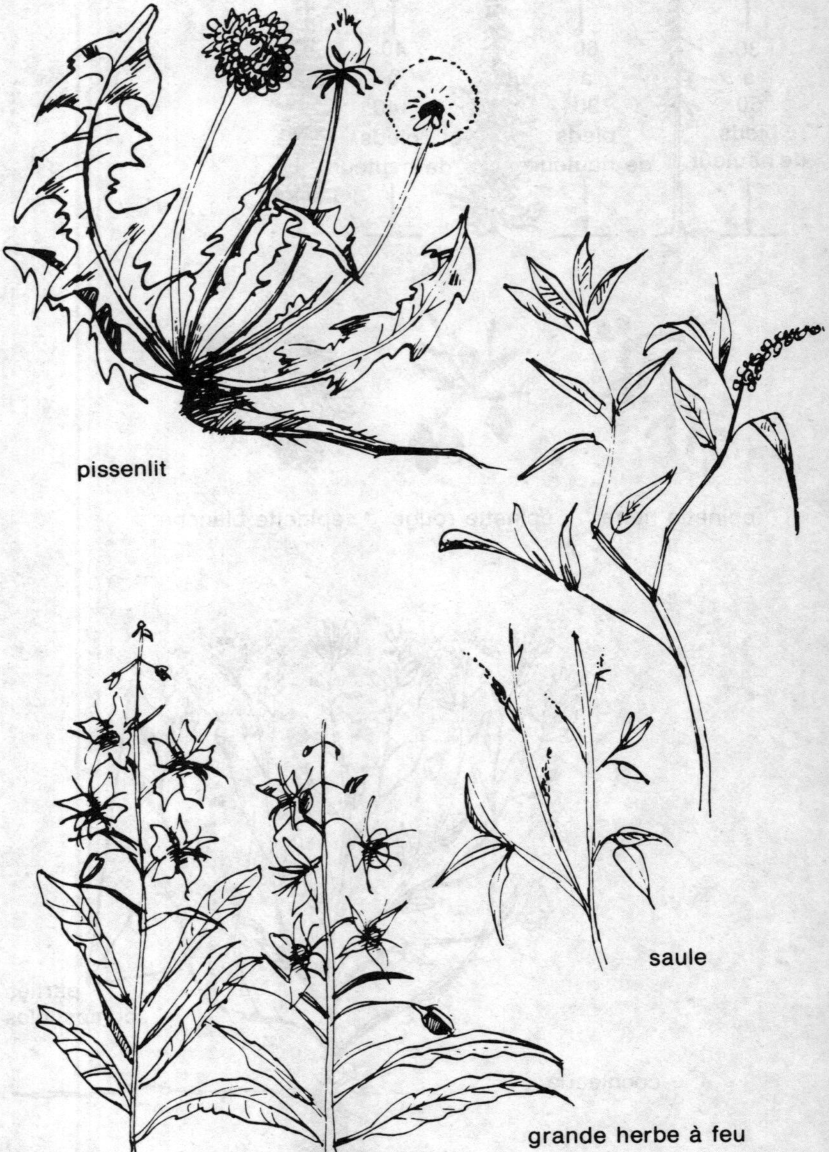

Illustration 9-9 Plantes vertes comestibles

souci des marais

tussilage

ficaire (petite chélidoine)

elles ont meilleur goût. Les racines du pissenlit peuvent remplacer le café; nettoyez-les et coupez-les en petits morceaux que vous faites rôtir, pour, ensuite, les moudre entre deux pierres. Infusez-les et buvez.

Le souci des marais

Cette plante apparaît très tôt au début du printemps. Elle pousse dans les marais et le long des cours d'eau. Cuites, les jeunes feuilles et les jeunes tiges sont nourrissantes et savoureuses.

Les algues

Les algues constituent un excellent supplément au repas de poisson (voir le chapitre dix, “Survivre en mer et sur le littoral”).

Le saule

Ces petits arbres poussent un peu partout à travers le monde. Dans la toundra, ils n'atteignent que quelques centimètres de hauteur. Au printemps, on peut en savourer les jeunes pousses tendres et feuillues. En vieillissant, ces mêmes pousses deviendront dures et amères. Les saules se caractérisent par leurs grappes de fleurs et de fruits. Ces grappes (en forme de chenilles) mesurent environ 2 1/2 centimètre de longueur. Le saule constitue une des sources les plus riches en vitamine C et on le trouve dans presque toutes les régions du monde.

Le ficaire (petit chilidoine)

Les jeunes feuilles, les tiges et les fleurs, comestibles au printemps, deviennent dures et amères en été et meurent à l'automne. On les trouve le long des cours d'eau, dans les bancs de sable, au bord des lacs, ainsi que sur les pentes des zones alpines et arctiques. Les tiges atteignent jusqu'à 8 centimètres de hauteur, et les feuilles épaisses et blanchâtres mesurent environ 8 centimètres de longueur. Le ficaire est agrémenté de belles grandes fleurs roses et pourprées dont la corolle comprend quatre pétales.

Les hautes herbes à feu

Les jeunes feuilles, les tiges et les fleurs, comestibles au printemps, deviennent dures et amères en été. Cette plante pousse dans les bois, aux flancs des collines et sur les berges des cours d'eau, ainsi qu'au bord de la mer. Elle abonde dans les savanes. Ces hautes herbes ressemblent au ficaire, quoique leurs feuilles soient vertes et leurs tiges plus rouges et plus longues. Elles mesurent de 1 1/2 à 2 mètres de hauteur et leurs fleurs sont d'un rose éclatant.

Le tussilage

Au printemps et en été, on peut en manger les feuilles et les pousses qui sont en fleurs. Cette plante se trouve dans les forêts humides et les toundras submergées. Ses feuilles épaisses et triangulaires mesurent de 7 à 25 centimètres de longueur. Vert dans le haut et blanchâtre dans le bas, le tusillage ne sort de terre qu'au printemps. Son rhizome charnu et enchevêtré, mesurant environ 30 centimètres, est orné d'une touffe de fleurs à son sommet.

Comment faire un feu

Choisissez un endroit à l'abri du vent. Les arbres et les broussailles font de bons paravents dans les régions boisées; mais en terrain découvert, un rang de blocs de neige, une crête, le côté concave d'un banc de neige peuvent bien vous protéger du vent. On peut, également, s'entourer d'un mur de broussailles qu'on aura coupées et plantées dans la neige. Une palissade de branches de conifère convient également. Le paravent doit s'élever à un peu plus d'un mètre de hauteur et doit former un fer à cheval tout autour du feu. N'oubliez pas de protéger le feu de la neige qui peut dégoutter des branches au-dessus de votre tête.

Le combustible

Dans le grand nord, tout ce qui brûle s'appelle combustible: la graisse de baleine, les lichens, les morceaux de charbon, le bois flottant, les herbes, l'écorce de bouleau et bien d'autres choses encore. Dans certaines parties de l'Arctique, nous devons cependant reconnaître que le gras d'animal constitue le seul combustible qui existe. Celui-ci doit être brûlé dans un récipient en métal et l'ignition doit se faire à l'aide d'un allume-feu. La graisse de phoque fait un bon feu; lorsqu'on dispose d'un peu d'essence pour l'enflammer il n'est pas nécessaire de la mettre dans un récipient. Un pied carré de cette substance peut brûler durant des heures et les restes, comme la cendre, sont comestibles. Les Esquimaux allument la graisse de phoque avec les os de ce même animal. Pour ce faire, ils empilent d'abord les os en une forme pyramidale; ensuite ils mettent le feu à une guenille huileuse qu'ils placent sous la pyramide osseuse. Ensuite ils recouvrent soigneusement cette dernière de morceaux de graisse. De cette façon, la chaleur provenant des os fait fondre l'huile de ces morceaux de graisse qui dégoutte ensuite sur ces os chauffé, et le tout s'allume. Voici comment s'improviser un poêle à graisse: percez d'abord une multitude de petits trous sur toutes les surfaces d'une boîte de fer blanc. Ensuite, façonnez une mèche à l'aide d'un morceau de toile, de mousse desséchée, ou d'une peau de phoque. Cette mèche, une fois imprégnée d'huile, doit être placée sous la boîte et vous y mettez le feu. La graisse sera enfin déposée sur ce petit poêle de fortune. Celui-ci produit deux fois plus de chaleur que ne le ferait une mèche seule.

Dans les régions polaires, le bois sert généralement de combustible. Le bois le plus sec est celui des arbres morts qui sont encore debout. Les branches les plus sèches des arbres vivants sont celles qui demeurent au-dessus du niveau de la neige. Dans la toundra, il n'y a rien de mieux que le saule et le bouleau pour faire du feu.

Les vêtements

Bien se vêtir est le plus important facteur de survie dans les régions polaires. Le froid ne laisse guère de temps pour les expérimentations. Votre première décision doit toujours s'avérer la meilleure. Vos vêtements et votre façon de les utiliser peuvent augmenter ou diminuer vos chances de survie.

Au froid, la chaleur de l'organisme se dissipe très vite et les vêtements n'ont alors qu'une seule fonction: retenir cette chaleur en servant d'isolant. Les vêtements adéquats peuvent bien contrôler la température du corps selon qu'on les enlève ou qu'on les porte au besoin. La surface intérieure du vêtement retient la chaleur tandis que la surface extérieure résiste au vent et empêche l'air froid de pénétrer.

Voici quelques considérations importantes concernant les vêtements et leurs rapports avec vous:

1) Les vêtements trop serrés réduisent la zone d'air protégeant votre corps et nuisent à la circulation sanguine.
2) La transpiration est dangereuse parce qu'elle atténue la capacité isolante des vêtements, en y substituant la sueur à la couche d'air requise. En s'évaporant, la sueur refroidit votre corps. Lorsque vous avez trop chaud, ouvrez vos vêtements ou détachez l'encolure et les poignets.
3) Les pieds et les mains requièrent une attention très particulière puisqu'iis se refroidissent plus vite que les autres parties du corps. Couvrez vos mains. Pour les réchauffer, placez-les sous vos aisselles, entre vos cuisses ou contre vos côtes. Parce que les pieds transpirent davantage, il est plus difficile de les garder au chaud. Vos chaussures doivent être suffisamment grandes pour vous permettre d'enfiler deux paires de bas pour que vos pieds restent bien au sec; c'est là le secret du confort. Il n'y a rien de plus chaud que deux paires de bas l'une dans l'autre, lorsqu'on glisse entre elles un rang d'herbe sèche, de mousse ou de plumes.
4) S'il est nécessaire d'improviser quelques pièces vestimentaires tels que des bottes lorsque celles-ci sont trop petites pour chausser vos pieds emmitouflés de plusieurs paires de bas, vous pourrez utiliser à cette fin un morceau de grosse toile et quelques bouts de corde, ou encore, le coussinet du siège d'un parachute.

Les indigènes

On compte relativement peu d'indigènes dans l'Arctique. Ceux de l'Amérique du Nord et du Groënland sont habituellement très accueillants. Les Esquimaux vivent principalement sur le littoral, tandis que les Indiens habitent le long des rivières et des cours d'eau de l'intérieur. Les indigènes des régions arctiques n'ont guère plus de nourriture que vous n'en avez en tant que survivant. N'abusez donc pas de leur hospitalité et si possible offrez-leur quelque compensation lorsque vous les quittez.

Chapitre 10

Survivre en mer et sur le littoral

Beaucoup d'incidents et d'accidents peuvent vous amener à affronter les problèmes de survie en mer: les navires ou les avions en détresse à la suite d'une tempête, le feu, une collision, ou les méfaits d'une guerre. Votre survie dépend alors, en grande partie, des vivres et de l'équipement disponibles, ainsi que de votre habileté et de votre ingéniosité.

De nos jours, les canots de sauvetage, les radeaux et les avions sont tous adéquatement équipés pour faire face à toutes les situations d'urgence et à toutes les éventualités. Vous devez savoir où se trouve cet équipement et vous initier à son fonctionnement. Vérifier si, parmi cet équipement, il y a tout l'attirail nécessaire pour la pêche. Avant et pendant un long voyage sur l'eau, familiarisez-vous avec les embarcations de sauvetage; revoyez les mesures à suivre en cas d'abandon du navire et soyez prêt à suivre les commandements du capitaine.

Dans les cas extrêmes, alors que l'avion ou le navire coulent rapidement et qu'il devient impossible de procéder tel que prévu, vous devez vite improviser. Chargez la plus grande pièce d'épave que vous trouvez de tout le matériel nécessaire à la survie: des boîtes de conserve, provision d'eau et dispositifs de signalisation.

Survivre en mer: les mesures d'urgence

Un amerrissage forcé

Dans une telle situation, sortez d'abord de l'avion avant de gonfler votre radeau et votre gilet de sauvetage. Aussi longtemps que l'avion pourra flotter, retenez votre radeau à celui-ci à l'aide d'un câble, mais soyez prêt à vous en détacher quand il le faudra. Prenez avec vous de la nourriture, de l'eau et tous les appareils portatifs de communication.

Les flaques d'huile sur l'eau

Si à la suite d'un écrasement, votre appareil prend feu et que l'huile se répand tout autour, fuyez rapidement, soit à la nage, soit en ramant vigoureusement à contre vent. Plongez et nagez sous une étroite traînée d'huile flamboyante. Faites la même chose lorsqu'il s'agit d'un épais mur de feu; pour reprendre votre souffle, revenez à la surface en agitant fortement le bras, puis respirez et plongez à nouveau. Continuez ainsi jusqu'à ce que vous vous sentiez hors de danger.

Comment nager pour survivre

Une ceinture de sauvetage pas trop gonflée vous mène plus loin si vous nagez sur le dos. Si vous savez relaxer dans l'eau, vous pouvez sans difficulté vous maintenir à la surface sans l'apport d'un tel équipement, surtout dans l'eau salée. L'air retenu captif à l'intérieur de vos vêtements peut vous aider à flotter et vous permettre de vous reposer. Si vous êtes épuisé après un certain temps dans l'eau et que vous êtes un nageur endurci, laissez vous flotter sur le dos si les conditions de la mer vous le permettent.

Adoptez, le plus souvent possible, cette dernière position. Lorsque la mer est trop houleuse, suivez les recommandations suivantes:

Illustration 10-1 Comment nager pour survivre

1) détendez-vous, placez-vous en position verticale et respirez;
2) plongez votre tête sous l'eau vers l'avant, puis avancez en faisant quelques mouvements de brasse;
3) conservez cette dernière position jusqu'à ce que vous sentiez le besoin de respirer à nouveau;
4) relevez la tête, expirez, maintenez-vous en agitant légèrement les mains et les pieds, inspirez et recommencez le même cycle.

Se déplacer et s'abriter

Le radeau

Il est important de savoir manipuler et prendre soin d'un radeau puisque celui-ci vous abritera et vous transportera jusqu'à l'arrivée d'une équipe de secours ou jusqu'au rivage. Un radeau de caoutchouc doit être bien gonflé. Si les chambres de flottaison sont plutôt flasques, augmentez-en la pression à l'aide de la pompe ou de votre propre souffle. Faites de même pour les sièges transversaux, à moins de devoir transporter un blessé en position horizontale. Ne soufflez pas outre mesure. Les chambres à air doivent être bien rondes mais non pas tendues à l'extrême. Dans de grandes chaleurs, relâchez la pression des tubes afin de compenser pour l'expansion due à l'air chaud. Gardez le radeau le plus sec possible, et pour le tenir en équilibre, placez tout le poids de sa charge au centre. La personne la plus lourde doit également occuper le centre. Sur un radeau gonflable, les fuites d'air peuvent provenir des valves, des coutures et des surfaces submergées. Ces fuites peuvent être rapidement réparées à l'aide de bandes adhésives appropriées. Lorsque vous hissez la voile (celle-ci peut être improvisée avec une toile épaisse et de longues perches), n'attachez jamais les deux coins inférieurs à la fois. Un coup de vent impétueux suffirait alors à faire chavirer le radeau. Faites en sorte de pouvoir relâcher un de ces coins très rapidement, s'il y a lieu. Veillez à ce que le radeau ne chavire pas. Sur une mer démontée, jetez l'ancre à l'avant et couchez-vous. Ne vous levez pas, abstenez-vous de tout mouvement brusque. Gardez une deuxième ancre à portée de main au cas où vous perdriez la première.

Si le radeau chavire, lancez la corde de redressement par-dessus le fond de celui-ci. Allez de l'autre côté, et, à l'aide de votre pied fermement appuyé contre le tube de flottaison, saisissez la corde et tirez-la brusquement. S'il n'y a pas de corde de redressement, empoignez alors la corde de sécurité, glissez-vous sous l'eau et retournez le radeau à l'endroit. La plupart des radeaux sont équipés de poignées de redressement. Un radeau pouvant contenir une vingtaine d'hommes ne requiert pas de corde de redressement puisque ses deux côtés sont identiques.

Pour vous hisser à bord d'un radeau à une place, embarquez par le bout étroit en vous tenant le plus possible en position horizontale. Faites de même pour les plus gros radeaux si vous naviguez seul.

Lorsque plusieurs radeaux sont mis à la mer, il faut les attacher les uns aux autres. L'arrière du premier sera relié à la proue du second et ainsi de suite. Jetez l'ancre au bout d'une corde d'une longueur de 8 mètres environ en avant du deuxième radeau. Ajustez celle-ci de manière à ce que l'ancre demeure au creux de la vague alors que le radeau est sur la crête.

À tour de rôle, chacun des hommes à bord doit faire le guet sauf, bien sûr, les blessés et les malades. Le surveillant doit être remplacé à toutes les deux heures. Celui-ci doit être constamment sur le qui-vive pour scruter l'horizon, dans le but de trouver un rivage ou du secours.

Si les vents et les courants poussent votre radeau dans la bonne direction, gonflez celui-ci au maximum, assoyez-vous plus haut, remontez l'ancre et tendez la voile. Une rame peut vous servir de gouvernail. Si le vent travaille contre vous, descendez l'ancre et couchez-vous; n'utilisez pas la voile à moins d'apercevoir le rivage. Les courants ne peuvent vous causer trop d'ennuis, puisqu'en pleine mer, ils ne se déplacent que de 10 à 13 kilomètres par jour tout au plus.

La signalisation

En mer, un appareil radio, un feu de signalisation, une torche, un miroir, une lampe de poche et un sifflet sont quelques instruments vous permettant de signaler votre détresse; mais ne les utilisez pas à moins d'être sûr qu'on peut les voir ou les entendre. À défaut de tout cet équipement, battez et fouettez l'eau avec vos rames.

L'appareil radio

Si votre radeau est muni d'un appareil radio, suivez les instructions qui accompagnent généralement un tel système de communication.

Le miroir

Il est très utile pour signaler votre présence aux secouristes venant par la voie des airs.

La lumière et le feu de signalisation

Les instructions relatives à l'usage des pistolets, des fusées de signalisation, des signaux de fumée, et des lumières (équipement courant d'un bateau de sauvetage) accompagnent toujours ce genre d'équipement. Les lanternes et les lampes de poche conviennent parfaitement à la signalisation nocturne.

Le drapeau de signalisation

Deux personnes doivent tenir le drapeau bien déployé et l'agiter de manière à présenter un écran de couleur. Au bout d'un mât, on l'aperçoit de très loin.

La toile ou la bâche goudronnée

À l'approche d'un avion, cette couverture doit être déployée et agitée, le côté peint sur le dessus.

Le sifflet

Lorsque la visibilité est mauvaise ou devient nulle, le sifflet est un excellent moyen d'attirer l'attention des navires et des gens sur la côte ou, encore, de repérer d'autres radeaux qui peuvent se séparer du groupe durant la nuit.

Les signes avant-coureurs de la proximité d'un rivage

Les nuages

Les nuages ainsi que certains reflets dans le ciel sont les indicateurs les plus sûrs de la proximité d'un rivage. Les petits nuages s'amoncellent au-dessus des îles de corail et des récifs encore cachés. La présence d'éclairs dans une région particulière du ciel aux heures matinales indique une région montagneuse, surtout dans les zones tropicales. Dans les zones polaires, une tache lumineuse et découpée sur un ciel gris peut indiquer une banquise se prélassant au grand large.

Les sons et les bruits révélateurs

Certains cris d'oiseaux de mer peuvent vous guider vers un navire ou une bouée ou même vers le rivage.

D'autres indications

L'accroissement du nombre des oiseaux et des insectes de même que les algues feuillues des eaux peu profondes annoncent une côte toute proche. Un banc de glace côtière plus lisse, plus blanc et plus égal que la glace du "pack" nous prévient de la proximité d'une crique gelée. Il y a également les odeurs du littoral. Ce dernier point est très important lorsqu'on avance dans la nuit ou dans la brume. Le bois flottant et la végétation plus abondante sont également d'heureux présages.

Les dangers et les risques de la mer

Les requins

Ces grands prédateurs aquatiques sont fureteurs et reniflent tout ce qui se trouve sur leur passage. Quoiqu'ils ne soient généralement pas dangereux lorsqu'on ne les provoque pas, ils peuvent attaquer un nageur blessé et sanglant. Le sang doit être immédiatement arrêté et, pour ce faire, on peut fabriquer un garrot à l'aide d'un lacet de chaussure ou d'un morceau de vêtement. Les requins sillonnent presque toutes les mers du monde. Les statistiques démontrent, cependant, que la plupart de leurs attaques se produisent dans des eaux dont la température atteint 18°C et plus. Les eaux plus froides ne les intéressent pas. Même dans les mers chaudes, les risques d'être attaqué par un requin sont très réduits si vous savez comment vous comporter devant ce danger et vous servir d'un certain produit chimique qui les éloigne.

Les mesures de protection contre les requins

Dans l'eau

1) Gardez vos vêtements et vos chaussures.
2) Lorsqu'un requin menace plusieurs personnes, celles-ci doivent se regrouper pour former un cercle resserré, les visages vers l'extérieur, ce qui permet de voir

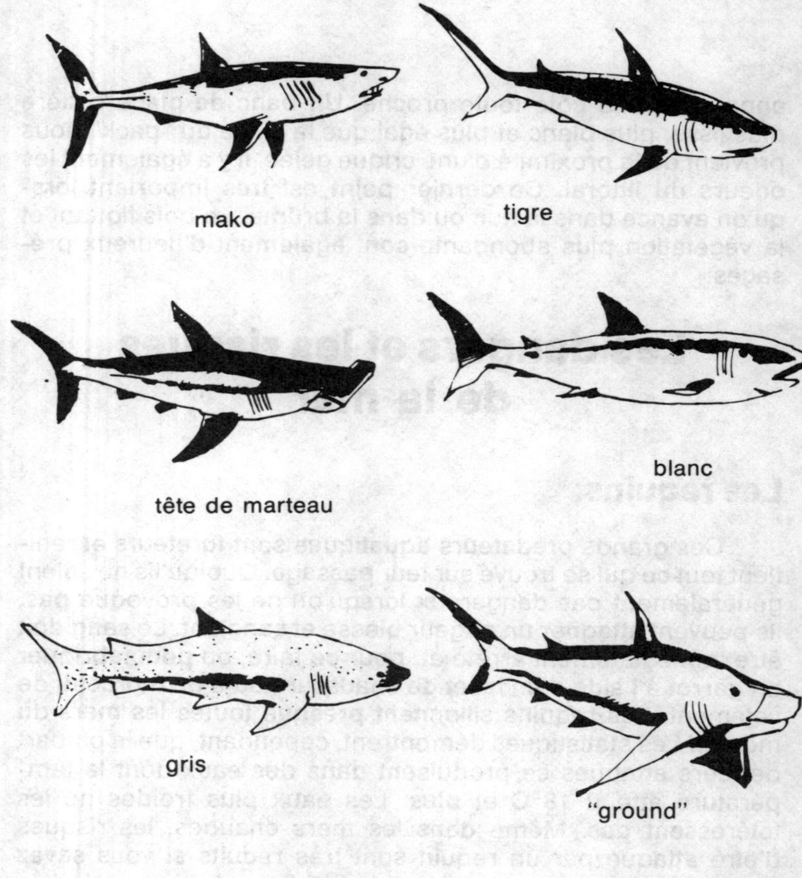

Illustration 10-2 Requins capables d'attaquer l'homme

approcher l'intrus de tous les côtés. Si la mer est tourmentée, attachez-vous les uns aux autres.

3) Demeurez aussi calme que possible. Ménagez votre énergie, laissez-vous flotter afin de ne pas exposer tout votre corps. Si vous devez nager, utilisez la brasse en faisant des mouvements forts et réguliers; évitez les gestes brusques.
4) Éloignez-vous des bancs de poissons.

Quand un requin dessine de grands cercles, il n'est que curieux. Si les cercles se resserrent et que le vilain s'agite, le voilà prêt à l'attaque. Lorsqu'un seul requin vous menace à courte distance:

5) Nagez régulièrement et fermement, feignez de vous diriger vers lui afin de l'effrayer.
6) Ne lui tournez pas le dos, ne vous éloignez pas directement de son champ d'attaque. Faites-lui face et nagez vivement d'un côté ou de l'autre.
7) Frappez violemment la surface de l'eau avec vos mains. Plongez et poussez un cri fort et perçant. Ces stratagèmes peuvent peut-être l'éloigner.
8) Lors d'un affrontement, si vous disposez d'un couteau, poignardez-le en visant le museau, les yeux, les branchies ou le ventre.
9) En dernier ressort, repoussez-le avec vos pieds et vos mains, ou agrippez-vous à ses ailerons jusqu'à ce que vous puissiez vous en évader.

Sur un radeau

1) Ne pêchez pas lorsque les requins vous encerclent. À l'approche d'un requin, mieux vaut abandonner le poisson déjà capturé. Ne videz pas les poissons à la surface de l'eau.
2) Ne jetez pas vos déchets à la mer lorsque les requins rôdent.
3) Ne laissez pas vos mains et vos pieds pendre hors du radeau, surtout lorsque vous pêchez.
4) Si le requin menace d'attaquer ou d'endommager le radeau, frappez-lui le museau ou les branchies à l'aide d'une rame.

5) Faites feu au-dessus de sa tête (si vous disposez d'un pistolet), ceci peut l'effrayer.
6) Si vous devez vous jeter à l'eau, assurez-vous d'abord qu'il n'y a aucun requin sous le radeau et tout autour.

La raie géante

Ne confondez pas la raie géante ou "manta" des eaux tropicales avec le requin. En nageant, la raie retrousse le bout de ses nageoires lesquelles, vues à la surface de l'eau peuvent faire croire que deux requins avançent côte à côte. Si les deux nageoires disparaissent simultanément et périodiquement, il s'agit d'une raie. Au-dessus des grands fonds, celle-ci ne présente aucun danger pour un nageur, quoique certaines peu-

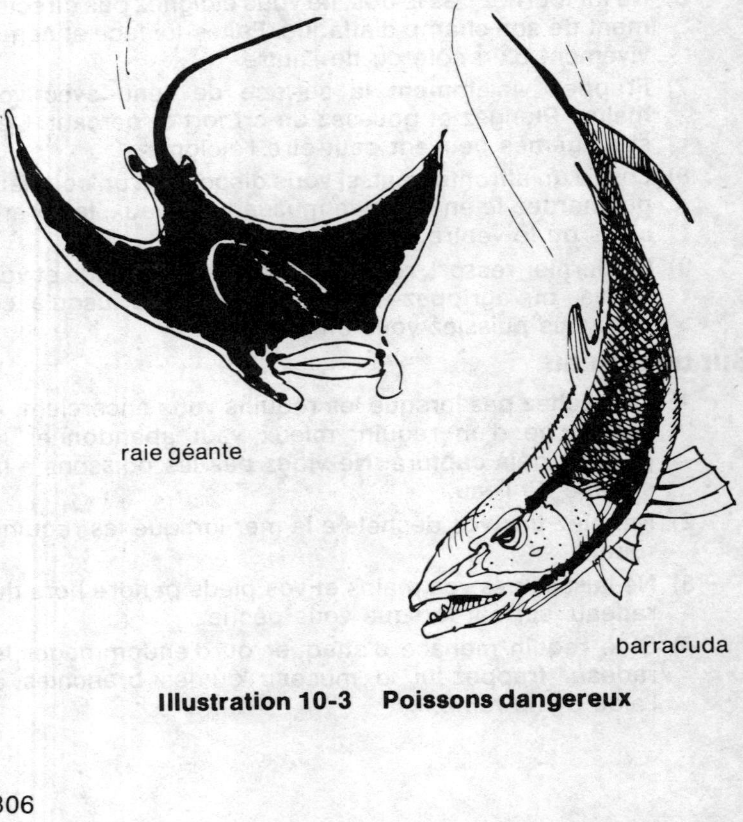

Illustration 10-3 Poissons dangereux

vent se révéler dangereuses en eaux peu profondes, surtout lorsqu'on leur marche dessus.

Les raies électriques

La raie électrique, communément appelée "torpille", se trouve tout aussi bien en pleine mer que dans les fonds sablonneux et boueux; elle peut, quoique très rarement, causer un choc électrique paralysant.

Les poissons toxiques et non comestibles

Les eaux tropicales regorgent de toutes les espèces de poissons toxiques imaginables. Cependant, la plupart d'entre eux présentent plusieurs caractéristiques physiques communes: des formes étranges (carrées ou rondes), une peau dure et souvent épineuse, une bouche minuscule, des nageoires petites ou même absentes. Plusieurs portent des noms très descriptifs. La vache marine (coffre), par exemple, est dotée, comme la vache, d'un dos rigide et osseux ainsi que de deux protubérance cornues au-dessus des yeux. Le poisson-lime se caractérise par sa peau rugueuse et son épine dorsale rayée qui avance en saillie au-dessus de sa tête. Certains de ces poissons demeurent biologiquement toxiques, tandis que d'autres ne le sont que lorsqu'ils se nourrissent de choses toxiques. Le blectognathe, le hérisson de mer et le poisson-lune ne doivent jamais être consommés. Ils sont facilement identifiables. Les deux premiers se gonflent dès qu'on les approche, et le troisième promène une immense tête sans corps et sans queue. Des Japonais vous diront que certaines espèces de plectognathes constituent un mets délicieux lorsque bien apprêtés; cependant plusieurs personnes sont mortes d'en avoir mangé, quelles que soient les précautions apportées. On rapporte qu'aux États-Unis, plus précisément au nord de la Géorgie, beaucoup de gens dégustent sans problèmes une certaine espèce de plectognathe. Quoi qu'il en soit, tous les plectognathes doivent être considérés comme toxiques.

Plusieurs espèces de poissons secrètent un liquide visqueux par leurs glandes sous-cutanées. Cette écume est toxique et non comestible; elle affecte les yeux et la peau. Parmi

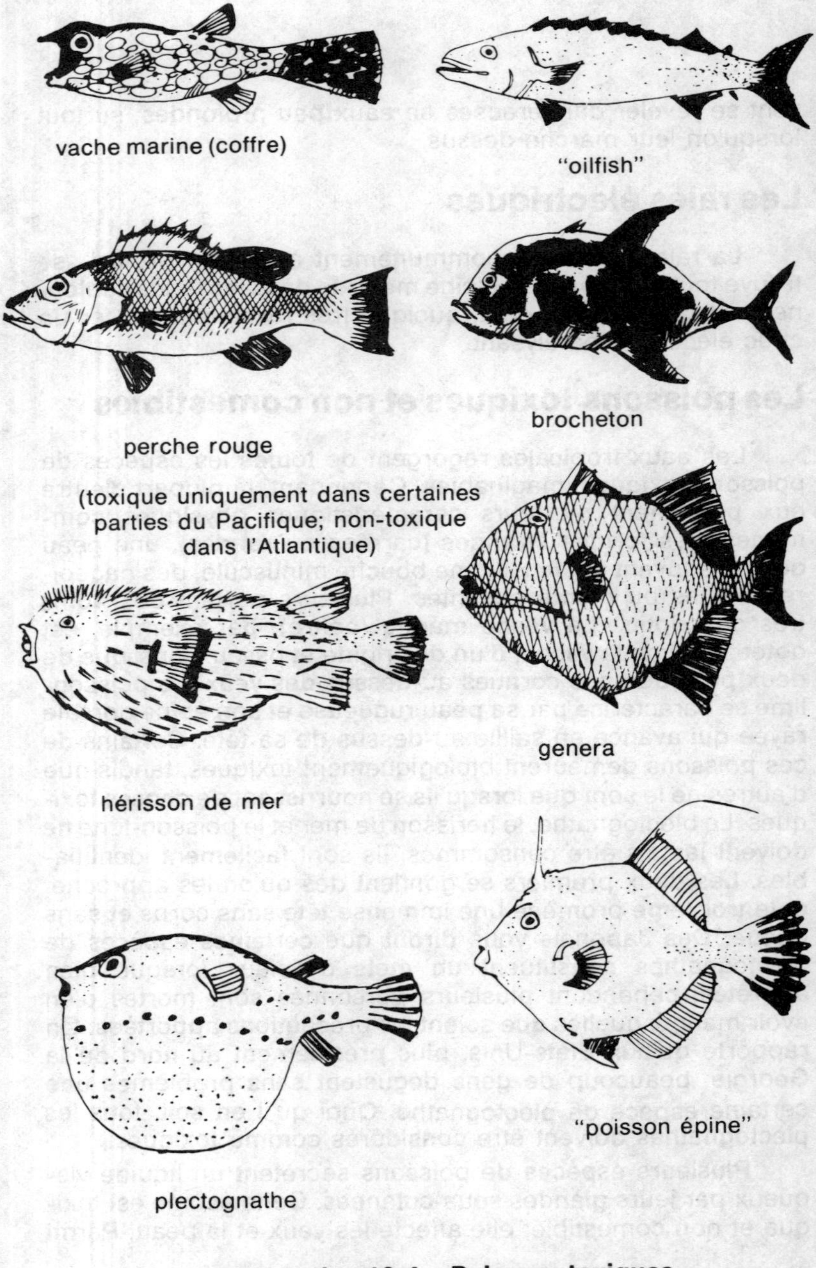

Illustration 10-4 Poissons toxiques

ceux-ci, mentionnons le "poisson-savon" (soapfish), le "Toadfish", le gastrobranchie, la murène et la vache marine. Quand on doit manger ces poissons, il est impératif d'en enlever la peau.

Enfin, pour de nombreuses raisons, le foie, les intestins, les glandes, le cerveau et tous les organes viscéraux de ces poissons peuvent également être toxiques. Vous devez donc soigneusement vider et nettoyer tous les poissons qui ne vous sont pas familiers avant de les consommer, afin d'éviter toute contamination de la chair comestible. S'il vous arrive de manger ces organes viscéraux, ou toute partie autre que la chair, assurez-vous d'abord de leur non-toxicité, à moins de savoir déjà que cette espèce particulière n'a rien de toxique et cela, en toutes saisons. Il ne faut jamais croire qu'il suffit tout simplement de faire cuire un poisson toxique pour le rendre comestible. Même en potage ou en ragoût, la toxicité de ces poissons demeure extrêmement dangereuse.

Le ciguatera

On dit que cette toxine provient de petites algues bleues-verdâtres poussant à la base des récifs des îles tropicales. Il est donc normal d'en déduire que les poissons qui se nourrissent de ces algues (plus particulièrement dans les îles de l'Indo-Pacifique et des Caraïbes) peuvent devenir toxiques. Ceux-ci sont caractérisés par des dents en forme de bec de perroquet. Lorsque vous pêchez dans ces eaux, vérifiez toujours les poissons avant de les manger. Les prédateurs qui se nourrissent de ces poissons sont encore plus toxiques que ces derniers. Ainsi, les barracudas (1 mètre et plus de longueur), les brochetons et les perches sont en majeure partie responsables des empoisonnements par le ciguatera; alors, il ne faut pas les consommer sans prendre toutes les précautions possibles. À cet égard, le seul test positif consiste à en nourrir un mammifère ou à en absorber soi-même en très petites quantités. La cuisson ne peut détruire la toxine. Si possible informez-vous auprès de la population autochtone de ces lieux; ces gens peuvent vous dire lesquels de ces poissons sont comestibles et lesquels ne le sont pas. N'oubliez pas que parfois, les habitants de ces régions ne mangent pas d'une certaine nourriture à cause de la tradition ou de motifs purement

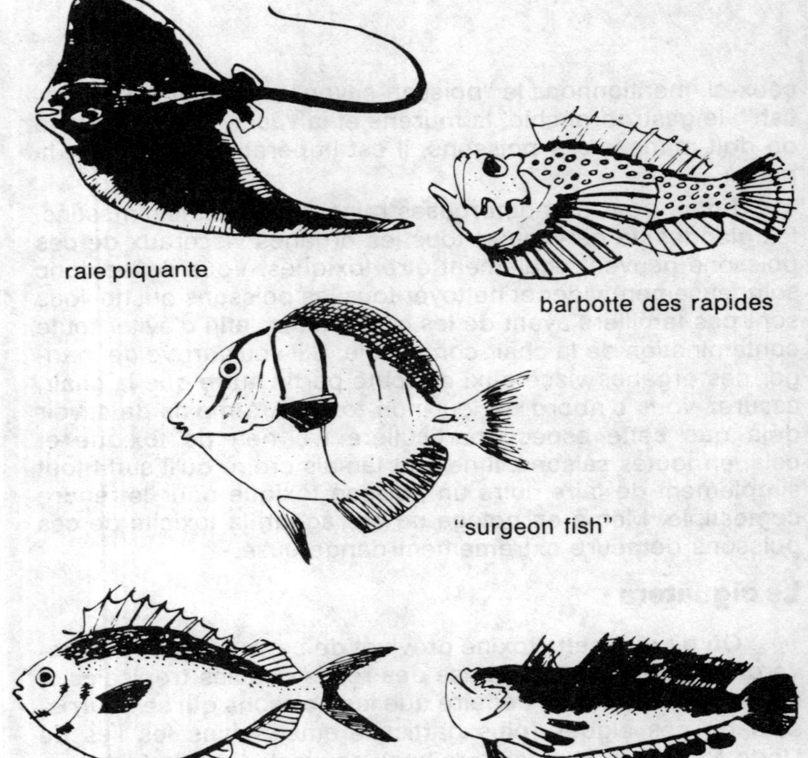

Illustration 10-5 Poissons venimeux

superstitieux. Ne pas respecter certaines de ces traditions peut cependant vous attirer une certaine hostilité.

Les poissons qui piquent (venimeux)

Plusieurs espèces de poissons sont armées d'aiguillons capables d'infliger des blessures profondes; chez quelques-unes, ces aiguillons s'accompagnent de glandes venimeuses. Évitez ces dernières, n'y touchez pas, car même lorsqu'elles sont mortes, leurs aiguillons demeurent toxiques. Si ces espèces restent comestibles quand on enlève leurs glandes venimeuses, leur capture comporte tellement de risque qu'il vaut mieux les oublier. Cette dernière remarque s'applique davantage aux "stonefish" et au poisson zébré. Alors que la toxicité varie entre les espèces et les individus d'une même espèce, les groupes qui suivent sont considérés comme étant dangereux:

Les méduses

Les méduses (incluant la "man-of-war" portugaise) se caractérisent par leur habileté à fouetter et à brûler l'épiderme. Leurs tentacules sont à craindre. Les vêtements vous protègent assez bien de leurs méfaits. Quoique leurs piqûres ne sont habituellement pas dangereuses, elles demeurent excessivement douloureuses et perturbent le fonctionnement de l'organisme.

Les raies piquantes

Ces raies sont munies de barbillons piquants et venimeux situés près de l'extrémité de leur queue. Lorsqu'ils se brisent à l'intérieur d'une blessure, ils sont alors très difficiles à retirer et le risque d'infection est très grand. Ces poissons de forme aplatie mesurent souvent quelques mètres de longueur; ils ressemblent à la raie géante. On les trouve dans les eaux chaudes et peu profondes de la côte. Pour les approcher, avancez dans l'eau avec précaution en prenant soin de vous ouvrir un chemin à l'aide d'un bâton. Dès que la raie se sent touchée, elle s'élance comme une flèche. Quand on lui marche dessus, elle secoue violemment sa queue et vous pique aux jambes et aux chevilles.

Parmi les autres poissons venimeux, mentionnons le poisson-chat, le trachinus, le "surgeon fish", le "stonefish", le poisson zébré, et le poisson-scorpion. Protégez-vous quand vous pataugez dans les eaux peu profondes et, si le fond demeure invisible, avancez en traînant les pieds. Quand un de ces poissons vous pique, nettoyez et videz la blessure immédiatement. Placez la partie affectée dans l'eau chaude (50°C et plus) ou couvrez-la de compresses chaudes durant 30 à 60 minutes afin d'annihiler les effets toxiques. Il existe très peu d'antidotes à ces venins. Quoique leurs méfaits ne soient que mineurs, la raie électrique et le "stargazer" infligent des chocs électriques. Les raies électriques se retrouvent aussi bien dans les océans tempérés que dans les océans tropicaux. Les plus grosses peuvent produire un choc jusqu'à 220 volts, suffisamment fort pour vous jeter à la renverse et vous étourdir. La forme circulaire de leur corps et leur nageoire caudale les différencie nettement des raies piquantes, lesquelles traînent une longue queue flagellaire au bout d'un corps triangulaire.

Les poissons qui mordent

En mer, les risques d'être mordu par un poisson sont beaucoup moins grands que la possibilité d'être frappé par l'éclair. Mais, à cause de l'aspect effrayant et grotesque de ces morsures, les gens les craignent davantage. En cela, les trois plus grands semeurs d'émoi, sont, bien sûr, la murène, le barracuda et le requin (voir le paragraphe concernant les requins).

La murène

Si toutes les anguilles, peuvent mordre lorsqu'elles sont provoquées, les murènes ont la réputation (bien confirmée d'ailleurs) d'être les plus agressives et les plus dangereuses pour l'homme. Ces anguilles, vivant dans les trous et les crevasses des récifs tropicaux, défendent leur nid contre les pieds et les bras menaçants. Lorsque vous fouillez les crevasses à la recherche de poissons et de homards, soyez sur vos gardes, méfiez-vous des murènes. Quand elles mordent, il arrive parfois que leurs dents recourbées s'enfoncent dans la chair et ne puissent plus en ressortir; il faut alors leur couper la tête.

Le barracuda

Contrairement à ce que l'on croit, les barracudas ne sont pas toujours agressifs. Leur allure féroce et leur nature étrange répandent la terreur, en dépit du nombre plutôt restreint de leurs attaques contre l'homme. On dit que les barracudas d'Australie sont beaucoup plus méchants que ceux des Caraïbes et des îles du Pacifique. Tout comme une meute de chiens, un banc de barracudas est plus dangereux qu'un barracuda isolé. Plusieurs espèces se parent d'une ligne verticale et colorée, juste avant l'attaque. Il peut arriver qu'un barracuda emporte, d'un seul coup de mâchoires, le poisson encore pris au bout de la ligne d'un pêcheur. Dans les eaux obscures, ils se lancent sur un objet brillant, croyant attraper un poisson. Aussi, la nuit, chargeront-ils sur toute source lumineuse quelle qu'elle soit. À moins de raisons très particulières, le barracuda ne vous attaque pas. Ne vous inquiétez donc pas outre mesure de ses manoeuvres et de ses pirouettes.

Quelques autres dangers que cache la mer

Même si nous avons dressé une liste des animaux marins dangereux et toxiques, il existe, toutefois, une foule d'autres dangers dans la mer. Le "Boneshell" et le long et mince escargot tereba sont également dangereux. Méfiez-vous des grosses congues. Ne saisissez pas les haliotis et les palourdes à mains nues: elles se cramponne à vos doigts et ne lâche pas prise. Les coraux, (morts ou vivants) infligent de douloureuses blessures. On peut compter encore des centaines de créatures aquatiques capables de vous blesser grièvement.

Les dangers et les risques pour la santé

Pour vous protéger contre les températures extrêmes, référez-vous aux chapitres appropriés. Veuillez lire attentivement la liste suivante des dangers et des risques que comporte la mer:

L'engelure (pied de tranchée)

À bord d'un radeau, ce mal peut prendre des proportions sérieuses. Le froid, une immersion prolongée, des crampes et une mauvaise circulation en sont la cause. Les picotements, les engourdissements et les rougeurs en sont les premiers symptômes. Une peau couperosée et des ampoules peuvent se produire éventuellement. Lorsque vous souffrez d'une telle affection, gardez vos pieds secs et chauds, remuez-les et relâchez vos chaussures afin de maintenir la circulation sanguine. Élevez vos jambes pendant 30 minutes et plusieurs fois par jour. Si vous atteignez le rivage, ne marchez plus et reposez-vous.

Les brûlures et les furoncles causés par l'eau salée

Ces troubles résultent d'un contact constant avec l'eau salée. Ne piquez ni ne pincez ces furoncles.

Le mal de mer

Si vous souffrez de ce mal, ne buvez pas et ne mangez pas. Étendez-vous et changez fréquemment la position de votre tête.

Les maux oculaires

Le mal est causé par la réverbération de la lumière. Vous pouvez prévenir ces malaises en portant des lunettes fumées, ou un masque protecteur improvisé à l'aide d'une pièce de tissu ou d'un bandage. À défaut de médicaments, placez sur vos yeux un linge imbibé d'eau de mer.

La constipation

À bord d'un radeau, cet état est normal. N'absorbez aucun laxatif. Faites autant d'exercice que possible.

La difficulté à uriner ou une urine foncée

Ce problème est également normal en de telles circonstances.

L'eau

En mer, la pluie, la glace et tout autre liquide provenant des créatures vivantes tels les poissons constituent les seules sources possibles d'eau naturelle. NE BUVEZ PAS D'EAU DE MER, cela ne fait qu'aviver votre soif et tarir les liquides de vos tissus cellulaires, lesquels doivent normalement s'éliminer par le concours des reins et la voie des intestins.

L'eau de pluie

Recueillez l'eau de pluie par tous les moyens imaginables: des chaudières, des tasses, des boîtes de conserve, des ancres, des couvertures, des toiles, etc.; ramassez-la avant même que le besoin s'en fasse sentir. S'il ne s'agit que d'une ondée, mouillez vos "toiles-récipients" dans la mer. L'infime quantité de sel ainsi absorbée, empêchera l'eau de pluie de s'échapper à travers le tissu. Puisque votre corps emmagasine beaucoup d'eau, buvez-en autant que vous le pouvez.

La glace

Après un an, la glace de mer se débarrasse de son sel et devient une source d'eau potable. Elle se distingue de la glace nouvelle par sa couleur bleuâtre et ses coins arrondis.

L'eau de mer

Par grand froid, on peut convertir l'eau de mer en eau potable. Pour ce faire, il suffit de recueillir l'eau de mer à l'intérieur d'un récipient et de l'y laisser geler. Tandis que l'eau gèle d'abord, le sel se concentre au coeur de celle-ci. Il ne vous reste plus qu'à séparer ces deux éléments pour obtenir une eau suffisamment saine.

Souvent, à bord des radeaux et des chaloupes de sauvetage, il se trouve des trousses de traitement chimique de l'eau, destinées à purifier celle-ci de son sel et de ses substances alcalines. Suivez les indications appropriées.

La nourriture

La mer regorge d'innombrables formes de vie dont on peut se nourrir. À cette fin, un équipement de pêche s'avère évidemment très utile, mais à défaut de celui-ci, on peut quand même très bien s'en tirer.

Le poisson

Pratiquement tous les poissons de mer fraîchement pêchés sont mangeables et nourrissants. Dans les régions chaudes, il faut les vider et les saigner immédiatement après les avoir capturés. Le poisson qui n'est pas consommé sur-le-champ sera coupé en tranches et mis à sécher; ainsi, il restera comestible durant plusieurs jours tandis qu'autrement il se gâterait en quelques heures à peine. Ne mangez jamais de poisson aux ouïes reluisantes et aux yeux creux dont la chair flasque dégage une odeur de miasme. Il faut dire, tout de suite, qu'on ne trouve guère de tels poissons en haute mer. Le poisson de mer doit avoir une odeur saline et fraîche. On confond parfois les anguilles avec les serpents de mer dont le corps écailleux se termine par une queue aplatie. Si ces deux dernières créatures sont comestibles, méfiez-vous cependant du serpent de mer car sa morsure est venimeuse. Chez la plupart des poissons, le coeur, le sang, les parois intestinales, et le foie sont comestibles. Cependant, faites cuire les intestins. Les petits poissons, à moitié digérés à l'intérieur des plus gros, sont également comestibles. Il ne faut pas oublier les tortues de mer qui sont si nourrissantes.

Quoique des recherches médicales, subventionnées par les forces navales des États-Unis, nous disent qu'en certaines circonstances, une grande variété de fruits de mer tels les oeufs de tortues, le foie du baracuda, du requin et de la baleine peuvent être toxique, certaines évidences nous suggèrent le contraire. Tout dépend de l'endroit où ces animaux marins sont capturés ainsi que de la quantité consommée: dans le cas du requin et des mammifères marins le foie est trop riche en vitamine A. En haute mer, l'intoxication par la nourriture est due, surtout, à une manipulation impropre du poisson et à sa décomposition, plus qu'à toute autre cause. Le poisson étant particulièrement vulnérable à la décomposition bactérienne, il faut tout de suite le vider, soit pour le manger immédiatement, soit pour le garder en réserve. À cette fin, vous devez le couper en lisières, le saler et le laisser sécher. S'il vous est impossible de le conserver, vous pouvez le manger cuit ou même cru; les restes serviront d'appât. À défaut de produits chimiques capables de traiter le poisson gâté, ne vous risquez pas à manger un poisson vieux de plus de deux jours.

Les instruments de pêche

Voici quelques suggestions:

La ligne

Effilochez une grosse toile et attachez les fils ensemble en sections courtes. Vous pouvez également utiliser des suspentes de parachute, des lacets de chaussures ou les fils de vos vêtements.

Les hameçons

En principe, on doit bénéficier en mer d'un équipement de pêche convenable, mais lorsque celui-ci vous manque, votre imagination doit vous tirer d'embarras et vous permettre de survivre. En guise d'hameçons, vous pouvez utiliser des objets pointus ou des épingles, une lime à ongles, des insignes, une tige de la boucle d'une ceinture, ou même un crochet de bois dont la partie la plus forte aura été aiguisée. Celui-ci sera de plus renforcé d'une bande de toile.

Les leurres à poisson

Une pièce de monnaie ou tout autre objet brillant rattaché à l'hameçon fait l'affaire.

Le grappin

Ramassez ou cueillez des algues à l'aide d'un grappin fait d'une pièce de bois dans laquelle vous aurez pratiqué trois encoches, la partie la plus forte devant servir de support. Au bout d'une corde, à l'arrière du radeau, laissez traîner ce grappin dans un angle de 45°. Du même coup, vous pouvez même prendre au passage quelques petits poissons et des crabes qui se seraient embourbés là dans ces algues. Les petits poissons, en plus de vous nourrir, font d'excellents appâts. Les algues comestibles constituent une source essentielle de minéraux et de vitamines. La sargasse, cette algue brune, dure, salée et difficile à digérer, pousse en haute mer. Si la sargasse marinée se mange mieux, elle absorbe une trop grande quantité de liquide de l'organisme. N'en mangez donc que si vous disposez d'une grande quantité d'eau potable.

Une ancre flottante, une traîne à plancton

La plupart des chaloupes de sauvetage et des radeaux sont équipés d'une ancre flottante. En l'absence de celle-ci, vous utiliserez une chaudière, une chemise ou tout objet pouvant servir à cette fin. L'ancre sert de pesée sous-marine et aide à maintenir et à retenir une embarcation, plus particulièrement lorsque l'on ne veut pas s'éloigner des débris d'un navire ou d'un avion. Dans la tempête, l'ancre flottante contribue à garder l'embarcation dans la bonne direction par rapport au vent. Ne laissez pas frotter la corde de l'ancre contre les bords du radeau. Comme ancre de fortune, une chemise convient mieux qu'une grosse toile parce qu'elle est plus perméable et est capable de retenir davantage le plancton et les petits poissons. Le plancton se compose de minuscules plantes et de petits animaux. Ces organismes sont la base de toute la chaîne alimentaire marine et sont généralement plus abondants le long du littoral qu'en plein milieu de l'océan, puisque leur existence dépend des éléments nutritifs en dissolution dans l'eau. Quoi qu'il en soit, en haute mer, l'ancre flottante et la traîne à plancton entraînent une quantité remarquable de ces petites créatures marines.

Le plancton

La question de la valeur nutritive du plancton comme supplément diététique en situation de survie est sujet à controverse. Au nombre de ceux qui vantent les mérites du plancton, mentionnons les membres de la Division de l'environnement de l'armée de l'air. Ces derniers font remarquer que le plancton contient de 30% à 60% de protéines, de 4% à 31% de gras, et de 18% à 23% d'hydrate de carbone. Une fois débarrassé de ses matières piquantes et de ses tentacules inutiles, le plancton constitue une excellente source de nourriture. En Chine, aux Indes et au Japon, on en consomme beaucoup sous forme de "pâte de crevette" ou de condiment. Le corps médical de la marine et de l'armée est l'un des groupes qui s'opposent à la consommation du plancton. Celui-ci soutient que le plancton contient trop de sel et comporte des risques d'intoxication (dinoflagellates) et, selon eux, il ne faut jamais manger de plancton, quelles que soient les circonstances.

Les requins

Curée, séchée ou cuite, la chair du requin est toujours très nourrissante et on la trouve sur les comptoirs d'épicerie de plusieurs pays. Si quelques espèces de requins restent toujours très en demande, rappelez-vous cependant que le foie de tous les requins ne doit jamais être consommé en grande quantité, et cela, parce qu'il contient beaucoup trop de vitamine A.

À cause d'une haute teneur en urée, la viande de requin se gâte très vite; il faut donc la saigner immédiatement ou la tremper dans plusieurs bains d'eau douce.

Les appâts

À l'aide d'une épuisette, attrapez les petits poissons pouvant servir d'appâts pour pêcher les plus gros. À défaut de celle-ci, servez-vous du filet d'une moustiquaire, d'une toile de parachute ou d'une pièce de vêtement attachée au bout d'une rame. Tenez l'épuisette sous l'eau et ramenez-la vers le haut. Des intestins d'oiseaux et de poissons, des pièces de chiffon coloré, un morceau de métal brillant ou même un bouton de chemise font également de bons appâts. Faites constamment bouger l'épuisette sous l'eau afin de la rendre "vivante" et changez les niveaux de profondeur.

Voici quelques suggestions pour mieux pêcher en mer:

1) Manipulez avec soin les poissons dentés et épineux.
2) N'attachez pas la ligne à quelque chose de rigide, car

un gros poisson aura tôt fait de la briser. N'enroulez pas la ligne autour de votre corps.

3) Il vaut mieux libérer un trop gros poisson que de risquer de chavirer.
4) Prenez garde de ne pas crever un radeau de caoutchouc avec un hameçon, un couteau, ou un harpon.
5) Ne pêchez pas à proximité des requins.
6) Rapprochez-vous, si possible, des bancs de poissons.
7) Le rayon de lumière d'une lampe de poche à la surface de l'eau, ou le disque de la lune réfléchie à l'aide d'une pièce de toile attirent les poissons durant la nuit.
8) Pendant le jour, les poissons aiment se rassembler sous l'ombre d'un voile ou d'une bâche.
9) La chair de tous les poissons capturés en haute mer (sauf les méduses et le foie de certaines espèces) est comestible, cuite ou crue. Le poisson cru n'est pas salé et a bon goût.
10) Un couteau fixé au bout d'une rame est un excellent harpon pour attraper les gros poissons. Tirez vite votre proie à l'intérieur du radeau, car celle-ci, en se débattant pour se libérer, peut arracher la lame de votre arme de fortune.
11) Si vous perdez votre équipement de pêche, agitez des intestins de poissons ou d'oiseaux sous l'eau. Un survivant raconte qu'il a pris ainsi 80 poissons en une seule journée.
12 Prenez soin de votre attirail de pêche. Laissez sécher vos lignes. Nettoyez et aiguisez les hameçons et voyez à ce que ceux-ci ne s'enchevêtrent pas dans les lignes.

Les oiseaux

Tous les oiseaux sont comestibles. Ils peuvent venir se poser sur le radeau et, parfois même, sur les épaules des survivants. Lorsque les oiseaux sont craintifs, faites traîner à la surface de l'eau un hameçon appâté ou lancez-le dans les airs.

Même si les oiseaux sont plus nombreux sur les mers de l'hémisphère sud que sur les mers de l'hémisphère nord, soyez patient, car un oiseau apparaîtra sûrement.

Plusieurs oiseaux de mer sont attirés, à portée de fusil, par des objets métalliques brillants ou une coquille que l'on traîne derrière le radeau. En faisant feu sur eux, prenez garde de ne pas transpercer le radeau. Il vous est possible d'attraper un oiseau qui se pose près de vous sur le radeau; par contre, la plupart d'entre eux sont craintifs et se tiennent à bonne distance. Dans un tel cas, vous pouvez leur tendre un piège à noeud coulant dans lequel vous placez un appât. Quand l'oiseau se jette sur ce piège, tirez vivement la corde qui le retiendra par les pattes.

Toutes les parties d'un oiseau sont utiles; même les plumes font un excellent isolant à l'intérieur des chaussures et des vêtements. Elles servent également d'appâts.

Survivre sur le littoral: Le terrain et les considérations premières

Les avions et les bateaux de secours ne peuvent pas toujours repérer un radeau à la dérive ou un nageur isolé. Il vous faudra peut-être rejoindre le rivage avant d'être secouru. En vous approchant du rivage, prenez garde aux coraux et aux rochers. De préférence, abordez la côte durant le jour et, si possible, le soleil derrière vous. Si vous devez débarquez sur un rivage rocheux, évitez, autant que possible, les endroits escarpés et les écueils puisque c'est l'endroit où les vagues viennent se briser avec le plus de violence. Si vous êtes sur un radeau, approchez la rive à la nage en vous laissant porter par les vagues, les jambes repliées, mais détendez-vous afin d'amortir les coups et tirez le radeau au bout d'une corde. Une fois arrivé, tirez le radeau assez haut sur la plage; il peut vous servir d'abri temporaire ou former le toit d'un abri plus permament. Si vous devez avancer à travers les coraux, gardez vos vêtements et vos chaussures afin de ne pas vous infliger de sérieuses blessures.

Les déplacements

Si vous décidez de vous mettre en route, empruntez le littoral plutôt qu'un chemin intérieur. À moins de connaître une piste qui peut vous amener dans un endroit habité, ne quittez la côte que pour éviter les obstacles tels les marais et les falaises.

Les abris

Voyez au chapitre six, "Les techniques fondamentales de survie", les informations relatives aux abris.

Les dangers et les risques de l'environnement

Les reptiles

Les tortues de mer

On sait depuis longtemps que les tortues de mer constituent une excellente source de nourriture et c'est pour cette raison que leur nombre ne fait que décroître. Puisqu'il s'agit d'une espèce en danger d'extinction, ne vous en nourrissez que si nécessaire. Les intoxications dues à la viande de tortue sont très rares, quoique l'on mentionne certains cas d'empoisonnement dans les récifs de l'Indo-Pacifique. Les symptômes sont semblables à ceux de l'intoxication par le ciguatera. Les oeufs de tortue sont toujours très nourrissants. Le foie et le gras en sont également comestibles.

Les serpents de mer

Ces reptiles ne se trouvent que dans l'océan Pacifique et l'océan Indien. Leurs morsures sont extrêmement toxiques et dix fois plus dangereuses que celles de tout autre serpent. Il y a une grande variété de couleurs chez les différentes espèces de serpents de mer, mais on les reconnaît à leur corps écaillé et à leur queue aplatie et verticale. Généralement, ils ne s'attaquent pas aux nageurs; par contre, certaines espèces demeurent plus agressives que d'autres, surtout pendant la saison de l'accouplement. Leur crochet cannelé étant très court, les serpents de mer ne peuvent que difficilement mordre leurs victimes; voilà donc pourquoi leurs morsures ne sont pas toujours sérieuses.

La nuit, la lumière attire les serpents de mer, et il arrive souvent que les pêcheurs, occupés à tirer leurs filets, en soient les premières victimes. Parfois, les serpents de mer viennent respirer à la surface de l'eau et, au printemps, certaines espèces se rassemblent ainsi sur plusieurs kilomètres de longueur. Habituellement, leur morsure cause très peu de douleur et même, parfois, aucune douleur locale. La paralysie est le premier symptôme et elle ne se manifeste que plusieurs heures plus tard. La mort ne survient parfois qu'une semaine ou plus après la morsure: le taux de mortalité est d'environ 17 pour cent. En l'occurence, les soins d'urgence à apporter sont les mêmes que pour les morsures des autres serpents venimeux, mais il n'est pas recommandé d'ouvrir la plaie; l'application d'un garrot et l'immobilisation immédiate de la personne s'imposent et sont beaucoup plus efficaces que la succion du venin.

Les serpents de mer sont comestibles à condition de leur enlever la tête qui contient les glandes à venin. En Chine, ils sont vendus dans les marchés et dans les Philippines ainsi qu'au Japon, certains agriculteurs se spécialisent dans l'élevage de ces reptiles pour leur chair et leur peau. On n'en consomme généralement que six à sept espèces car les autres sont trop petites et ne conviennent pas aux demandes des marchés commerciaux.

Les crocodiles

Les crocodiles habitent dans les eaux salées des baies tropicales et dans les estuaires bordés de mangles. Ils peuvent s'aventurer jusqu'à 65 kilomètres en haute mer. Il y en a qui vivent près des régions habitées, mais, habituellement, on les trouve dans les endroits les plus reculés des Indes néerlandaises et du sud-est asiatique. Les spécimens de plus de deux mètres de longueur sont dangereux, plus particulièrement les femelles gardant leur nid. La chair du crocodile est très nourrissante.

Les oursins, les biscuits de mer, les éponges et les actinies

Si les oursins de mer et leurs cousins aquatiques n'infligent pas de blessures mortelles, celles-ci demeurent quand même très douloureuses. Les oursins de mer se tiennent dans les eaux peu profondes, près des récifs de corail. À les voir, on dirait de petits porcs-épics ballonnés. Lorsque vous leur marchez dessus, ils vous enfoncent de fines aiguilles dans la peau où elles se brisent et provoquent une infection. Ces épines doivent être retirées et les blessures désinfectées. Pour de plus amples informations concernant les oursins de mer, voir la section "La nourriture" dans le présent chapitre.

Les dangers et les risques pour la santé

Les températures extrêmes du littoral constituent un danger réel pour les survivants. Allez voir les chapitres traitant des climats.

L'eau

Voyez le chapitre six, "Les techniques fondamentales de survie" ainsi que la section "L'EAU" au début du présent chapitre.

La nourriture

Les algues marines

Les feuilles vertes, brunes et rouges des algues marines contiennent jusqu'à 25 pour cent de protéines, 50 pour cent

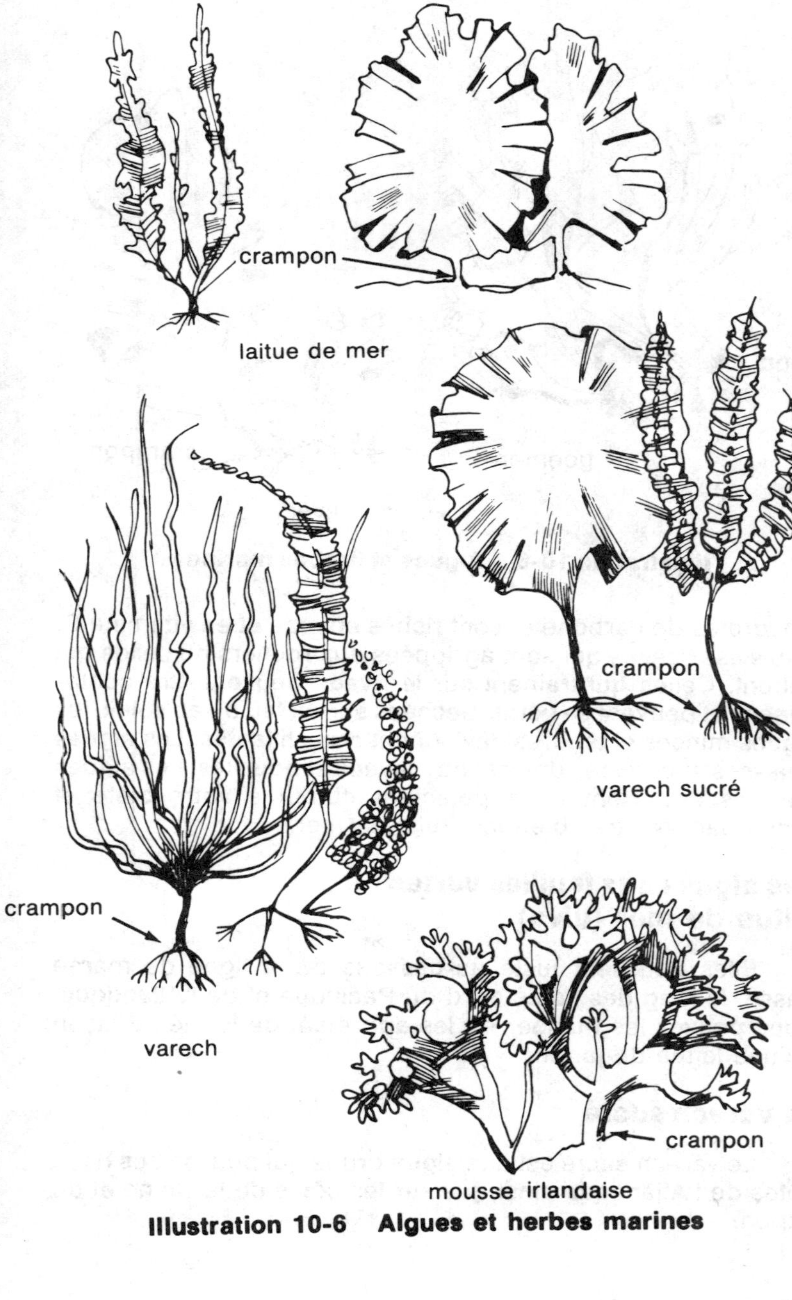

Illustration 10-6 Algues et herbes marines

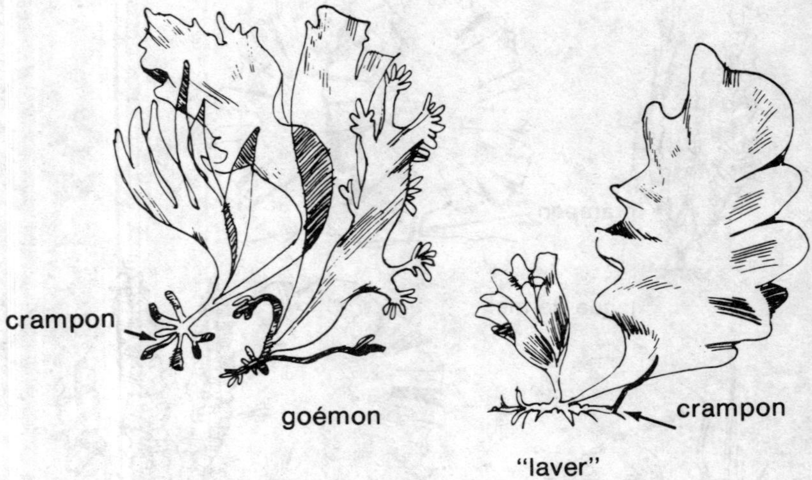

Illustration 10-6 Algues et herbes marines

d'hydrates de carbone et sont riches en iode et en vitamine C. Choisissez celles qui sont agrippées aux rochers ou celles qui flottent. Celles qui traînent sur le rivage peuvent être contaminées et peuvent se flétrir. Séchées sur un feu ou au soleil, les algues minces et tendres deviennent croustillantes. Les algues épaisses et coriaces doivent être lavées et bouillies. Les algues marines apportent un supplément nutritif à votre diète et accompagnent très bien les fruits de mer.

Les algues aux feuilles vertes ou laitue de mer (ulva)

Elles poussent juste au-dessous de la ligne de marée basse, le long des côtes nord du Pacifique et de l'Atlantique. Vous pouvez les manger en les apprêtant de la même façon qu'une laitue de jardin.

Le varech sucré

Le varech sucré est une algue brune qui pousse des deux côtés de l'Atlantique ainsi que sur les côtes de la Chine et du Japon.

Le varech

Le varech est une grande algue brune ou vert olive qui vit au large et dans le fond de l'eau. Parfois, il peut pousser de 3 1/2 mètres en une seule semaine. Faites-le bouillir avant de le manger avec des légumes ou de la soupe.

La mousse perlée d'Irlande

Cette mousse pousse des deux côtés de l'Atlantique. Elle ressemble à de la laitue rabougrie et coriace. Il faut la bouillir avant de la manger.

Le "dulse"

Ces algues rouges ont de courtes tiges et leurs feuilles larges et minces en forme d'éventail sont pour la plupart fissurées et bordées d'étranges lobes. On les retrouve dans l'Atlantique et dans la Méditerranée. Ces plantes sucrées peuvent être consommées fraîches ou séchées. Certaines personnes en font de la gomme à mâcher.

Le "laver" (porphyra)

Cette algue satinée peut être rouge, pourpre foncé ou brun pourpré. Pour en faire un condiment, on la fait cuire puis on la broie. Ajoutez-la aux grains de céréale ou faites-en des crêpes délicieuses. Cette plante pousse sous la ligne de marée haute.

Les autres plantes comestibles

La spartina

On la trouve des deux côtés de l'Atlantique nord. À l'automne, cette plante produit un grain comestible.

L'hortensia de mer

Cette plante pousse sur la côte méditerranéenne. Ses petites feuilles grises mesurant environ 2 1/2 centimètres sont comestibles. Au printemps, cette plante se pare de fleurs élancées qui pointent aux extrémités de ses branches.

Le pain de St-Jean

Cet arbre de 15 mètres de hauteur pousse dans la zone aride ceinturant la Méditerranée ainsi qu'au Sahara, en Arabie, en Iran et en Inde. Il s'agit d'un arbre à feuilles persistantes et à petites fleurs rouges dont les gousses fournissent une pulpe comestible. Broyez les graines et faites-les cuire comme du gruau.

Les invertébrés

En général, il faut éviter de manger et même de toucher les éponges, les méduses, les coraux et les anémones de mer

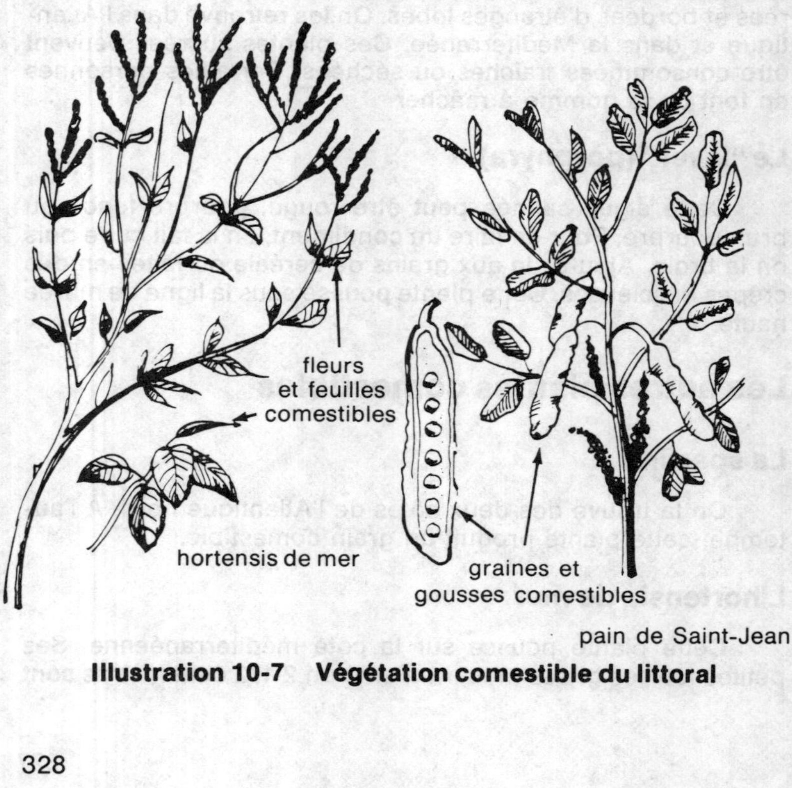

Illustration 10-7 Végétation comestible du littoral

(actinie), car plusieurs espèces peuvent provoquer des éruptions cutanées. Si vous devez manger des anémones, manipulez-les avec des gants et faites-les bouillir dans l'eau de mer. Encore là, il est préférable de faire un test afin de vous assurer de leur comestibilité.

Comment vérifier la comestibilité des fruits de mer

1) goûtez d'abord une petite portion du fruit de mer et si celui-ci vous pique la bouche ou a mauvais goût, crachez-le vite;
2) si le goût vous semble acceptable, avalez-en une petite bouchée et attendez pendant une heure;
3) si alors aucune réaction physique n'est éprouvée, il est probable que cette nourriture est relativement saine, puisque la plupart des toxiques révèlent très rapidement des symptômes quelconques. N'absorbez jamais de nourriture qui risque d'être pourrie;
4) lorsqu'aucun symptôme n'apparaît pendant les douze heures suivantes, il est alors, certain que la chair est comestible.

Les mollusques

Les moules, les patelles, les palourdes et les escargots de mer sont tous comestibles. Voici quelques exceptions: 1) la pieuvre à cernes bleus des récifs du sud-ouest du Pacifique dont la morsure peut être fatale; 2) la "marée rouge" intoxique parfois certains mollusques. Même si les mollusques sont très riches en protéines, il vaut mieux en vérifier la comestibilité avant d'en consommer en grande quantité.

Avertissement

Lorsque vous ramassez des coquilles coniques, gardez la partie pointue loin de vous et n'entassez pas de coquilles vivantes sur vous. Parmi les quatre cents espèces que l'on retrouve dans l'océan Pacifique et l'océan Indien, seulement quinze de celles-ci sont toxiques, mais leur piqûre est mortelle. Évitez

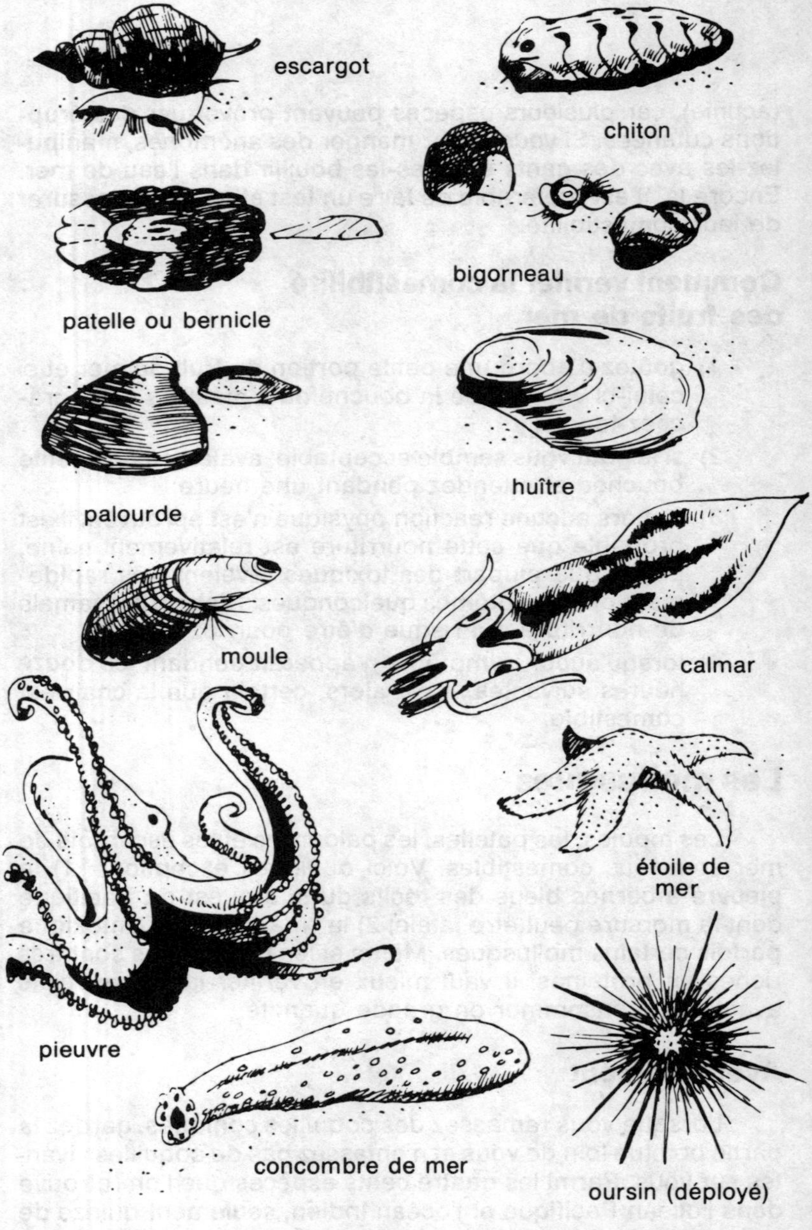

Illustration 10-8 Produits comestibles du littoral

toutes les coquilles coniques colorées à textures et à trompes rouges. Une fois leur glande toxique enlevée, elles deviennent comestibles, mais le risque ne vaut pas la peine.

Les vers

Quoique comestibles, il vaut mieux utiliser les vers de la côte comme appât plutôt que de s'en nourrir. Évitez surtout les vers poilus ressemblant à des chenilles et les vers tubulaires aux bords coupants. Les chaetognata alias phylum ne sont pas de véritables vers mais, plutôt, des notochordes primitives des sables. On peut les manger crus ou séchés.

Les arthropodes

Cette espèce comprend les crabes, les homards, les bernacles et certains insectes. Les arthropodes marins, rarement dangereux pour l'homme, constituent une bonne source de nourriture. Une espèce de brachyura que l'on retrouve en Asie devient toxique en période de reproduction. Il arrive que des crabes de terre et de mer soient toxiques lorsqu'ils se nourrissent de substances toxiques, mais cela se produit si rarement que l'on ne doit pas s'en préoccuper outre mesure. Les pinces coupantes des plus gros crabes et des homards peuvent vous écraser les doigts. Il faut, par ailleurs, porter des gants pour manipuler certaines espèces à carapace piquante. Quoique les anatifes infligent souvent des blessures et qu'il soit parfois difficile de les arracher de leur prise, les plus gros de cette espèce sont cependant très nourrissants.

Les échinodermes

Les échinodermes sont une espèce aquatique et habitent généralement le fond de la mer. Parmi ce groupe, mentionnons les oursins, les étoiles de mer et les dollars des sables.

Les oursins de mer

Ces échinodermes, souvent très nombreux, infligent de douloureuses blessures. Quoique les oursins de mer ne soient pas agressifs, il est tout de même dangereux de marcher dessus ou de s'y frotter. Les espèces à longues épines (diademia) sont plus particulièrement à craindre; leurs fines épines secondaires s'avèrent plus dangereuses que leurs épines primaires beaucoup plus épaisses. En fait, il est pratiquement impossible de retirer toutes ces épines serratiformes. Si la blessure ne guérit pas, essayez d'enlever toutes les épines que vous pouvez; si les autres ne se dissolvent pas et infectent la plaie, il faut recourir à une intervention chirurgicale. Apparemment, une application d'ammoniaque, d'alcool ou de jus d'agrumes active leur dissolution. La plupart des oursins de mer à courtes épines peuvent être ramassés avec des gants et même à mains nues, et leurs gonades mûres se mangent cuites ou crues et constituent un met très raffiné. Le nord-ouest des États-Unis exporte un grand nombre d'oursins de mer vers l'Orient; leurs oeufs sont grandement appréciés. Pendant la période de reproduction, plusieurs espèces ne sont pas comestibles. Quelques oursins de mer, armés de pinces concaves (pedicellaria) dissimulées parmi leurs épines, peuvent se révéler plus ou moins venimeux. Il faut dire, cependant, que ces espèces sont si rares qu'il n'existe pas d'information à leur sujet.

Les étoiles de mer

Les étoiles de mer sont très peu nourrissantes et les capturer comporte certains risques. La couronne d'épines appelée acanthaster planci n'est pas comestible. Cette espèce comporte plusieurs bras et est recouverte d'une épaisse enveloppe d'épines toxiques; elle est capable d'infliger des blessures extrêmement douloureuses. Il n'y a que peu d'informations sur la comestibilité des autres espèces, si ce n'est que certaines d'entre elles produisent un liquide visqueux très irritant pour l'épiderme. Généralement, les étoiles de mer n'offrent guère de quoi se nourrir, sauf pendant la période de reproduction alors qu'elles contiennent plus de matières comestibles.

Le concombre de mer

Cet échinoderme tubulaire est inoffensif. Lorsqu'on les dérange, certaines espèces déchargent leurs organes internes lesquels sont vite régénérés; protégez vos yeux contre ce liquide viscéral. Certaines autres espèces éjectent de longs fils blancs et gluants en guise de défense. Quoique ces dernières ne sont habituellement qu'ennuyeuses, elles peuvent, parfois, causer de légères irritations cutanées. Dans certaines régions du Pacifique et de l'océan Indien, certaines espèces constituent une importante source de nourriture, mais il faut d'abord les "éviscérer" (comme pour le stichorus), c'est-à-dire enlever leurs cinq bandes musculaires. On peut les manger fumés, marinés ou cuits.

Chapitre 11

Les circonstances exceptionnelles

Que faire dans le cas d'un écrasement d'avion

Sur la terre

1) Éloignez-vous de l'avion jusqu'à ce que les émanations d'essence se soient dissipées et que les moteurs aient refroidi.
2) Examinez les blessures des survivants. Appliquez les mesures de premiers soins; autant que possible, essayez de placer les blessés dans une position plus confortable et, si vous devez déplacer ceux qui sont affligés par des blessures au dos, faites-le avec d'infinies précautions.
3) Montez un abri temporaire pour vous protéger du vent et de la pluie.
4) Assurez-vous que l'appareil radio et les autres dispositifs de signalisation sont toujours en bon état et à portée de la main.
5) Reposez-vous afin de vous remettre du choc causé par l'accident. Remettez à plus tard tout autre projet.
6) Après avoir récupéré vos forces, organisez le camp des sinistrés. Assignez des tâches spécifiques à cha-

que personne. Réunissez nourriture et équipement et nommez un responsable. Construisez un abri qui vous protégera de la pluie, du soleil, de la neige, du vent, du froid et des insectes. Faites des provisions de combustible pour au moins une journée à l'avance. Recherchez une source d'eau potable ainsi que des plantes et des animaux comestibles.

7) Préparez soigneusement vos signaux afin qu'ils soient aperçus par les avions de secours.
8) Rédigez un livre de bord en y inscrivant la date, la cause et l'endroit de l'accident et le tableau de service du personnel. Inscrivez l'inventaire de nourriture, d'eau potable et de matériel. Inscrivez les conditions météorologiques et toutes les autres données pertinentes.
9) Lors de vos transmissions de messages par radio, donnez le plus précisément possible votre position déterminée par des observations célestes; transmettez-les également.
10) Si vous avez été projeté hors de l'avion, retournez près de l'appareil. Ainsi, les secouristes pourront mieux vous repérer.
11) Ne quittez pas les lieux de l'accident, à moins d'être certain de trouver de l'aide à proximité. Le cas advenant, laissez une note indiquant la route que vous suivrez, sauf si vous vous trouvez en territoire ennemi. Ne déviez pas de ce chemin afin que les secouristes puissent vous rejoindre.
12) Dans les régions arctiques, faites en sorte que l'avion vous serve de refuge. Protégez-vous des insectes en fermant toutes les ouvertures avec de la toile de parachute. Cuisinez à l'extérieur de l'appareil pour éviter un empoisonnement causé par des émanations de monoxyde de carbone. Faites le feu à une bonne distance de l'avion. Étant donné que, celui-ci ne peut vous abriter en permanence, construisez plutôt un abri mieux isolé contre les méfaits du climat.
13) Pendant la journée, dans les régions désertiques, la chaleur peut devenir intolérable à l'intérieur de

l'avion; vous serez alors plus confortable à l'ombre des ailes. Vous pouvez improviser une tente à l'aide d'une toile de parachute et de tubes arrachés à l'appareil. Gardez-vous au bas de la tente une ouverture d'au moins 60 centimètres, afin de permettre une aération adéquate.

14) Économisez l'énergie de votre équipement électronique.
15) Balayez fréquemment l'horizon avec votre miroir. Vous êtes l'homme clef dans cette opération de secours. Faites en sorte que les secouristes vous repèrent facilement et collaborez étroitement avec eux. Ne prenez aucun risque inutile.

Sur la mer

Ces conseils sont valables pour les naufrages:

1) Ne gonflez ni radeau ni gilet de sauvetage à l'intérieur de l'avion.
2) Récupérez le matériel de secours avant que le bateau ou l'avion ne sombre.
3) Attachez les radeaux à l'appareil jusqu'à ce que tous les sinistrés soient montés à bord. Une personne doit se charger de couper les cordages dès que le bateau ou l'avion commence à sombrer.
4) Si possible, chargez les radeaux directement de l'appareil sans vous mettre à l'eau. Entrer dans l'eau froide peut avoir des conséquences assez graves.
5) Veillez à ce que votre embarcation garde bien son équilibre et sachez la redresser si elle chavire.
6) Éloignez-vous des flaques d'huiles ou d'essence ainsi que d'une embarcation qui sombre. Dirigez le radeau dans le sens du courant s'il y en a.
7) Essayez de trouver les passagers manquant en suivant le mouvement des vagues.
8) Récupérez les pièces de matériel qui flottent sur la surface de l'eau, arrimez-les et vérifiez s'il y a des fuites dans les radeaux gonflés ou encore des points d'usure. Videz l'eau qui s'infiltre. Prenez garde de ne

pas perforer le radeau avec vos chaussures ou avec un objet pointu.

9) Sur un océan glacial, protégez-vous en érigeant un pare-vent. Pressez-vous les uns contre les autres et faites des exercices physiques régulièrement.

10) Vérifiez l'état de santé de chacun et apportez les soins nécessaires aux blessés. Avalez des comprimés contre le mal de mer. Enlevez toute huile ou essence qui souille vos vêtements.

11) Attachez tous les radeaux les uns aux autres avec une corde de 7 mètres environ à la hauteur de la ligne de flottaison du radeau; lorsque la mer est très agitée, racourcissez la corde. À l'approche de l'avion de secours, regroupez tous les radeaux les uns contre les autres.

12) Après avoir lu les instructions, actionnez l'appareil radio. N'utilisez l'émetteur-récepteur que lorsqu'un avion se trouve dans les parages. Assurez-vous que les autres dispositifs de signalisation sont utilisables instantanément.

13) S'il y a lieu, vous pouvez rapidement réparer un radeau à l'aide d'un matériel adhésif approprié .

14) Les boussoles, les montres, les allumettes et les briquets doivent être placés dans un récipient à l'épreuve de l'eau.

15) Sur l'océan dans les régions chaudes, abritez-vous sous un auvent. Portez des vêtements qui recouvrent bien les jambes et les bras. Couvrez-vous le visage et les mains de crème solaire et appliquez un baume sur les lèvres. Protégez votre tête et vos yeux des rayons du soleil.

16) Évaluez calmement la situation et planifiez soigneusement un programme d'action.

17) Rationnez l'eau et la nourriture. Partagez les responsabilités. Ramassez l'eau de pluie à l'aide d'un auvent ou d'une grosse toile.

18) Inscrivez dans le livre de bord le dernier relèvement de position, l'heure de l'amerrissage forcé, les noms et l'état de santé des membres du personnel, l'inven-

taire des vivres, l'orientation des voiles, l'heure du lever et du coucher du soleil et les autres informations pertinentes sur la navigation.

19) Restez calme. En ménageant vos énergies, vous pouvez économiser eau et nourriture. Ne criez pas et ne bougez pas inutilement. Essayez de garder un certain sens de l'humour. N'oubliez pas que la survie en mer n'est possible qu'avec la collaboration de tous et de chacun. Faites tout en votre pouvoir pour vous rendre repérables par les secouristes: les miroirs doivent toujours être disponibles ainsi que l'appareil radio et le panneau signalisateur.

20) Dans les mers tempérées, vous pouvez survivre plusieurs jours sans radeau si vous portez un gilet de sauvetage. Il faut alors avoir à portée de main un miroir afin de signaler votre présence.

Une attaque nucléaire

Il est probable qu'un signal d'alarme vous préviendra d'une attaque nucléaire. Suivez alors les procédures recommandées par les autorités ou bien dirigez-vous immédiatement vers un abri. Toutefois, si une explosion nucléaire se produit sans avertissement, vous devez immédiatement trouver un refuge quel qu'il soit. Si vous êtes dans le voisinage immédiat d'une telle déflagration, vos chances de survie deviennent pratiquement nulles. À quelques milles de distance, vous ne disposez que de dix ou quinze secondes avant l'arrivée de la vague de chaleur, laquelle est immédiatement suivie des ondes de choc. Vous devez alors vous jeter sur le sol en vous recouvrant le visage. Même à une distance de 25 ou 30 kilomètres, la chaleur intense peut vous écorcher vif. Il ne faut surtout pas regarder la lumière que projette l'horrible boule de feu.

La radioactivité

Si vous survivez à l'impact d'une telle explosion, vous devez immédiatement vous protéger contre les effets résiduels de l'irradiation. Toute autre tentative de survie s'avère inutile puisque l'irradiation demeure essentiellement mortelle.

La protection dans les régions rurales

L'abri est le moyen le plus efficace de vous protéger des rayons gamma. Si vous êtes loin de la ville, vous avez environ cinq minutes après l'explosion pour vous abriter dans une grotte ou au fond d'une gorge. À défaut de celles-ci, jetez-vous sur le sol face contre terre, puis tâchez de creuser un fossé en entassant la terre tout autour. Un toit peut être utile, mais ne vous exposez pas à la radiation pour trouver les matériaux nécessaires à sa construction. Si une toile est utilisée à cette fin, vous devez la secouer fréquemment pour en extirper les particules mortelles. Dans les régions froides ou marécageuses, utilisez des mottes de terre en les empilant pour former un abri. Voici, selon les matériaux utilisés, l'épaisseur requise pour un abri nucléaire:

Acier	15 centimètres	Terre	90 centimètres
Roc	60 centimètres	Glace	1 1/2 mètres
Béton	60 centimètres	Neige	6 mètres

Une fois que la construction de votre abri est terminée améliorez-en le confort afin de pouvoir vous y reposer et refaire vos forces. Assurez-vous que votre nouvelle demeure est aussi chaude et sèche que possible.

Les dangers d'irradiation se dissipent relativement vite, à condition qu'aucune autre déflagration ne suive la première. Sept heures après le danger maximum de contamination, il ne reste que 1/10 de risques; deux semaines plus tard, le danger se réduit à 1/1000. Toutefois si d'autres explosions se produisent, les conséquences demeurent aussi graves qu'à la première explosion. Donc, restez dans votre abri pour au moins 200 heures après la dernière explosion; ensuite vous pouvez en sortir pour faire des provisions d'eau. Afin de ne pas révéler votre position, limitez au minimum vos allées et venues. La nourriture en conserve reste saine tant et aussi longtemps que les contenants restent hermétiquement fermés. Le gibier fraîchement abattu est comestible, sauf le coeur, le foie, les rognons et la peau.

Éviter de manger la viande près des os, car la plus grande concentration de radioactivité se trouve dans le squelette de l'animal.

Quoique les plantes ne présentent en l'occurence aucun danger de contamination, ne mangez, de préférence, que les racines bien enfouies et les plantes à peau lisse et facile à laver. Les plantes rugueuses ne doivent être consommées qu'en dernier ressort. Dans tous les cas, vérifiez-en d'abord la comestibilité.

L'eau d'une source souterraine ou d'un puits recouvert reste potable. En creusant un trou à un pied de la berge, l'eau des lacs, des rivières et des ruisseaux s'y infiltre. Faites-la bouillir avant de la boire.

Recouvrez-vous complètement avec vos vêtements, chapeau et gants compris, afin de vous protéger des brûlures causées par les rayons beta. Ces brûlures doivent être lavées et traitées comme toute autre brûlure.

La radioactivité a des effets particulièrement néfastes chez les jeunes enfants, les malades et les vieillards, puisqu'elle perturbe et altère les composantes chimiques de leur organisme. Les personnes bien portantes peuvent en guérir. Vous pouvez secourir sans crainte toute personne contaminée, car les effets de la radioactivité ne sont pas contagieux.

La protection dans les villes

La plupart des villes sont munies d'un système d'alarme qui prévient la population d'une attaque nucléaire ou de tout autre désastre possible; à défaut de ce système, plusieurs coups de clairon ou de sifflet très courts seront donnés. Ainsi vous pouvez vous rendre dans un abri nucléaire public. Votre employeur doit être en mesure de vous renseigner en ce qui concerne l'abri le plus proche de votre lieu de travail. En cas d'attaque, écoutez les nouvelles officielles à l'aide d'un appareil radio portatif au lieu d'utiliser (vainement) le téléphone.

Les abris contre les retombées nucléaires

Le sous-sol de votre maison peut servir à cette fin si vous

y ajoutez les matériaux capables de former un écran protecteur adéquat.

LE MINIMUM NÉCESSAIRE:

— du béton — 10 centimètres
— des briques — 13 à 15 centimètres
— du sable bien tassé dans des boîtes ou des sacs — 15 centimètres
— de la terre — 18 centimètres
— des blocs de béton armé précontraint — 20 centimètres (15 centimètres s'ils sont remplis de sable)
— de l'eau — 25 centimètres
— des livres ou des revues — 36 centimètres
— du bois — 46 centimètres

Pour obtenir les plans d'un abri nucléaire, écrivez à: DEPARTMENT OF DEFENCE, OFFICE OF CIVIL DEFENCE, THE PANTAGON, WASHINGTON, D.C. 20310.

L'eau et la nourriture

Prévoyez un aménagement sanitaire, de l'eau et de la nourriture pour au moins quatorze jours. Voici une liste d'aliments recommandés et leur longévité approximative. Il faut les remplacer à la limite de temps spécifiée.

La nourriture	**Mois**
Le lait	
Le concentré	6
L'écrémé en poudre ou entier en poudre	6
Le poulet, la viande et le poisson en conserve (boîtes de métal)	
Le poisson	12
Les mélanges de viande, de légume et de céréales	18
Les soupes (concentrés de viande et de légumes)	8
Les fruits et les légumes	
Les baies en conserve	6
Les jus de fruits agrumes en conserve	6

Les autres fruits et jus en conserve	18
Les fruits secs dans des récipients en métal	6
Les tomates, et la choucroûte en conserve	6
Les autres légumes en conserve (incluant les fèves et les pois secs)	18

Les céréales et les aliments cuits

Les céréales (prêtes à manger):	
— dans un récipient en métal	12
— dans un emballage de papier	1
Les céréales non cuites (instantanées)	
— dans un récipient en métal	24
— dans un emballage de papier	12
Le gras et l'huile végétale	12

Le sucre, les sucreries et les noix

Le sucre	se garde indéfiniment
Les bonbons durs et la gomme à mâcher	18
Les poudings instantanés	12
Les noix en conserve	12

Divers

Le café, le thé, le cacao instantané	18
La crème en poudre	12
Les extraits de bouillon	12
Les boissons aromatisées en poudre	24
Le sel	se garde indéfiniment
Les assaisonnements	24
Le bicarbonate de soude	12

L'eau doit être conservée dans des récipients hermétiques en matière plastique, car le verre peut casser et le métal se corroder. Un litre d'eau par jour sera requis pour chaque personne. D'autres sources précieuses de liquides sont les cubes de glace (si vous avez un congélateur dans votre abri et que l'électricité n'est pas coupée), le lait, les boissons gazeuses, les jus, l'eau du réservoir à eau chaude (s'il se trouve dans l'abri) et l'eau restant dans le système de plomberie. Pour recueillir l'eau des conduits, si la valve maîtresse est fermée ou détruite, ouvrez le robinet au plus haut point de votre maison afin d'y laisser circuler l'air et, ensuite, ouvrez le robinet dans votre abri. Faites bouillir cette eau afin de vous protéger de toute contamination. Si ce dernier procédé s'avère impossible, purifiez l'eau à l'aide de quelques comprimés ou de 12 gouttes de teinture d'iode (2 %) par gallon d'eau, ou encore, huit gouttes d'eau de javel par 3.8 litres d'eau (si l'étiquette précise que la solution ne contient rien d'autre que du chlore).

La radioactivité ne contamine pas, d'une manière permanente, l'eau et la nourriture. Prenez garde de ne pas absorber les parcelles tombées des emballages mêmes sur la nourriture ou dans l'eau.

N'importe quel récipient de grandeur convenable et hermétiquement refermé peut servir de toilette. Un sac de plastique sera utilisé en guise de poubelle. Assurez-vous d'une bonne réserve de savon, de désinfectant, de papier et de serviettes hygiéniques, de débarbouillettes et de serviettes de bain, de seaux; il est essentiel d'avoir une trousse de premiers soins et les médicaments usuels.

Les désastres naturels

Certains désastres touchant une vaste région et une population importante peuvent se produire très rapidement et parfois sans avertissement, comme, par exemple, des tremblements de terre et des inondations. Certains autres sinistres sont prévisibles et laissent du temps pour se prémunir contre leurs méfaits. Les pronostics de la météo vous préviennent de l'arrivée imminente d'une tornade, d'une tempête de neige ou encore de la pluie verglaçante.

N'attendez pas que survienne une catastrophe pour être informé des signaux d'alarme de votre région (les sons et leurs différentes significations) et des gestes que vous devez poser par rapport à ceux-ci. Écoutez les directives émises à la radio ou à la télévision par les autorités locales. Vous devez également savoir comment couper vos circuits d'approvisionnement de gaz et d'électricité ainsi que vos conduites d'eau; vous pouvez obtenir ces renseignements des différentes entreprises et organismes concernés. Vérifiez régulièrement le bon fonctionnement des extincteurs chimiques installés dans votre demeure. Une trousse de premiers soins doit être gardée dans la pièce centrale de la maison comme, par exemple, la cuisine et une autre dans la salle de bain. La section locale de la

Croix-Rouge peut vous fournir toutes les informations pertinentes relativement à presque tous les cas d'urgence médicale.

Gardez toujours une bonne provision de nourriture ne requérant ni réfrigération, ni cuisson, une jarre d'eau hermétiquement fermée, des médicaments, des couvertures ou des sacs de couchage, des lampes de poche, un appareil radio portatif et plusieurs rouleaux de papier toilette. Une automobile doit toujours être disponible et en bon état, son réservoir rempli d'essence, au cas où il vous faudrait quitter les lieux. Dans une région propice aux tornades et aux inondations, il faut toujours avoir à sa disposition des panneaux de contre-plaqué, afin de bloquer, s'il y a lieu, les portes et les fenêtres et des grosses toiles pour recouvrir les meubles et les appareils ménagers.

Évacuez votre maison ou votre ville dès que vous en recevez l'ordre des autorités locales. Pour ce faire, empruntez les routes recommandées, plutôt que d'essayer certains raccourcis qui risquent d'être encombrés ou impraticables. Avant votre départ, coupez le gaz, l'électricité et l'eau. Sachez comment rejoindre les centres d'accueil pour vous y abriter et vous y nourrir.

Les inondations

En cas d'inondation, procédez de la façon suivante:

1) D'après les informations reçues, sachez à l'avance si votre maison se situe au-dessus ou au-dessous du niveau d'eau d'une inondation possible.
2) Devant le danger d'une inondation, n'entassez pas de sacs de sable à l'extérieur de la maison dans l'espoir que l'eau, par ce moyen, ne pénétrera pas dans le sous-sol de votre demeure. L'eau peut s'infiltrer alors dans la terre en dessous de votre maison et la soulever en l'arrachant de sa fondation. Il est préférable de laisser le sous-sol s'inonder, ou de l'inonder soi-même avec de l'eau propre, lorsque vous êtes certain que l'inondation ne peut être évitée; ceci permet de contrer l'effet de la pression d'eau à l'extérieur des

murs et des planchers et d'éviter ainsi des dommages structurels à la fondation et à la maison.

3) Faites des provisions d'eau potable dans des contenants hermétiques.

4) Montez les meubles et les appareils électriques à l'étage. Débranchez tous les appareils électriques, sauf si vous êtes mouillé ou si vous avez les deux pieds dans l'eau. Verrouillez les portes et les fenêtres de la maison et faites de même pour l'auto si vous devez l'abandonner.

5) Il faut conduire une auto en première vitesse sur des routes inondées. Avancez lentement pour ne pas inonder le moteur. Rappelez-vous que des freins mouillés peuvent, tout à coup, cesser de fonctionner.

6) Si l'eau monte autour de la maison alors que vous y êtes enfermé, grimpez sur le toit et si celui-ci menace de s'écrouler, trouvez un objet flottant sur lequel vous pouvez vous réfugier.

7) Offrez de partager ce radeau à d'autres sinistrés.

8) Lorsque l'eau s'est retirée d'une maison inondée, il ne faut pas entrer immédiatement car elle peut s'effondrer.

9) Si vous êtes du nombre des secouristes, n'oubliez pas de toujours porter votre veste de sauvetage.

10) Évitez tout contact direct avec une personne désespérée en train de se noyer; celle-ci peut mettre votre vie ainsi que la sienne en danger. Lancez-lui d'abord une corde, une rame, ou tout autre objet pouvant l'aider à rester en surface avant de vous jeter à l'eau pour la secourir.

11) En hiver, tendez un bâton ou un vêtement à un malheureux qui s'est enfoncé dans la glace. Ce faisant, étendez-vous afin de distribuer votre poids sur la plus grande surface possible. Si d'autres personnes se portent à votre aide, formez une chaîne humaine: tous se couchent sur le ventre et se retiennent les uns aux autres de manière à rejoindre la victime, pendant qu'une personne sur la berge hale cette chaîne vivante.

Les tornades

En cas de tornade, voici ce qu'il faut faire:

1) Écoutez attentivement la radio et la télévision.
2) Surveillez ce qui se passe dans le ciel surtout vers le sud et le sud-ouest. S'il est question que la tornade précède un ouragan, c'est vers l'est qu'il faut alors regarder.
3) Si vous apercevez des nuages en forme d'entonnoir, téléphonez immédiatement au poste de police ou au bureau de la météo afin de leur transmettre cette information.
4) Si possible, mettez-vous à l'abri.
5) Sinon, éloignez-vous du chemin de la tornade en vous déplaçant à angle droit par rapport à la direction de sa progression.
6) Si vous n'avez aucune chance de fuir, jetez-vous à plat ventre au fond d'un fossé ou de toute autre dépression.
7) Dans un édifice public, le sous-sol ou le couloir du rez-de-chaussée sont les endroits les plus sûrs. Fuyez les étages supérieurs et mettez-vous à l'abri soit dans une garde-robe, dans une pièce exiguë aux murs épais ou, encore, sous des meubles lourds.
8) Dans une maison, le sous-sol, dans sa partie la plus profonde, est un meilleur refuge. En prévision d'un tel cataclysme, il est sage de faire construire un abri ou, du moins, de renforcer les murs du sous-sol de sa maison (si vous habitez une région où les tornades sont fréquentes).
9) S'il n'y a pas de sous-sol, réfugiez-vous au rez-de-chaussée sous un meuble lourd ou sous un divan renversé au centre de la pièce.
10) Si vous en avez le temps, entrouvrez les fenêtres sur le côté opposé à la direction de la tempête.
11) Une maison mobile peut être facilement renversée et détruite: elle constitue donc un abri très précaire. Sortez et cachez-vous dans un fossé. Les dommages

peuvent être minimisés si vous la retenez par des câbles à des blocs de béton.

12) Les salles de spectacles, les manufactures et tous les autres grands édifices publics doivent être pourvus d'abris au sous-sol.

Les ouragans

Lorsqu'il y a danger d'ouragan, suivez ces conseils:

1) Si votre maison est située sur un terrain élevé, cherchez un refuge à l'extérieur de celle-ci.
2) Avant que la tempête ne frappe, transportez à l'intérieur tous les objets susceptibles d'être emportés par le vent qui en ferait des projectiles meurtriers. Les poubelles, des outils, des meubles de jardin et des jouets peuvent vous blesser grièvement.
3) Doublez les fenêtres avec des planches.
4) Si le centre de l'ouragan passe directement au-dessus de vous, un moment de calme de quelques minutes (une heure au plus) se produira. Ne sortez pas et restez à l'abri car le vent peut s'élever avec plus de violence encore et arriver d'une autre direction.
5) L'intérieur d'une voiture stationnée n'est pas un bon abri mais, faute de mieux, allongez-vous sous celle-ci afin de vous protéger des débris emportés par le vent.
6) Révisez les règles de sécurité concernant les inondations et les tornades. En somme, échapper à un désastre ne demande que du jugement.

Les tremblements de terre

Voici ce qu'il faut faire lors d'un tremblement de terre:

1) Gardez votre calme et votre sang-froid; ne courez pas et ne vous précipitez nulle part.
2) Restez à l'endroit où vous êtes, soit à l'intérieur soit à l'extérieur. La plupart des blessures se produisent lorsque les gens sortent des édifices ou y entrent.
3) À l'intérieur, réfugiez-vous sous un meuble, près d'un

mur central ou d'une porte. Éloignez-vous des fenêtres et des portes donnant sur l'extérieur.

4) N'utilisez ni chandelles, ni allumettes, ni autre flamme pendant ou après la secousse sysmique. Éteignez tout début d'incendie.
5) À l'extérieur, ne vous approchez pas des édifices et des câbles électriques. Restez à la même place jusqu'à la fin du tremblement de terre.
6) Ne courez pas à travers ou près d'un édifice. Les dangers d'être atteint par les débris sont beaucoup plus grands à l'extérieur quand on se tient près des portes d'entrée et le long des murs.
7) Lorsque vous êtes dans une voiture en mouvement, arrêtez-la dès que possible, mais n'en sortez pas même si vous êtes un peu secoué. Si vous roulez, méfiez-vous de tous les obstacles inusités qui peuvent vous barrer la route tels des fils électriques brisés et des traverses de voies ferrées arrachées.

Les raz-de-marée (tsunami, prononcez Soo-Nam'-ii)

Suivez les instructions suivantes:

1) Si les tremblements de terre n'entraînent pas nécessairement des raz-de-marée, soyez quand même sur vos gardes.
2) Ne restez pas dans les terres basses du littoral.
3) Un raz-de-marée ne comporte pas qu'une seule vague mais une série de vagues de plus en plus grosses, suivie d'une série de plus en plus petites. Restez éloigné de tout danger jusqu'à ce que les autorités civiles vous donnent le "feu vert".
4) N'allez jamais sur la plage pour assister à l'arrivée d'un raz-de-marée. Lorsque vous apercevez la vague monstrueuse, il est déjà trop tard pour vous abriter.
5) Suivez les instructions émises par les autorités locales en ce qui concerne toutes décisions d'urgence.

Les éclairs

Voici quelques mesures de sécurité et les procédures à suivre:

1) Lorsqu'un orage électrique devient menaçant, cherchez refuge dans un édifice ou dans une voiture, lorsque celle-ci est décapotable.
2) À l'intérieur, n'utilisez le téléphone qu'en cas d'urgence.
3) À l'extérieur, alors qu'il vous est impossible de vous abriter, suivez ces recommandations:
   - évitez de devenir le point le plus élevé du relief environnant, comme vous risquez de l'être en vous trouvant sur le sommet d'une montagne, dans un champs plat, sur une plage ou dans un petit bateau. Sur un gros bateau, restez à l'intérieur;
   - n'approchez pas des motocyclettes, des voiturettes de golf et des bicyclettes. Laissez tomber vos bâtons de golf;
   - éloignez-vous des clôtures et des tuyaux métalliques;
   - ne vous abritez pas dans une petite bicoque au beau milieu d'un champ;
   - en forêt, cherchez refuge dans un endroit très bas, sous d'épais buissons;
   - en rase campagne descendez dans un ravin ou dans une vallée et méfiez-vous des pluies torrentielles qui peuvent inonder votre abri;
   - en pleine prairie, si vous sentez tout à coup vos cheveux se hérisser (signe évident qu'un éclair va frapper), jetez-vous sur les genoux, prosternez-vous et placez vos mains sur vos genoux. *Ne vous couchez pas sur le sol.*
4) Si les personnes atteintes par l'éclair subissent un terrible choc électrique qui parfois peut les brûler, elles ne sont cependant pas porteuses de charge électrique et peuvent être secourues sans danger. Il demeure même possible de ranimer quelqu'un que l'on croit tué

par un éclair. Quand un groupe de personnes est frappé par la foudre, il faut secourir en premier lieu celles qui semblent mortes.

5) D'après la Croix-Rouge américaine, lorsqu'une victime ne respire plus, il faut tout de suite lui administrer la respiration artificielle par le bouche à bouche (à un rythme de 5 secondes pour les adultes et de 3 secondes pour les enfants) jusqu'à l'arrivée des secouristes. Sans cette intervention immédiate, le cerveau risque d'être irrévocablement endommagé.
6) Les personnes qui ne sont qu'étourdies par le choc requièrent quand même votre attention. Voyez si elles ont des brûlures aux orteilles, aux doigts, près des boucles de ceintures et sous leurs bijoux.

Les feux de forêt

Voici les mesures à prendre:

1) Lorsque vous traversez une forêt de bois sec, écoutez périodiquement le bulletin de nouvelles à la radio afin de savoir si des feux majeurs sont rapportés dans votre région.
2) Si vous n'avez pas d'appareil radio, regardez le sommet des montagnes. Si vous apercevez des nuages noirs, presque immobiles, changez de direction. D'ailleurs, le vent peut transporter l'odeur de feu qui confirmera que le danger existe.
3) À pied, dans la forêt, il est inutile d'essayer de fuir un feu majeur. Il vaut mieux vous jeter dans le cours d'eau le plus proche. Gardez vos vêtements et votre corps toujours mouillés. Il est probable que les pierres du rivage et l'eau de la rivière deviendront très chaudes.
4) Ne paniquez pas. Seul un feu d'une extrême intensité peut rendre une eau stagnante et très peu profonde assez chaude pour vous ébouillanter.
5) Respirez à travers un linge mouillé pour ne pas inhaler de fumée.
6) Le feu consomme beaucoup d'oxygène, appauvrissant ainsi l'atmosphère; par conséquent, ne bougez

pas et essayez de respirer aussi normalement que possible.

7) Si vous vous trouvez dans un feu de broussailles et que vous êtes dans l'impossibilité de rejoindre quelque cours d'eau que ce soit (même en terrain bas et marécageux), vous pouvez faire un coupe-feu autour de vous. Mais si vous êtes entouré par un mur de feu, cette méthode est inefficace.

8) Évitez à tout prix de vous réfugier dans une grotte car la fumée peut vous étouffer ou bien, vous pouvez mourir par manque d'oxygène et excès de chaleur.

Que faire après un désastre:

1) N'entrez dans un édifice qu'avec d'infinies précautions puisqu'il peut s'écrouler sans avertissement.

2) Une fois à l'intérieur, vérifiez s'il y a des fuites de gaz ou des courts-circuits.

3) N'y entrez pas avec une cigarette allumée ou tout autre objet enflammé; une fuite de gaz peut alors tout faire sauter.

4) Ne vous approchez pas des fils électriques tombés ou brisés.

5) À la maison, si vous percevez une odeur de gaz, ouvrez vite les portes et les fenêtres, fermez la valve principale et quittez la maison immédiatement. Prévenez la compagnie de gaz, les pompiers ou la police, et ne retournez dans votre demeure que lorsqu'on vous conseillera de le faire.

6) Si les appareils électriques sont mouillés, coupez le courant, débranchez ceux-ci, essuyez-les avec soin, rebranchez-les et remettez le courant. Attention! Ne faites rien de tout cela si vous êtes mouillé ou avez les pieds dans l'eau.

7) Lorsque les fusibles sautent, coupez le courant central et localisez la cause du court-circuit.

8) Après une longue panne d'électricité, la nourriture réfrigérée et toute autre nourriture innondée peut être gâtée; n'en absorbez pas. Suivez les instructions des

autorités en ce qui concerne l'approvisionnement d'eau et de nourriture.

9) S'il y a lieu, ayez recours à la Croix-Rouge ou à un centre d'accueil. Vous y trouverez gite, vêtements, médicaments et nourriture.

10) Pour ne pas nuire au travail des secouristes, abstenez-vous d'envahir les lieux d'un sinistre.

11) À moins d'une urgence, ne vous déplacez pas en automobile.

12) Rapportez aux autorités les événements dont vous êtes témoin.

13) Une fois l'état d'urgence passé, télégraphiez, téléphonez ou écrivez aux membres de votre famille. Vous pouvez, ainsi, éviter une perte de temps et d'argent à ceux qui cherchent à vous retracer.

14) Ne colportez pas les rumeurs qui vous viendront aux oreilles.

Appendice I

Les serpents venimeux du monde entier

Il faut tenir compte de la présence des serpents et les éviter à tout prix. Cependant, les renseignements qui suivent ont pour but de dissiper les craintes non fondées à leur sujet. La plupart des serpents ne présentent aucun danger. Si certains demeurent inoffensifs jusqu'à leur maturité, d'autres, par contre, sont très dangereux dès leur naissance:

Voici la liste des serpents les plus connus:

Serpents	**Longueur (centimètres et mètres)**	**Pays**
Cobras d'Asie	1 1/2 mètre	Inde
Aspic — cobra égyptien	110 centimètres	Égypte et Afrique du Sud
Tic pologna	120 centimètres	Indes
Bitis arictan	110 centimètres	Maroc et Arabie
Mamba	1 1/2 mètre	Ouest et sud de l'Amérique centrale
Serpent tigré	120 centimètres	Australie
Vipère des sables	60 centimètres	Afrique du Nord
Vipère Gaboon	10 mètres	Afrique tropicale
Serpent Urutu	120 centimètres	Brésil
Serpent de corail	30-60 centimètres	Sud-ouest des États-Unis

Dans les régions tropicales, il existe une variété de serpents venimeux moins dangereux que les serpents à sonnettes ou les mocassins de certaines régions des États-Unis. En Nouvelle-Zélande, à Cuba, à Haïti, en Jamaïque, à Porto Rico et dans les îles de la Polynésie, il n'y a pas de reptiles. Le cobra royal du sud-est de l'Asie, le lachesis mutis, le serpent à sonnettes de l'Amérique du Sud et le mamba de l'Afrique sont tous des serpents très agressifs qui attaquent sans raisons apparentes. En général, les serpents sont timides et dociles, et toujours prêts à faire un détour pour éviter de rencontrer l'homme.

Les serpents ne tolèrent pas les températures extrêmes. Dans les régions tempérées, ils sont actifs nuit et jour durant les mois les plus chauds. Ils hibernent en période de temps froid. Dans le désert, ils se déplacent très tôt le matin et recherchent l'ombre durant le jour. Certains préfèrent sortir la nuit.

Quoiqu'ils se déplacent lentement, ils peuvent frapper leurs victimes avec une étonnante rapidité.

La distance à laquelle un serpent peut atteindre sa victime a été quelque peu exagérée.

Rarement l'a-t-on vu bondir à plus de la moitié de sa longueur. Certaines vipères arrivent à franchir, d'un seul bon, une distance équivalente à leur longueur, et d'autres, les deux tiers.

Les différentes espèces de serpents venimeux

Les serpents venimeux à crochets longs

Parmi les plus venimeux, mentionnons les vipères de l'Europe, de l'Asie et de l'Afrique; les serpents à sonnettes, les "trigonocéphales", les mocassins d'eau d'Amérique du Nord, les lachesis mutis et les fer-de-lance, ainsi que plusieurs autres espèces des régions tropicales d'Amérique.

Un corps épais et une tête aplatie caractérisent les vraie vipères et les vipères "pit". La vipère "Russel" des Indes, la vipère "Cape" de l'Amérique du Sud, la "puff adder" des régions arides de l'Afrique et de l'Arabie, ainsi que la vipère "Gaboon" de l'Afrique tropicale comptent parmi les plus connues.

Leurs morsures sont très douloureuses, et causent d'importantes enflures au fur et à mesure que le venin se répand dans l'organisme.

Les serpents venimeux à crochets courts

Quoique ces serpents puissent plus difficilement atteindre leurs victimes à cause de leurs crochets courts, leur venin est cependant plus mortel que celui des serpent à crochets longs. Parmi cette espèce, mentionnons les cobras, les "bungarus" et les serpents de corail. On les retrouve surtout en Australie, mais plusieurs d'entre eux habitent les Indes, la Malaisie, l'Afrique et la Nouvelle-Guinée.

En Afrique et en Asie, on compte plus de dix espèces de cobras dont la plupart sont plus ou moins capables de former un "capuchon". Le cobra royal est le plus gros des serpents venimeux.

Le venin du cobra affecte le système nerveux et se distribue très vite dans les vaisseaux sanguins pour ensuite atteindre toutes les parties du corps.

Les serpents de mer

Quoiqu'il n'y ait pas de serpents de mer venimeux dans l'Atlantique, on les retrouve en grand nombre sur les côtes de l'océan Indien ainsi qu'au sud et à l'ouest de l'océan Pacifique. Puisqu'ils ne s'approchent que très rarement des nageurs, le danger est de beaucoup réduit pour l'homme. Leur queue aplatie et verticale les rend facilement identifiables.

Les constricteurs

Quoiqu'ils ne soient pas venimeux, les pythons, les boas, les anacondas et les autres serpents constricteurs étranglent leurs proies avec leurs muscles puissants. Les plus gros peuvent atteindre jusqu'à 8 mètres de longueur. Ces reptiles plutôt timides ne s'attaquent que très rarement à l'homme. Les boas habitent les régions tropicales américaines, tandis que les pythons se retrouvent en Afrique et en Asie. Ils s'attaquent parfois à de petits enfants, mais jamais à une proie qu'ils ne peuvent avaler tout rond. Un homme est déjà beaucoup trop volumineux, même pour le plus gros d'entre eux. Quoique lents et timides, lorsqu'on les cerne, les pythons, passent à l'offensive et s'enroulent autour de l'attaquant. Leurs dents pointues et leur puissance constrictrice les rendent extrêmement dangereux.

Comment reconnaître les serpents venimeux

Il n'exite aucun signe particulier pour différencier les serpents venimeux des non-venimeux, si ce n'est la présence du crochet et des glandes à venin. Il est erroné et dangereux de croire que tous les serpents venimeux ont une tête triangulaire.

La mémoire visuelle demeure le seul moyen vraiment positif de reconnaître les serpents venimeux des différentes régions du monde. Les illustrations sur les pages suivantes peuvent vous permettre d'identifier les espèces importantes. Pouvoir distinguer les venimeux des non-venimeux minimise les dangers et aide à dissiper la peur.

Les serpents venimeux de l'Amérique du Nord

Les serpents à sonnettes

On trouve environ 27 espèces de serpents à sonnettes aux États-Unis et au Mexique. Sauf dans les endroits où ils ont été totalement exterminés, il en reste bien une ou deux espèces dans toutes les régions. Les sonnettes au bout de leur queue est bien leur vraie carte d'identité. S'ils les cachent, vous pouvez les reconnaître à leur corps volumineux et à leur large tête.

Certains d'entre eux sont petits et leur morsure ne s'avère pas toujours fatale. Par contre ceux appelés “dos de dia-

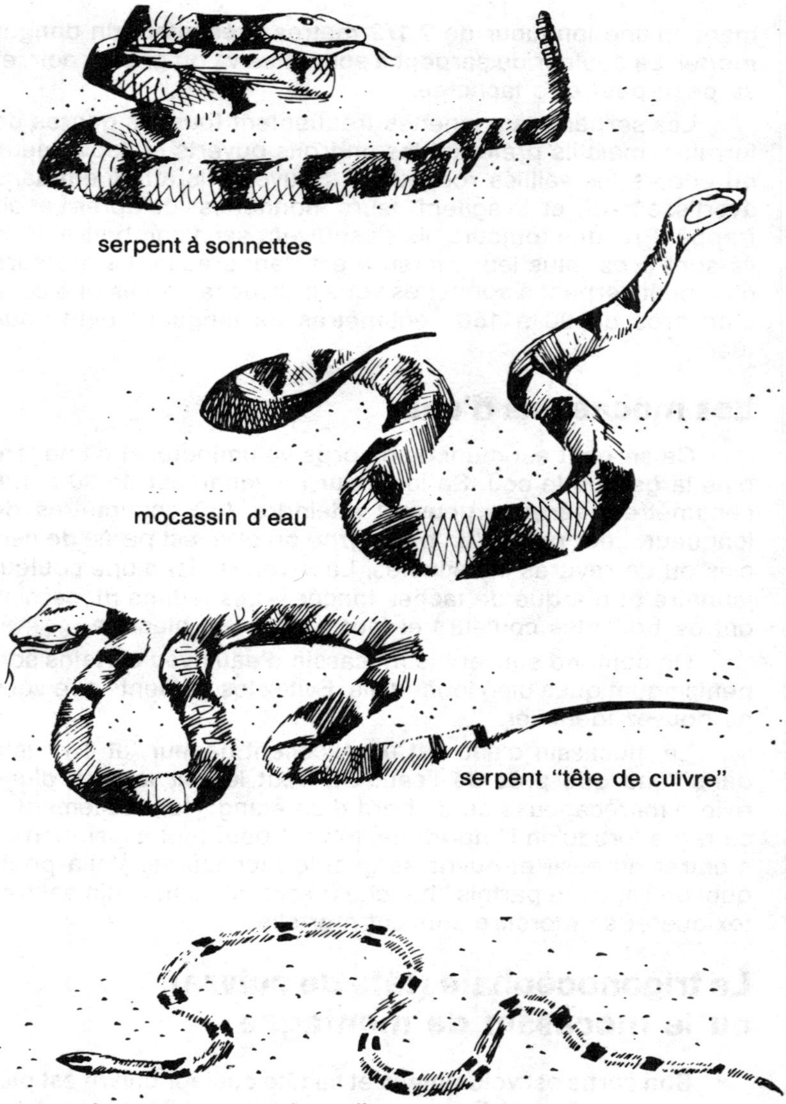

Illustration 11-1 Serpents venimeux d'Amérique du Nord

mant" d'une longueur de 2 1/2 mètres présentent un danger mortel. La couleur du serpent à sonnettes va du gris au noir, et sa peau peut être tachetée.

Les serpents à sonnettes fréquentent tous les genres de terrains, mais ils préfèrent les endroits ouverts et sablonneux ou encore les saillies rocheuses. Souvent, ils attaquent sans avertissement et n'agitent leurs sonnettes qu'après avoir frappé. Presque toujours, ils s'esquivent sans combattre. Plus ils sont gros, plus leur morsure est dangereuse. La morsure d'un petit serpent à sonnettes vous indispose, tandis que celle d'un gros de 90 à 150 centimètres de longueur peut vous tuer.

Les mocassins d'eau

Ce serpent est muni d'un corps volumineux et d'une tête plus large que le cou. Sa longueur moyenne est de 90 à 120 centimètres; certains peuvent atteindre 180 centimètres de longueur. Leur peau d'un brun terne ou olive est parée de cercles ou de rayures indistinctes. Leur ventre est d'une couleur jaunâtre et marqué de taches foncées. Les jeunes mocassins ont de brillantes couleurs et leur gueule est blanche.

On confond souvent le mocassin d'eau avec certains serpents aquatiques bien inoffensifs. Évitez les serpents que vous ne pouvez identifier.

Le mocassin d'eau est un excellent nageur, et il vit tant dans l'eau que près de l'eau. On peut le voir le long d'une rivière marécageuse ou au bord d'un étang. Habituellement, il se retire lorsqu'on l'importune, mais il peut tout aussi bien se montrer agressif et ouvrir sa gueule menaçante. Voilà pourquoi on l'appelle parfois "bouche de coton". Son venin est très toxique et sa morsure souvent mortelle.

Le trigonocéphale (tête de cuivre) ou le mocassin de montagne

Son corps est volumineux et sa tête couleur cuivre est plus large que son cou. En moyenne, il mesure 75 centimètres mais il peut atteindre 120 centimètres et plus. Sa peau d'un brun-pâle est marquée de bandes plus foncées se rétrécissant au milieu de son dos. Les marques sont moins nombreuses et moins apparentes sur les plus gros de ces reptiles. Son ventre est de couleur pâle et est quelque peu bigarré.

Dans les régions du nord, on les retrouve dans les forêts; dans le sud, il se cachent dans les champs ou les bois. Ce reptile préfère, cependant, les terres hautes. Craintif, il se cache ou essaie de s'échapper lorsqu'il se sent coincé. Il n'attaque que très rarement et son venin est presque sans danger pour les adultes. On le surnomme "grosse tête" ou "serpent pilote".

Les serpents de corail

En réalité, ils appartiennent à la famille des cobras. Leur ventre est rouge vif ou rose et leur dos est marqué de bandes multicolores. Trois ou quatre espèces de ces reptiles mesurent moins de 60 centimètres de longueur; d'autres peuvent atteindre jusqu'à 120 centimètres.

Ces serpents habitent les régions subtropicales de l'Amérique du Nord, le sud de la Floride et certaines régions du Mexique. Ils préfèrent les marécages et les marais des terres basses.

À cause de son crochet très court, le serpent de corail doit littéralement mordre et mâcher la peau de sa victime. Voilà donc pourquoi il ne peut vous atteindre à travers vos vêtements. Puisqu'il est timide et craintif, on ne le voit pas souvent et ses méfaits sont peu nombreux.

Les serpents venimeux de l'Amérique centrale et de l'Amérique du Sud

Les serpents de corail

Voir les serpents venimeux de l'Amérique du Nord.

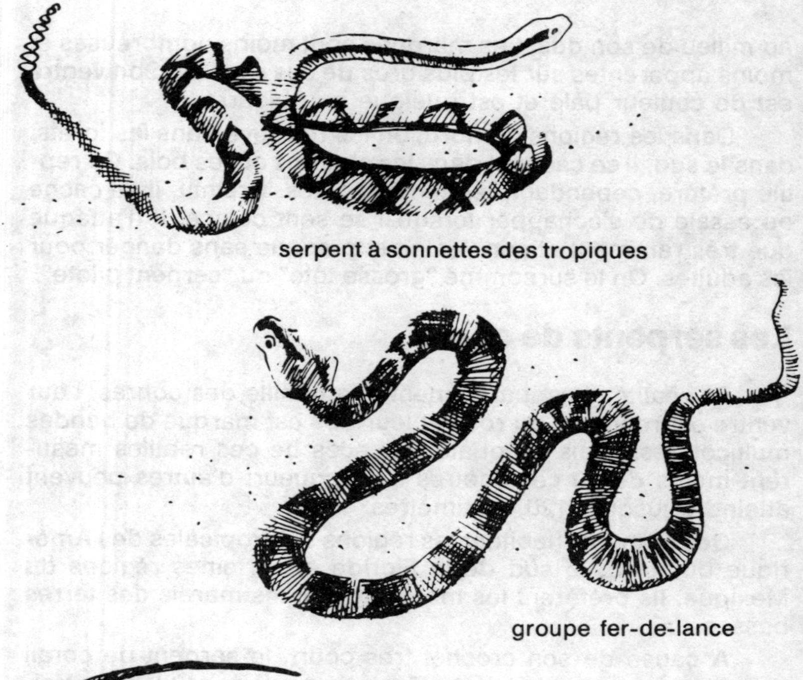

Illustration 11-2 Serpents venimeux d'Amérique centrale et d'Amérique du Sud

Les serpents à sonnettes

Parmi les 5 espèces de serpents à sonnettes de ces régions, celui des régions tropicales est le plus répandu. Il s'agit d'un gros reptile d'environ 1 1/2 mètre de longueur. Deux rayures foncées entourent son cou et des formes géométriques sont dessinées sur son corps. Le serpent à sonnettes du Mexique lui ressemble, sauf que celui-ci n'est pas paré de rayures foncées. Sur l'île Aruba, on trouve un petit serpent à sonnettes au dos gris-pâle et au ventre blanc. Les sonnettes sont au bout de sa queue, ce qui nous permet de le distinguer très facilement.

Le serpent à sonnettes des régions tropicales compte parmi les plus agressifs et son venin est très toxique. Il attaque sans avertissement et avant même de se lover. S'il est dérangé, il peut avancer sur son tourmenteur. On ne le trouve pas dans les forêts denses; il préfère les terres sèches et montagneuses. Au Mexique et en Amérique centrale on l'appelle le "CASCABEL" et au Brésil, le "CASCAVEL".

Les lachesis mutis (bushmaster)

Ce sont de gros serpents relativement élancés, dont la tête est beaucoup plus large que le corps. En moyenne, ils mesurent de 2 à 3 mètres de longueur; certains peuvent atteindre jusqu'à 3 1/2 mètres. Ils sont de couleur brun-clair et teintés de rose. On remarque de grandes taches noires sur leur dos, et de plus petites sur leurs côtés. Leurs écailles très rudes se dresse comme les dents d'une râpe.

Ces reptiles vivent à basse altitude dans les forêts. Ils préfèrent un sol sec et se cachent dans les terriers. Dans la forêt, lorsqu'ils rampent sur le sol, il devient très difficile de les repérer. S'il est surpris, le "bushmaster" s'immobilise, tente de s'enfuir, ou s'élance et attaque. S'il est irrité, sa queue vibre; si sa queue vibre dans les buissons, on peut le prendre pour un serpent à sonnettes. Il s'agit d'un serpent très dangereux qu'on ne voit que rarement; donc, il faut être très prudent. Portez des bottes et ne vous fourrez pas les mains dans les trous et dans les broussailles.

Le groupe fer-de-lance

Ce groupe comprend plusieurs espèces dont les couleurs varient du gris au brun ou au rouge. Sur leur dos, on remarque des taches étroites et foncée qui vont en s'élargissant sur les côtés. Ils mesurent en moyenne de 90 à 120 centimètres de longueur, quoique certains peuvent atteindre de 2 1/2 à 2 3/4 mètres. Chez les plus petits, on en trouve de toutes les couleurs en passant par le vert et le jaune. Le fer-de-lance est également appelé "barba amarilla".

Cette espèce de reptile est très répandue à travers l'Amérique centrale et l'Amérique du Sud. Les gros vivent au sol; quelques-uns des plus petits (les vipères de palmiers) vivent dans les arbres, plus particulièrement à la base des feuilles du palmier. Les plus gros sont très dangereux et se cachent dans les champs de canne à sucre. Ils attrapent les rats près des habitations. Tous s'enroulent et se lovent avant d'attaquer.

Le serpent à sonnettes, le lachesis mutis et le fer-de-lance font partie de la famille des vipères. Tous sont pourvus de deux crochets situés le long de la mâchoire supérieure; ils sont parfois dissimulés sous une couche de chair ou repliés à l'arrière-bouche. Une dépression entre les yeux et les naseaux les caractérise d'une façon particulière.

Les serpents de mer

On le trouve dans l'eau salée, le long de la côte du Pacifique, en partant de la Californie jusqu'à l'Équateur. Parfois, ils abondent dans le golfe de Panama. Il n'y en a pas dans l'océan Pacifique. Le serpent de mer des Amériques a le dos brun et noir et le ventre jaune. Sa longueur moyenne est de 60 à 90 centimètres.

Sauf en Martinique, à Ste-Lucie et à Trinidad, il n'existe pas de serpents venimeux dans les îles Caraïbes. Les reptiles sont également absents au Chili et dans les Andes à une altitude de plus de 3 kilomètres.

Les serpents venimeux du sud-est de l'Asie

Les cobras

La position typique du cobra étant la tête levée et le capuchon déployé, il est facile à identifier. Le cobra des Indes, espèce la plus connue, peut atteindre jusqu'à 80 centimètres de longueur. Les taches en forme de lunette que l'on aperçoit sur son capuchon caractérisent ce reptile; le cobra royal, le plus gros des serpents venimeux atteignant une longueur de 3 1/2 mètres et parfois même 5 1/2 mètres, porte proportionnellement à son corps un capuchon plus étroit que celui des autres cobras. Les cobras forment l'espèce la plus commune de tous les serpents venimeux du sud-est asiatique. Aux Indes, à cause de certaines croyances religieuses, on ne les tue pas; ils y sont donc très nombreux. Les cobras fréquentent les régions rocheuses et les bâtiments vétustes où ils y dévorent les rats. Ils ne sont pas tellement dangereux, si l'on fait exception du cobra royal qui peut attaquer délibérément, surtout lorsqu'il garde ses oeufs. Les cobras se meuvent lentement et lèvent toujours la tête avant de frapper. On peut les tuer à l'aide d'un bâton que l'on fait virevolter à l'horizontale, en visant la tête.

Les bungarus (kraits)

La plupart des "bungarus" sont ornés de traits noirs et blancs, ou noirs et jaunes. Leur épine dorsale rigide est garnie d'un rang de longues écailles. Leur petite tête est à peine plus large que leur cou. Ils atteignent de 120 à 150 centimètres de longueur, et parfois même 180 centimètres. On les retrouve dans la jungle.

Le "bungaru" des Indes se déplace surtout la nuit. Il préfère la rase campagne à l'épaisse brousse de la jungle; souvent, on peut le voir rôder la nuit près des endroits habités et se glisser dans les sentiers. Tous les bungarus sont venimeux, mais non agressifs, et ils ne mordent que lorsqu'on leur mar-

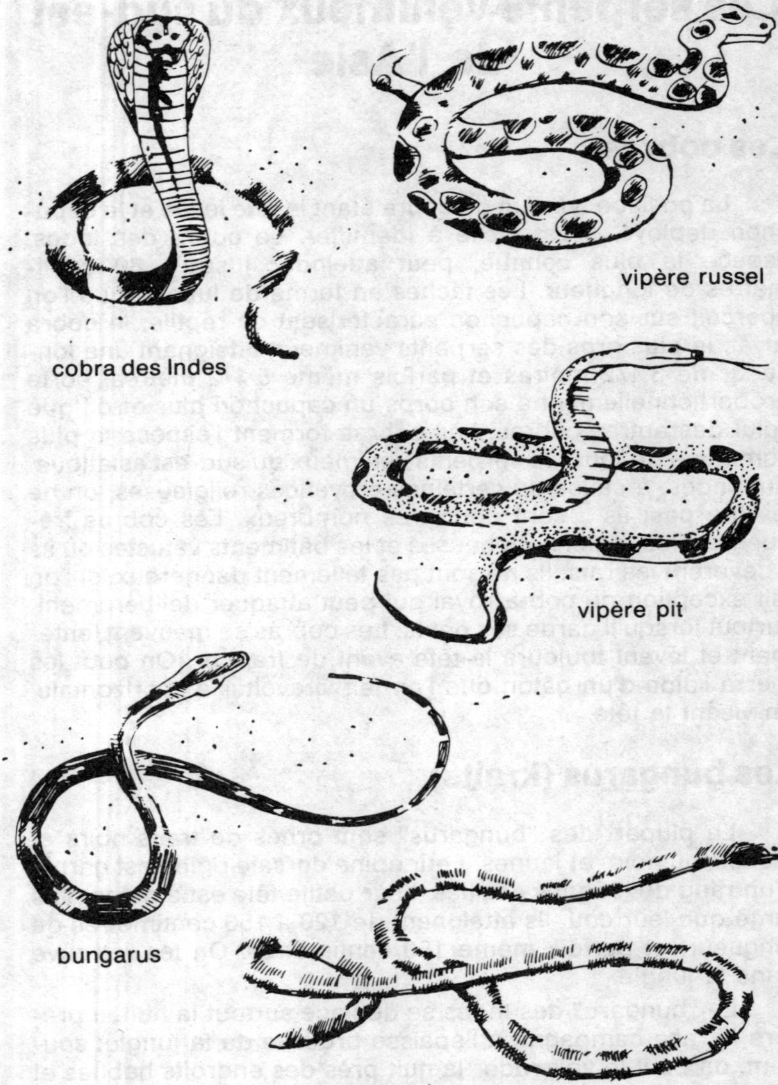

Illustration 11-3 Serpents venimeux du sud-est asiatique

che dessus. Contrairement au cobra, ils ne lèvent pas la tête avant de frapper et ne se lovent pas comme la vipère. Avant de mordre, ils agitent tout simplement la tête d'un côté ou de l'autre.

Les vipères

Les vipères ont ordinairement la tête plus large que le cou. La volumineuse vipère "Russel", la plus connue et la plus dangereuse de toutes, atteint jusqu'à 1 1/2 mètres de longueur. Des marques bien évidentes couvrent son dos en trois rangées de taches formées par des cercles noirs bordés de blanc avec, au centre, des points rougeâtres ou bruns. Une autre espèce dangereuse est la vipère appelée "dents de scie"; elle est petite et mesure environ 60 centimètres de longueur; généralement, elle est de couleur pâle et marquée de carreaux noirs. Lorsqu'on les importune, ces vipères se contractent et sifflent.

Les vipères "Russel" recherchent les endroits ouverts et ensoleillés. On les retrouve un peu partout sauf dans la jungle. Elles ne sont pas particulièrement féroces et ne frappent que lorsqu'elles deviennent irritées. Quoique petite, la vipère "dents de scie" attaque facilement et sa morsure s'avère souvent mortelle. Elle habite le désert et les endroits secs, et non pas la jungle.

La vipère "pit" (crotalid)

Elle peut être mince ou volumineuse et sa tête est ordinairement beaucoup plus large que son cou. Sa peau brune (parfois verte) est marquée de taches noires. On la nomme ainsi à cause du creux ("pit") ou de la cavité entre les yeux et les naseaux.

Aux Indes, on compte environ 12 espèces de vipères "pit". On les retrouve un peu partout; les plus élancées se prélassent dans les arbres, tandis que les plus volumineuses rampent sur le sol. Seules les plus grosses sont dangereuses. En Chine, il existe une vipère "pit" semblable au mocassin de l'Amérique du Nord. Elle peut atteindre 120 centimètres de longueur et elle n'est pas agressive. Dans les plaines de l'est de la Chine, on retrouve une petite vipère "pit" d'une longueur de 45 centimètres environ qui ne peut vous blesser si vous portez des chaussures.

Les serpents de mer

Ces reptiles à queue aplatie se distinguent des anguilles en ce sens qu'ils sont pourvus d'écailles alors que ces dernières ne le sont pas. Les serpents de mer varient de couleurs et de formes; leur longueur moyenne se situe entre 120 et 150 centimètres, quoiqu'ils puissent atteindre de 2 1/2 à 3 mètres. On les trouve le long des côtes et aux embouchures des grandes rivières. Quoique rares, leurs morsures demeurent mortelles. Ils se déplacent en grand nombre, surtout pendant la période d'accouplement et ne mordent que très rarement. On n'a jamais vu un serpent de mer attaquer un homme délibérément.

Les serpents venimeux d'Europe, d'Afrique et du Proche-Orient

En Europe, à l'ouest de la Volga, seules les vipères sont venimeuses. En Irlande et au Madagascar, il n'existe aucun serpent venimeux.

Les serpents de corail

Voir les serpents venimeux de l'Amérique du Nord.

Les serpents de mer

Voir les serpents venimeux du sud-est asiatique.

Les vipères d'Europe

Leur corps épais et court est surmonté d'une tête beaucoup plus grosse que leur cou. Sur leur dos se dessine habituellement une rayure en zigzag dont les couleurs varient du

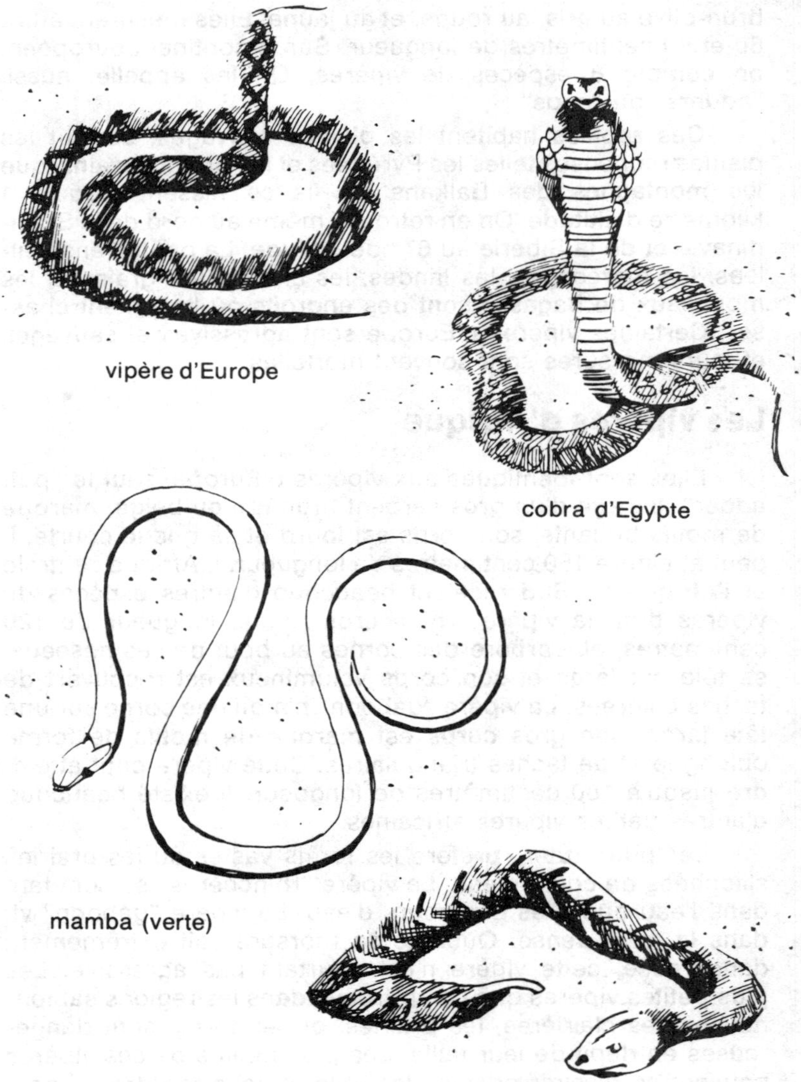

Illustration 11-4 Serpent venimeux d'Europe, d'Afrique et du Moyen Orient

brun-olive au gris, au rouge, et au jaune. Elles mesurent entre 60 et 90 centimètres de longueur. Sur le continent européen, on compte 8 espèces de vipères. On les appelle, aussi, “adders” ou “asps”.

Ces reptiles habitent les plaines sauvages, surtout les plaines rocheuses telles les Pyrénées et les Apennins ainsi que les montagnes des Balkans où ils se hissent jusqu'à 1 kilomètre d'altitude. On en retrouve même au nord de la Scandinavie et de la Sibérie au 67° de latitude. La pentes ensoleillées, les marécages, les landes, les champs de grains et les monceaux de bagasse sont des endroits où ils aiment chasser. Certaines vipères d'Europe sont agressives et sauvages et leurs morsures sont souvent mortelles.

Les vipères d'Afrique

Elles sont identiques aux vipères d'Europe, sauf le “puff adder”. Il s'agit d'un gros serpent brunâtre ou beige, marqué de motifs brillants; son corps est lourd et sa queue courte. Il peut atteindre 150 centimètres de longueur. L'Afrique centrale et l'Afrique du Sud recèlent beaucoup d'autres espèces de vipères dont la vipère “rhinocéros” d'une longueur de 120 centimètres; elle arbore des cornes au bout de ses naseaux, sa tête est large et son corps volumineux est recouvert de taches colorées. La vipère “gaboon” n'a qu'une corne sur une tête large; son gros corps est marqué de motifs de forme oblongue et de taches triangulaires. Cette vipère peut atteindre jusqu'à 180 centimètres de longueur. Il existe beaucoup d'autres petites vipères africaines.

Le “puff adder” préfère les forêts vastes ou les prairies sillonnées de cours d'eau. La vipère “rhinocéros” se tient tant dans l'eau que près des cours d'eau. La vipère “gaboon” vit dans la forêt dense. Quoique sa morsure soit extrêmement dangereuse, cette vipère n'est pourtant pas agressive. Les plus petites vipères que l'on retrouve dans les régions sablonneuses, les clairières, les prairies, ou les forêts sont dangereuses en dépit de leur taille. Les plus petites de ces vipères peuvent se dissimuler dans le sable et vous mordre au passage; on note leur présence grâce aux traces qu'elles laissent dans le sable.

Les cobras

L'Afrique et le Proche-Orient abritent plusieurs espèces de cobras. Ces reptiles peuvent être noirs, bruns, gris ou jaunes, avec ou sans rayures spécifiques. Ils ont 180 à 210 centimètres de longueur. Le cobra d'eau peut atteindre 2 1/2 mètres.

On les retrouve dans tous les genres d'environnement. Certains habitent près des cours d'eau, d'autres dans les arbres. Il y en a de très agressifs.

Le cobra égyptien de l'Afrique du Nord fréquente les terres rocheuses et les ruines. La distance à laquelle il peut frapper égale la distance qu'il y a entre sa tête et le sol. Un cobra peut cracher son venin lequel demeure inoffensif, sauf si celui-ci atteint les yeux de sa victime. Si vous ne vous lavez pas immédiatement les yeux, vous pouvez devenir aveugle. Méfiez-vous des trous et des roches entassées; un cobra peut s'y cacher.

Les mambas

Reptiles à petite tête et très élancés, les mambas sont ordinairement verts ou noirs et leur corps est recouvert de grandes écailles lisses et symétriques. Ces serpents peuvent atteindre plus de 3 1/2 mètres de long. Lorsqu'ils ne mesurent que 2 1/2 mètres, ils sont plus minces que des manches de balais. Il n'est pas facile de les identifier avec certitude. Les crochets d'un mamba de 2 1/2 mètres n'ont que 4 centimètres de longueur, ne sont pas plus gros qu'une épingle et sont presque entièrement recouverts de chair.

Les mambas habitent en Afrique, excepté à l'extrême nord. Le mamba de l'Afrique du Sud se retrouve tant à l'est qu'à l'ouest, en partant de la Tanzanie jusqu'au Congo. Ce serpent passe du noir au vert. C'est à l'ouest que vit le mamba vert, à partir du Sénégal jusqu'au Niger. Ces reptiles vivent dans les arbres et sur le sol; parfois, ils entrent dans les maisons pour attraper des rats. Très alertes et rapides, ils peuvent attaquer même pendant la période de reproduction, bien qu'ils soient habituellement timides. Leur morsure est toujours dangereuse.

Les serpents venimeux d'Australie, de la Nouvelle-Guinée et des îles du Pacifique

En Australie, en Nouvelle-Guinée, dans les Nouvelles-Hébrides, dans les Carolines, dans les îles Salomon ainsi que dans les îles adjacentes, tous les serpents sont venimeux. Par contre, dans les îles à l'est de la Nouvelle-Zélande, il n'existe pas de serpent de terre venimeux.

Les serpents de mer

Voir les serpents venimeux du sud-ouest asiatique.

Les mocassins

Voir les serpents venimeux de l'Amérique du Nord.

Les serpents "adders" (bérus)

Ce reptile au corps massif, court et maladroit a une tête beaucoup plus large que son cou et sa queue est toute petite. Il atteint plus de 60 centimètres de longueur.

Il peut être gris, brun, rose ou rouge, tout dépendant de l'environnement dans lequel il vit. Les jeunes arborent des bandes de couleurs plus foncées. Ce serpent porte des écailles rugueuses et sa queue est armée d'un piquant.

Le serpent "adders" habite les endroits sablonneux de l'Australie excepté à Victoria, de la Nouvelle-Guinée et des îles Moluques. Parce qu'il épouse les couleurs environnantes, il n'est pas toujours facile de le repérer. Bien qu'il soit pacifique, ce serpent est très venimeux. Évitez de lui marcher dessus.

Les serpents tigres

Ce serpent musclé et à large tête mesure entre 120 et 190 centimètres de longueur. Il est paré de bandes sombres qui se dessinent sur un fond vert, gris, orange ou brun.

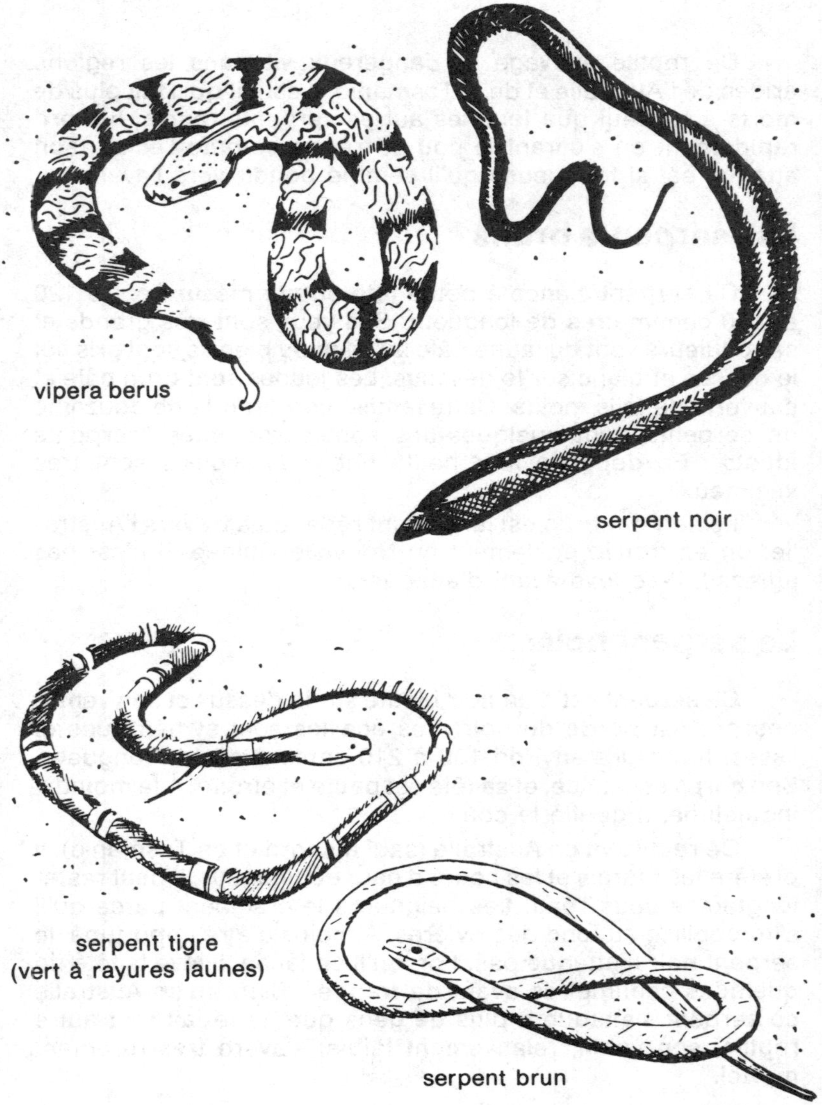

Illustration 11-5 Serpents venimeux de l'Australie, Nouvelle-Guinée et des Îles du Pacifique

Ce reptile sauvage et dangereux vit dans les régions arides de l'Australie et de la Tasmanie. Il est dit qu'il fait plus de morts à lui seul que tous les autres serpents réunis. Il mord rapidement en s'étirant le cou et frappe comme l'éclair; son attaque est si fougueuse qu'il semble bondir vers l'avant.

Les serpents bruns

Ce serpent élancé à petite tête étroite mesure entre 120 et 150 centimètres de longueur. Ses yeux sont très grands et ses couleurs vont du jaune pâle au brun ou bien ils sont gris sur le dessus et blanc sur le dessous. Les jeunes sont brun pâle et couverts de jolis motifs. Cette famille comprend une douzaine de serpents dont quelques-uns sont surnommés "serpents fouets". En dépit de leur petite tête, ces reptiles sont très venimeux.

Le serpent brun est largement répandu à travers l'Australie; on en trouve également en Nouvelle-Guinée. Il n'est pas agressif. Il se love avant d'attaquer.

Le serpent noir

Ce serpent est d'un noir bleuté sur le dessus et son ventre pourpre est bordé de noir. Ses écailles sont symétriques et lisses. Il mesure environ 180 à 210 centimètres de longueur. Son corps est mince, et sa tête est petite et étroite. À la moindre inquiétude, il gonfle le cou.

Ce reptile vit en Australie (sauf au nord et en Tasmanie). Il préfère les marais et les cours d'eau; bon nageur, il peut rester longtemps sous l'eau. Les baigneurs le craignent parce qu'il s'immobilise au fond des rivières. À moins d'être importuné, le serpent noir n'attaque pas. Lorsqu'il se fâche, il lève la tête de quelques centimètres avant de frapper. Bien qu'en Australie ce serpent s'attaque à plus de gens que ne le fait tout autre reptile, son venin, relativement faible, s'avère très rarement mortel.

Appendice II

La trousse de survie

Bien qu'ils soient légers, les havresacs en nylon avec les cadres d'aluminium peuvent contenir de multiples objets indispensables tels un sac de couchage (utilisez les sacs de duvet pour les climats froids et les hamacs dans la jungle), une petite tente ou une toile de parachute.

Voici une listes d'objets nécessaires:

— vêtements légers de pluie
— un chapeau légers à larges bords (climat chaud)
— une tuque de laine qui puisse bien protéger la tête et les oreilles, ainsi que des gants et des mitaines supplémentaires (climats froids)
— des sous-vêtements et des chaussettes de rechange
— un filet de pêche (on peut improviser la perche avec une branche)
— des allumettes à l'épreuve de l'eau
— une lampe de poche à l'épreuve de l'eau
— des bouts de chandelles (en plus d'éclairer, la cire sert à réparer les objets)
— un allume-feu
— du papier hygiénique
— une insecticide
— une crème solaire
— des lunettes de soleil
— un miroir de signalisation
— deux fusées à fumée

— deux torches de signalisation
— une boussole
— des cartes topographiques appropriées
— des comprimés pour purifier l'eau
— deux douzaines d'hameçons assortis
— 50 pieds de ligne monofilament d'une capacité de 50 lb
— des pivots en cuivre et 25 pieds de fil de fer léger pour fabriquer des trappes et des pièges
— un couteau de poche (genre armée suisse)
— des aiguilles et du fil
— 25 pieds de corde de suspente de parachute, ou une autre corde de nylon très solide
— une pierre ou une lime à aiguiser
— une hache ou une hachette
— une scie robuste mais pas trop encombrante
— des carrés de bouillon et de chocolat que l'on peut diluer dans l'eau (emballés dans du plastique)
— un mètre carré de papier aluminium
— une crème antiseptique
— une tablette de papier et des crayons

Appendice III

La trousse de premiers soins

L'armée américaine recommande une trousse de secours composée des articles ci-après mentionnés. Cette trousse représente le strict nécessaire et vous verrez que, par son contenu, elle met l'accent sur le traitement des blessures majeures et des chocs.

— des pansements individuels (10 cm x 18 cm) ou des bandes de gaze stérile dans des contenants de plastiques hermétiquement fermés
— des compresses et des bandages (5 cm x 5 cm x 4 longueurs)
— de la gaze à bandage, genre compresse (8 cm x 5 1/2 mètres)
— 3 rouleaux de gaze à bandage (2 1/2 cm et 5 cm x 5 1/2 mètres)
— une mousseline à bandage, genre compresse (95 cm x 95 cm x 130 cm)
— 3 bandes de gaze avec de la gelée de pétrole (7 1/2 cm x 90 cm)
— une centaine de rubans adhésifs (2 1/2 cm x 7 1/2 cm)
— 300 bandages adhésifs (2 cm x 7 1/2 cm)
— des gouttes et des pansements pour les yeux
— de la solution d'ammoniaque, en ampoule (10 unités de 1/3 cc)

— de l'iode non-ferreux 10% (14 gr de 14.8 cc)
— un mélange de sel et de bicarbonate de soude
— des lames de rasoir chirurgicales
— une feuille d'instruction et une liste des articles contenus dans la trousse

Un civil ne doit pas entreprendre un voyage prolongé dans des régions désertiques à moins d'avoir subi un examen médical de contrôle, incluant une radiographie des poumons, un électrocardiogramme, ainsi qu'un test de capacité respiratoire.

Une boîte de munitions de l'armée, peinte en blanc et marquée d'une croix rouge, peut servir de trousse de premiers soins. Gardez toujours celle-ci à la vue; il ne faut jamais l'enfouir sous d'autres objets, afin qu'elle reste parfaitement accessible en cas d'urgence.

Les éléments suivants (suggérés par le docteur George H. Hulsey de Norman, Oklahoma, expert médical des régions désertiques) doivent être rangés dans un "sac-congélateur" possédant une fermeture à glissière et s'ajouter à la trousse de secours.

— un vaste choix de bandages adhésifs
— un rouleau de bandage à pansements
— des pinces à épiler
— des bandages élastiques
— de l'éthyle de chlorure en vaporisateur
— une petite boîte de poudre pour les pieds
— une trousse pour soigner les morsures de serpents (pas nécessaire dans les régions arctiques et subarctiques)

Voici des médicaments pour les cas spéciaux (certains nécessitent une ordonnance médicale):

— le mal de mer: de la "bonine" (pillule contre le mal de mer)
— des nausées et des vomissements: des suppositoires
— une diarrhée: une teinture d'opium
— une indigestion: des comprimés antiacides
— des douleurs bénignes: de l'aspirine
— des douleurs aiguës: un narcotique
— des piqûres d'insectes, de l'herbe à puces, des orties, etc.:

une lotion à base de calamine à 1% de phénol, 1% de menthol et 1% d'hydrocortisone, ou encore un attendrisseur de viande. (Ce dernier est particulièrement efficace contre les piqûres d'abeilles. Ceux qui sont allergiques aux piqûres d'abeilles ou de guêpes doivent se procurer un médicament sous l'ordonnance d'un médecin.)

Quelques suggestion et autres items:

- de l'extrait d'ail en capsules (que l'on trouve dans les magasins d'alimentation naturelle) éloigne les maringouins et les autres moustiques
- des comprimés de sel et des comprimés antimalaria sont requis lorsqu'on va dans la jungle
- des comprimés purificateurs d'eau (à cette fin, vous pouvez également utiliser une cuillerée d'eau de javel pour 19 litres d'eau)
- un savon germicide
- une lotion solaire; une baume pour les lèvres (ou rouge à lèvres) pour prévenir les gerçures
- de la cortisone en vaporisateur pour les coups de soleil
- un insecticide contenant 40% ou plus de NN Diethyl-Métatoluamide

Appendice IV

Les armes requises dans une situation de survie

Les outils tranchants sont essentiels à la survie:

— Apportez avec vous un couteau dont la lame aura environ 15 centimètres de longueur.

— Si vous n'avez pas de pierre à aiguiser, n'importe quel morceau de grès peut faire l'affaire. Une pierre grise donne un meilleur résultat que le quartz pur. Le quartz est le seul minerai capable de mordre l'acier et d'y laisser des rainures.

— Si vous ne trouvez pas d'argile, remplacez-la par n'importe quel caillou cristallin, sauf le marbre. Frottez deux morceaux de granit l'un contre l'autre jusqu'à ce qu'ils s'adoucissent puis utilisez-en un en guise de meule.

— Pour bien aiguiser une hache, il faut se servir d'une lime et d'une pierre mouillée. À défaut d'une lime, la pierre convient tant bien que mal. Utilisez la lime à tous les deux ou trois jours; la pierre mouillée doit être utilisée après vous être servi de la hache. Commencez par mouiller la lame, et aiguisez celle-ci avec la lime en faisant des mouvements vers l'extérieur du tranchant.

— Pour adoucir le tranchant, on doit faire des mouvements rotatifs, à partir du centre de la lame jusqu'au bord.

— Pour aiguiser un couteau à neige, une lime suffit. Pour les autres couteaux, n'utilisez que la pierre mouillée. Placez la lame légèrement inclinée sur la pierre et poussez-la vers l'extérieur en changeant de côté. Vous obtiendrez un meilleur résultat si vous diminuez graduellement la pression (la force de friction).

— N'essayez pas de couper un arbre d'un seul coup de hache. Il est plus important de bien viser et de bien rythmer les coups que d'y mettre une trop grande force. Si vous maniez bien la hache, le poids de celle-ci doit vous apporter toute la puissance requise.

— Avant d'utiliser une hache, assurez-vous que rien ne vienne gêner vos mouvements. Une branche ou une liane pourraient faire dévier l'instrument tranchant.

— Il est très difficile d'enlever un manche cassé de la tête d'une hache; le meilleur moyen est de placer la tête de la hache dans la terre et de brûler le manche.

— Si vous devez façonner ou vous improviser un nouveau manche, celui-ci doit être droit au lieu d'être bien courbé; vous épargnerez ainsi du temps et des efforts. Donnez-lui d'abord une forme grossière puis pratiquez une fente sur l'extrémité qui doit recevoir la lame. Une fois le manche bien en place consolidez-le en insérant un mince coin en bois dans l'encoche réservée à cette fin. Essayez la hache puis renfoncez le coin à nouveau.

Les armes à feu sont utiles dans une situation de survie:

— Plusieurs armuriers fabriquent une arme qui est une combinaison du fusil calibre .410 et de la carabine .22 et dont le fût peut contenir le canon et les cartouches. Le .410 a une portée de 23 mètres pour les oiseaux et de 9 à 14 mètres pour le petit gibier. Ne gaspillez pas vos munitions sur des cibles trop éloignées. Par contre, la carabine .22 peut atteindre le gibier à une distance de plus de 90 mètres mais vos chances de viser un point vital au delà de 45 mètres sont bien minces.

— Rappelez-vous que presque tout gibier est effectivement abattu à moins de 45 mètres de distance. Il est vain d'essayer d'abattre un animal à une distance de plus de 64 mètres de votre fusil. Tâchez d'atteindre le gibier du premier coup car vos munitions sont limitées.

— Ne faites pas feu à répétition, une seule balle suffit si vous avez bien visé.

— Tirez alors que vous êtes dans une position stable. Si vous manipulez une arme légère, le plus petit mouvement peut vous faire dévier. Pour plus de contrôle, il est recommandé de se coucher sur le sol, quoiqu'il faut parfois s'asseoir ou s'agenouiller afin de mieux viser. Une bûche ou une pierre peut vous servir de point d'appui: vous devez placer votre main entre l'appui et le canon du fusil si vous ne voulez pas que votre arme se mette à danser. Ne tirez jamais sans avoir la cible bien alignée avec le viseur.

— Visez une partie vitale, soit l'épaule, soit la poitrine quand il s'agit d'un gros gibier. Ne tirez pas à moins de pouvoir atteindre une partie vitale.

— Il est possible que l'animal visé ne soit pas mort du premier coup de feu tiré; rechargez immédiatement votre arme tout en gardant l'oeil sur le gibier.

— Lorsque l'animal s'enfuit après le premier coup de feu, vérifiez s'il y a des traces de sang. Si oui, attendez 30 minutes avant de le poursuivre. Une bête blessée peut s'étendre et ne plus bouger.

— Bien que les armes à feu de survie soient très résistantes, il faut quand même en prendre soin si l'on veut en obtenir un rendement efficace. À cette fin, vous devez les nettoyer et les couvrir quand elles ne servent pas. Le mécanisme, la chambre à cartouches, la culasse, et tout particulièrement le canon doivent être libres d'huile, de poussière, de neige ou de boue. Ne faites jamais feu lorsque le canon est obstrué, celui-ci peut se briser et exploser.

— Votre arme à feu ne doit pas vous servir de massue ou de gourdin. Cet instrument de précision peut vous sauver la vie.

— Ne huilez pas votre arme exagérément; quelques gouttes d'huile sur les pièces mobiles suffisent.

— Pour nettoyer un fusil, il s'agit de passer un chiffon dans le canon à l'aide d'un fil; ceci remplace bien l'écouvillon traditionnel.

— Lorsque le canon requiert un nettoyage plus particulier, à défaut de dissolvant, versez de l'eau bouillante dans la culasse. Essuyez l'excès d'eau en poussant un linge dans le canon.

— Durant l'hiver, enlevez tout lubrifiant et produit antirouille.

Démontez toutes les pièces et nettoyez-les à l'aide d'un dissolvant sec comme l'essence. Les lubrifiants normaux s'empâtent sous l'effet du froid et nuisent, ainsi, au bon fonctionnement de votre arme à feu.

— Protégez les pièces du mécanisme, la mire et le canon de la neige et de la glace qui reste toujours un problème. À cette fin, improvisez-vous un couvre-gueule et un couvre-culasse. Gardez un petit bâton dans votre poche pour libérer la mire et la culasse, s'il y a lieu.

— Une buée se forme sur une arme à feu lorsqu'elle passe du froid au chaud et cette même buée peut se transformer en givre lorsque vous ressortez. La glace ainsi formée atténue l'efficacité de votre arme à feu. Mieux vaut laisser les armes à l'extérieur ou dans un endroit non chauffé. Par contre, si votre abri n'est pas beaucoup plus chaud que la température extérieure, déposez vos armes près du sol. Si vous devez passer votre arme du froid au chaud pour la nettoyer, essuyez-en d'abord toute la condensation. Il vous faudra peut-être attendre une heure avant que le métal ne prenne la température ambiante.

— Ne forcez jamais une pièce gelée. Si possible, réchauffez-la graduellement. Sinon, enlevez la glace et la neige puis actionnez-en lentement le mécanisme jusqu'à ce qu'elle puisse fonctionner normalement.

— Avant de charger votre arme, actionnez-en le mécanisme dans un mouvement de va-et-vient, afin de vous assurer de son bon fonctionnement.

— Si votre arme est dotée d'un fût métallique, coussinez celui-ci à l'aide d'un linge et de ruban gommé, ou coiffez-le d'une chaussette afin de protéger votre visage car si le métal froid entre en contact avec la peau, il en arrachera un morceau!

Appendice V

Les cartes et les diagrammes d'orientation

Comment s'orienter d'après le lever et le coucher du soleil

Si vous connaissez votre latitude et votre longitude, vous pouvez trouver le nord en observant le coucher ou le lever du soleil. L'illustration V-1 présente l'azimut vrai du soleil levant, ainsi que l'asimut de référence du soleil couchant des hémisphères nord et sud, et cela, pour tous les mois de l'année.

Voici un exemple qui vous indique comment trouver le nord d'après le lever du soleil: le 26 janvier, votre position est de 50°00' N et 165°06' O. Commençant votre tableau à cette date, sous la latitude 50° N, vous découvrez que l'azimut du soleil est de 120°. Alors que le soleil se lève, vous savez qu'il s'agit bien de l'azimut vrai du soleil, à partir du nord. Conséquemment, le nord doit se situer à 120° à votre gauche lorsque vous faites face au soleil.

Pour repérer le nord grâce à la position du soleil couchant, répétez l'opération ci-haut mentionnée; sauf que, dans ce cas-ci, l'azimut du soleil n'est pas l'azimut vrai, mais plutôt un azimut de référence. Puisque le soleil se couche à l'ouest, et que vous faites face au soleil soit à 120°, le nord se trouve à votre droite.

L'illustration V-1 n'indique pas tous les jours de l'année ni tous les degrés de longitude. Pour obtenir le degré exact de l'azimut à un degré près, il vous faut interchanger les valeurs présentées au tableau. Cependant, pour obtenir votre azimut, utilisez le tableau de la façon suivante: choisissez le degré de latitude et le jour le plus près des chiffres qui vous concernent. Par exemple, si le 13 avril, vous êtes situé à 32° de latitude nord, l'azimut du soleil levant sera de 79°22'; sur le tableau, le jour le plus près soit le 11 avril et la latitude la plus proche soit 30°, vous donne donc un azimut de 81° du soleil levant. Cette approximation est suffisamment juste pour suffire à vos besoins.

Comment obtenir la latitude par rapport à la longueur du jour

(Voir l'illustration V-II) Entre les latitudes 60°N et 60°S, vous pouvez déterminer votre latitude exacte dans une limite de 30 milles marins (1/2°) si vous connaissez la longueur du jour dans 1 minute. Ceci est valable pour toute l'année, sauf dix jours avant et dix jours après les équinoxes, soit approximativement du 11 au 31 mars, et du 13 septembre au 2 octobre. Au cours de ces deux périodes, le jour est à peu près de la même longueur, quelle que soit la latitude. Pour calculer avec précision l'heure du lever et l'heure du coucher du soleil, il vous faut une ligne d'horizon plane. Une ligne d'horizon terrestre ne convient pas toujours.

Les observations relatives à la latitude

Trouvez la longueur d'une journée en inscrivant sur un papier (ne vous fiez pas à votre mémoire) la seconde où, à l'horizon de l'océan, pointe le sommet du soleil levant, puis l'instant où il disparaît (cet instant est souvent marqué d'une lueur verte). N'oubliez pas que pour déterminer la latitude, seule la durée du jour compte. Par contre, au bord de la mer, avec une seule ligne d'horizon, vous pouvez trouver l'heure du midi par la méthode du bâton et de l'ombre projetée (voir le chapitre trois). La longueur du jour équivaut à deux fois le temps écoulé entre le lever du soleil et midi, ou entre midi et le coucher du soleil.

Connaissant alors la longueur ou la durée du jour, vous obtenez la latitude en vous servant de l'abaque (voir l'illustration V-II).

Comment trouver la longitude selon midi, heure locale (midi apparent)

Pour trouver la longitude, vous devez connaître l'heure exacte. Sachez à quel rythme votre montre gagne ou perd du temps à partir du moment où vous l'avez ajustée sur l'heure de Greenwich; par exemple, si votre montre indique l'heure normale de l'est, ajoutez 5 heures pour obtenir l'heure de Greenwich.

Vous pouvez trouver la longitude en inscrivant l'instant où un corps céleste, tel le soleil, traverse votre méridien. Fichez un bâton en terre et vérifiez-en la verticalité en laissant pendre un objet lourd attaché au bout d'une corde. Un peu avant midi, commencez à marquer l'ombre projetée par le bâton et continuez ainsi jusqu'à ce que l'ombre se rallonge définitivement. L'ombre la plus courte indique l'heure à laquelle le soleil dépasse le méridien local ou le midi apparent. Il vous faudra probablement estimer la position de l'ombre la plus courte en repérant une ligne médiane entre deux ombres d'égale longueur, une avant midi, et l'autre après-midi. Lorsque vous connaissez d'une manière précise l'heure du lever et du coucher du soleil sur l'horizon de la mer, le midi local se situe à mi-chemin entre ces deux indications horaires.

Notez l'heure de Greenwich du midi apparent local. Ensuite corrigez cette dernière observation du passage méridien avec le nombre de minutes d'avance ou de retard du soleil vrai relativement au soleil "apparent" (mean sun). Le soleil apparent a été inventé par les astronomes afin de simplifier la façon de mesurer le temps. Il roule le long de l'équateur au rythme constant de 15° à l'heure. Le vrai soleil change la cadence de ses angles de déplacement autour de la terre, selon les saisons.

L'illustration V-IV indique les minutes à ajouter ou à soustraire de l'heure indiquée par la montre afin d'obtenir l'heure d'après le soleil (heure apparente)

Maintenant que vous connaissez l'heure de Greenwich du midi local, vous pouvez trouver la différence de longitude entre votre position et celle de Greenwich en convertissant l'intervalle entre midi Greenwich et votre midi local (temps — limbe). Rappelez-vous qu'une heure égale 15° de longitude, 4 minutes égalent 1° de longitude, 4 secondes égalent 1' de longitude.

Exemple: votre montre indique l'heure normale de l'est, elle retarde normalement de 30 secondes par jour et vous ne l'avez pas ajustée depuis quatre jours. À votre montre le midi local sera à 15:08 en date du 4 février.

La correction de la montre est 4 x 30 secondes ou plus 2 minutes. La correction de la zone horaire est plus 5 heures ou 20:10. L'équation de l'heure pour le 4 février est moins 14 minutes. Le midi local est 20:10 moins 14 minutes, ou 19:56 Greenwich. La différence de temps entre Greenwich et votre position est 19:56 moins 12:00 soit 7:56. 7:56 de temps égale 119° de longitude. Puisque votre midi local arrive plus tard que le midi de Greenwich, vous êtes donc à l'ouest de Greenwich. Votre longitude est alors 119° O.

Comment s'orienter d'après le soleil de midi

Trouver le midi local avec la méthode du bâton et de l'ombre projetée vous donne, du même coup, votre direction. La ligne la plus courte de l'ombre projetée devient également la ligne du méridien local ou la ligne nord-sud. Selon votre latitude à midi, le soleil peut se trouver soit au nord, soit au sud. Au nord de 23.4° N, le soleil est toujours franc sud à l'heure du midi local et l'ombre pointe vers le nord. Au sud de 23.4° S, le soleil est toujours franc nord à l'heure du midi local et l'ombre pointe vers le sud. Dans les régions tropicales, le soleil de midi peut être au nord ou au sud selon la date et selon votre position.

La latitude par rapport à l'altitude du soleil à midi

Sur terre, quel que soit le jour, il n'y a qu'une seule latitude où le soleil passe le zénith à midi précis. Lorsque les latitudes sont situées au nord de cela, le soleil passe au sud du zénith; et lorsqu'elles sont situées au sud, le soleil passe au nord du zénith. Pour chaque 1° de changement de latitude, la distance du zénith change également de 1°.

L'illustration V-VI donne pour chaque jour de l'année, la latitude alors que le soleil se situe dans le zénith à midi.

Date		Angle nord basé sur le soleil levant et le soleil couchant — Latitude 0°	5°	10°	15°	20°	25°	30°	35°	40°	45°	50°	55°	60°
Janvier	1	113	113	113	114	115	116	117	118	121	124	127	133	141
	6	112	113	113	113	114	115	116	118	120	123	127	132	140
	11	112	112	112	113	113	114	115	117	119	122	125	130	138
	16	111	111	111	112	112	113	114	116	118	120	124	129	136
	21	110	110	110	111	111	112	113	115	117	119	122	127	133
	26	109	109	109	109	110	111	112	113	115	117	120	124	130
Février	1	107	107	108	108	108	109	110	111	113	115	117	121	126
	6	106	106	106	106	107	107	108	109	111	113	115	118	123
	11	104	104	105	105	105	106	107	108	109	110	112	116	120
	16	103	103	103	103	103	104	105	106	107	108	110	112	116
	21	101	101	101	101	101	102	102	103	104	105	107	109	112
	26	99	99	99	99	100	100	100	101	102	103	104	106	108
Mars	1	98	98	98	98	99	99	99	100	100	101	102	104	106
	6	96	96	96	96	96	97	97	97	98	98	99	100	102
	11	94	94	94	94	94	94	95	95	95	96	96	97	98
	16	92	92	92	92	92	92	92	92	93	93	93	93	94
	21	90	90	90	90	90	90	90	90	90	90	90	90	90
	26	88	88	88	88	88	88	88	88	87	87	87	87	86
Avril	1	86	86	86	86	85	85	85	85	84	84	83	82	81
	6	84	84	84	83	83	83	83	82	82	81	80	79	77
	11	82	82	82	82	81	81	81	80	80	79	77	76	74
	16	80	80	80	80	79	79	78	78	77	76	74	72	70
	21	78	78	78	78	78	77	76	76	75	73	72	69	66
	26	77	77	76	76	76	75	75	74	72	71	69	66	63
Mai	1	75	75	75	74	74	73	73	72	70	69	66	63	59
	6	74	74	73	73	73	72	71	70	68	67	64	61	56
	11	72	72	72	72	71	70	69	68	67	64	62	58	52
	16	71	71	71	70	70	69	68	67	65	63	60	55	49
	21	70	70	70	69	69	68	67	65	63	61	58	53	47
	26	69	69	69	68	68	67	66	64	62	60	56	51	44
Juin	1	68	68	68	67	66	66	64	63	61	58	54	49	41
	6	67	67	67	67	66	65	64	62	60	57	53	48	40
	11	67	67	67	66	65	64	63	62	59	56	53	47	39
	16	67	67	67	66	65	64	63	62	59	56	53	47	39
	21	67	67	67	66	65	64	63	62	59	56	53	47	39
	26	67	67	67	66	65	64	63	62	59	56	53	47	39

Juillet	1	67	67	67	66	65	64	63	62	59	56	53	47	39
	6	67	67	67	66	66	65	64	62	60	57	53	48	40
	11	68	68	68	67	66	65	64	63	61	58	54	49	41
	16	69	68	68	68	67	66	65	64	62	59	55	50	43
	21	69	69	69	69	68	67	66	65	63	60	57	52	45
	26	70	70	70	70	69	68	67	66	64	62	59	54	48
Août	1	72	72	72	71	71	70	69	68	66	64	61	57	51
	6	73	73	73	73	72	71	71	69	68	66	63	60	55
	11	75	75	74	74	74	73	72	71	70	68	66	63	58
	16	76	76	76	76	75	75	74	73	72	70	68	65	61
	21	78	78	77	77	77	76	76	75	74	72	71	68	65
	26	79	79	79	79	79	78	78	77	76	75	73	71	68
Septembre	1	82	82	82	81	81	81	80	80	79	78	77	75	73
	6	83	83	83	83	83	83	82	82	81	81	80	78	77
	11	85	85	85	85	85	85	85	84	84	83	83	82	81
	16	87	87	87	87	87	87	87	86	86	86	85	85	84
	21	89	89	89	89	89	89	89	89	89	89	88	88	88
	26	91	91	91	91	91	91	91	91	91	91	92	92	92
Octobre	1	93	93	93	93	93	93	93	94	94	94	95	95	96
	6	95	95	95	95	95	96	96	96	97	97	98	99	100
	11	97	97	97	97	97	98	98	99	99	100	101	102	104
	16	99	99	99	99	99	100	100	101	101	102	104	105	108
	21	101	101	101	101	101	102	102	103	104	105	107	109	112
	26	102	102	103	103	103	104	104	105	106	108	109	112	115
Novembre	1	104	104	105	105	105	106	107	108	109	110	113	116	120
	6	106	106	106	107	107	108	109	110	111	113	115	119	123
	11	107	107	108	108	108	109	110	111	113	115	117	121	126
	16	109	109	109	109	110	111	112	113	115	117	120	124	130
	21	110	110	110	111	111	112	113	114	116	119	122	126	133
	26	111	111	111	112	112	113	114	116	118	120	124	128	135
Décembre	1	112	112	112	113	113	114	115	117	119	122	125	130	138
	6	112	112	113	113	114	115	116	118	120	123	126	132	140
	11	113	113	113	114	115	116	117	118	121	124	127	133	141
	16	113	113	113	114	115	116	117	118	121	124	127	133	141
	21	113	113	113	114	115	116	117	118	121	124	127	133	141
	26	113	113	113	114	115	116	117	118	121	124	127	133	141

Lorsque le soleil se couche, l'angle se prend d'Ouest en Nord.
Lorsque le soleil se lève, l'angle se prend d'Est en Nord.

Illustration V-I Azimuth du soleil levant et du soleil couchant

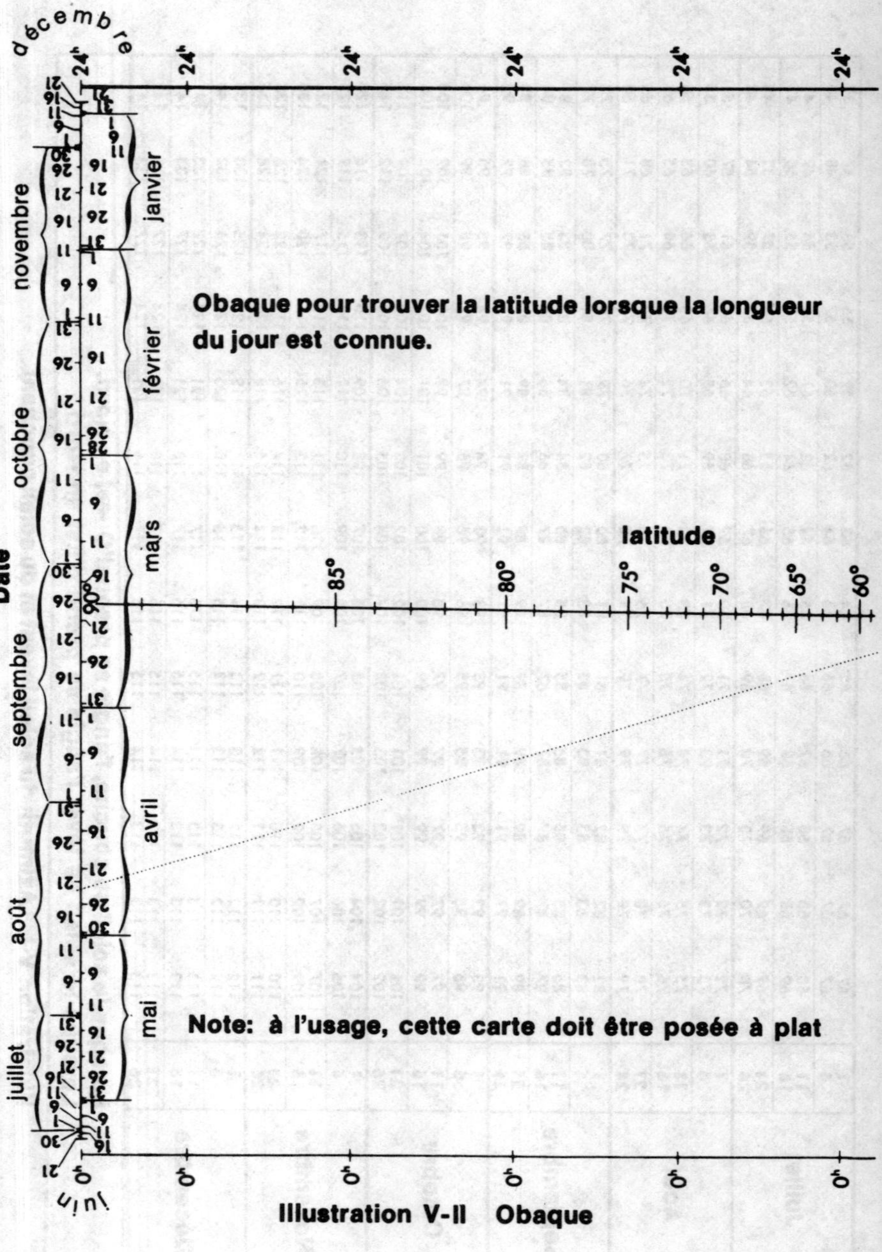

Obaque pour trouver la latitude lorsque la longueur du jour est connue.

Note: à l'usage, cette carte doit être posée à plat

Illustration V-II Obaque

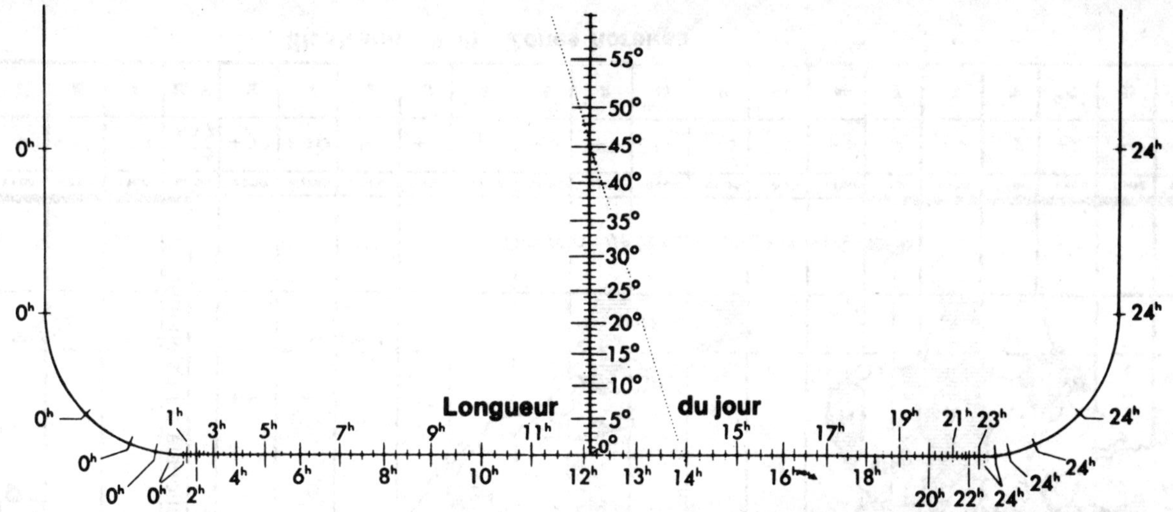

Instructions

En latitudes nord:

1. Déterminez la longueur du jour à partir du moment où le dessus du soleil apparaît à l'horizon.
2. À travers l'obaque, tirez une marge reliant la longueur observée du jour à l'échelle de durée du jour.
3. Lisez votre latitude sur l'échelle de latitude.

Exemple: le 20 août, la longueur du jour est de 13 heures et 54 minutes. La latitude est de 45°30N.

En latitudes sud:

Ajoutez six mois à la date et procédez comme pour les latitudes Nord

Exemple: Le 11 mai, la longueur observée du jour est de 10 heures et 4 minutes. Ajouter 6 mois vous amène au 11 novembre. La latitude est donc alors de 41°30'S.

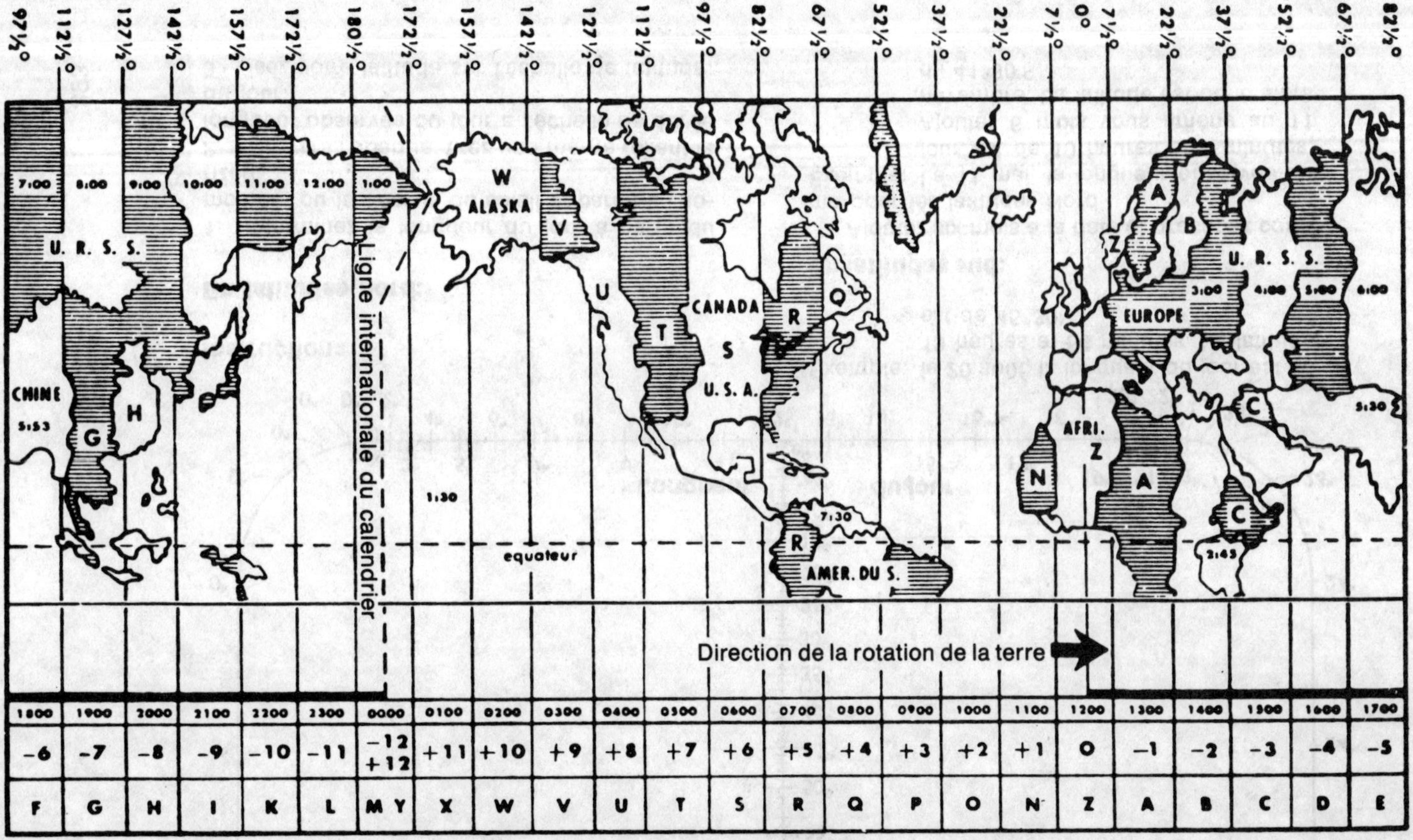

Illustration V-III Zones horaires

Date	Eq. de temps*	Date	Eq. de temps*	Date	Eq. de temps*	Date	Eq. de temps*	Date	Eq. de temps	Date	Eq. de temps*
Jan. 1	−3.5 min.	Mars 4	−12.0	Mai 2	+3.0 min.	Août 4	−6.0	Oct. 1	+10.0 min.	Déc. 1	+11.0
2	−4.0	8	−11.0	14	+3.8	12	−5.0	4	+11.0	4	+10.0
4	−5.0	12	−10.0	Mai 28	+3.0	17	−4.0	7	+12.0	6	+9.0
7	−6.0	16	−9.0	Juin 4	+2.0	22	−3.0	11	+13.0	9	+8.0
9	−7.0	19	−8.0	9	+1.0	26	−2.0	15	+14.0	11	+7.0
12	−8.0	22	−7.0	14	0.0	Août 29	−1.0	20	+15.0	13	+6.0
14	−9.0	26	−6.0	19	−1.0	Sept. 1	0.0	Oct. 27	+16.0	15	+5.0
17	−10.0	Mars 29	−5.0	23	−2.0	5	+1.0	Nov. 4	+16.4	17	+4.0
20	−11.0	Avr. 1	−4.0	Juin 28	−3.0	8	+2.0	11	+16.0	19	+3.0
24	12.0	5	−3.0	Juil. 3	−4.0	10	+3.0	17	+15.0	21	+2.0
Jan. 28	−13.0	8	−2.0	9	−5.0	13	+4.0	22	+14.0	23	+1.0
Fév. 4	−14.0	12	−1.0	18	−6.0	16	+5.0	25	+13.0	25	0.0
13	−14.3	16	0.0	Juil. 27	−6.6	19	+6.0	Nov. 28	+12.0	27	−1.0
19	−14.0	20	+1.0			22	+7.0			29	−2.0
Fév. 28	−13.0	Avr. 25	+2.0			25	+8.0			Déc. 31	−3.0
						Sept 28	+9.0				

* À la moyenne, additionnez les "plus" et soustrayez les "moins"

Illustration V-IV Déterminer l'heure

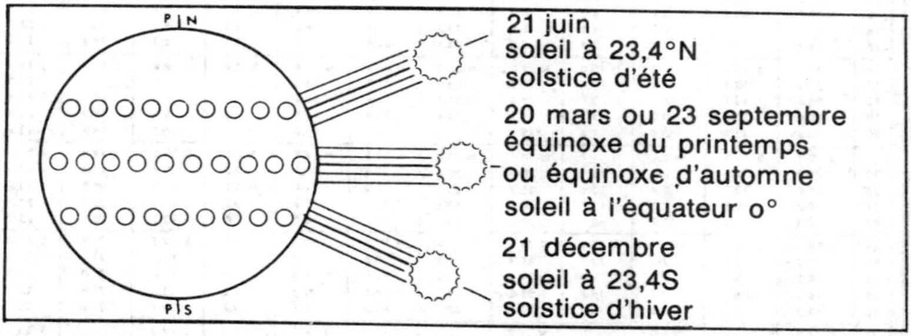

Illustration V-V Emplacement du soleil à l'équinoxe et au solstice

Déclinaison du soleil
(en degrés et en dixièmes de degré)

La déclinaison se calcule au dixième de degré le plus près, plutôt que sur la minute la plus rapprochée de l'arc. Pour convertir 1/10 (o.1°) en minutes, multipliez par 6 (I.E. 27,9°= 27° 54')

JOUR	JAN.	FÉV.	MARS	AVRIL	MAI	JUIN	JUIL.	AOÛT	SEPT.	OCT.	NOV.	DÉC.
1	S 23.1	S 17.5	S 7.7	N 4.4	N 15.0	N 22.0	N 23.1	N 18.1	N 8.4	S 3.1	S 14.3	S 21.8
2	23.0	17.2	7.3	4.8	15.3	22.1	23.1	17.9	8.1	3.4	14.6	21.9
3	22.9	16.9	6.9	5.2	15.6	22.3	23.0	17.6	7.7	3.8	15.0	.22.1
4	22.9	16.6	6.6	5.6	15.9	22.4	22.9	17.3	7.3	4.2	15.3	22.2
5	22.8	16.3	6.2	5.9	16.2	22.5	22.8	17.1	7.0	4.6	15.6	22.3
6	S 22.7	S 16.0	S 5.8	N. 6.3	N 16.4	N 22.6	N 22.7	N 16.8	N 6.6	S 5.0	S 15.9	S 22.5
7	22.5	15.7	5.4	6.7	16.7	22.7	22.6	16.5	6.2	5.4	16.2	22.6
8	22.4	15.4	5.0	7.1	17.0	22.8	22.5	16.3	5.8	5.7	16.5	22.7
9	22.3	15.1	4.6	7.4	17.3	22.9	22.4	16.0	5.5	6.1	16.8	22.8
10	22.2	14.8	4.2	7.8	17.5	23.0	22.3	15.7	5.1	6.5	17.1	22.9
11	S 22.0	S 14.5	S 3.8	N 8.2	N 17.8	N 23.1	N 22.2	N 15.4	N 4.7	S 6.9	S 17.3	S 23.0
12	21.9	14.1	3.5	8.6	18.0	23.1	22.0	15.1	4.3	7.3	17.6	23.1
13	21.7	13.8	3.1	8.9	18.3	23.2	21.9	14.8	3.9	7.6	17.9	23.1
14	21.5	13.5	2.7	9.3	18.5	23.2	21.7	14.5	3.6	8.0	18.1	23.2
15	21.4	13.1	2.3	9.6	18.8	23.3	21.6	14.2	3.2	8.4	18.4	23.3
16	S 21.2	S 12.8	S 1.9	N 10.0	N 19.0	N 23.3	N 21.4	N 13.9	N 2.8	S 8.8	S 18.7	S 23.3
17	21.0	12.4	1.5	10.4	19.2	23.4	21.3	13.5	2.4	9.1	18.9	23.3
18	20.8	12.1	1.1	10.7	19.5	23.4	21.1	13.2	2.0	9.5	19.1	23.4
19	20.6	11.7	0.7	11.1	19.7	23.4	20.9	12.9	1.6	9.9	19.4	23.4
20	20.4	11.4	0.3	11.4	19.9	23.4	20.7	12.6	1.2	10.2	19.6	23.4
21	S 20.2	S 11.0	N 0.1	N 11.7	N 20.1	N 23.4	N 20.5	N 12.2	N 0.8	S 10.6	S 19.8	S 23.4
22	20.0	10.7	0.5	12.1	20.3	23.4	20.4	11.9	0.5	10.9	20.1	23.4
23	19.8	10.3	0.9	12.4	20.5	23.4	20.2	11.6	N 0.1	11.3	20.3	23.4
24	19.5	9.9	1.3	12.7	20.7	23.4	20.0	11.2	S 0.3	11.6	20.5	23.4
25	19.3	9.6	1.7	13.1	20.9	23.4	19.7	10.9	0.7	12.0	20.7	23.4
26	S 19.0	S 9.2	N 2.1	N 13.4	N 21.1	N 23.4	N 19.5	N 10.5	S 1.1	S 12.3	S 20.9	S 23.4
27	18.8	8.8	2.5	13.7	21.2	23.3	19.3	10.2	1.5	12.7	21.1	23.3
28	18.5	8.5	2.9	14.0	21.4	23.3	19.1	9.8	1.9	13.0	21.3	23.3
29	18.3	8.1	3.2	14.4	21.6	23.3	18.8	9.5	2.3	13.3	21.4	23.3
30	18.0	...	3.6	14.7	21.7	23.2	18.6	9.1	2.7	13.7	21.6	23.2
31	S 17.7	...	N 4.0	...	N 21.9	...	N 18.4	N 8.8	...	S 14.0	...	S 23.1

Exemple: le 10 décembre la déclinaison du soleil est de 22.9°S.: un observateur qui mesure la distance ZENITHALE comme étant o° sait qu'il se trouve à la latitude 22.9°S.

S'il mesure une distance zénithale de 5° alors que le soleil est au sud de ce zénith, l'observateur se trouve à 5° nord de 22,9°S, ou à une latitude 17.9°S et si le soleil est au nord, l'observateur se retrouve à 5° sud du 22.9°S.

Illustration V-VI

Table des matières

ACHEVÉ D'IMPRIMER LE 13 JUIN 1984
SUR LES PRESSES DE L'IMPRIMERIE HÉRISSEY
POUR LE COMPTE DE FRANCE LOISIRS
123, BOULEVARD DE GRENELLE, PARIS

Imprimé en France
Dépôt légal : juin 1984
N° d'imprimeur : 34875 — N° d'éditeur : 9415